Le droit de la protection de la nature à Madagascar

Entre centralisme et consensualisme

Le droit aujourd'hui

La collection « Le droit aujourd'hui » regroupe des études juridiques concernant des problèmes d'actualité nationale et internationale, dans divers domaines (éthique, politique, questions de société…).

Déjà parus

Wendkouni Judicaël Djiguemdé, *L'aménagement conventionnel de la société commerciale en droit français et en droit OHADA*, 2018.
A. A. Cançado Trindade, *Vers un nouveau* jus gentium *humanisé. Recueil des opinions individuelles du juge A. A. cançado trindade*, 2018.
Fabienne Labelle et Damien Thierry (dir.), *Droit des sites et sols pollués. Bilans et perspectives*, 2018.
Moustapha Kamara (avec la collaboration d'Isabel Falconer et Samba Thiam), *Le contentieux du transfert des joueurs devant la FIFA et le Tribunal arbitral du sport. Guide juridique pratique*, 2017.
Marie Pelé et Cédric Sueur (Coord.), *Questions d'actualité en éthique animale*, 2017.
Guy Dibangue, *La recherche de l'équilibre contractuel dans le cautionnement*, 2017.
David Defrance, *Le retour à meilleure fortune, Étude en droit des difficultés économiques*, 2017.
Mariem Aydi Ghozzi, *Les principes généraux dans la jurisprudence de l'organe de règlement des différends de l'OMC, 2017.*
Boris Barraud, *Le droit postmoderne. Une introduction*, 2017.
Boris Barraud, *La jurisprudence et la doctrine*, 2017.
Geneviève Iacono, *Voyages au cœur des propriétés publiques*, 2016.

Ianjatiana Randrianandrasana

Le droit de la protection de la nature à Madagascar

Entre centralisme et consensualisme

Préface de Jacqueline Morand-Deviller

Professeur émérite de l'Université Paris 1 Panthéon-Sorbonne

L'Harmattan

5-7, rue de l'École-Polytechnique, 75005 Paris

www.editions-harmattan.fr

ISBN : 978-2-343-14050-6
EAN : 9782343140506

REMERCIEMENTS

Je tiens à exprimer ma profonde gratitude et mes sincères remerciements à Mme le professeur Jacqueline Morand-Deviller, qui a accepté d'encadrer ce travail et qui n'a jamais cessé de me soutenir et de me faire confiance. Grâce à sa bienveillance et à sa patience, j'ai beaucoup appris et je lui dois tant que ces quelques lignes et ces quelques mots ne sauraient contenir ma profonde reconnaissance.

Ad Majorem Dei Gloriam

À mes grands-parents,
À mes parents Hermond et Lydia,
Ny hazo no vanon-ko lakana, ny tany naniriny no tsara,

À ma famille et à mes amis,
À tous ceux qui de près ou de loin m'ont aidée lors de ce parcours
Ireo nitoto nahafotsy nahandro nahamasaka,

À Tahina Fabrice,
Mpinamana mianala, izy tokiko izaho tokiny

À Vous…

PRÉFACE

J'ai connu Ianjatiana Randrianandrasana lorsqu'elle s'est inscrite dans le diplôme d'études approfondies (DEA), devenu Master 2 de recherche, consacré au « Droit de l'environnement ». Cette formation commune aux Universités Paris I et Paris II fut l'une des premières en France à se consacrer à cette matière alors embryonnaire dans les Facultés de droit qui, par la suite, ne tarda pas à se hisser aux premiers rangs de la recherche en droit public et privé.

La jeune étudiante venait d'arriver à Paris quittant sa Grande Île où elle avait terminé fort brillamment une maîtrise en droit, major des années de licence et de maîtrise. Tenant à ce que leurs quatre enfants fréquentent les meilleures écoles et universités ses parents, de condition modeste, se sont sacrifiés pour les envoyer étudier à l'étranger après leur avoir donné l'exemple de l'effort et du travail. Elle ne manque jamais de leur rendre hommage.

Lors de l'année de DEA j'avais remarqué son application, son sérieux, sa volonté de bien faire et aussi sa réserve et discrétion. Elle réussit cette formation sans problème et obtint l'année suivante un autre diplôme de 3e cycle à l'Université d'Artois. Elle m'avait parlé de son projet d'écrire une thèse et me demanda de diriger ses recherches. Le sujet s'imposa assez vite. La richesse exceptionnelle de la diversité biologique malgache, « terre promise des naturalistes » et la montée des menaces appelaient une réflexion générale sur le droit de la protection de la nature à Madagascar.

Si les travaux de recherche sur les inventaires, les coutumes, les traditions, les politiques suivies dans la gestion singulière de ces richesses naturelles sont nombreux et souvent savants, comme en témoigne une bibliographie soignée fort utile, ces études ont été effectuées par des scientifiques et des politicologues, rarement par des juristes. Ceux-ci se sont intéressés à des questions particulières mettant en valeur la singularité de certaines pratiques et institutions, toujours en vigueur, comme celle du *fokonolona* ou du *dina,* mais aucune recherche d'ensemble sur le droit de la protection de la nature en sa diversité n'avait encore été entreprise.

La première qualité de ce travail est la clarté du raisonnement et de la rédaction. Lorsque la doctorante me rencontrait pour m'apporter les pages qu'elle venait d'écrire, je lui reprochais parfois une certaine lenteur dans la progression, mais je n'avais que peu de corrections à apporter, car elle avait mis un soin tout particulier dans la construction et l'écriture comme s'il s'agissait de la version définitive.

D'emblée elle manifesta la volonté d'adopter tout au long de l'ouvrage une analyse critique. La présentation des règles, des institutions, des instruments juridiques de protection est toujours suivie d'une appréciation sur les défaillances et les ineffectivités et ce passage au crible ne verse jamais dans l'excès.

La thèse s'ordonne autour de trois parties. La première est consacrée aux sources du droit et aux institutions et l'on découvre que le droit malgache s'appuie sur une tradition fort ancienne de règles et coutumes ancrées sur l'idée de la « Terre mère sacrée » et sur le devoir de transmission de la sagesse et des connaissances héritées des ancêtres. Cette anticipation remarquable par rapport aux concepts contemporains de gestions et usages collectifs des biens publics montre combien la tradition peut servir de modèle pour répondre aux évolutions des sociétés et combien avant-gardiste étaient la réforme foncière du roi Andrianampoinimerina au XVIIIe siècle et les premières codifications du XIXe siècle, tout particulièrement le Code des 305 articles de 1 881 sur la fonction sociale des forêts. Quant aux sources contemporaines du droit, Madagascar a ratifié bon nombre de conventions internationales, et a très tôt constitutionnalisé la protection de l'environnement *Malagasy* dans le Préambule de la Constitution de 1959 puis de celles de 1992 et 2010, se dotant ensuite d'un arsenal de lois protectrices dont les 13 articles de la Charte de l'Environnement en 1990. Y sont proclamés les principes généraux et les objectifs à poursuivre dans une perspective de développement durable ainsi que les droits à l'information et à la participation et le devoir de prévention.

Qu'en est-il de l'effectivité de ces textes ? Elle reste insuffisante et l'une des causes est à rechercher dans le manque de cohérence entre les différents niveaux de responsabilité. Une profusion institutionnelle s'observe ; cellules environnementales dans chaque ministère, Comité interministériel pour l'Environnement… qui a pour effet la « confusion institutionnelle » et la dilution des responsabilités. Quant à la décentralisation, conçue différemment selon les régimes politiques qui se sont succédé, sa mise en place prévue par les textes tarde à être appliquée, même si l'existence des trois niveaux de collectivités territoriales : provinces, régions, communes, désormais stabilisée, devrait faciliter sa progression. Il est par ailleurs, hautement souhaitable que se développent, aux côtés des ONG, les associations de défense de l'environnement à l'exemple d'*Alliance Voahary Gasy* qui joue un rôle intéressant de veille et de lanceur d'alerte face au braconnage et à la détérioration des ressources naturelles.

La seconde partie s'attache à présenter les différents espaces, espèces et activités protégés s'intéressant d'abord à ce qui en est l'ossature, la forêt, élément essentiel dans la protection de la richesse et de la diversité biologique. Les chiffres parlent d'eux-mêmes : sur les 12 000 espèces de la flore malgache, 10 000 dépendent de la forêt, ce qui s'observe aussi pour 100 des 120 espèces d'oiseaux endémiques ; et près de la moitié des 132 000 km2 de couverture forestière sont des forêts naturelles primaires ou secondaires.

Madagascar s'est dotée en 2003 d'un code de gestion des aires protégées, élément essentiel dans la protection de la forêt avec la trilogie : réserves naturelles intégrales (5), réserves spéciales (23) et parcs nationaux (19) et une croissance significative des étendues de ces aires : cinq fois plus en 2016 qu'en 2003. On laissera l'imagination vagabonder sur la magnificence des paysages de la réserve intégrale de *Bemaraha*, premier site inscrit à l'UNESCO, et de celle de *Lokobe*, forêt originelle où les plus patients pourront rencontrer des lémuriens endémiques et se recueillir sur le tombeau du roi *Andriamaitso*. Les aires protégées sont la propriété de l'État ce qui est une garantie pour leur protection, mais n'est pas sans soulever de problèmes avec les communautés riveraines qui se plaignent d'être privées de l'exploitation des ressources nécessaires à leur subsistance et de la possibilité de pratiquer librement les cérémonies traditionnelles autour des tombeaux des ancêtres. La solution a été trouvée dans des conventions autorisant un droit d'usage limité.

Les défaillances dans la protection d'un patrimoine naturel dont l'exceptionnelle richesse fait l'objet de convoitises et menaces sont nombreuses. L'objectif d'exploitation commerciale, certes encadrée par l'obligation de permis et la conclusion de conventions d'exploitation, l'emporte sur la protection environnementale qui n'est véritable que dans les aires protégées. Sont dénoncées l'absence d'inventaire, l'absence de classification des espèces dont dépend la protection, l'insuffisance de la soumission des règles nationales par rapport aux recommandations internationales (41 % des espèces considérées comme menacées par l'UICN ne figurent dans aucun texte national). Et bien entendu, ici encore plus qu'ailleurs, l'inefficacité des mesures de répression se constate faute de moyens de contrôle suffisant : dans plusieurs régions, chaque agent du ministère des Eaux et Forêts a, à lui seul, la responsabilité de 60 000 hectares.

La troisième partie éclaire le sous-titre choisi afin de mettre en valeur le passage d'une gestion qui reste très centralisée vers une forme d'administration originale qui fait une place toute particulière au consensualisme et à la participation des communautés de base dans la protection de la nature. La thèse montre qu'il n'y a pas opposition, mais complémentarité entre les deux niveaux, macro et micro, que ce mode collectif de gestion ne nuit en rien à la décentralisation et aux compétences des autorités locales et que la protection environnementale a tout à gagner de cette démocratie participative de terroir et d'une gestion reposant sur l'initiative et les accords librement consentis de petites collectivités *ad hoc* réunies autour d'un projet commun.

Le consensualisme se manifeste dans la lutte contre les infractions. Une analyse fine met en valeur les difficultés de la répression et de la réparation des infractions environnementales. À défaut de sanctions individuelles efficaces, Madagascar admet la possibilité d'un système original de responsabilité collective des communes de base dans la surveillance des feux et la déforestation ainsi que la reconnaissance, d'ordinaire interdite, d'une responsabilité pénale des collectivités. D'origine coutumière, le *dina,* convention collective, écrite librement par les membres de la communauté, édicte les mesures estimées nécessaires à « l'harmonisation de la vie sociale et économique ainsi qu'à la sécurité en fonction des réalités locales ». C'est une sorte de contrat social lié à un territoire particulier. De par leur propre volonté, les communautés s'attribuent librement un rôle de surveillance et de prévention des infractions, des mesures d'urgence pouvant être prises en attendant l'arrivée des officiers de police judiciaire. Le consensualisme se retrouve aussi dans la transaction pénale pour résoudre les conflits à la suite d'un accord entre l'administration et le coupable de l'infraction.

Mais le système le plus significatif des progrès attendus d'une protection environnementale par la voie contractuelle auxquels s'intéressent désormais la plupart des pays, notamment la France, est celui des conventions de transfert de gestion des ressources naturelles. Elles interviennent sur initiative des communautés de base, les autorités communales étant seulement tenues informées, et sont conclues entre les collectivités et l'État qui donne son agrément et précise les conditions à respecter, sous peine de résiliation de l'accord. C'est un transfert de responsabilité, mais pas de propriété, une convention qui porte assez largement sur l'*usus* et le *fructus.* Des certificats fonciers donnent la sécurité juridique nécessaire aux occupants du territoire et des contrats de sous-traitance en vue de l'exploitation de certaines ressources sont autorisés. Intervenant en amont pour éviter des comportements irréversibles, la convention de transfert de gestion s'appuie le plus souvent sur un *dina* qui détaille les mesures de protection, et parfois sur un contrat de médiation environnementale afin de faciliter la circulation des informations et les négociations entre les parties. La voie contractuelle et l'engagement volontaire se retrouvent tout au long du processus de gestion dans le respect des règles nationales et le contrôle des services de l'État.

Madagascar se montre ainsi exemplaire quant à la mise en œuvre du Principe 22 de la Déclaration de Rio en 1992 qui insiste sur le rôle vital que doivent jouer les populations et communautés autochtones dans la gestion de l'environnement « du fait de leur connaissance du milieu et de leurs pratiques traditionnelles » et sur le devoir des États « de leur accorder tout l'appui nécessaire ».

Constatant que le droit malgache de la protection de la nature ne s'est pas encore doté de mesures adaptées et efficaces, Ianjatiana Randrianandrasana conclut cette démonstration convaincante en proposant qu'intervienne une refonte générale qui serait confiée à une Commission de codification du droit de l'environnement, comme cela a été fait pour le Code civil et le droit des affaires. Ces dispositions seraient « authentiquement malgaches », afin d'éviter le piège de la codification-transposition. Le code prendrait en compte, dans la plus large mesure les coutumes et les institutions traditionnelles, mais les ouvrirait progressivement aux évolutions nécessaires.

Cet important travail, vigilamment actualisé, devrait être un instrument fort utile à la préparation de ces réformes, accomplies sous le regard bienveillant de *Zanahary* et le respect du «*fanahy-maha-olona*», invitation solennelle qui ouvre le Préambule de la Constitution.

Jacqueline Morand-Deviller
Professeur émérite à l'Université Paris 1 Panthéon-Sorbonne

SOMMAIRE

INTRODUCTION[1]

La richesse de la diversité biologique malgache.

1. « Puis-je vous annoncer que Madagascar est la terre promise des naturalistes ? C'est là que la nature semble s'être retirée comme dans un sanctuaire particulier pour y travailler sur d'autres modèles que ceux auxquels elle s'est asservie dans d'autres contrées ». C'est en ces termes que le naturaliste Philibert Commerson[2] décrit[3] la Grande Île après y avoir réalisé un long voyage d'exploration au XVIIIe siècle[4]. Cette richesse de la diversité biologique[5] malgache n'a eu de cesse de provoquer les passions et l'admiration des explorateurs, des naturalistes et des missionnaires qui ont eu l'occasion de séjourner et de réaliser des recherches sur les terres malgaches[6]. Située dans l'Océan Indien et séparée de l'Afrique par les

[1] Cet ouvrage est issu de la thèse soutenue le 6 octobre 2014 à l'Université Paris 1 Panthéon-Sorbonne ; le jury était composé des professeurs Jacqueline Morand-Deviller, Maryse Deguergue, Françoise Fraysse et Ramarolanto-Ratiaray. Le texte a été légèrement remanié, mais actualisé des principaux textes adoptés depuis.

[2] Philibert Commerson (1727-1773) est un naturaliste français et explorateur, il a fait partie de l'expédition du naturaliste Boungainville pour le Brésil en 1767, s'étant poursuivie, celle-ci est arrivée en novembre 1768 à l'Île Maurice, il y débarque pour étudier la faune et la flore avant de se rendre à Madagascar en 1770 pour réaliser ses observations et études. « À sa mort, 32 caisses contenant des manuscrits, des dessins et son herbier riche de 3000 espèces ou genres nouveaux et l'ensemble de ses collections seront envoyés au Jardin du Roi ». Source : *Grand Dictionnaire Encyclopédique Larousse.*

[3] Dans une lettre du 18 avril 1771 adressée à Jérôme de Lalande, astronome et membre de l'Académie royale des sciences, citée dans Raymond DECARY, *La faune malgache, son rôle dans les croyances et les usages indigènes*, Paris : Payot, 1950, p. 13.

[4] Cité dans Chantal BLANC-PAMARD, Hervé RAKOTO RAMIARANTSOA, « Madagascar : les enjeux environnementaux » in *L'Afrique. Vulnérabilité et défis*, Nantes : Éditions du Temps, 2003, pp. 354-376.

[5] La diversité biologique est définie par l'article 2 de la Convention sur la diversité biologique du 5 juin 1992 (Rio de Janeiro – Brésil) comme « la variabilité des organismes vivants de toute origine y compris, entre autres, les écosystèmes terrestres, marins et autres écosystèmes aquatiques et les complexes écologiques dont ils font partie : cela comprend la diversité au sein des espèces et entre espèces ainsi que celle des écosystèmes ».

[6] Plusieurs témoignages se retrouvent dans le fonds Grandidier qui contient des documents rassemblés par Alfred (explorateur) et Guillaume Grandidier et qui concernent Madagascar et les îles voisines. Les éléments de ce fonds, estimés à près de 15 000 références documentaires, recouvrent la période comprise entre la fin du XVIème siècle et la veille de l'annexion coloniale, vers 1896. Ce fonds documentaire comprend des écrits, des cartes et des photographies de Madagascar et de ses régions et habitants qui ont des intérêts historiques et sociologiques, mais surtout, ils mettent à disposition des inventaires sur la faune et la flore de certaines régions et constituent les premières descriptions scientifiques des espèces animales

400 km du Canal de Mozambique, Madagascar est la 4e plus grande île au monde. Elle est même parfois qualifiée de « petit continent »[7] avec sa superficie de 587 040 km², ses 5 000 km de côtes et ses nombreux îlots.

2. Rejoignant les impressions des premiers explorateurs et naturalistes, les contemporains considèrent Madagascar comme une zone de *hotspot* en matière de biodiversité[8]. Un *hotspot* en matière de biodiversité est défini[9] comme une zone au sein de laquelle se concentre une proportion exceptionnelle d'espèces endémiques[10] (au moins 0,5 % ou 1 500 des espèces considérées comme endémiques), mais qui en même temps perd une part importante de son habitat original. De par le monde, 34 zones sont actuellement identifiées comme telles. Madagascar fait partie du peloton de tête, selon les 5 critères établis : la quantité de plantes endémiques, la répartition dans l'espace de ces plantes endémiques (plus précisément le ratio sur une surface de 100 km²), la quantité de vertébrés endémiques, leur répartition dans l'espace, et enfin, la surface restante de l'habitat original. En tant que zone de *hotspot*, les scientifiques ont établi que la Grande Île abritait 3,2 % des plantes endémiques recensées, soit à peu près 9 704 sur un total de 300 000 espèces de plantes endémiques de par le monde, et 2,8 % des espèces de vertébrés endémiques soit 771 sur un total de 27 298. Et il resterait 59 038 km² de l'habitat original de ces espèces, soit 9,9 % de l'étendue de l'habitat original[11].

3. La nature est caractérisée par une très grande richesse et un haut degré d'endémisme à Madagascar. La communauté scientifique est unanime sur le fait que « la caractéristique la plus frappante de Madagascar est constituée par son endémisme exceptionnellement intense dans pratiquement tous les groupes, particulièrement au niveau générique et au niveau familial »[12]. On estime aujourd'hui « au nombre de 12 000, voire 14 000 les

---

et végétales endémiques de Madagascar. Le fonds est consultable sur http://www.fonds-grandidier.mg.

[7] Henry RUSILLON, *Un petit continent, Madagascar*, Paris, Société des Missions Evangéliques, 1933, 414 p. Patrick BLANCHE, *Madagascar : l'Île continent*, Genève, 2009, 189 p. ; TYSON, PETER and Russell A. MITTERMEIER, *The Eight Continent : life, death, and discoveryt in the Lost World of Madagascar*, Morrow, William&Co, 2000.

[8] Cette classification a été établie par l'organisation non gouvernementale *Conservation International* et lui permet d'affecter en priorité ses fonds au bénéfice de ces zones de « hotspot », considérées comme très vulnérables, et de mobiliser ses actions dans celles-ci.

[9] Voir en ce sens, Norma MYERS, Russell A MITTERMEIER & al, « Biodiversity hotspots for conservation priorities », *Nature*, vol 403, February 24, 2000, pp. 853-858.

[10] Caractère d'une espèce indigène et autochtone, dont l'aire de répartition est nettement délimitée et caractérise une zone géographique donnée.

[11] Norma MYERS, Russell A MITTERMEIER & al, *op. cit.*

[12] LOWRY, II P.P., SCHATZ, G.E. and PHILIPSON, P.B. (1997). "The Classification of Natural and Antropogenic Vegetation in Madagascar", in *Natural change and human impact in*

espèces végétales dont plus de 90 % sont endémiques. Parmi les vertébrés, les nombreux mammifères comptent 101 espèces terrestres indigènes, dont aucune ne se trouve ailleurs sur la planète »[13]. Cet endémisme s'expliquerait d'une part par l'isolation de l'Île pendant des dizaines de millions d'années après sa séparation du continent africain et du sous-continent indien, ce qui aurait « permis à la végétation et à la faune de se développer en vase clos depuis l'époque tertiaire »[14]. Et d'autre part, la présence humaine sur l'Île aurait un caractère récent. Selon Hubert Deschamps, « l'Île a été déserte pendant toute la préhistoire. L'homme ne l'a atteinte qu'à une époque historique, par la navigation et sans doute, connaissant déjà le fer »[15].

4. La forêt malgache est l'habitat d'une proportion importante de ces espèces de la flore et de la faune endémiques de l'Île. « La flore de Madagascar compte environ 12 000 espèces, dont approximativement 10 000 sont dépendantes de la forêt ; 81 à 86 % de celles-ci sont endémiques. (...) Une proportion importante (33 %) de la flore indigène consiste en arbres et en arbustes, parmi lesquels 96 % sont endémiques. La majorité de la flore restante est associée à la forêt. (...). Au sein du taxon des mammifères, 156 espèces ont été inventoriées, incluant au moins 32 espèces de lémuriens, tous endémiques à Madagascar. L'endémisme d'autres groupes de mammifères est élevé : 97 % d'insectivores, 89 % de rongeurs et 87 % de carnivores. Plus de 90 % des mammifères sont restreints aux habitats forestiers. Madagascar compte 258 espèces d'oiseaux. Bien que ce soit un nombre modeste par rapport à d'autres pays africains, 120 de ces espèces sont endémiques et environ 100 d'entre elles sont restreintes à la forêt »[16]. Et cet inventaire des espèces endémiques présentes sur le territoire malgache ressort indemne de toute comparaison avec d'autres régions[17]. « Bien que Madagascar ne représente que 1,9 % de la surface totale de l'Afrique, l'Île abrite plus d'espèces d'orchidées que tout le continent africain. (...)

Madagascar (eds. GOODMAN, S.M. and PATTERSON, B.D.), pp. 93-123. Smithsonian Books, Washington, D.C.

[13] GOODMAN, S.M. and BENSTEAD, J.P. (eds. 2003). *The natural history of Madagascar*, University of Chicago Press, Chicago.

[14] Pierre VÉRIN, *La destruction de la forêt orientale à Madagascar et ses conséquences*, Paris, 1992, p. 1.

[15] Hubert DESCHAMPS, *Histoire de Madagascar*, Paris : Éditions Berger-Levrault, coll. Mondes d'Outre-Mer, 1960, p. 14.

[16] USAID, *Mise à jour 2008 de l'Evaluation des menaces et opportunités pour l'environnement à Madagascar,* mai 2008, p. 18.

[17] En comparaison, dans le sud-ouest de l'Australie, il reste 33 336 km de l'étendue de l'habitat original des espèces, soit 10,8 %, avec 5 469 d'espèces de plantes dont 1,4 % soit 4 331 sont endémiques, 456 espèces de vertébrés, dont 100 sont endémiques, soit 0,4 %. Dans le Cerrado du Brésil, 356 630 km de l'étendue de l'habitat original des espèces subsistent, soit 20 %, 10 000 espèces de plantes y sont localisées dont 1,5 % soit 4 400 sont endémiques, et il y existe aussi 1 268 espèces de vertébrés, dont 117 sont endémiques, soit 0,4 %. Source : Norma MYERS, Russell A MITTERMEIER & al, *op. cit.*

Madagascar ne compte que 106 espèces de mammifères, mais 78 de celles-ci sont endémiques »[18].

5. Avec les nouvelles découvertes qui ne cessent de se faire, même à l'époque contemporaine, cette biodiversité malgache n'a pas encore fini de dévoiler ses trésors enfouis. « Entre les années 1999 et 2010, 615 nouvelles espèces animales et végétales ont été découvertes à Madagascar. Au nombre de celles-ci, on recense 385 plantes, 42 invertébrés, 17 poissons, 69 amphibiens, 61 reptiles, et 41 mammifères »[19]. Plusieurs exemples de ces nouvelles espèces de faunes découvertes à Madagascar peuvent être apportés. En premier lieu, dans la catégorie des primates et plus particulièrement des lémuriens, il a été recensé 28 nouvelles espèces au cours de la dernière décennie. Parmi celles-ci, le microcèbe de Mme Berthe (*Microcebus berthae*) est le plus petit primate de la planète découvert à ce jour : il mesure 9 cm pour un poids de 30 g. Il a été trouvé dans l'Ouest de Madagascar. Deux autres nouvelles espèces de microcèbes ont été découvertes en 2003 et en 2007 : le *microcebus tanosi* et le *microcebus marohita*[20]. Dans la catégorie des reptiles, un gecko à queue plate (*Uroplatus pietschmannni)* a été découvert dans la forêt tropicale de l'Est de Madagascar en 2003. Il en est de même pour une espèce de serpent, le *liophidium pattoni* dont le schéma de couleurs est unique[21] et qui a été trouvé en 2010 au Nord-Est de Madagascar. Un dernier exemple de nouvelles espèces animales découvertes peut être apporté : celui de l'araignée orbitèle dorée de Komac (*Nephila komaci).* C'est une araignée tisseuse dont les toiles de soie dépassent souvent le mètre de diamètre. Et « il s'agit de la première espèce de *Nephila* à être décrite depuis 1 879 »[22]. Deux exemples de nouvelles espèces de plantes peuvent aussi être relevés. En 2003 est décrite une nouvelle espèce d'orchidée : la *Polystachya clareae*. Trouvée dans la région des Hauts Plateaux de l'Île, cette orchidée se distingue par ses

---

[18] Eduard NIESTEIN, PhD, *Etude sur la politique de conservation des ressources forestières à Madagascar – Contraintes et opportunités de la conservation des forêts à Madagascar,* Conservation International, Direction générale des Eaux et Forêts, Antananarivo, mai 2000, p. 6

[19] WWF, *L'Île aux trésors : Biodiversité : nouvelles espèces découvertes (1999-2010)*, Rapport du Bureau du WWF pour Madagascar et l'Océan Indien Occidental, 2011, 36 p.

[20] Rodin M. RASOLOARISON, David W. WEIRSROCK, Anne D. YODER, Daniel RAKOTONDRAVONY, Peter M. KAPPELER, « Two new species of mouse lemurs (Cheirogaleidae : *Microcebus*) from Eastern Madagascar, *International Journal of Primatology,* March 2013, pp. 455-469.

[21] Son dos noir est parcouru de quatre raies ondulées horizontales roses se fondant dans des couleurs bleu gris à mi-corps alors que le ventre est jaune brillant.

[22] WWF, *L'Île aux trésors : Biodiversité : nouvelles espèces découvertes (1999-2010), op. cit.*

couleurs étonnantes et son parfum[23]. Il en est de même d'une nouvelle espèce de palmier géant : le *tahina* (*Tahina spectabilis*). Cette espèce compte une centaine d'individus et est localisée dans le Nord-Ouest de Madagascar, elle n'a aucune relation avec les autres palmiers de Madagascar. Sa description scientifique est faite en 2008. Sa floraison est spectaculaire, mais est unique dans sa vie.

6. Ces divers exemples confirment la richesse des espèces de la faune et de la flore malgaches et le caractère endémique d'un grand nombre. Les découvertes récentes suggèrent que cette biodiversité de l'Île a encore beaucoup de potentiel. Celles-ci n'ont pas été localisées dans une région spécifique de l'Île, mais sont réparties sur tout le territoire. Et elles se sont faites récemment. Face à cette richesse des ressources naturelles, il importe de rechercher les relations que les Malgaches entretiennent avec la nature.

Le lien à la Nature dans la culture malgache.

7. Dans certaines sociétés, surtout occidentales, une crise du lien à la nature est constatée, « crise écologique », selon François Ost. Il s'agirait d'« une crise de la représentation de la nature, du rapport à la nature de l'Occident. Cette crise est tout à la fois celle du lien et celle de la limite : (…) nous ne saisissons plus ce qui nous lie à l'animal, au vivant, à la nature (…) nous ne saisissons plus ce qui nous en sépare »[24]. Deux positions se démarquent alors.

8. En premier lieu, l'anthropocentrisme considère l'homme comme mesure de toute chose et relègue la nature au rang d'objet. Philosophie issue du siècle des Lumières, l'homme y est reconnu comme « maître et possesseur » de la nature. « Plus loin » encore dans le Temps, selon les perceptions bibliques[25], l'homme doit dominer la nature : les poissons de la mer, les oiseaux dans le ciel, le bétail, toute la terre, tous les reptiles qui rampent sur la terre. Selon Luc Ferry et son « nouvel ordre écologique »[26], seul l'intérêt de l'homme prime, la protection de la nature n'a pas en elle-même une valeur intrinsèque. Par conséquent, seuls les éléments naturels mis au service de l'homme doivent être protégés. « Aussi bien sur les plans scientifique, philosophique, éthique, juridique qu'économique, la conception

[23] « D'un orange vif fluorescent, ses feuilles sont d'un vert brillant et pendant sa floraison, ses fleurs sont en épis répartis sur trois branches. Son parfum rappellerait les arômes artificiels des bonbons au citron. » in WWF, *op. cit.*

[24] François OST, *La nature hors la loi – L'écologie à l'épreuve du droit,* Paris : Editions La Découverte, p. 8.

[25] La Bible, Genèse 1 : 26

[26] Luc FERRY, *Le nouvel ordre écologique*, Paris : Grasset, 1992, 275 p.

instrumentaliste de la nature est profondément enracinée dans la culture occidentale »[27].

9. En second lieu, l'ethnocentrisme attribue à l'écologie, à la nature une place centrale et dans laquelle l'homme n'est qu'un élément parmi d'autres. Dans ce courant de pensée, l'homme redevient un simple élément d'une entité plus importante et essentielle : la Terre Mère Sacrée[28] : « la nature n'est que cela : l'origine (…) La nature est une infatigable matrice qui ne cesse d'engendrer : elle est ce qui, perpétuellement, advient : elle est la vie elle-même »[29]. Ce renversement des « rapports de force » entre l'homme et la nature va aboutir à la remise en cause du caractère essentiellement humain du droit[30] et pousser le mouvement de *deep ecology* à demander en faveur de la nature la qualité de sujet de droit.

10. La *deep ecology* ou « écologie profonde » est un courant radical de pensée fondé en 1973 par Arne Naess[31]. Ce courant dénonce le fait que le combat contre la pollution et l'épuisement des ressources a pour objectif central la santé et l'opulence des populations des pays développés, et déplore qu'au final, la nature ne soit protégée que dans le souci des intérêts de l'humanité. L'écologie profonde prône plusieurs principes : « le développement de la vie humaine et non humaine sur terre présente une "valeur intrinsèque", indépendamment de son utilité pour l'homme. La diversité de la vie est un aspect essentiel et représente en soi une valeur. (…)

---

[27] Serge GUTWIRTH, « Trente ans de théorie du droit de l'environnement : concepts et opinions », *Environnement et Société* 2001, n° 26, p. 9.

[28] Souvent identifiée en Amérique latine à la *Pachamama*, considérée comme source de vie. Dans la Constitution de l'Équateur du 28 septembre 2008, son article 71 reconnaît que « la Nature ou Pacha Mama, où se reproduit et réalise la vie, a le droit à ce que soient intégralement respectés son existence, le maintien et la régénération de ses cycles vitaux, sa structure, ses fonctions et ses processus évolutifs. Toute personne, communauté, peuple ou nationalité pourra exiger à l'autorité publique, l'accomplissement des droits de la nature (…) ». La Pachamama est aussi reconnue dans l'appareil juridique bolivien avec la Loi sur les droits de la Terre Mère de 2010 (Loi n° 071 « *Derechos de la Madre Tierra* », *Gaceta Oficial de Bolivia*, 21 décembre 2010). Cette loi définit la Terre Mère en son article 3 comme un « système vivant dynamique » qui a un droit à la vie et au maintien de son intégrité, à l'équilibre, à la restauration et à une existence sans pollution. Les collectivités publiques et la société civile sont titulaires des obligations permettant de respecter ces droits de la Terre Mère.

[29] François OST, *La nature hors la loi – L'écologie à l'épreuve du droit*, Paris : Éditions La Découverte, 2e édition, 2003, p. 149.

[30] N'a-t il pas été affirmé que le droit est fait par les hommes pour les hommes ? Selon François Ost, dans son ouvrage : « le droit est un produit culturel, issu de cette propriété spécifique à l'homme : l'esprit d'arrachement à sa propre condition, et d'abord à la nature elle-même » (p. 184), et « le droit est aussi pour les hommes, pour cette raison simple, mais incontournable que le langage qu'il parle n'a de sens que pour eux » (p. 187).

[31] Arne NAESS, « The Shallow and the Deep, Long-Range Ecology Movement. A summary », Inquiry, 16 (1973), pp. 95-100.

les humains n'ont pas le droit de réduire la diversité de la vie, sauf pour satisfaire leurs propres "besoins vitaux" ; mais la pression exercée par les hommes sur le monde non humain est actuellement excessive et exponentielle, de sorte que s'impose la réduction de la population mondiale »[32].

11. Dans la droite ligne de ce mouvement, il a ainsi été plaidé, par exemple, la possibilité pour des arbres dont l'existence était menacée de bénéficier d'un droit d'action en justice[33]. Participe aussi de ce mouvement, la volonté de reconnaître les animaux comme des sujets de droit à part entière. En droit français, la loi n° 2015-177 du 16 février 2015 relative à la modernisation et à la simplification du droit et des procédures dans les domaines de la justice et des affaires intérieures insère un nouvel article dans le Code civil. Désormais, selon l'article 515-14 de ce code, les animaux ne sont plus considérés comme des biens meubles ou immeubles par destination, mais ont le statut d'être vivant doué de sensibilité[34]. Il faut souligner que cet amendement n'est pas nouveau : la protection de l'animal a déjà été reconnue par l'ancien article 9 de la loi française du 10 juillet 1976 relative à la protection de la nature[35] qui dispose que « tout animal étant un être sensible doit être placé par son propriétaire dans des conditions compatibles avec les impératifs biologiques de son espèce ». Mais, aucun effet juridique ne peut être tiré de ce changement de statut des animaux : ils n'ont pas de statut juridique nouveau et restent soumis au régime des biens corporels.

12. Dans la société malgache, cette crise écologique telle que décrite par François Ost ne semble pas encore avoir corrompu la relation à la nature. En effet, l'homme, la nature et les animaux sont liés, mais considérés comme distincts les uns des autres et endossent des rôles bien précis. Il est admis que l'homme a un pouvoir sur la nature et les animaux, mais cette place ne lui

---

[32] François Ost, *op. cit.*, p. 161.

[33] En 1972, en vue de l'implantation d'une station de sports d'hiver aux États-Unis, une société d'animation et de loisirs projette de couper des arbres centenaires, une association de défense de l'environnement intente une action en justice qui est rejetée, faute d'intérêt à la cause. Dans un article paru dans la *Southern California Law Review*, « *Should Trees have Standing ? Toward Legal Rights for Natural Objects* », un auteur, Christopher Stone considère qu'en l'espèce, les arbres subissent un préjudice et qu'aussi devrait leur être reconnue la personnalité juridique. Pour justifier sa position, il évoque d'une part, les être humains qui n'étaient pas auparavant reconnus comme sujets de droit, mais le sont actuellement (les enfants, les femmes, les esclaves, les noirs) et les sujets de droit inanimés, incapables d'agir par eux-mêmes, mais qui constituent quand même des sujets de droit (les associations, les collectivités, les sociétés). Au niveau de la Cour Suprême des États-Unis, trois juges ont considéré cette position comme valable.

[34] Philippe BILLET, « La sensibilité animale réaffirmée », *Environnement*, 01/06/2014, pp. 3-4.

[35] Qui est actuellement l'article L 214-1 du Code français rural et de la pêche maritime.

confère pas pour autant le droit de se conduire en « maître et possesseur » tel qu'annoncé par Descartes. « Seul le "*Zanahary*"[36] est le Maître de tout (...) l'homme est réellement un élément de la nature. C'est le point de vue de l'action de l'homme qui permet de découvrir qu'il a sa valeur spécifique, irremplaçable »[37]. La nature et les animaux ne sont pas seulement considérés comme de « simples possessions » dans la société malgache, au contraire, une place en particulier leur est conférée.

13. L'homme, les plantes et les animaux *sont liés, mais distincts.* Les plantes et les animaux sont utiles à l'homme malgache. Mais pour autant, ce dernier ne se considère ni comme leur égal ni comme un « maître tout-puissant ». « Les Malgaches découpent le réel d'une autre manière que nous. Pour eux, la rizière, le bœuf et tous les éléments indispensables à leur vie, font partie de leur *aina*[38], c'est-à-dire de leur moi. Cette intégration leur confère une plus grande valeur : ils participent à l'univers dans sa grandeur »[39]. Dans la pensée malgache, il est difficilement envisageable de placer à un même niveau l'homme et l'animal ou la plante. Selon un proverbe malgache, *« ny fanahy no maha-olona »* : ce qui fait l'homme ce n'est pas seulement son apparence, mais aussi et surtout son âme et sa conscience, élément qui le distingue des animaux. « Ainsi, de tous les êtres vivants, seuls les hommes possèdent cette faculté, apparemment totalement inutile, de distinguer le bien du mal, et de pouvoir se déterminer pour l'un comme pour l'autre. L'animal, même meurtrier, est innocent ; pour l'homme, en revanche, est posée la question de la légitimité de ses actes »[40]. La crise écologique telle que décrite par François Ost n'est pas applicable à la culture malgache qui si elle croit à l'existence d'une conscience particulière et d'une âme unique distinguant l'homme de l'animal et de la plante n'en déduit pas pour autant une liberté de disposer librement de la nature, mais insiste au contraire sur la nécessité d'une harmonie et d'une symbiose avec eux.

14. Les plantes et les animaux peuvent avoir des *vertus particulières.* Le Malgache est parfois invité à respecter certaines espèces de plantes et d'animaux du fait de leurs vertus particulières : que celle-ci soit liée à un

---

[36] *Zanahary* : le Créateur, pas forcément comparable à Dieu dans le sens chrétien.

[37] Robert DUBOIS, *L'identité malgache – La tradition des Ancêtres*, Paris : Karthala, 2002, p. 125.

[38] Le mot « *aina* » recouvre un certain nombre de notions que « le mot français vie ne peut pas toujours le traduire : – ce qui fait l'homme, le corps et la personne inséparables (...) — la personne visible palpable (...) - manifestation extérieure de ma personne, le moi ». Robert DUBOIS, *op. cit.*, p. 15.

[39] Préface de Xavier Léon DUFOUR dans Robert DUBOIS, *L'identité malgache – La tradition des Ancêtres*, p. 6.

[40] François OST, *op.cit*, p 218.

interdit ou à un rituel. Il en est ainsi en premier lieu, du *fady* lié à certains animaux. Le *fady* est défini comme l'ensemble des « interdictions édictées par la coutume dans les circonstances les plus variées ; elles sont relatives à l'accès de certains lieux, à l'usage de certains objets, à l'exécution de certains actes. Ces prescriptions ont un caractère quasi religieux, leur but est de s'attirer la faveur des esprits ou des divinités, qui ne manqueraient pas de punir les contrevenants en cas de violation des prohibitions »[41]. Ce *fady* concerne soit un clan, soit une famille, mais n'est pas toujours généralisé. Ainsi, il existe un *fady* sur les lémuriens dans plusieurs régions de Madagascar : en pays *Antakarana, Bara, Antandroy, Mahafaly*, et une partie du pays *Betsimisaraka*. Les lémuriens y sont considérés comme d'anciens humains ou abritant les âmes de personnes ayant vécu auparavant. De ce fait, une interdiction de chasse est édictée en leur faveur : il est prohibé par le *fady* de leur porter atteinte du fait de ce supposé lien entre l'homme et l'animal.

15. Cette place particulière attribuée à certaines espèces de plantes et d'animaux s'illustre aussi dans leur usage, surtout lorsqu'elles sont considérées comme ayant des vertus particulières ou lorsque leur sont attribués des caractères royal ou sacré. C'est le cas des crocodiles dans certaines régions. « En raison du caractère de sainteté qui s'attache à ce saurien, certaines de ses parties sont utilisées dans un but rituel ; tel est le cas des dents notamment. Partout celles-ci sont très recherchées pour la confection des talismans. En pays *Sakalava*, les restes sacrés des rois, débris d'ongles, de dents ou de cheveux, sont conservés dans d'énormes dents réunies par une armature d'argent. Les reliques qui sont elles-mêmes abritées dans des vases spéciales (...) confèrent à qui les détient le droit de royauté »[42].

16. Et enfin, lors des rituels et cérémonies traditionnels, le sacrifice de certains animaux ou l'utilisation de plantes particulières sont requis pour assurer la plénitude et la perfection de ces rites et cérémonies. Les cérémonies seront considérées comme imparfaites si elles ne se font pas dans les règles de l'art en premier lieu, et sans sacrifice de l'animal caractéristique, ou des plantes particulières en second lieu. Peut être pris en exemple le *Fandroana* célébré autrefois en *Imerina* et qui est constitué d'une cérémonie de bain royal d'une part et des festivités du Nouvel An malgache d'autre part[43]. Pendant cette cérémonie, seuls les zébus de type *« omby*

---

[41] Raymond DECARY, *La faune malgache, son rôle dans les croyances et les usages indigènes*, Paris : Payot, 1950, p. 23.
[42] Raymond DECARY, *op.cit.*, p. 84.
[43] Voir Rev. W. E. COUSINS, M.A, *Fomba malagasy*, Tananarive : Trano Printy Imarivolanitra, 7e édition, 1963, pp. 145-160.

mazava loha » ou « *omby volavita* » peuvent être sacrifiés. Ce sont des zébus qui se distinguent des zébus considérés comme ordinaires grâce à leurs robes qui ont des caractéristiques particulières : noire avec une tache blanche sur la tête et sur certaines autres parties « nobles » de l'animal. Le rite puise son caractère sacré de ces zébus particuliers qui ne peuvent, sous aucun prétexte, être remplacés par des zébus ordinaires.

17. Pour conclure sur ce point, dans la culture malgache, l'homme, tout comme l'animal et la plante ont chacun leur place et se distinguent les uns des autres, mais pour autant, l'homme ne peut être considéré comme un maître supérieur de ces derniers.

18. *Le lien entre les valeurs et leur transmission* est une dimension essentielle dans la culture malgache. Le lien « qui permet d'avoir temps et lieu : un enracinement, une place dans la transmission »[44], trouve son origine dans l'idée de continuité de la vie, même au-delà de la mort, ancrée dans la culture malgache. « Le Malgache qui aime ardemment la vie (...) croit aussi qu'elle se continue au-delà de la tombe (...). En fait, il n'y a pas de coupure radicale entre vivants et morts, mais seulement des rites de passage d'un état dans un autre. Les morts, bien que disparus, poursuivent une nouvelle existence dans l'au-delà, restant en rapport avec leurs descendants, contrôlant leur soumission aux règles de la tradition, leur donnant ordre et conseil, leur faisant part de leur mécontentement, au cours de leurs rêves (...) morts et vivants forment ainsi une sorte de société ségrégative en constante interaction »[45]. Il n'y a pas de cloisonnement définitif entre les anciens et les présents. « La pensée du Malgache ne se détourne pas des ancêtres (...) ils sont ceux qui ont vécu ici sur cette terre et qui, en même temps, ont transmis l'*aina* à leur descendance »[46]. Il en résulte que le Malgache envisage la vie comme une continuité, la mort n'étant considérée que comme une étape. « Il n'est pas exagéré de dire que toute l'existence du Malgache, (...) est axée sur le sentiment familial, entendu dans son sens le plus large, depuis les enfants qui sont l'avenir et entretiendront plus tard le tombeau, jusqu'aux plus lointains ancêtres »[47].

19. De cette croyance en la continuité de la vie résulte la place importante accordée à la transmission[48] : il y a un respect certain dû à

---

[44] François OST, *op. cit.*, p. 9.
[45] Raymond DECARY, *Morts et coutumes funéraires à Madagascar*, Paris : G.P Maisonneuve et Larose, 1962, p. 8.
[46] Robert DUBOIS, *L'identité malgache*, *op. cit.*, p. 129.
[47] Raymond DECARY, *Mœurs et coutumes des Malgaches*, Paris : Payot, 1951, p 21.
[48] Cette idée de continuité entre les générations n'est pas spécifique à la culture malgache, « tout peuple d'Afrique (...) ne "reproduit" pas, mais "continue" », in Jeanne FERRAND, *La terre et le temps en Afrique francophone, Essai sur la conception traditionnelle et son conflit*

l'héritage reçu des ancêtres et qui devrait être transmis aux descendants. Cette idée de *continuité entre les générations* est ancrée : les générations présentes ne font que succéder aux générations précédentes et à ces générations présentes succéderont les générations futures. Cette transmission concerne au premier plan la sagesse et les connaissances des ancêtres parvenues aux temps présents grâce à la richesse de la civilisation orale et certains éléments de la littérature malgache.

20. La transmission des connaissances et sagesses des anciens est assurée par la place importante occupée par l'*oralité* dans la culture malgache. La tradition orale elle-même est traduite en malgache par le terme *lovan-tsofina*, composé par les mots *lova* qui signifie héritage et *sofina* qui désigne les oreilles. Ce *lovan-tsofina* est constitué de ce qui est transmis à l'oral de génération en génération et qui n'est donc pas consigné par écrit[49]. Il peut prendre la forme d'adages et proverbes (*ohabolana)* ou encore de contes (*angano* et *tantara)*. La littérature malgache n'est pas en reste, prenant le relais des traditions orales, elle rappelle cette nécessité d'assurer la transmission entre les générations. L'écrivain malgache Dox (1913-1978) l'a illustré dans son poème intitulé *Tsy hodinganina ny maty* (qui peut être traduit par *Allons nous enjamber les morts ?*) dans lequel il exhorte les générations présentes à assurer la transmission de la sagesse reçue des ancêtres, considérant cet acte de perpétuation comme un devoir[50].

21. Mais cette transmission ne concerne pas seulement la sagesse ou les connaissances héritées des ancêtres. L'attachement du Malgache au lien et à la transmission se retrouve aussi assuré au niveau du patrimoine. Selon un proverbe malgache *« ny tany ho ela amin'ny olona ary ny olona ho ela*

---

avec le droit moderne en quelques sociétés de Madagascar et de Côte d'Ivoire, Paris, septembre 1965, p. 8.

[49] *Lovantsofina : Tantara niampitampita am-bava fa tsy mba voasoratra ka tadidin'ny taranaka mifandimby.*, définition tirée de Régis RAJEMISA-RAOLISON, *Rakibolana malagasy*, Fianarantsoa, 1985.

[50] *Folihala*, p. 195.

Na ny maty na ny velona , mpianakavy iray ihany !
Mbola homba antsika ihany ireo efa nody tany,
Misy trosantsika aminy, nefa izany dia ho efaina
Amin'ny taranantsika : izay no fitohizan'aina !
Nanaovan-dalana isika ka tsy maintsy hanao lalana !
Nananganana tanàna ka tsy hahazo hialangalana,
Namelana fahendrena ka tsy maintsy hamela hafatra.

Traduction libre : *Les vivants et les morts font partie d'une même famille, on a une dette envers ceux qui sont déjà partis et un devoir que l'on doit accomplir au profit de ceux qui vont venir : c'est la continuité de la vie ! On nous a construit routes et villages, on doit en faire de même pour ceux qui vont venir, les anciens nous ont prodigué la sagesse, l'on ne peut que transmettre le même message.*

amin'ny tany »[51], ce qui signifie que les générations passent et se succèdent, mais la terre reste : le dépérissement des êtres ne peut impacter sur le sort de la terre qui est destinée aux descendants. C'est particulièrement le cas du *tanindrazana* qui est « la terre des ancêtres (…) l'endroit où s'étendent les terres héritées des ancêtres connus d'une famille ou d'une collectivité plus large (…) le village où ces ancêtres sont enterrés »[52]. Le *tanindrazana* auquel le Malgache est attaché n'est pas considéré comme un simple bien. Cette propriété familiale, et ancestrale « a vocation à maintenir la cohésion des membres de la famille (…) elle unit les membres de la famille, elle doit être conservée »[53]. D'une manière générale, il n'y a pas de partage de ce *tanindrazana* et aucun membre de la famille ne peut se prévaloir d'un droit sur une quote-part de ce bien. Pour le Malgache, « là où est situé son tombeau ancestral, il a hérité d'un bien indivis sans titre dont partage ou aliénation sont hors de question »[54].

22. Si la propriété reste à la communauté familiale, par contre, *la gestion de la propriété revient de droit à l'aîné* qui a le devoir de préserver le bien, de le maintenir en état et d'agir seulement dans l'intérêt du groupe et de la famille[55] et cela afin de pouvoir assurer la transmission de ce patrimoine familial. Le respect du droit d'aînesse est ancré dans la tradition malgache, mais n'est pas explicitement reconnu par le droit positif. « L'aîné est celui qui est plus âgé que soi. Ainsi, font partie des aînés, les parents, de même que les frères dont la naissance est antérieure à la sienne. La primauté reconnue aux aînés résulte du caractère patriarcal de la société malgache qui réserve un privilège certain aux parents, considérés dans toutes les occasions de la vie sociale »[56]. « Cette conception traditionnelle (de la famille) donne l'autorité au plus âgé, censé être le plus sage et le plus expérimenté. La parenté est classificatoire, ainsi chaque génération l'emporte sur la

---

[51] Lalao François RABENANDRASANA, *Ny tontolo sy ny Ntaolo malagasy – Fahalalana fototra,* Antananarivo, 2006, p. 30.

[52] Roland RAKOTOVAO, *Anarandray et Tanindrazana à Madagascar : l'identité des migrants Betsileo en Imerina (1895-1960),* Thèse doctorat : Histoire, Paris 7, 2008, p. 53.

[53] Hobinavalona RAMPARANY-RAVOLOLOMIARANA, « "Le laboureur et ses enfants" ou la propriété foncière coutumière à Madagascar », in *Jean de la Fontaine juriste ? Lecture de fables choisies à la lumière du droit,* Université de Poitiers : 2009, p. 9.

[54] Seth RASOLOHERINDRAIBE, « Quelques aspects du droit foncier actuellement en vigueur à Madagascar » in *Atelier international sur la problématique de l'habitat à Madagascar,* p. 42, cité dans Hobinavalona RAMPARANY-RAVOLOLOMIARANA, *op. cit.*

[55] Voir en ce sens, R. RATOVO ANDRIANAVALONA, *L'évolution de la notion d'indivision successorale en droit malgache*, Thèse : Droit, Poitiers, 1988.

[56] NJARA Ernest, « L'intégration des coutumes dans le droit moderne à Madagascar », in *Regards sur le droit malgache – Mélanges en l'honneur du Professeur Alisaona Raharinivonirina,* Paris : L'Harmattan, 2010, p. 76.

suivante »[57]. Cette autorité reconnue aux aînés est liée au respect manifesté à l'égard des ancêtres. « L'autorité première est reconnue aux défunts, aux ancêtres morts, dans le monde des vivants elle l'est au plus âgé, à celui qui se rapproche le plus de ceux qui, dans le tombeau familial, assurent toujours la continuité de la tradition. L'aïeule ou l'aïeul est le meilleur interprète de leurs volontés (...) Ce n'est ni la richesse ni la force, qui donne sa puissance au plus ancien du groupe, mais son expérience qui lui vaut dans la famille une place éminente. Il est au sommet d'une hiérarchie dont le nouveau-né qui vient d'entrer dans l'existence est le dernier échelon »[58].

23. Dans la dévolution successorale, « les règles connaissent toujours un droit d'administration et d'usage sur les biens ancestraux à l'aîné des survivants appartenant à la génération ancienne ou à l'aîné de la famille (...) L'aîné jugé le plus capable et le plus digne détient l'autorité à l'égard de tous les membres en tant qu'administrateur du patrimoine familial et en tant que représentant des ancêtres et intermédiaire entre les vivants et les divinités »[59].

24. À la lumière de ces divers développements, on observe donc que la société malgache est encore préservée, dans ses principes, des principaux ferments de la crise écologique contemporaine du fait de l'importance donnée au lien entre l'homme et la nature et à la transmission de cette valeur. La question se pose alors de la traduction en droit de cette harmonie, de ces liens et de leur transmission. Demeurent-ils cantonnés à la dimension culturelle ou sont-ils repris dans la réglementation relative à la protection de la nature à Madagascar ? Cette richesse des ressources naturelles à Madagascar est-elle prise en compte dans le droit de la protection de la nature, ou reste-t-elle un leitmotiv des seuls discours scientifiques ?

Droit de la protection de la nature ou droit de l'environnement ?

25. Le présent travail s'intéresse au droit de la protection de la nature en particulier, qu'il faut distinguer du droit de l'environnement en général. Cette distinction se fonde sur plusieurs éléments et surtout sur la différence des sujets soumis à ces droits.

26. En premier lieu, il importe de voir si la nature peut être distinguée de l'environnement. Cette tâche s'avère difficile dans la mesure où le terme

---

[57] Jacqueline RAVELOMANANA, « Droit français, Droit malgache : le droit positif malgache et ses problèmes d'application », in « Le rayonnement du droit français dans le monde », *Revue Juridique de l'Océan Indien,* n° spécial 2005, p. 65.

[58] Pierre CHEVALLIER, *Introduction à l'étude du droit coutumier malgache,* Paris : Éditions Cujas, 1963, p. 100.

[59] RARIJAONA René, *Essai sur le droit de propriété foncière à Madagascar, Droit coutumier et droit moderne,* Thèse, Université de Paris, 1965, p. 65.

environnement est plus usité et plus contemporain. Cet usage du mot environnement peut même parfois virer à l'excès. « Le mot lui-même semble un gaspillage. Rebattu par les médias, utilisé à tout propos, hors de propos, il souffre de cet excès. Le voici usé avant d'avoir été utilisé. Porté par une mode, il peut paraître alors n'être que cela »[60]. « Le mot fait florès, mais sa valeur est devenue extrêmement douteuse, tant il est utilisé inconsidérément »[61]. Le terme nature, quant à lui, est difficile à définir et à circonscrire.

27. Dans leur acception générale, une nuance infime distingue la nature de l'environnement. En effet, si la nature est définie comme : « l'ensemble des êtres et des choses qui constituent l'univers, le monde physique (...) l'ensemble du monde physique considéré en dehors de l'homme (...) l'ensemble de ce qui, dans le monde physique, n'apparaît pas comme transformé par l'homme »[62], l'environnement est constitué de l'« ensemble des éléments physiques, chimiques ou biologiques, naturels et artificiels, qui entourent un être humain, un animal ou un végétal, ou une espèce »[63]. Ici, il apparaît que la nature est unique, et que seul l'homme a un pouvoir de transformation sur celle-ci, alors que l'environnement peut être multiple.

28. L'environnement fait l'objet d'une définition multiple aussi bien dans les conventions internationales que dans les textes malgaches eux-mêmes. L'environnement « désigne des agents chimiques, physiques et biologiques ainsi que des facteurs sociaux susceptibles d'avoir un effet direct ou indirect, immédiat ou à terme sur les êtres vivants et sur les activités »[64]. « Dans son sens le plus large, l'environnement peut être assimilé à la biosphère tout entière, alors que, dans sa signification la plus restreinte, l'environnement peut représenter tout simplement le milieu physique immédiat de l'individu, c'est-à-dire son habitat et son voisinage. En outre, le terme "environnement" est neutre en lui-même : tout être vivant, voire tout objet, a son environnement, bon ou mauvais »[65]. Dans les conventions, ce terme a aussi sa définition propre, par exemple, dans la Convention de Lugano sur la responsabilité civile des dommages résultant d'activités dangereuses pour l'environnement, il est composé des « ressources naturelles

---

[60] Martine RÉMOND-GOUILLOUD, *Du droit de détruire, essai sur le droit de l'environnement*, PUF, Les Voies du droit, 1989, p. 42.
[61] Jean LAMARQUE, *Droit de la protection de la nature et de l'environnement*, Paris : LGDJ, 1973, p. XIV.
[62] *Dictionnaire Le Petit Larousse*, 2014.
[63] *Dictionnaire Le Petit Larousse*, 2014.
[64] Olivier SORIA, *Petit vocabulaire du droit de l'environnement*, Éditions Confluences, 2009, p. 11.
[65] Alexandre KISS, « Définition et nature juridique d'un droit de l'homme à l'environnement » in Pascale KROMAREK (dir.), *Environnement et droits de l'homme*, Paris : UNESCO, 1987.

abiotiques et biotiques, telles que l'air, l'eau, le sol, la faune et la flore et l'interaction entre les mêmes facteurs ; les lieux qui composent l'héritage culturel et les aspects caractéristiques du paysage »[66].

29. En droit malgache, la définition de l'environnement est donnée par *l'ancien*[67] *article 2 de la Charte de l'environnement*[68] « on entend par environnement l'ensemble des milieux naturels et artificiels y compris les milieux humains et les facteurs sociaux et culturels qui intéressent le développement national ». Une autre définition est donnée par l'alinéa 1er de l'article 3 de la loi n° 99-021 sur la politique de gestion et de contrôle des pollutions industrielles : « l'environnement est l'ensemble des milieux naturels ou façonnés par l'homme, y compris les milieux humains et les facteurs sociaux et culturels qui les déterminent ainsi que les éléments biotiques et abiotiques de la nature ».

30. La définition de l'environnement est donc très élargie et ce travail se limitera à la protection de la nature c'est-à-dire des ressources naturelles, des milieux naturels, des sites ainsi que des différentes espèces de la faune et de la flore, des habitats et de la biodiversité.

31. Faut-il rappeler ici que la première grande loi française générale sur l'environnement avait affiché cette spécificité : c'est *la loi du 10 juillet 1976 relative à la protection de la nature*[69]. En son article 1er, cette loi a déclaré d'intérêt général, « la protection des espaces naturels et des paysages, la préservation des espèces animales et végétales, le maintien des équilibres biologiques auxquels ils participent et la protection des ressources naturelles contre toutes les causes de dégradation qui les menacent ».

32. Les premiers ouvrages consacrés à la matière retiennent une distinction entre les deux termes. Il en est ainsi de l'ouvrage du professeur Jean Lamarque « *Droit de la protection de la nature et de l'environnement* »[70] dans lequel la protection de la nature en tant que telle est distinguée du droit de l'environnement et de la lutte contre les pollutions. Cette distinction se retrouve ensuite non dans l'intitulé, mais dans le découpage des ouvrages, ainsi dans le précis du professeur Michel Prieur,

---

[66] Article 2-10 de cette convention du 21 juin 1993.

[67] Dans sa version actualisée dans la loi n° 2015-003 du 20 janvier 2015 portant Charte de l'Environnement Malagasy actualisée, cette définition se trouve à l'article 4 dans les mêmes termes.

[68] Loi n° 90-033 du 21 décembre 1990 portant Charte de l'environnement *malagasy*, JORM n° 2035 du 24.12.90, p. 2540

[69] JO du 13 juillet 1976, p. 04206.

[70] Paris : Éditions LGDJ, 1973, 973 p.

« *Droit de l'environnement* »[71], qui distingue le droit de la nature et de la biodiversité, du droit des pollutions et nuisances, de celui des ressources naturelles et enfin du droit de l'environnement urbain, rural et culturel ou dans celui du professeur Raphaël Romi. Ce dernier traite du régime juridique de la faune et de la flore d'une part, et du droit des pollutions et nuisances d'autre part, dans son « *Droit de l'environnement* »[72].

33. Seront donc exclues de notre recherche les branches du droit relatives aux pollutions et nuisances provoquées par les installations industrielles ou artisanales. Ainsi la question des études d'impact ne sera abordée que si un lien existe avec la protection de la nature et des ressources naturelles, il en sera de même en ce qui concerne le comportement environnemental des entreprises, des industries et de toutes activités qui doivent se soumettre à la législation relative à la mise en compatibilité des investissements à l'environnement[73]. Le sujet de la protection de la nature exclut aussi l'étude des questions relatives à l'environnement urbain et rural incluant celles de la gestion des déchets. D'une manière générale et afin d'éviter les débordements et développements qui n'apportent pas d'éléments déterminants à la démonstration ne sont pas évoqués dans le présent travail les éléments relatifs à l'environnement industriel et aux conséquences urbaines des pollutions industrielles.

34. Il s'agira ici d'étudier la réglementation relative à certains éléments de la nature tels que définie précédemment : les éléments de la faune et de la flore, sources de la richesse de la diversité biologique malgache, mais aussi et surtout leurs milieux considérés comme habitats et refuges de ceux-ci que ce soit la forêt ou les aires protégées. Si le concept de nature peut être considéré comme « vague et empreint d'idéologie utopique (…) à caractère illusoire »[74], cette recherche s'évadera de cette dimension conceptuelle et abstraite pour donner de la nature une image réaliste, précise et bien vivante.

Protection de la nature ou gestion des ressources naturelles ?

35. De premier abord, la protection semble se distinguer de la gestion. En effet, la protection est considérée comme une « précaution (…) qui consiste à prémunir une personne ou un bien contre un risque, à garantir sa sécurité, son intégrité, etc., par des moyens juridiques ou matériels »[75], et la

---

[71] Paris : Dalloz, 2016, 7e édition, 1229 p.
[72] Paris : Montchrestien, 2016, 9e édition, 663 p.
[73] La législation relative à la mise en compatibilité des investissements à l'environnement est l'équivalent en droit malgache de la police des installations classées pour la protection de l'environnement en droit français.
[74] Agathe VAN LANG, *Droit de l'environnement*, PUF, 3e édition, 2011, p. 19.
[75] Gérard CORNU, *Vocabulaire juridique*, 10ème édition, V. Protection.

gestion comme l'« action de gérer un bien ou un ensemble de biens en vertu de la loi (...) ou d'une convention (...) qui englobe en général les actes d'administration *stricto sensu* et parfois les actes de disposition »[76]. Dans le cadre de la protection de la nature, les actes de gestion peuvent s'inscrire dans la droite ligne des actes de protection des milieux, des espèces de la faune ou de la flore. « Protéger l'environnement, c'est à la fois le préserver des atteintes susceptibles de le dégrader, politique conservatrice, mais c'est aussi le mettre en valeur par une bonne gestion, politique dynamique et créative, ordre et mouvement se stimulant mutuellement. C'est prendre en compte des contradictions et des ruptures, car la nature elle-même est conflictuelle, en recherche perpétuelle d'un état, toujours fragile, d'équilibre et d'harmonie »[77]. Ainsi, la protection ne consiste pas seulement à prévenir tout acte pouvant porter atteinte à l'intégrité de la nature et des ressources naturelles. Elle peut aussi aboutir à l'adoption de mesures de gestion empêchant la détérioration de celles-ci et elle conduit certainement à une planification et une gestion intégrée par les dispositions des réglementations et les diverses structures mises en place. Dans le présent travail, il y a un emprunt certain du sens du mot protection tel qu'évoqué par le professeur Jean Lamarque : « l'idée de protection doit être prise dans le sens le plus large du terme. Protéger ce n'est pas seulement préserver de la destruction ; c'est aussi assurer l'utilisation la plus rationnelle des ressources naturelles »[78]. Et de ce fait, la gestion des ressources naturelles est aussi considérée comme partie prenante de ce mouvement général de protection.

La nécessité d'un regard juridique sur la protection de la nature à Madagascar.

36. Malgré ses différentes caractéristiques relevées précédemment, c'est-à-dire sa richesse et son endémicité, la diversité biologique a fait l'objet de peu d'études dans le domaine juridique malgache. L'intérêt du présent travail est de voir dans quelle mesure le lien entre l'homme malgache et la nature se traduit dans le droit, de déterminer si cette tradition liée à la transmission dans la culture malgache se retrouve traduite dans le corps de la réglementation malgache.

37. Plusieurs études ont été faites sur la nature et les ressources naturelles à Madagascar, mais celles-ci relèvent pour l'essentiel du domaine des *sciences naturelles*, plus particulièrement de la biologie. Ces études

---

[76] Gérard CORNU, *op. cit.* V. Gestion

[77] Jacqueline MORAND-DEVILLER, *L'environnement et le droit*, 2e édition, Paris : LGDJ, 2006, p. 32.

[78] Jean LAMARQUE, *Droit de la protection de la nature et de l'environnement*, Paris : LGDJ, 1973, p. XIV.

s'attachent à déterminer et à étudier les caractéristiques des diverses espèces découvertes à Madagascar. Elles démontrent aussi les impacts de la présence de ces espèces sur le milieu ainsi que les autres interactivités qui peuvent se faire entre ceux-ci. Ces diverses études biologiques contribuent à étoffer le catalogue des espèces endémiques malgaches et à mieux les connaître. Il en est ainsi de l'ouvrage *Lemurs of Madagascar*[79] qui constitue la référence en la matière et est un outil de terrain important concernant les lémuriens. Cet ouvrage contient la description et les données biologiques et géographiques de toutes les espèces connues. Depuis la première édition de 1994, 2 nouvelles éditions sont parues, dont la dernière date de 2010[80]. Ces ouvrages sont principalement issus des travaux du primatologue Russell Mittermeir. C'est aussi le cas avec l'ouvrage référence *The Natural history of Madagascar* de Steven M. Goodman, Jonathan P. Benstead et Harald Schultz dont la nouvelle édition est parue en 2007[81] et qui détaille aussi bien les espèces de la faune et de la flore que les écosystèmes ou les différents milieux géologiques particuliers de l'Île. C'est enfin le cas de l'ouvrage *Faune et Flore de Madagascar*[82], écrit par Lucille Allorge-Boiteau et Maxime Allorge, dont la 2e édition est parue en 2011 et qui décrit et illustre diverses espèces de la faune et de la flore endémiques de l'Île.

38. Une autre partie des recherches menées le sont dans une *perspective économique* avec des sujets d'économie de l'environnement. Ces recherches aspirent à déterminer le meilleur compromis pour permettre à la fois un développement économique de Madagascar et une protection de la nature et des ressources naturelles[83], car « l'extension de l'emprise humaine sur les écosystèmes a suscité des tensions croissantes qui ont conduit à renouveler la manière d'appréhender les relations entre la croissance économique et l'environnement »[84]. « Face à la dégradation accélérée de la qualité de l'environnement, les économistes vont s'attacher au problème de l'allocation efficace de ces ressources naturelles supposées libres et qui ne le sont plus »[85]. L'exemple de l'étude sur les mécanismes de paiements pour services environnementaux pour la protection de la biodiversité à

---

[79] Russell Alan MITTERMEIER, Stephen D. NASH et al., *Lemurs of Madagascar*, Wahington DC : Conservation International, 1994, 356 p.

[80] En comparaison aux 356 pages de la première édition, cette dernière édition de 762 pages montre l'évolution et l'avancement des découvertes faites sur ces lémuriens de Madagascar. La deuxième édition de l'ouvrage (2006) contenait 520 pages.

[81] La première édition est parue en 2004, avec 1728 pages.

[82] Paru aux Editions Karthala.

[83] Voir par exemple : Bruno SARRASIN, *Environnement et développement à Madagascar. Du plan d'action environnemental à la mise en valeur touristique des ressources naturelles*, Paris : Karthala, 2013, 276 p.

[84] Annie VALLÉE, *Économie de l'environnement*, Paris : Éditions du Seuil, 2002, p. 9.

[85] Annie VALLÉE, *op.cit.*, p. 33.

Madagascar peut aussi être pris[86]. « Le mécanisme des PSE repose sur l'idée que la forêt offre des services globaux pour lesquels certaines institutions sont prêtes à payer, afin d'en assurer le maintien, tout en fournissant des revenus aux populations locales. Ces services incluent le maintien de l'équilibre hydrologique, le piégeage des gaz à effet de serre, la protection de la biodiversité et l'entretien de la beauté du paysage »[87]. Dans ces cas, protéger la nature est un facteur qui est pris en compte parmi d'autres objectifs : assurer une source de revenus aux communautés locales et ainsi assurer le développement local. La mise en place de ces mécanismes répond au souci d'intégrer les préoccupations liées au développement avec la protection des ressources naturelles, mais la détermination des critères d'efficacité de ce mécanisme se base essentiellement sur des théories économiques. Il s'agit ici de traiter prioritairement les aspects juridiques de la protection de la nature. Les divers instruments économiques utilisés à cette fin seront donc exclus, même s'il est admis que la question de la protection de la nature a un caractère transversal.

39. Et enfin, certaines recherches sont axées sur la perception de la nature ou des usages de la nature qu'ont les communautés. Les problématiques liées à la protection de la nature seront étudiées selon la société considérée[88], selon *un point de vue sociologique.*

40. Face à cette quantité importante d'études réalisées dans d'autres domaines, peu de recherches ont été menées au niveau juridique. Il y a un déséquilibre flagrant entre la multiplication des recherches biologiques et économiques avec la rareté de celles réalisées dans le domaine juridique. Or, malgré l'importance d'un regard multidisciplinaire sur ces ressources naturelles, l'étude de leur protection par le prisme du droit est une réelle nécessité. Les constats scientifiques établis et les théories économiques préconisées ne peuvent suffire. Il faut leur attribuer un outil afin d'en assurer la mise en œuvre. Les résultats obtenus de ces différents domaines de recherche, le domaine juridique inclus, ne peuvent être indépendants les uns des autres, ils sont complémentaires. « Le droit de la protection de la nature est l'expression d'un constat scientifique — la dégradation des milieux et la

---

[86] Mino RANDRIANARISON, *La protection de la biodiversité à Madagascar : les paiements pour services environnementaux (PSE)*, Paris : L'Harmattan, 2011, 469 p.

[87] Mino RANDRIANARISON, *op.cit.*, p. 14.

[88] Peuvent être pris en exemple : Samuel RAZANAKA, Michel GROUZIS, Pierre MILLEVILLE (éditeurs scientifiques), Sociétés paysannes, transitions agraires, et dynamiques écologiques dans le Sud Ouest de Madagascar, Antananarivo : CNRE-IRD, 2001, 400 p. ; Sigrid AUBERT, Serge RAZAFIARISON et Alain BERTRAND (éditeurs scientifiques), *Déforestation et systèmes agraires à Madagascar – Les dynamiques des tavy sur la côte orientale,* Cirad, Cite, Fofifa, 2003.

disparition des espèces — ainsi que la mise en œuvre de moyens pour y remédier »[89].

41. L'étude des dispositions de la réglementation malgache relative à la nature en général et de sa protection en particulier constitue un vaste champ de recherche et est encore sujette à de grands travaux de défrichage[90]. L'intérêt du présent travail est alors d'essayer humblement de dresser un portrait général de la matière et d'étudier les principes de base qui guident ou qui se laissent deviner derrière les diverses dispositions de la réglementation de la protection de la nature, sans tomber dans les écueils classiques : il ne s'agit pas ici de raconter l'histoire ni de dresser simplement l'inventaire de toutes les dispositions relatives à la protection de la nature dans le droit malgache.

42. Aborder l'étude du droit malgache de la protection de la nature impose d'évoquer plusieurs points et aboutit ainsi à une étude assez détaillée du sujet. Cette volonté de précision ne s'arrêtera pas à une simple méthode descriptive de la matière, mais cherchera à dégager les principaux problèmes, leurs causes et les remèdes susceptibles d'être apportés en analysant de manière critique les dispositions existantes et en proposant des pistes de réflexion. La majorité des études juridiques faites sur le sujet de la protection de la nature à Madagascar consiste en un survol de ces dispositions et aboutit à des affirmations reprises d'étude en étude, de rapports officiels en rapports officiels[91]. À l'heure où s'exprime une volonté politique de faire progresser la protection de la nature à Madagascar[92], il semble utile de dresser un tableau complet des matériaux juridiques de

---

[89] Sitack BENI YOMBATINA, « Droit de l'environnement à l'épreuve des représentations culturelles africaines : une gestion à réinventer ? », in Camille KUYU (dir.), *À la recherche du droit africain du XXIè siècle,* Paris : Éditions Connaissances et Savoirs, 2005, p. 149.

[90] Sans compter les travaux de recherche effectués dans le cadre des travaux de fin d'année en master 2 recherche (ancien DEA), il y a très peu de travaux de recherche réalisés dans le cadre d'un doctorat en droit ayant pour thème la protection de l'environnement en général ou la protection de la nature en particulier en droit malgache. Peuvent être cités les travaux de Sigrid Aubert, *Gestion patrimoniale et viabilité des politiques forestières à Madagascar : vers le droit à l'environnement ?* Thèse : Université Paris 1 Panthéon-Sorbonne, Droit public, 1999, 467 p., ceux de Saholy Rambinintsaotra, *Vers la gestion intégrée des zones côtières à Madagascar,* Thèse : Université de Limoges, Droit, 2006, 492 p., ou enfin ceux de Bruno Sarrasin, *Elaboration et mise en œuvre du plan d'action environnemental à Madagascar (1987-2001) : construction et problèmes d'une politique publique,* Thèse : Université Paris 1 Panthéon-Sorbonne, Sciences-politiques, 2002, 302 p.

[91] Par exemple, de manière répétitive, dans les rapports officiels et études il est souvent évoqué la protection de l'environnement avec le but d'« éradiquer la spirale de la dégradation de l'environnement » : ce terme emprunté de la Charte de l'environnement malagasy est repris assez souvent sans que son contenu ne soit connu ni précisé.

[92] Dans les divers programmes politiques émis récemment, la protection de l'environnement fait partie intégrante des préoccupations des dirigeants malgaches.

protection existants afin de maîtriser leur efficacité réelle. Cette analyse critique à partir d'un appareil juridique exhaustif permettra notamment d'avoir une vision claire des risques de la prolifération actuelle des exploitations des ressources minières avec les conséquences sur les ressources naturelles et de proposer le renforcement des obligations, des contrôles et des sanctions.

43. Il est quand même paradoxal, eu égard à la richesse et à la diversité biologique du pays, que les structures en place et les textes nécessaires à sa protection sont rares, voire insuffisants, le droit malgache est en retard par rapport à la plupart des pays. Il est cependant réconfortant de constater une volonté politique nouvelle en faveur de cette protection afin de combler au plus vite ce retard. Encore faut-il que ces engagements se concrétisent au regard du droit.

44. Le caractère pionnier de l'étude offre à la fois des possibilités et pose ses limites. Les possibilités sont ouvertes grâce au caractère nouveau du sujet et à l'envergure des travaux à mener. Mais des difficultés sont apparues notamment en ce qui concerne l'acquisition et l'accession aux matériaux de la recherche.

Insécurité juridique

45. Plusieurs difficultés ont émaillé les travaux entrepris dans le présent travail. Elles tiennent en premier lieu à la *collecte des données et à l'accès à l'information* aussi bien auprès des personnes-ressources que des institutions. Les informations et données détenues par les officiels et les diverses institutions ne sont pas facilement accessibles : sans aller jusqu'à évoquer une rétention d'informations volontaire de leur part, cette collecte de données était particulièrement ardue[93] ou s'est soldée par la communication de données non mises à jour.

46. Ces difficultés ne sont pas seulement relatives au droit de la protection de la nature, mais relèvent aussi d'un état général du droit malgache. Le doyen Carbonnier ne l'a-t-il pas déjà constaté ? : « de loin, de trop loin, nous devinons l'immense difficulté intellectuelle de l'entreprise où sont engagés les juristes de Madagascar. Rien de comparable à ce qu'ont eu à faire chez nous (...). Combien plus mouvementé, tourmenté, semble être présentement le chantier du droit malgache. Non seulement table rase n'y a pas été faite (et c'est raisonnable) de la tradition. Mais entre les architectes

---

93 Dans une majorité de cas, les institutions et personnes responsables détentrices des informations et des documents évoquent le caractère confidentiel de ceux-ci ou leur indisponibilité à la consultation du public.

qui offrent leurs services éclate la diversité des écoles »[94]. Ce constat demeure : le droit malgache reste difficile d'accès principalement au niveau matériel. Si le flot d'informations et de sources exige des travaux de recherche dans d'autres régimes juridiques à effectuer un tri nécessaire, la rareté des articles et des ouvrages consacrés au droit malgache incite les travaux de recherche à ne plus se placer seulement sur le terrain du droit, mais à explorer d'autres domaines et autres travaux annexes.

47. D'autres points sont relevés par le professeur Ramarolanto-Ratiaray, « ce dont se plaignaient en réalité les acteurs du droit à Madagascar il y eut un temps, c'était de l'insécurité juridique : des textes introuvables sur un support quelconque, des jugements non publiés, des coutumes tenaces, des pratiques débridées, des lois désuètes ne répondant plus aux exigences du monde moderne et aux nécessités du développement économique… »[95]. Ici formulés au passé, ces points semblent encore d'actualité.

48. Et enfin, l'état de la doctrine juridique malgache, jeune et en pleine croissance contraste avec la multitude des articles et réflexions qui nourrissent la matière sous d'autres cieux. Cependant, loin de se complaire dans cette situation, cette doctrine malgache se reconstitue petit à petit et se redynamise[96] notamment avec « le réveil » des *Annales de droit* de l'Université d'Antananarivo. Le présent travail aspire alors, à sa très modeste échelle à contribuer à cette édification du droit malgache, surtout en matière de protection de la nature.

Plan.

49. Il a été vu que la diversité biologique malgache et ses ressources naturelles sont particulièrement riches et rares. La problématique essentielle est de savoir comment le droit prend en compte ces différents éléments et organise leur protection. Et dans quelle mesure les dispositions de ce droit répondent à cette spécificité des ressources particulières du pays et de leur protection. Pour cela, il est nécessaire dans un premier temps d'étudier les sources et acteurs institutionnels de ce droit malgache de la protection de la nature (**Partie I**). Puis dans un deuxième temps de distinguer les dispositions spécifiques à la protection des divers espaces et espèces (**Partie II**). Et enfin, il importe de voir si la participation des communautés locales (**Partie III**)

---

94 Préface du doyen Carbonnier dans René RARIJAONA, *Le concept de propriété en droit foncier de Madagascar*, Paris : éditions Cujas, 1965, p. 2.

95 RAMAROLANTO-RATIARAY, « La codification : l'expérience malgache », *Revue juridique de l'Océan Indien*, n° 4, 2003-2004, p. 95

96 Les Annales de l'Université de Madagascar en Droit ont été initialement publiées entre les années 1963 et 1973. La reprise de la parution des Annales « nouvelle série » est initiée en 2012.

peut être considérée comme une réponse spécifique de ce droit en relation avec la montée en puissance de la démocratie participative et du concept de « biens publics environnementaux ».

PARTIE I. SOURCES NORMATIVES ET ACTEURS INSTITUTIONNELS

50. À l'instar de la plupart des réglementations environnementales, le droit malgache de la protection de la nature puise ses sources des diverses conventions internationales et régionales auxquelles Madagascar a adhéré. Ces sources internationales **(Chapitre I)** exercent une influence importante sur le contenu des normes juridiques internes. En effet, les conventions et accords internationaux ont une valeur supra constitutionnelle dans le système juridique malgache. Selon l'alinéa 4 de l'article 137 de la Constitution du 11 décembre 2010 actuellement en vigueur : « les traités ou accords régulièrement ratifiés ou approuvés ont, dès leur publication, une autorité supérieure à celle des lois, sous réserve, pour chaque accord ou traité, de son application par l'autre partie ». Cette valeur supra constitutionnelle des conventions internationales signifie aussi par ailleurs qu'en cas de non-conformité de la Constitution aux dispositions des traités[97], la ratification ne peut avoir lieu sans révision constitutionnelle[98]. Cela induit une obligation de conformité de la Constitution et des normes qui lui sont inférieures aux dispositions de ces conventions et accords internationaux[99].

51. Mais l'étude de l'histoire révèle qu'au temps des Royaumes à Madagascar, un embryon de règles tendant à cette protection existait déjà **(Chapitre II)**. Ces premières mesures constituent aussi un héritage important de ce droit de la protection de la nature. Les sources de la réglementation de la protection de la nature et des ressources naturelles sont

[97] Ces traités sont soumis à un contrôle de constitutionnalité avant toute ratification, selon les dispositions de l'alinéa 3 du même article 137 de la Constitution du 11 décembre 2010.

[98] Lovamalala RANDRIANTAVY, « Le juge constitutionnel et les traités internationaux », *Annales droit - nouvelle série*, n° 5, 2016, pp. 201-211 : « Les formalités qui entourent la procédure de ratification se révèlent novatrices et sécurisantes par rapport à la procédure adoptée dans le cadre de la seconde République, à travers laquelle le Chef de l'État ratifiait les traités par voie d'ordonnance (…). Le Constituant de 2010 est plus rigoureux ; il dresse une liste exhaustive des traités soumis à ratification (art. 137.2) et va même exiger que tout traité d'appartenance de Madagascar à une organisation d'intégration régionale soit soumis à une consultation populaire par voie de référendum (art. 137.5) ».

[99] Lovamalala RANDRIANTAVY, art. préc., « De l'Indépendance à nos jours, seul le Statut de Rome instituant la Cour Pénale International a été déclaré par la Haute Cour Constitutionnelle comme renfermant des dispositions contraires à la Constitution malgache de l'époque par sa décision n° 11 -HCC/D1 du 21 mars 2006 relative à la loi n° 2005-035 du 22 décembre 2005 autorisant la Ratification du Statut de Rome ». Par la suite, une révision constitutionnelle est intervenue en 2007 et a introduit un article 131 disposant que « les dispositions de la présente Constitution ne font pas obstacle à la ratification du statut de la Cour Pénale Internationale fait à Rome le 17 juillet 1998, et à l'exécution des obligations en découlant dans les conditions prévues dans ledit statut ».

dès lors multiples. Les dispositions actuelles de la réglementation malgache relative à la protection de la nature sont issues de cette influence extérieure non négligeable et d'un héritage qui lui est propre.

52. Ces différentes sources mettent en avant une place importante des autorités publiques dans la protection de la nature et des ressources naturelles. Diverses structures institutionnelles sont alors mises en place pour la protection de la nature. L'efficacité de la protection va dépendre du degré de responsabilisation et d'implication de ses différents acteurs. Et cette efficacité ne peut trouver son sens profond qu'à travers un cadre institutionnel précis (**Chapitre III**).

Chapitre I. Les sources internationales

53. Dès le début du XX^e^siècle[100], des conventions internationales relatives à la protection de l'environnement ont été conclues, mais ces premières conventions sont pour la plupart des instruments à vocation régionale. Il en est ainsi de la convention de Londres du 8 novembre 1933 relative à la conservation de la faune et de la flore à l'état naturel, qui trouvait application seulement sur le continent africain[101]. « Ce texte comprenait, pour la première fois, des listes d'espèces qui devaient être, selon les cas, intégralement ou partiellement protégées par les parties contractantes. Ces dernières devaient également établir des parcs nationaux et des réserves naturelles intégrales (...) L'influence de la Convention de Londres a été considérable dans la mesure où on lui doit la création de certains des parcs les plus prestigieux du continent africain »[102]. Cette place restreinte des instruments internationaux de protection connaîtra une évolution progressive et décisive avec la multiplication des catastrophes écologiques et maritimes[103] et le cri d'alarme poussé par un groupe de scientifiques en 1972 : selon eux, un « monde fini » ne peut supporter les conséquences d'un accroissement de la population du fait de la consommation et de la pollution que cela impliquerait[104]. Ainsi vers le début

---

[100] Une première convention internationale, la Convention de Londres sur la protection de la faune africaine devait être adoptée, dès l'année 1990, afin « d'empêcher le massacre sans contrôle et d'assurer la conservation de diverses espèces animales vivant à l'état sauvage... qui sont utiles à l'homme ou inoffensives ». Néanmoins, cette convention n'a jamais été ratifiée.

[101] Il en est de même de la convention de Washington du 12 octobre 1940 qui portait uniquement sur la protection de la flore, de la faune et des beautés panoramiques naturelles des pays de l'Amérique.

[102] Cyrille De Klemm, « Un siècle de droit international de protection de la nature » in *Genèse du droit de l'environnement, Vol. 1, Fondements et enjeux internationaux*, Marie Cornu, Jérôme Fromageau (eds.), Paris : L'Harmattan, 2001, p. 100. (pp. 97-140)

[103] Plusieurs catastrophes vont accélérer l'adoption de plusieurs conventions internationales. Par exemple, les conventions relatives à la lutte contre la pollution de la mer ont pour la plupart été prises et renforcées à la suite de naufrages de pétroliers ayant eu des conséquences écologiques catastrophiques. Le naufrage du Torrey Canon en 1967 a été à l'origine de l'adoption de la Convention de Bonn du 9 juin 1969 sur la lutte contre la pollution des eaux de la mer du Nord par les hydrocarbures et de la Convention de Bruxelles du 29 novembre 1969 sur la responsabilité civile pour les dommages dus à la pollution par les hydrocarbures.

[104] *« The limits to growth: a report for the Club of Rome's project on the predicament of mankind »* de Donella H MEADOWS, Dennis L. MEADOWS, Jorgen RANDERS (et al.), New York : Universe Book 1972. Pour éviter cette catastrophe environnementale, les auteurs prônent la « croissance zéro » sur le plan démographique et sur le plan économique. Les travaux ont pris en compte 5 paramètres : la population humaine, la production alimentaire, l'industrialisation, l'utilisation des ressources naturelles non renouvelables et la pollution.

des années soixante-dix, l'environnement, pris dans le sens de la conservation des ressources naturelles, se retrouve propulsé parmi les sujets qui importent dans les relations internationales. Madagascar commence à s'intéresser à ces préoccupations sous l'influence des premières conventions et accords internationaux. Elle va participer aux grands rendez-vous ayant bâti le droit international de l'environnement (**section I**) et adhérer à la plupart des grandes conventions relatives à la protection de l'environnement et des ressources naturelles (**section II**). Et étant partie prenante aux organisations régionales, Madagascar va aussi participer à la dynamique régionale de protection des ressources naturelles (**section III**).

SECTION I. DE LA CONFÉRENCE DES NATIONS UNIES SUR L'ENVIRONNEMENT À STOCKHOLM EN 1972 AU SOMMET DE RIO +20 DE 2012

54. Plusieurs conférences mondiales ont réussi à mettre au-devant de la scène les préoccupations environnementales liées à la protection des ressources. Fort de « sa participation volontariste dans le concert des nations »[105], Madagascar est partie à plusieurs grandes conventions internationales concernant l'environnement. Cet engagement se traduit principalement par la signature et la ratification de ces conventions, mais aussi par la participation aux différentes conférences, organisées par les Nations Unies, ayant hissé la protection de l'environnement au rang de préoccupations internationales. La Conférence de Stockholm en est le point de départ (**Paragraphe 1**), et celle de Rio constitue une véritable consécration sur le plan international (**Paragraphe 2**). Par la suite, les Sommets de la terre, prolongements des deux premiers, n'atteignent pas les objectifs fixés et n'ont pu relayer le dynamisme des premiers (**Paragraphe 3**).

Paragraphe 1. La révélation par la Conférence des Nations Unies sur l'Environnement : Stockholm (Suède) en 1972

55. ***Véritable coup d'envoi de la pleine consécration de la protection de l'environnement sur le plan international***, la Conférence des Nations Unies

[105] 1er considérant du préambule de la Constitution du 11 décembre 2010.

sur l'environnement est organisée à Stockholm en 1972[106]. Elle met en place les bases d'un droit international de l'environnement. La Déclaration sur l'environnement[107] y est adoptée et à sa suite, le programme des Nations Unies pour l'Environnement (PNUE)[108] est lancé par la résolution 2997 (XXVII) du 15 décembre 1972. Lors de cette conférence de Stockholm, il a été constaté que « la protection et l'amélioration de l'environnement est une question d'importance majeure qui affecte le bien-être des populations et le développement économique dans le monde entier ; elle correspond au vœu ardent des peuples du monde entier, et constitue un devoir pour tous les gouvernements »[109]. Pour ce faire, « des principes communs inspireront et guideront les efforts des peuples du monde en vue de préserver et d'améliorer l'environnement »[110].

56. Afin d'atteindre ce but, la déclaration de Stockholm préconise en premier lieu, d'utiliser à bon escient les technologies et les connaissances scientifiques maîtrisées par l'homme. « Il convient de recourir à la science et à la technique, dans le cadre de leur contribution au développement économique et social, pour déceler, éviter ou limiter les dangers qui menacent l'environnement et résoudre les problèmes qu'il pose, et d'une manière générale pour le bien de l'humanité »[111]. La Déclaration de Stockholm incite, par la suite, à prendre en compte les préoccupations

---

106 A. KISS, J-D SICAULT, « La conférence des Nations Unies sur l'Environnement », *Annuaire Français de Droit International,* 1972, pp. 603-628.

107 Cette déclaration finale de la Conférence des Nations Unies sur l'Environnement comprend un préambule de 7 points et 26 principes. Le premier principe reconnaît à l'Homme un droit à vivre dans un environnement lui assurant une bonne qualité de vie et le respect de sa dignité et de ses libertés fondamentales. Les principes suivants vont mettre en exergue la nécessité pour l'Homme de protéger et de préserver les ressources naturelles dans le cadre d'une solidarité intergénérationnelle : autant l'intérêt des générations présentes que celui des générations futures sont pris en compte. Et enfin, une coopération entre les pays en développement et les pays développés est préconisée afin que le développement économique ne constitue pas un obstacle aux préoccupations liées à la protection de l'environnement.

108 Autorité centrale en matière d'environnement dans le système des Nations Unies, son secrétariat est basé à Nairobi (Kenya). Le PNUE a trois types d'action : l'évaluation, la gestion de l'environnement et les mesures d'appui. Dans le cadre de ses missions d'évaluation, il procède à la recherche, à la collecte, à l'échange et à la diffusion d'informations sur l'environnement. La gestion de l'environnement passe par la gestion des activités humaines susceptibles d'avoir des conséquences sur l'état de l'environnement par le biais de programmes ou par l'élaboration de projets de conventions. Et enfin, les mesures d'appui concernent l'éducation, la formation, l'information ou l'assistance juridique auprès des pays en voie de développement.

109 2ᵉ considérant de la Déclaration finale de la Conférence des Nations Unies sur l'Environnement.

110 1ᵉʳ considérant de la Déclaration finale de la Conférence des Nations Unies sur l'Environnement.

111 Principe 18 de la Déclaration finale de la Conférence des Nations Unies sur l'Environnement.

environnementales dans les politiques mises en place, de telle sorte que le développement économique ne soit pas associé à une dégradation de l'environnement, ou que la protection de cette dernière ne constitue pas un obstacle au premier. « Afin de rationaliser la gestion des ressources et ainsi améliorer l'environnement, les États devraient adopter une conception intégrée et coordonnée de leur planification du développement, de façon que leur développement soit compatible avec la nécessité de protéger et d'améliorer l'environnement dans l'intérêt de leur population »[112]. Et enfin, cette déclaration finale met en exergue la place centrale occupée par l'homme : « les hommes sont ce qu'il y a de plus précieux au monde »[113] et sa part de responsabilité dans la destruction de son environnement et des ressources naturelles. Selon le 3e considérant de la déclaration de Stockholm, « les exemples de dommages, de destruction et de dévastation provoqués par l'homme se multiplient sous nos yeux (...) on constate des niveaux dangereux de pollution (...) ; des perturbations profondes et regrettables de l'équilibre écologique de la biosphère ; la destruction et l'épuisement de ressources irremplaçables ; enfin de graves déficiences qui sont dangereuses pour la santé physique, mentale et sociale de l'homme ». Néanmoins, de par ses connaissances et des techniques maîtrisées, l'homme est aussi titulaire d'un pouvoir qui lui permet de pallier ces problèmes et devrait dès lors l'utiliser à bon escient afin « d'apporter à tous les peuples les bienfaits du développement et la possibilité d'améliorer la qualité de vie », selon toujours ce 3e considérant. Depuis la tenue de cette conférence de Stockholm, la conclusion de traités ayant un trait direct ou indirect à la protection de l'environnement se multiplie et fait l'objet « d'un véritable déferlement »[114].

57. ***La prépondérance des problèmes politiques internes.*** Bien que Madagascar ait participé à cette conférence, aucune mesure interne particulière n'a été prise. En effet, au début des années 1970, le pays est en pleine phase de transition politique. Après l'accession à l'Indépendance en 1960, des troubles politiques importants vont éclater en 1972. Ces troubles sont liés au mécontentement général dû à une mauvaise santé économique du pays[115] et surtout à l'influence encore palpable des Français dans la conduite des affaires nationales en général et dans l'éducation en particulier[116]. À la

[112] Principe 13 de la Déclaration.

[113] Dans le 5e considérant de la Déclaration.

[114] Michel PRIEUR, *Droit de l'environnement,* Dalloz, 5e édition, 2004, p. 17.

[115] Pour en savoir plus : Rémi RAHAZARIJAFY, *13 mai 1972*, Tananarive, 2004, 3e édition, 216 p. ; Anne- Marie GOGUEL, *Aux origines du, mai malgache : désir d'école et compétition sociale,* Paris : Éditions Karthala, 2006, 378 p.

[116] À l'issue des évènements de 1972 a été mis en place le système de « malgachisation » : l'utilisation du malgache comme seule langue d'enseignement. Le but était d'adapter le programme scolaire aux réalités locales, de favoriser une ouverture, un retour à la culture

suite de ces troubles, le président *Tsiranana Philbert* fraîchement réélu[117] au début de l'année 1972 est contraint de démissionner et un gouvernement de transition est mis en place. Durant cette période de transition, les préoccupations politiques internes prennent le pas sur les questions environnementales. La mission principale du gouvernement de transition mis en place est « d'entreprendre la rénovation nationale, réformer les institutions et restaurer l'économie nationale avant un délai de cinq ans »[118]. Ainsi, la tenue de la Conférence de Stockholm, pourtant essentielle pour le droit international de l'environnement, n'aura aucune conséquence dans le domaine de la protection des ressources naturelles à Madagascar. L'impact décisif dans la prise en compte de la protection de l'environnement par les autorités publiques malgaches sera impulsé par la Conférence de Rio en 1992.

Paragraphe 2. L'élan décisif de la Conférence des Nations Unies sur l'Environnement et le Développement : Rio de Janeiro (Brésil) en 1992

58. La Conférence des Nations Unies sur l'Environnement et le Développement tenue à Rio en 1992 apporte toutes les promesses d'une meilleure prise en compte du problème sur le plan international et surtout sur le plan interne malgache. La Déclaration de Rio de Janeiro sur l'environnement et le développement avec ses 27 principes, le programme d'action Agenda 21[119] et enfin, la Déclaration sur les forêts[120] sont les instruments non obligatoires adoptés à l'issue de cette conférence.

59. ***La consécration officielle du concept de développement durable.*** La Conférence de Rio continue de lier l'environnement et les préoccupations relatives au développement économique, notamment par le concept de développement durable ou développement soutenable. Selon le rapport Brundtland, « le développement soutenable est un développement qui répond aux besoins du présent sans compromettre la capacité des générations futures de répondre aux leurs (…) le développement soutenable est un processus de

---

malgache. En pratique, le manque de moyens et de méthodes n'a pas permis d'aboutir aux buts fixés.

[117] Le président *Tsiranana* est le premier président élu de la République de Madagascar au lendemain de l'Indépendance (1960).

[118] Article 2 paragraphe 1 de la loi constitutionnelle du 7 novembre 1972.

[119] C'est le programme d'action destiné à mettre en œuvre les principes énoncés dans la Déclaration de Rio sur l'environnement et le développement.

[120] L'intitulé exact de cet instrument est la *« Déclaration de principes, non juridiquement contraignante, mais faisant autorité, pour un consensus mondial sur la gestion, la conservation et l'exploitation écologiquement viable de tous les types de forêts »*.

transformation dans lequel l'exploitation des ressources, la direction des investissements, l'orientation des techniques et les changements institutionnels se font de manière harmonieuse et renforcent le potentiel présent et à venir permettant de mieux répondre aux besoins et aspirations de l'humanité »[121].

60. ***Les principes issus de la Déclaration de Rio***. En parallèle à cette consécration du concept de développement durable, plusieurs principes sont mis en avant par la Conférence de Rio. Entre autres principes, elle attribue les responsabilités liées à la dégradation de l'environnement autant aux pays industrialisés qu'aux pays en voie de développement. C'est le 7e principe, celui des responsabilités communes, mais différenciées. « La participation de tous les citoyens concernés, au niveau qui convient » est encouragée par le principe 10 de la Déclaration. Cette participation doit, par ailleurs, être assurée grâce à un accès à l'information pour les individus : « au niveau national, chaque individu doit avoir dûment accès aux informations relatives à l'environnement que détiennent les autorités publiques, y compris aux informations relatives aux substances et activités dangereuses dans leurs collectivités, et avoir la possibilité de participer aux processus de prise de décision. Les États doivent faciliter et encourager la sensibilisation et la participation du public en mettant les informations à la disposition de celui-ci »[122]. Et enfin, un dernier exemple de principe issu de cette Déclaration de Rio est le principe de précaution. Selon celui-ci, « pour protéger l'environnement, des mesures de précaution doivent être largement appliquées par les États selon leurs capacités. En cas de risque de dommages graves ou irréversibles, l'absence de certitude scientifique absolue ne doit pas servir de prétexte pour remettre à plus tard l'adoption de mesures effectives visant à prévenir la dégradation de l'environnement ». Lors de sa participation à ce Sommet de la Terre, Madagascar compte parmi les signataires des différentes déclarations et principales conventions qui en sont issues.

61. ***L'exemple de la Convention sur la diversité biologique***. Adoptée le 5 juin 1992 lors du Sommet de la Terre à Rio de Janeiro, cette convention est signée par Madagascar le 8 juin 1992 et ratifiée avec le décret n° 95-695 le 3 novembre 1995. Cette convention a pour objectifs principaux « la conservation de la biodiversité biologique, l'utilisation durable de ses éléments et le partage juste et équitable des avantages découlant de

---

[121] (Du nom de Gro Harlem Brundtland, présidente de la Commission européenne ayant rédigé le rapport), *Notre avenir à tous*, Montréal : Éditions du Fleuve, les publications du Québec, mai 1988, p. 51.

[122] Toujours le principe 10 de la Déclaration.

l'exploitation des ressources génétiques »[123]. Grâce à l'adhésion à cette convention, la diversité biologique va constituer un nouveau point d'ancrage du droit malgache de la protection de la nature[124]. D'autant plus que Madagascar possède des potentiels non négligeables en la matière. « Les forêts *malagasy* abritent 10 familles et 260 genres de plantes endémiques de l'Île ; en comparaison les 50 000 espèces de plantes présentes au Brésil ne comprennent aucune espèce endémique. (...) Bien que Madagascar ne représente que 1,9 pour cent de la surface totale de l'Afrique, l'Île abrite plus d'espèces d'orchidées que tout le continent africain. (...). Madagascar ne compte que 106 espèces de mammifères, 78 de celles-ci sont endémiques. (...). La disparition d'un hectare de forêt à Madagascar entraîne une perte de biodiversité supérieure à un hectare de forêt dans n'importe quelle région du monde »[125].

62. Pour rappel, la diversité biologique est définie dans cette convention comme « la variabilité des organismes vivants de toute origine y compris, entre autres, les écosystèmes terrestres, marins et autres écosystèmes aquatiques et les complexes écologiques dont ils font partie : cela comprend la diversité au sein des espèces et entre espèces ainsi que celles des écosystèmes »[126]. La législation malgache n'a, quant à elle, donné sa propre définition de la biodiversité qu'avec la Charte de l'environnement *malagasy* actualisée, la loi n° 2015-003 du 19 février 2015[127] en son article 4, elle y est définie comme « diversité naturelle des organismes vivants. Elle s'apprécie en considérant la diversité des écosystèmes, des espèces et des gènes ». La diversité biologique concerne aussi bien la diversité des espèces en elles-mêmes que celle des milieux dans lesquels elles évoluent. Plus la diversité des milieux est importante dans une région donnée, plus la variété des espèces qui y sont présentes est riche. La protection de la biodiversité se réalise de différentes manières. Elle consiste en premier lieu à préserver les espèces et leur variabilité génétique et à encadrer les recherches scientifiques qui sont menées ainsi que les échanges commerciaux qui peuvent être réalisés. Cette protection se réalise ensuite, de manière élargie, par la préservation des systèmes naturels. Ce qui pose notamment le problème de

---

123 Article 1er de la convention sur la diversité biologique, convention consultée dans Michel PRIEUR, Stéphane DOUMBÉ-BILLE (dir.), *Recueil francophone des traités et textes internationaux en droit de l'environnement*, Bruxelles : Bruylant, 2e édition, 2012, p. 218.

124 Voir *infra* partie II. Il sera vu qu'avant l'adhésion à ces conventions internationales, seule la forêt faisait l'objet de protection, en tant que telle.

125 Eduard NIESTEIN, PhD, *Etude sur la politique de conservation des ressources forestières à Madagascar – Contraintes et opportunités de la conservation des forêts à Madagascar*, Conservation International, Direction générale des Eaux et Forêts, Antananarivo, mai 2000, p. 6.

126 Article 2 de la Convention sur la diversité biologique.

127 JO n° 3612 du 6 avril 2015, p. 1449.

l'accès aux ressources pour les communautés locales et aussi celui de la « proximité » entre le droit étatique et les pratiques traditionnelles de ces communautés. Et enfin, la protection de la diversité biologique passe par l'utilisation durable des ressources naturelles. Cette dernière catégorie de mesures vise à éviter un appauvrissement des ressources sur le long terme et à sauvegarder leur potentiel à satisfaire les besoins et aspirations des générations présentes et futures.

63. Depuis son adhésion à la Convention sur la diversité biologique, Madagascar a accompli ses obligations en tant qu'État partie, notamment par la publication de rapports nationaux[128] sur les dispositions adoptées pour mettre en œuvre la Convention et les résultats obtenus. Ces états des lieux permettent d'évaluer la pertinence des mesures adoptées et l'atteinte ou non des objectifs fixés par la convention. Une analyse sommaire des rapports nationaux malgaches montre l'évolution de la prise en compte de la conservation de la biodiversité par les autorités étatiques[129], mais aussi les éléments constants et les problèmes récurrents relatifs à la protection des ressources naturelles à Madagascar. Il en est ainsi des causes de dégradation de la diversité biologique. Déjà évoquées dans les rapports précédents, et reprises dans le 4e rapport national, ces causes sont identifiées : ce sont la déforestation, les phénomènes d'érosion, les surexploitations des ressources. Le problème de financement constitue aussi un point important et récurrent dans la mesure où la protection telle qu'elle est conduite actuellement ne peut avoir une pérennité significative. L'indépendance financière de la politique de protection des ressources n'est pas assurée du fait qu'elle s'appuie essentiellement sur les financements extérieurs. « La fragilité du financement (…) ne peut pas assurer la réussite de cette stratégie pour la gestion durable de la biodiversité. Comme la majorité du financement est internationale, cette situation de fragilité est aggravée par la pauvreté et les crises politiques cycliques »[130]. Au-delà de ces différents éléments, le constat le plus alarmant qui a pu être relevé de ce 4e rapport national est le manque de connaissance sur ces ressources de la diversité biologique malgache, et ce, malgré tous les efforts fournis : « bien que la richesse biologique de

[128] Selon l'article 26 de la convention, c'est la conférence des parties qui détermine la périodicité de production de ces rapports nationaux.

[129] Du point de vue quantitatif, le premier rapport national, soumis le 7 janvier 1998, tient en 53 pages, le deuxième rapport national, du 17 décembre 2001, en 93 pages tandis que le 3e rapport du 8 août 2005, contient 181 pages, le 4e rapport de septembre 2009, 156 pages et enfin, le dernier rapport national en date, celui de mars 2014, fait plus de 220 pages. Sur le fond, la lecture de ces rapports nationaux n'est pas facilitée par leur forme. En effet, le rapport national se présente sous la forme de réponses brèves et concises à un questionnaire précis selon l'harmonisation recherchée pour tous les rapports nationaux soumis par les États parties à la convention. Ces rapports peuvent être consultés sur : http://www.cbd.int/reports/search.

[130] *4e rapport national de la Convention sur la diversité biologique – Madagascar*, p. 2, septembre 2009.

Madagascar soit élevée, la connaissance de l'état de cette biodiversité n'est pas encore suffisante surtout en ce qui concerne le statut de conservation des espèces »[131]. Le dernier rapport national en date, celui de mars 2014, constate la multiplication de l'exploitation irrationnelle des ressources, la collecte et l'exportation illicite des espèces. Il sonne l'alerte aussi sur l'existence « des menaces réelles de par la perturbation causée par le changement climatique et la pollution, les feux, le changement d'utilisation des terres (...) entraînant indéniablement une perte dans la diversité biologique »[132]. Mais des notes positives peuvent aussi être retenues de ce dernier rapport et notamment la découverte de nouvelles espèces aussi bien de la faune que de la flore[133] et le constat que « la gestion durable de la biodiversité commence à être intégrée dans la planification des secteurs publics selon leur implication »[134].

64. ***L'influence du Sommet de Rio sur le plan interne malgache***. La conférence de Rio de 1992 a eu un impact important et décisif dans la prise en compte de la protection de l'environnement par les autorités publiques malgaches : l'environnement acquiert un nouveau statut au niveau interne, et plusieurs outils normatifs et institutionnels ont été développés, conformément aux principes énoncés par la Déclaration de Rio de 1992. Plusieurs exemples peuvent être cités[135]. Ainsi, conformément à l'esprit du principe 17 de la Déclaration de Rio, le décret n° 99-954 du 15 décembre 1999 relatif à la mise en compatibilité des investissements avec l'environnement[136] est adopté : il imposera la réalisation d'études d'impact pour tout projet pouvant avoir des conséquences sur l'état de l'environnement. Ce principe 17 de la Déclaration reconnaît que « l'étude d'impact sur l'environnement, en tant qu'instrument national, doit être entreprise dans le cas des activités envisagées qui risquent d'avoir des effets nocifs importants sur l'environnement et dépendent de la décision d'une autorité nationale compétente ».

---

131 *Op. cit.*, p. 1.

132 *Fifth national report to the Convention on biological diversity – Madagascar*, p. V, march 2014.

133 Selon le rapport, « de 2010 et 2014, 117 espèces de fourmis, 41 espèces de grenouilles, 18 espèces de reptiles, 1 espèce d'oiseau, 4 espèces de lémuriens, 4 espèces de chauves-souris et une cinquantaine espèce d'Angiospermes ont été décrites. Dans d'autres groupes, nombreuses sont les formes qui sont en cours de description ou qui ne sont pas encore nommées », *op. cit.*

134 *op. cit.*

135 Certains exemples donnés seront étudiés de manière plus précise et détaillée dans la partie suivante relative aux sources internes du droit malgache de la protection de la nature.

136 JO n° 2648 du 10.07.2000 p. 2235.

65. Il en est de même de la loi n° 96-025 du 30 septembre 1996 relative à la gestion locale sécurisée des ressources naturelles renouvelables[137] qui répond au principe 22 de la Déclaration de Rio sur l'environnement et le développement. Ce 22e principe de la Déclaration de Rio affirme que « les populations et communautés autochtones et les autres collectivités locales ont un rôle vital à jouer dans la gestion de l'environnement et le développement du fait de leurs connaissances du milieu et de leurs pratiques traditionnelles »[138]. Et cette loi de 1996 permet aux communautés locales de prendre part activement à la protection des ressources. Son article 1er dispose qu'« en vue de permettre la participation effective des populations rurales à la conservation durable des ressources naturelles renouvelables, il peut être confié à la communauté de base, dans les conditions prévues par la présente loi, la gestion de certaines de ces ressources comprises dans les limites de leur terroir ».

66. Afin d'évaluer la mise en œuvre de l'Agenda 21 et de poursuivre les travaux établissant le lien entre le développement économique et social et la protection de l'environnement, deux autres sommets mondiaux vont être organisés. Mais contrairement aux premiers, ils auront une influence moindre autant sur le plan international qu'au niveau des dispositions internes malgaches.

Paragraphe 3. L'absence d'influence des derniers Sommets de la terre

67. Le rythme décennal de l'organisation des Sommets de la terre est maintenu, mais leur impact n'est plus aussi fondamental sur le droit international de l'environnement en général et sur le droit malgache de la protection de la nature en particulier. Les dernières conférences en date sont d'une part le sommet de Johannesburg de 2002 (**1**) et d'autre part, celui de Rio +20 de 2012 (**2**).

1. Le Sommet mondial sur le développement durable de Johannesburg (Afrique du Sud) de 2002

68. ***Une absence d'avancée majeure en matière de protection de l'environnement***. Ce Sommet a été organisé afin d'évaluer la mise en œuvre

---

[137] J. O n° 2390 du 14 octobre 1996, p. 2377.

[138] *Action 21 : Déclaration de Rio sur l'environnement et le développement : déclaration de principes relatifs aux forêts/Principaux textes de la Conférence des Nations Unies sur l'environnement et le développement*, Nations Unies 1993, 256 p.

du concept de développement durable mis en avant par le sommet de Rio de 1992. Ce sommet « offrait, *a minima*, l'occasion de dresser à nouveau un bilan des "progrès" accomplis depuis Rio. Or, il ressort de ce bilan tout à la fois la détérioration des différents indicateurs de l'état de l'environnement, l'augmentation de la pauvreté, la poursuite de modes de production et de consommation non viables et l'insuffisance des moyens financiers »[139]. Il est alors constaté que « l'environnement mondial demeure fragile. L'appauvrissement de la diversité biologique se poursuit, les ressources halieutiques continuent de diminuer, la désertification progresse dans les terres naguère fertiles (...) »[140]. Et pourtant, malgré ce constat, et contrairement aux précédents sommets, aucune avancée majeure dans le domaine du droit de l'environnement n'est apportée par ce sommet. En effet, « le sommet de Johannesburg a insisté davantage sur les aspects sociaux (équité, dialogue des cultures, santé, pauvreté) que sur les aspects environnementaux du développement durable (...) En somme, Johannesburg n'a apporté rien de nouveau par rapport à Rio »[141]. Le constat est fait que le sommet de Rio de 1992 a eu une portée plus importante que celui de Johannesburg de 2002 : « là où la Déclaration de Rio avait promu voire contribué à la cristallisation de plusieurs principes phares (prévention, précaution, participation), la Déclaration de Johannesburg se caractérise, dix ans plus tard, et en dépit de ses envolées lyriques, par un contenu très pauvre et aucunement novateur »[142].

69. ***Les instruments issus du Sommet.*** Parmi d'autres outils sont adoptés le Plan d'application de Johannesburg et la Déclaration sur le Développement durable. Des recommandations et des séries de mesures sont contenues dans ce Plan d'application. Ces séries de mesures sont relatives à l'eau, la santé, l'énergie, l'agriculture et la diversité biologique. Mais il est remarqué qu'il « ne marque pas d'avancée significative (...) Il contient très peu d'obligations quantifiées, assorties d'objectifs chiffrés ou de calendriers d'exécution, même si ponctuellement certaines mesures sont marquées d'un accent particulier »[143].

70. Dans la Déclaration finale de Johannesburg, il est reconnu que les chefs d'État et de gouvernement ont une responsabilité commune de « faire progresser et de renforcer aux niveaux local, national, régional et mondial, la

---

139 Sandrine MALJEAN-DUBOIS, « Environnement, développement durable et droit international. De Rio à Johannesburg : et au-delà ? », *Annuaire français de droit international*, XLVIII, 2002, p. 594.
140 Déclaration de Johannesburg sur le développement durable, 13.
141 Moïse TSAYEM-DEMAZE, *Géopolitique du développement durable – Les États face aux problèmes environnementaux internationaux*, Presses Universitaires de Rennes, 2011, p. 89.
142 Sandrine MALJEAN-DUBOIS, *op. cit.*, p. 600.
143 *Idem.*

protection de l'environnement, le développement social et le développement économique qui sont les trois piliers indissociables du développement durable ». Mais la formulation de la suite de la déclaration illustre la priorité donnée au composant social de la notion de développement durable. En effet, il est affirmé que « l'élimination de la pauvreté, la modification des modes non durables de production et de consommation ainsi que la protection et la gestion des ressources naturelles sont des objectifs primordiaux du développement durable et ses conditions préalables ». Ce sont les éléments relatifs à la justice sociale qui constituent les objectifs premiers et les conditions préalables d'atteinte du développement durable. « Le plan d'application du Sommet mondial sur le développement durable (SMDD) a, s'agissant du développement durable, déplacé le curseur de la protection de l'environnement vers le développement économique et social. Le SMDD a davantage attiré l'attention sur les problèmes de développement tels que la pauvreté, l'éducation, l'assainissement, la santé ou encore sur le commerce et la mondialisation »[144]. Ce n'est qu'une fois traitées les questions liées à la pauvreté et aux modes de consommation et de protection que vient la protection des ressources naturelles.

71. Ce Sommet mondial du développement n'a pratiquement pas apporté de pierres supplémentaires à l'édifice du droit international de l'environnement. Il a même été constaté un glissement des objectifs de la Conférence de Stockholm de 1972 à celle de Johannesburg de 2002. « Alors que les préoccupations d'ordre économique prévalaient aux origines du développement durable dans les années soixante-dix et qu'à Rio c'est le couple environnement-économie qui était mis en avant, à Johannesburg, le social était en première ligne (…) »[145].

72. Au niveau du droit malgache de protection de la nature, aucun élan issu de la participation à ce Sommet n'est perçu, contrairement à ce qui a été obtenu après le Sommet de Rio. Vu les déceptions liées à ce Sommet de Johannesburg, celui qui devait se tenir vingt ans après Rio 1992 était symboliquement important, et faisait l'objet d'une attente encore plus particulière.

---

[144] Michel PRIEUR (dir.), *La mise en œuvre du droit international de l'environnement dans les pays francophones*, Limoges : Pulim, 2003, p. 16.
[145] Moïse TSAYEM-DEMAZE, *op. cit.*

2. La Conférence des Nations Unies sur le développement durable 2012 ou le Sommet Rio +20 (Brésil)

73. Lors de la convocation de cette Conférence des Nations Unies sur le développement durable 2012, plusieurs objectifs étaient visés : « susciter un engagement politique en faveur du développement durable, évaluer les progrès réalisés et les lacunes restant à combler au niveau de la mise en œuvre des textes issus des grands sommets relatifs au développement durable et relever les défis qui se font jour »[146].

74. ***La frilosité des États face aux engagements exigés.*** Malgré un haut niveau de participation et les ambitions affichées, à l'issue de ce sommet mondial, le constat reste le même : le droit international de l'environnement connaît une stagnation aussi bien au niveau de son effectivité qu'au niveau de son efficacité. L'exigence liée à une réelle application des dispositions prises au niveau international freine l'engagement des pays dans les grandes conventions sur la question environnementale. Initialement, les mesures étaient majoritairement incitatives. Les grands principes et les encouragements faits aux États parties relevaient de la *soft law* et avaient valeur soit de déclaration, soit d'incitation. Mais de plus en plus ces incitations sont remplacées par des engagements qui exigent la réalisation d'actions dont le manquement entraîne l'application de sanctions. Il a été constaté qu'à côté des « discours politiques unanimistes et — en apparence — volontaristes (...) la réalité des rapports de force et de la mobilisation des États n'est guère en phase avec l'urgence de l'action. Ce droit n'en est pas moins frappé d'une faiblesse structurelle, liée aux faiblesses traditionnelles du droit international : sans volonté des États, pas de droit ! Cette faiblesse n'est pas (...) compensée par l'existence d'institutions susceptibles d'infléchir cette volonté des États, voire de s'y substituer »[147]. De ce fait, ce qui ressort n'est pas à la hauteur des attentes qui ont été mises lors de l'organisation du sommet et est en deçà des enjeux. « L'accord intitulé "L'avenir que nous voulons", les parties se bornent à réaffirmer les principes de Rio 92, sans effectuer de recommandations concrètes vraiment adaptées (...) et sans prévoir non plus de mesures contraignantes. On peut aussi déplorer l'absence de convergence sur la manière de parvenir à une gouvernance mondiale de l'environnement, un certain laxisme lié à des objectifs trop largement définis (...) l'utilisation à la fois du conditionnel et d'un champ lexical peu contraignant »[148].

---

[146] www.conference-rio2012.gouv.fr/objectifs-de-la-conference-r3.html

[147] Raphael ROMI, *Droit international et européen de l'environnement*, 2e édition, Paris : Montchrestien, 2013, p. 12.

[148] Christian HUGLO, « Rio +20 : quel bilan pour l'évolution du droit de l'environnement ? », *Environnement et développement durable*, août 2012, p. 17.

75. En ce qui concerne la protection des ressources naturelles et de la biodiversité, les avancées n'ont pas été spectaculaires. Ont été mentionnées l'adoption du protocole de Nagoya sur l'accès aux ressources génétiques, l'importance de la convention sur le commerce international des espèces de faune et de flore sauvage menacées d'extinction ; et a été créé le Comité intergouvernemental de la science politique sur la biodiversité et les services des écosystèmes. Mais malgré ces différents points, il est presque tentant d'affirmer que le *statu quo* demeure en la matière. En effet, durant cette convention mondiale, « les parties à la conférence n'ont fixé ni objectifs, ni calendrier, ni moyens concrets pour enrayer la perte de la biodiversité »[149].

76. ***Crise politique interne et dégradation des ressources.*** S'il en est ainsi au niveau international, le tableau au niveau interne reste aussi terne, aucune évolution sensible ne s'est réalisée. La situation politique subie par Madagascar contribue aussi à cet état des faits. En effet, un changement de pouvoir réalisé de manière anticonstitutionnelle en 2009 a engendré une instabilité politique et une importante régression sur le plan économique[150]. Ces instabilités politique et institutionnelle ont provoqué l'accélération des dégradations faites sur les ressources naturelles. L'Union Internationale pour la Conservation de la Nature (UICN) a d'ailleurs exprimé son inquiétude sur l'importante multiplication des actes de braconnage et de déforestation liée à cette instabilité institutionnelle. Évoquant la possibilité pour certaines personnes de prendre prétexte de cette crise politique pour pratiquer les activités illégales, l'UICN a recommandé aux autorités de donner à cette question l'attention qu'elle mérite[151]. Dans les faits, en l'absence d'institutions fortes et reconnues, et face aux conséquences économiques et sociales de cette crise politique, les ressources naturelles ont largement été affectées par des actes de pillage et de dégradation[152].

77. En définitive, parmi les différents sommets de la Terre convoqués par les Nations Unies, seule la participation de Madagascar au Sommet de Rio

---

[149] Christian HUGLO, *op. cit.*, p. 20.

[150] Voir en ce sens : Solofo RANDRIANJA (dir.), *Madagascar, le coup d'État de mars 2009*, Paris : Karthala, 2012, 334 p., Toavina RALAMBOMAHAY, *Madagascar dans une crise interminable*, Paris : Éditions l'Harmattan, 2011, 138 p.

[151] Voir http://www.iucn.org/fr/nouvelles_homepage/nouvelles_par_date/2009_news_fr/avril_news_2009/?2995/IUCN-statement-on-Madagascar consulté le 31 octobre 2016.

[152] Voir *infra* : le déclassement du site des forêts de l'*Antsinanana* de la liste du Patrimoine mondial vers la liste du Patrimoine mondial en péril est l'illustration la plus flagrante de cette recrudescence des actes mettant en danger les ressources à Madagascar, suite à une crise politique.

de 1992 a impulsé le droit malgache de la protection de la nature, avec l'adoption de plusieurs lois s'inspirant des différents principes de la déclaration de Rio.

78. Ces Sommets de la Terre sont organisés par l'Organisation des Nations Unies pour faire un état des lieux sur l'environnement et le placer au centre des préoccupations internationales[153]. Mais, un constat d'échec est fait : « la réunion, tous les dix ans maintenant, de sommets mondiaux ne réussit pas à vraiment connecter ni faire évoluer aussi rapidement et efficacement que ne le voudraient les urgences pourtant proclamées par la communauté internationale »[154]. Heureusement, ces réunions ne constituent pas les seules sources du droit international de l'environnement. D'autres instruments internationaux plus ciblés existent et font partie des sources internationales du droit de la protection de la nature : ce sont les différentes conventions internationales.

SECTION II. L'ADHÉSION AUX GRANDES CONVENTIONS INTERNATIONALES

79. Selon le dernier recensement réalisé, Madagascar est partie à une quinzaine d'instruments internationaux de protection de l'environnement[155]. D'une manière générale, elle ratifie sans difficulté les conventions internationales auxquelles elle est signataire et le délai entre la signature de la convention et sa ratification est relativement court. Cependant, on ne manque pas de relever un contraste entre le nombre important de conventions auxquelles Madagascar est partie et leur application effective. En effet, malgré les signatures et ratifications, la mise en œuvre des obligations issues de ces conventions internationales n'est pas toujours assurée par les autorités étatiques. Un manque chronique de moyens humains et matériels rend difficile la mise en place des structures chargées de l'exécution et du respect des engagements pris[156]. Des problèmes de diffusion des informations et de coordination entre les différents intervenants sont constatés. Ce qui débouche sur « une désorganisation au niveau de la

---

[153] V. Moïse TSAYEM-DEMAZE, *Géopolitique du développement durable – Les États face aux problèmes environnementaux internationaux*, Presses Universitaires de Rennes, 2011, 228 p.
[154] Raphaël ROMI, *Droit international et de l'environnement*, 2e édition, Montchrestien, 2013, p. 19.
[155] Ministère de l'Environnement, *Les conventions internationales relatives à l'environnement ratifiées par Madagascar*, Antananarivo, Edition 2004. Aucune étude récente n'a été faite afin de mettre à jour ce document.
[156] N. E. RANDRIANARISON, *Évaluation des projets de mise en œuvre des conventions et/ou traités internationaux relatifs à l'environnement ratifiés par Madagascar*, Rapport final, septembre 2004.

répartition des tâches, mais aussi et surtout la méconnaissance par le responsable de la mission qui lui incombe »[157].

80. Ces conventions internationales auxquelles Madagascar est partie peuvent être réparties en 3 catégories.

D'abord, il y a les conventions relatives à la lutte contre la pollution et les nuisances[158].

Elles constituent près de la moitié de ces conventions. Il s'agit notamment de :

- La Convention de Vienne sur la protection de la couche d'ozone, adoptée en mars 1985 et ratifiée en janvier 1995.
- La Convention de Bâle sur le contrôle des mouvements transfrontières de déchets dangereux et de leur élimination ; adoptée en mars 1989, elle est ratifiée en janvier 1999 par Madagascar.
- La Convention de Rotterdam sur la procédure de consentement préalable en connaissance de cause applicable à certains pesticides et produits chimiques dangereux qui font le commerce international ; signée en décembre 1998, elle est ratifiée en septembre 2003.
- La Convention de Stockholm sur les polluants organiques persistants ; adoptée en mai 2001, elle est ratifiée par Madagascar en août 2005.
- Les conventions sur le déversement des hydrocarbures en mer ; ratifiées en janvier 2001.
- La Convention de Minamata sur le mercure, adoptée en 2013, ratifiée en mai 2015 par Madagascar.

Ensuite, il y a les conventions relatives à la protection des milieux. Et enfin, il y a les conventions protégeant les éléments de la faune et de la flore.

81. Dans le cadre du présent travail, seront étudiées de près les deux dernières catégories de conventions auxquelles Madagascar est partie. Il s'agit d'une convention relative à la protection des milieux d'une part (**Paragraphe 1**) et de conventions relatives à la protection de la faune et de la flore d'autre part (**Paragraphe 2**). Il sera aussi vu que les conventions relatives à la protection du patrimoine qu'il soit culturel, naturel ou immatériel constituent des sources internationales du droit malgache de la protection de la nature (**Paragraphe 3**).

---

[157] *Idem.*

[158] Comme spécifié lors de l'introduction en ce qui concerne les volets pollution et nuisance de la question de l'environnement, l'adhésion et l'application des conventions qui y sont relatives ne seront pas ici traitées. Il s'agit seulement de les signaler.

Paragraphe 1. La convention relative aux zones humides d'importance internationale dite Convention de Ramsar

82. ***Instrument international de protection des zones humides***, cette convention est signée à Ramsar (Iran) le 2 février 1971 et entre en vigueur le 21 décembre 1975. Elle vise principalement à protéger ces zones considérées comme « des habitats d'une flore et d'une faune caractéristiques (...) et qui constituent une ressource de grande valeur économique, culturelle, scientifique et récréative, dont la disparition serait irréparable »[159]. La convention a pour mission d'assurer la conservation et l'utilisation rationnelle des zones humides par des actions locales, nationales et par la coopération internationale. Sont définies comme des zones humides par l'article premier de la convention « les étendues de marais, de fagnes, de tourbières ou d'eaux naturelles ou artificielles, permanentes ou temporaires, où l'eau stagnante ou courante, douce, saumâtre ou salée, y compris des étendues d'eau marine dont la profondeur à marée basse n'excède pas six mètres ».

83. ***L'absence de caractère contraignant de la Convention de Ramsar.*** Cette convention fait partie de la catégorie de conventions qualifiées de *soft law* dans le droit international, tout comme une grande partie des conventions conclues dans le domaine de la protection de l'environnement. Ainsi, la violation des termes et le non-respect des engagements découlant de l'adhésion à la Convention de Ramsar n'entraînent pas de sanctions. L'application de la convention dépend entièrement de la volonté et de la prise de responsabilité de chaque partie contractante.

84. Selon l'article 2 de la convention, au moment de leur adhésion, les États signataires s'engagent en premier lieu à inscrire sur la Liste des zones humides d'importance internationale un site situé sur son territoire répondant aux critères posés. Cette inscription de sites ne se limite pas seulement au moment de l'adhésion, mais doit se poursuivre par la suite. L'adhésion à la convention implique aussi le respect du « principe de l'utilisation rationnelle »[160] des zones humides du territoire national : chaque partie contractante doit prendre en considération la conservation des zones humides dans l'élaboration de leurs politiques d'aménagement. De plus, cette adhésion requiert de la part des États signataires la création de réserves naturelles dans les zones humides, que celles-ci soient inscrites sur la Liste des zones humides d'importance internationale ou non. Et enfin, un compte rendu régulier, à la conférence des parties, sur les mesures adoptées pour

---

159 Considérant de la convention de Ramsar.

160 Article 3 de la convention de Ramsar.

l'application de la convention doit être fait à travers la rédaction de rapports nationaux.

85. ***Les zones humides malgaches consacrées.*** Madagascar a tardivement adhéré à cette Convention, contrairement aux conventions internationales de la même époque auxquelles elle a adhéré. Elle n'a signé cette convention de 1971 que le 25 septembre 1998 et ne l'a ratifiée que le 25 janvier 1999. En tant que partie à la convention Ramsar, Madagascar a consacré jusqu'à maintenant une vingtaine de sites de zones humides d'importance internationale qui couvrent une superficie totale de 2 094 911 hectares environ.

86. Deux premiers sites ont été inscrits sur la Liste des zones humides d'importance mondiale le 25 septembre 1998, lors de l'adhésion de Madagascar à la convention : le complexe des lacs de *Manambolomaty*, dans le Nord-ouest, d'une surface de 7 491 ha et le lac *Tsimanampetsotsa*, d'une superficie de 45 604 ha, localisé dans le Sud de Madagascar. D'autres sites ont été mis progressivement sur la Liste nationale. Il en est ainsi du lac *Alaotra* constitué de zones humides et bassins versants, situé sur la côte orientale de l'Île, et qui a été inscrit le 9 septembre 2003. Toujours sur la côte orientale, les Marais de *Torotorofotsy* avec leurs bassins-versants, d'une superficie de 9 993 ha, sont sur la Liste depuis le 2 février 2005[161]. Plusieurs autres inscriptions ont été réalisées en mai 2007[162], en juin 2012[163] et en février 2015[164]. L'unique site malgache inscrit qui relève du domaine privé est le Parc de *Tsarasaotra*, localisé sur les Hautes Terres Centrales de Madagascar. D'une superficie de 5 ha, il a été inscrit le 9 mai 2005. Et dernièrement, à l'occasion de la journée mondiale des zones humides, cinq autres sites[165] ont été inscrits dans la Liste en janvier 2017.

---

[161] Au sein de ces marais, il y a une forêt primaire fractionnée de plusieurs zones de production agricole et d'autres superficies de forêt secondaire.

[162] Les zones humides de *Bedo* dans le Sud occupant 1 962 ha sont considérées comme ayant une importance mondiale depuis le 12 mai 2007.

[163] Il s'agit du lac *Kinkony*, lac d'eau douce permanent situé dans l'Ouest, d'une superficie de 13 800 hectares et de la zone humide de *Mandrozo*, composée d'un lac, de marais, de rizières irriguées, mais aussi de parcelles de forêts sèches et de savane. Cette zone humide consacrée est située sur la côte ouest de Madagascar et a une superficie de 15 145 hectares.

[164] Il s'agit du complexe de lacs *Ambondro* et *Sirave*, situés dans l'ouest de Madagascar, d'une superficie de 14 481,5 hectares. C'est une zone composée de lacs, marais, rivières, dunes et mangroves et qui constitue un habitat pour des espèces d'oiseaux aquatiques, et pour sept des huit espèces de mangroves de Madagascar.

[165] Il s'agit de la Barrière de Corail de *Nosy Ve Androka*, du site bioculturel d'*Antrema*, du complexe des zones humides de *Bemanevika*, des zones humides de *Sahamalaza* et enfin des zones humides *Ankarafantsika*.

87. Il peut être constaté que les inscriptions sur la Liste des zones humides d'importance internationale se font sur un rythme assez régulier. Et d'ailleurs ces sites retenus sont géographiquement répartis dans toute la Grande Île et ne sont pas concentrés sur une même région. Mais ces inscriptions ne suffisent pas pour rendre compte de la préoccupation réelle accordée par Madagascar, en tant qu'État partie à la convention, à la protection de ces zones humides. Pour cela, il faut étudier de près les dispositions du droit malgache qui sont adoptées afin de protéger ces zones d'importance internationale.

88. ***Les dispositifs du droit malgache pour la protection des zones humides d'importance internationale.*** Abris d'une population avifaune à fort taux d'endémicité, ces sites remarquables malgaches sont intégrés dans la Liste des zones humides d'importance internationale. Cependant, aucun texte du droit malgache de la protection de la nature ne contribue de manière particulière à leur protection[166]. Elles ne sont considérées comme des zones humides d'importance que grâce à leur inscription sur la Liste. À Madagascar, « les zones humides sont considérées depuis longtemps comme des zones où une conservation rigoureuse n'est ni nécessaire ni faisable. Elles sont plutôt mises en valeur (...) comme sites de "bon usage" des ressources (...) pour garantir une réserve continue par les zones humides de "biens et services" environnementaux importants, appréciés par les communautés environnantes, comme le poisson, le bois, les roseaux, les voies d'eau et les rizières »[167]. Les populations riveraines n'ont pas été dépossédées de leur usage habituel de ces zones. D'une manière générale, l'inscription sur la liste des zones humides d'importance internationale ne fait pas obstacle à leur utilisation et exploitation par la population riveraine. L'interférence des activités humaines n'est pas considérée comme un facteur de trouble.

---

166 Par comparaison, la loi française n° 92-3 du 3 janvier 1992 sur l'eau met en place un système de protection des zones humides d'importance communautaire et internationale identifiées sur le territoire. Notamment, son article 10 soumet à autorisation la réalisation d'installations, ouvrages, travaux et activités sur ces zones. C'est ainsi que des travaux de nivellement et de remblaiement sont considérés comme ayant contribué à « bloquer le mode d'écoulement des eaux, réduire la pression de l'eau et abaisser ainsi le niveau de la nappe phréatique, de ne plus rendre inondables les zones jusqu'alors saturées d'eau (...) Considérant qu'en raison de la disparition du caractère inondable de ces terres, l'écosystème spécifique de la zone humide telle que définie par l'article 2 de la loi n° 92-3 du 3 janvier 1992 a été détruit (...) ». CA de Rennes, 9 septembre 1999, *Couvert et Vinet* in Raymond Léost, Notes sous arrêt de la Cour d'appel de Rennes, *Revue juridique de l'environnement,* 01/03/2000, n° 1, pp. 93-101.

167 USAID, *Mise à jour 2008 de l'Evaluation des menaces et opportunités pour l'environnement à Madagascar,* mai 2008, p. 40.

89. ***La considération des zones humides dans la réglementation malgache.*** Seuls deux textes du droit malgache de protection de la nature mentionnent les zones humides : la loi portant code de l'eau d'une part, et les annexes d'un arrêté portant définition et délimitation des zones sensibles d'autre part.

90. ***La classification des zones humides.*** Le Code de l'eau malgache[168], qui régit toutes les eaux dépendant du domaine public, les eaux de surface et les eaux souterraines, classifie les zones humides dans la catégorie des eaux de surface. Pour l'article 6 de ce Code de l'eau, les eaux de surface sont « constituées par l'ensemble des eaux pluviales et courantes sur la surface du sol, des plans d'eau aux canaux, les fleuves et rivières, les canaux de navigation et rivières canalisées, certains canaux d'irrigation, les étangs salés reliés à la mer, les lacs, les étangs et assimilés, les marais, *les zones humides*[169] ». Cet article ne constitue néanmoins qu'une simple classification de ces zones humides. La définition de celles-ci n'est pas donnée dans ce Code de l'eau qui a pourtant pour ambition d'assurer la protection, la mise en valeur, la conservation et l'aménagement de la ressource en eau avec les mesures appropriées[170]. Or, il est difficile de mettre en place les différentes mesures de protection et de mise en valeur demandées si la zone humide à protéger n'est pas elle-même définie.

91. ***La définition par défaut des zones humides dans le droit malgache.*** Les zones humides sont définies d'une manière indirecte dans la réglementation malgache. L'unique essai de définition des zones humides se retrouve dans un texte dont la portée est relativement faible[171] et qui ne ressort pas du domaine de l'eau. En effet, cette définition est issue de l'arrêté interministériel n° 4355/97 du 13 mai 1997 portant définition et délimitation des zones sensibles. Cet arrêté a été pris afin de préciser certaines modalités d'application du décret relatif à la mise en compatibilité des investissements avec l'environnement. Dans un premier temps, en son article 3, il définit comme zones sensibles : « les récifs coralliens, les mangroves, les îlots, les forêts tropicales, les zones sujettes à érosion, les zones arides ou semi-arides sujettes à désertification, les zones marécageuses, les zones de conservation

---

[168] Loi n° 98-029 du 20 janvier 1999 portant code de l'eau, JO, n° 2557 E. S du 27 janvier 1999 p.75.

[169] Nous soulignons.

[170] Exposé des motifs du Code de l'eau.

[171] Par comparaison aux dispositions du droit français par exemple. En effet, la loi française sur l'eau donne en son article 2 (article L.211-1-I-1° du Code de l'environnement) une définition légale des zones humides : « terrains, exploités ou non, habituellement inondés ou gorgés d'eau douce, salée ou saumâtre, de façon permanente ou temporaire ; la végétation, quand elle existe, est dominée par des plantes hygrophiles pendant au moins une partie de l'année ».

naturelle, les périmètres de protection des eaux potables, minérales ou souterraines, les sites paléontologiques, archéologiques, historiques ainsi que leurs périmètres de protection ». Dans un second temps, dans les annexes de l'arrêté sont détaillées les zones marécageuses et ainsi, on y retrouve une définition de la zone humide. En effet, sont alors considérés comme : « sensibles les zones humides suivantes : les lagunes, les plaines alluviales, les zones lacustres (lacs et étangs) et palustres (marais, tourbières, marécages, forêts marécageuses) habituellement inondées ou gorgées d'eau douce, salée ou saumâtre de façon permanente ou temporaire »[172].

92. Ces points démontrent le peu d'intérêt manifesté à l'égard de ces zones humides. Si la définition de ces zones est autant limitée dans les textes, qu'en est-il alors des moyens de protection prévus ? En tant que partie à la Convention, plusieurs sites malgaches sont inscrits sur la Liste des zones humides d'importance internationale. Ces zones humides sont mentionnées dans les dispositions du Code de l'eau d'une part et définies par la partie annexe d'un arrêté d'autre part. Mais il est constaté que ni cette inscription sur la Liste ni les différentes dispositions mentionnant les zones humides ne constituent des garanties de protection de ces sites. En effet, les zones humides ne sont pas protégées en tant que telles en droit malgache.

93. ***La protection des zones humides sur le territoire malgache relève d'un autre titre***. Ces zones humides doivent leur protection soit de leur classement en tant que forêt, soit de leur catégorisation en tant que zones sensibles ou soit de leur intégration dans le tracé d'aires protégées contiguës.

94. Certaines parties de territoire listées zones humides sont soumises à la réglementation, parce qu'assimilée par cette dernière aux forêts. Il en est ainsi des marais et des mangroves. Définis comme zones humides par les annexes de l'arrêté susmentionné, l'article 2 de la loi n° 97- 017 du 8 août 1997 portant révision de la législation forestière[173] les considère comme des forêts[174]. Ces zones vont alors être soumises aux dispositions de la réglementation forestière et bénéficier des mesures de protection des forêts.

---

172 Définition des zones marécageuses dans les annexes de l'arrêté n° 4355/97 du 13 mai 1997 portant définition et délimitation des zones sensibles. Ces annexes ajoutent les précisions selon lesquelles, les zones humides sont délimitées « soit par la présence d'eau permanente ou temporaire au-dessus du sol, soit satisfaisant aux deux des trois critères suivants : la présence de la zone de saturation jusqu'à une profondeur n'excédant pas 30 cm, pendant 30 jours consécutifs au minimum, la prédominance (+ 50 % en surface) des sols hydromorphes (…), la prédominance (+ 50 % de la végétation émergée) de l'une au moins des espèces de plantes hydrophytiques ».

173 JO n° 2449 du 25 août 1997, p. 1717.

174 Selon cet article 2, « sont assimilés aux forêts (…) les marais, les mangroves ».

95. Les zones humides sont aussi considérées comme des zones sensibles par l'arrêté cité ci-dessus. Cette classification implique la réalisation obligatoire d'une étude d'impact comme prescrite par le décret de mise en compatibilité des investissements avec l'environnement pour toute réalisation de projet d'envergure dans le périmètre d'une zone sensible.

96. Et enfin, dans les cas où les zones humides sont intégrées dans le tracé d'aires protégées, leur protection relève des textes relatifs à la protection de ces dernières, que ceux-ci soient relatifs aux mesures de sanctuarisation ou aux règles particulières d'exploitation.

97. En définitive, la ratification par Madagascar de la convention de Ramsar n'a pas concrètement bénéficié aux zones humides d'importance internationale. Certes, cette ratification a donné lieu à la consécration des zones humides malgaches. Mais il a été vu que malgré ces zonages, aucune mesure particulière de protection n'a été adoptée. Qu'en est-il des conventions relatives à la protection de la faune et de la flore ?

Paragraphe 2. Les conventions relatives à la protection de la faune et de la flore

98. Malgré le caractère riche et exceptionnel des éléments de la faune et de la flore, Madagascar n'a ratifié que peu de conventions internationales relatives à la protection de ceux-ci. La plus importante est la convention sur le commerce international des espèces de faune et de flore sauvage menacés d'extinction, dite convention CITES (**1**). Ensuite, il y a la convention sur la conservation des espèces migratrices appartenant à la faune sauvage (**2**).

1. La convention sur le commerce international des espèces de faune et de flore sauvage menacés d'extinction

99. La Convention sur le commerce international des espèces de faune et de flore sauvage menacées d'extinction (dite convention CITES) est adoptée à Washington le 3 mars 1973 et entre en vigueur en 1975. Le but essentiel de cette convention est d'interdire, de limiter ou de contrôler le commerce international des espèces sauvages menacées d'extinction. La convention Cites a « une logique évolutive de conciliation entre protection et commerce »[175]. Signée par Madagascar le 4 août 1973, elle est ratifiée par voie d'ordonnance le 5 août 1975[176].

100. ***Les deux temps de la prise en compte et de la mise en œuvre de cette convention par la partie malgache.*** À la suite de la signature et de la ratification de la Convention Cites par Madagascar, plusieurs textes ont été pris. En premier lieu, il y a eu l'inscription de plusieurs espèces dans les annexes de la Convention Cites[177]. Par la suite, plusieurs textes relatifs aux modalités d'exportation des espèces animales et végétales ont été adoptés. Il en est ainsi de l'ordonnance relative à la législation phytosanitaire, à la protection des végétaux et au soutien aux exportations des végétaux à Madagascar (ordonnance n° 86-013 du 17 septembre 1986) ou de l'arrêté fixant les redevances sur les permis de chasse commerciale, l'autorisation de collecte et d'exportation des spécimens de la flore et de la faune (arrêté 1046-86 du 1er mars 1986). Et enfin, il y a eu aussi modification des textes précédents (exemple : modification des articles 1 et 2 du décret 61-096 fixant le régime de la chasse, de la pêche et de la protection de la faune par le décret 88-243 du 15 juin 1988). Mais à l'examen, il s'est avéré que « ces différents textes n'ont vu qu'une application marginale. Les réglementations de la Cites ont été mal comprises et n'ont été mises en œuvre que partiellement »[178].

101. Ce n'est que dans un second temps qu'une prise en compte sérieuse de cette convention est faite. Cela se traduit principalement par l'adoption de la loi n° 2005-018 du 17 octobre 2005 sur le commerce international des espèces de faune et de flores sauvages[179]. Malgré la ratification de la convention Cites dès 1975, il a fallu attendre 30 ans pour que la loi de 2005 contribue à mettre en place un système de protection des espèces selon les directives de la Convention. En effet, elle va d'une part classifier les espèces de faune et de flore sauvages (**A**). Mais elle va aussi mettre en place les diverses institutions nécessaires (**B**).

---

[175] Raphaël ROMI, *Droit international et européen de l'environnement*, 2e édition, Paris : Montchrestien, 2013, p. 109.
[176] Ordonnance n° 75-014, Jorm du 16 août 1975.
[177] Avec le décret n° 77-276 du 26 août 1977 et le décret 83-108 du 31 mars 1983 complétant la liste des animaux sauvages menacés d'extinction.
[178] *Évaluation de la politique nationale du commerce des espèces sauvages – Madagascar*, p. 39. Disponible sur http://cites.org/common/prog/policy/madagascar_fr.pdf (consultation juillet 2015).
[179] JO n° 3123 du 13 août 2007, p. 4535.

A. La nouvelle classification des espèces de faune et de flore sauvages

102. Dans la Convention Cites, les espèces de faune et de flore sauvages sont classées en 3 catégories différentes, selon des listes données en annexes de la convention. Ces annexes sont établies selon le degré de gravité de la menace d'extinction de l'espèce et correspondent ainsi à différents types de protection en faveur des espèces concernées. L'annexe I de la Convention concerne les espèces menacées dont le commerce peut aggraver la menace d'extinction. Le commerce de ces espèces de l'annexe I ne peut être autorisé que sous de strictes et exceptionnelles conditions[180]. Les espèces de l'annexe II ne sont pas directement et nécessairement sujettes aux menaces d'extinction, mais l'absence de réglementation de commerce à leur propos peut favoriser un risque d'extinction. Elles sont donc, soumises à surveillance. Et enfin, l'inscription d'espèces dans l'annexe III relève d'une démarche propre aux États et se réalise ainsi de façon unilatérale. Par cette inscription, les espèces de l'annexe III, qui bénéficient déjà d'une protection interne, vont pouvoir être soumises à une protection internationale alors même qu'elles ne sont pas considérées comme menacées d'extinction. Afin de permettre l'application de la Convention Cites, la loi malgache du 17 octobre 2005 a mis en place son propre système de catégorisation des espèces.

103. ***Une nouvelle « catégorisation » des espèces dépassant celle faite par la convention internationale.*** En son article 4, la loi malgache du 17 octobre 2005 sur le commerce international des espèces de faune et de flore sauvages classe les espèces en 4 catégories qu'elle détaille dans ses annexes. Dans l'annexe I de la loi figurent toutes les espèces malgaches inscrites à l'annexe I de la convention Cites. Il en est de même pour les deux autres annexes : les espèces des annexes II et III de la loi correspondent aux espèces malgaches inscrites aux annexes II et III de la convention Cites. De son initiative propre, le législateur malgache crée une dernière catégorie d'espèces : l'annexe IV de la loi. Il est alors intéressant de voir l'objectif du législateur malgache en mettant en place cette dernière catégorie d'espèces.

104. La loi du 17 octobre 2005 définit en son article 3 les espèces composant cette annexe IV : « au sens de la présente loi, on entend par (...) Annexe IV : la catégorie des espèces non inscrites dans les annexes I, II, III et dont le commerce sur le plan international est soumis à la réglementation nationale ». Et l'article 4 de la loi de préciser que cette annexe IV « contient toutes les espèces non inscrites aux annexes précédentes et faisant l'objet de

[180] Article 2 alinéa 1 de la Convention.

commerce international ». Ces définitions n'éclairent pas réellement sur l'intention du législateur : elles restent floues et sont maladroitement formulées. Et même si le législateur reconnaît que « la création de l'annexe IV va au-delà des normes de la Cites »[181], il se justifie par « la volonté de l'État d'assurer le contrôle de tout le commerce international des espèces de faune et de flore sauvages de Madagascar »[182]. Il semblerait alors qu'il y ait une incompréhension par le législateur malgache des dispositions et des objectifs de protection des espèces de l'annexe III de la convention Cites.

105. Comme précisé précédemment, les espèces inscrites dans l'annexe III de la convention Cites le sont du fait de la volonté des États parties à la convention : elles sont déjà protégées par des mesures internes, mais du fait de leur inscription sur cette annexe III, seront bénéficiaires en plus, d'une protection internationale même si elles ne sont pas menacées d'extinction. « Il s'agit donc d'une limitation volontaire des exportations par un État donné, qui compte sur la coopération des autres parties pour contrôler le commerce international de cette espèce »[183]. Or, d'après les définitions données plus haut, le législateur malgache met en place cette quatrième catégorie d'espèces à protéger qui, d'une part, sont déjà prises en compte par des mesures internes, et qui d'autre part, font l'objet d'un commerce international. De ce fait, les objectifs poursuivis par le législateur malgache en mettant en place la quatrième annexe de la loi correspondent à ceux de l'annexe III de la convention Cites. Dans l'esprit du texte, les espèces de l'annexe IV de la loi du 17 octobre 2005 correspondent à celles de l'annexe III de la convention, mais aussi à celles de l'annexe III de la loi. Une comparaison des mesures auxquelles sont soumises les espèces de l'annexe III et celles de l'annexe IV de la loi malgache pourrait aider à éclairer sur l'intention réelle du législateur après la mise en place de cette quatrième catégorie d'espèces.

106. ***L'absence de justification de la création de l'annexe IV de la loi.*** D'une manière générale, les espèces des annexes III et IV de la loi malgache sur le commerce international des espèces de faune et flore sauvages sont soumises au même régime. D'une part, leur exploitation est soumise à un même système de quota au niveau national. Et d'autre part, l'alinéa 7 de l'article 29 de la loi malgache sur le commerce international des espèces de faune et de flore sauvages énumère les mêmes infractions pour les espèces des annexes III et IV. Un seul point les différencie : dans le cadre de la

181 Exposé des motifs de la loi du 17 octobre 2005.

182 *Idem.*

183 Marie-Laure LAMBERT-HABIB, *Le commerce des espèces sauvages : entre droit international et gestion locale,* Editions L'Harmattan, 2000, p. 18.

collecte et de la sortie des espèces relevant de l'annexe IV, une simple autorisation de sortie suffit. Par contre, il est nécessaire de présenter au préalable un permis d'exportation pour les espèces de l'annexe III. Néanmoins, la période de validité de l'autorisation de sortie comme celle du permis d'exportation est de 6 mois chacune.

107. Mais à part cette nuance, d'ordre administratif, la distinction est assez mince en ce qui concerne les espèces malgaches inscrites dans ces annexes III et IV de la loi. Et à étudier de près, il semble que le législateur malgache ait fait preuve de zèle dans cette catégorisation des espèces, sans que la distinction mise en place soit pertinente.

Avec la nouvelle catégorisation des espèces de la faune et de la flore, la loi malgache relative au commerce international va aussi permettre de renforcer les institutions de contrôle.

B. Le renforcement des institutions pour le contrôle et la gestion du commerce international

108. ***Les attributions administratives de l'organe national de gestion.*** La mise en place d'un organe de gestion et des autorités scientifiques a été faite par la loi de 2005, afin de mettre en œuvre les obligations contractées lors de l'adhésion à la convention Cites, en parallèle à l'inscription des espèces de faune et de flore dans les listes des annexes de cette convention. Selon l'article 6 de la loi, l'organe de gestion est « l'autorité administrative chargée de la mise en œuvre des prescriptions légales et réglementaires du commerce des espèces de faune et de flore sauvages ». Ses attributions[184] touchent essentiellement à la délivrance des permis, certificats et autorisations (de chasse, de collecte ou de capture) et à la détermination des conditions jugées nécessaires à leur délivrance. L'organe de gestion a aussi compétence dans l'émission des autorisations de collecte et de sortie des spécimens d'espèces relevant de l'annexe IV. Il a l'obligation de coopérer avec les autres autorités compétentes pour l'application de la législation nationale sur la conservation des espèces de faune et de flore sauvages. Et, il peut aussi faire des propositions destinées à l'application des normes et recommandations de la Cites.

109. Un registre de commerce international des spécimens doit être tenu et un rapport annuel concernant le commerce des espèces établi, par cet organe de gestion. La décision relative à la destination finale des spécimens

---

[184] Article 7 de la loi du 17 octobre 2005.

saisis et confisqués revient aussi à l'organe de gestion, après avis des autorités scientifiques compétentes. Il en est de même en ce qui concerne la vérification de l'étiquetage, le marquage des spécimens d'espèces exportés ainsi que la fixation des quotas nationaux pour l'exportation à toutes fins, selon la catégorie concernée : à des fins non commerciales pour les espèces de l'annexe I, à des fins commerciales pour les espèces de l'annexe II ; les quotas pour les espèces des annexes III et IV sont fixés après consultation des autorités scientifiques.

110. ***Les avis et recommandations des autorités scientifiques.*** L'autre organe créé par cette loi malgache relative au commerce international de la faune et de la flore sauvages est constitué par les autorités scientifiques. C'est un organe consultatif indépendant chargé de plusieurs missions énumérées par l'article 8 de la loi.

111. En premier lieu, ces autorités scientifiques émettent un avis de commerce non préjudiciable pour l'exportation des espèces. Elles doivent indiquer si les objectifs de l'exportation peuvent nuire à la survie des espèces. Les autorités scientifiques doivent vérifier que le destinataire remplit les conditions nécessaires pour conserver et traiter avec soin les spécimens vivants, et formuler des recommandations auprès de l'organe de gestion avant la délivrance des permis ou certificats. Les autorités scientifiques ont aussi un rôle de surveillance continue, notamment sur la situation des espèces inscrites dans les annexes, sur les données rclatives aux exportations. Par conséquent, elles peuvent faire des propositions sur la fixation des quotas en limitant l'exportation de certaines espèces ou en recommandant certaines mesures correctives pour permettre la conservation des espèces dans leur aire de répartition. Et enfin, ces autorités scientifiques peuvent faire des propositions sur les mesures appropriées pouvant assurer la protection des espèces de faune et de flore sauvages.

112. En écho aux dispositions de la convention Cites, la loi malgache relative au commerce international de la faune et de la flore sauvages, met aussi en place un système de permis et d'autorisation[185]. Ce sont

---

[185] De l'article 10 à l'article 13 de la loi : l'exportation de tout spécimen des annexes I, II et III nécessite la délivrance et la présentation préalable d'un permis d'exportation. Pour les spécimens de l'annexe IV, il s'agit d'une autorisation de sortie l'importation de spécimens de l'annexe I exige la délivrance et la présentation préalables d'un permis d'importation/un certificat de réexportation est nécessaire pour la réexportation des espèces des annexes I II et III. et enfin, un certificat d'introduction en provenance de la mer est demandé pour l'introduction en provenance de la mer d'une espèce inscrite aux annexes I II et III. Les certificats sont constitués par les certificats de réexportation et les certificats d'introduction. Le premier type de certificats est exigé lors de la réexportation des espèces des annexes I, II

essentiellement les espèces des annexes I, II et III de la loi qui exigent la délivrance et la présentation préalable de permis avant tout acte d'importation ou d'exportation de ces spécimens. Le régime plus souple auquel sont soumises les espèces de l'annexe IV se traduit par l'exigence d'une simple autorisation de sortie pour celles-ci.

113. ***En résumé***. De l'adhésion de Madagascar à la convention Cites il résulte l'adoption d'une nouvelle loi avec une nouvelle classification des espèces menacées, la création d'un organe de gestion et des autorités scientifiques dans le cadre du commerce international des espèces de faune et de flore sauvages. Les mêmes dispositions ont-elles été prises en ce qui concerne la convention relative à la protection des espèces migratrices de la faune sauvage ?

2. La convention sur la conservation des espèces migratrices appartenant à la faune sauvage

114. Adoptée à Bonn (Allemagne) le 23 juin 1979, cette convention est ratifiée par Madagascar avec la loi n° 2006-003 du 24 juillet 2006. La convention vise à assurer la protection de la faune sauvage et plus particulièrement des espèces animales sauvages « qui effectuent des migrations qui leur font franchir des limites de juridiction nationale ou dont les migrations se déroulent à l'extérieur de ces limites »[186]. Cette protection veut « éviter qu'une espèce migratrice ne devienne une espèce menacée »[187]. Afin de mettre en œuvre la convention, il est demandé aux États parties de « promouvoir les travaux de recherche relatifs aux espèces migratrices, coopérer à ces travaux (...) accorder une protection immédiate aux espèces migratrices figurant à l'Annexe I[188] (...) conclure des accords portant sur la conservation et la gestion des espèces migratrices figurant à l'Annexe II[189] »[190].

115. ***La faible mise en œuvre de la convention***. Contrairement à son adhésion à la convention sur le commerce international des espèces de faune et de flore sauvages, Madagascar n'a pas adopté de mesures internes

et III. Et le certificat d'introduction en provenance de la mer est demandé pour l'introduction en provenance de la mer d'une espèce inscrite aux annexes I II et III.

186 Alinéa 5 de l'exposé des motifs de la convention.

187 Article 2 de la convention.

188 L'Annexe I concerne les espèces migratrices menacées.

189 Les espèces migratrices de l'Annexe II sont les espèces dont l'état de conservation est défavorable.

190 Article 3 de la convention.

particulières afin d'assurer la mise en œuvre de cette convention-ci en tant qu'État partie. Selon le dernier rapport national sur l'application de la convention, soumis en 2014[191], les mesures de protection s'appuient essentiellement sur l'arsenal disponible dans le droit malgache de la protection de la nature, aucun texte spécifique d'ensemble n'existe. Il est interdit d'effectuer des prélèvements des espèces inscrites à l'annexe I de la convention et des moyens et méthodes de conservation sont prévus pour les espèces inscrites à l'annexe II. Suite au premier rapport national de 2011, sont intervenus trois plans d'action : le plan national d'action pour la conservation de l'Héron Crabier Blanc de Madagascar, le plan d'action national pour la conservation des oiseaux de proie migrateurs et enfin, le Code de bonne conduite pour l'observation des baleines.

116. *Le plan d'action pour la conservation de l'Héron Crabier Blanc* a été soumis en août 2013. Plusieurs objectifs y ont été mis en avant. La réduction et la gestion des perturbations d'origine humaine sur les sites de reproduction des espèces, la limitation des activités humaines qui limitent ou dégradent l'habitat de l'espèce, la collection et la distribution d'informations sur les espèces dans sa zone de distribution, le renforcement des capacités afin d'identifier et de déterminer la taille réelle de la population de l'espèce, l'établissement de l'étendue de l'aire de répartition surtout à propos des sites de reproduction, l'étude de la biologie et de la productivité de l'espèce ainsi que sa biologie pendant la saison hors reproduction, et enfin, la détermination des habitats préférentiels et références de l'espèce. Mais la mise en œuvre de ces objectifs n'a pas encore débuté. La nature de ces objectifs cités montre un manque au niveau des connaissances scientifiques relatives à l'espèce d'une part et des lacunes au niveau des informations relatives à son milieu de vie ou ses aires de répartition d'autre part. Or, sans l'acquisition de ces connaissances et informations, les différentes actions de protection ne peuvent convenablement être mises en place.

117. *Le plan d'action national pour la conservation des oiseaux de proie migrateurs*, mis en place en 2011, a pour objectif principal de « maintenir et/ou de reconstituer les niveaux de la population de rapace existant et surtout de s'assurer que les espèces d'oiseaux de proie migrateurs à Madagascar sont maintenues à un statut de conservation satisfaisant »[192]. À cette fin, plusieurs actions sont prévues. En premier lieu, il y a l'étude de la population et de leur lieu de migration ainsi que de tous les autres éléments nécessaires à la connaissance de leur comportement. Ensuite, il y a les actions de sensibilisation et de renforcement des capacités des acteurs de la protection et de la conservation. Et enfin, l'adoption de mesures

---

[191] Lors de la 11ème session de la conférence des parties.

[192] *Plan national pour la conservation des oiseaux de proie migrateurs*, p. 14.

d'interdiction de certaines activités pouvant nuire aux oiseaux migrateurs (il en est ainsi des abattages, de la chasse illégale ou de l'exploitation sélective artisanale).

118. *Le code de bonne conduite pour l'observation des baleines*, quant à lui, a été élaboré par les associations de protection des cétacés et opérateurs touristiques œuvrant dans le domaine. De nature d'abord volontaire, les dispositions de ce code de conduite ont été renforcées et confirmées par la suite par celles de l'arrêté interministériel n° 2083/2 000 du 8 mars 2000 qui instaurent plusieurs règles et pratiques lors d'observations à caractère commercial des mammifères marins[193]. L'ensemble de ces mesures préconisées visent à minimiser les impacts que ces observations pourraient avoir sur la migration des mammifères marins.

En définitive, la mise en œuvre de cette convention sur la conservation des espèces migratrices appartenant à la faune sauvage débute seulement.

Paragraphe 3. Les conventions relatives à la protection du patrimoine mondial culturel, naturel et immatériel

119. La dernière catégorie de conventions internationales qui peuvent être considérées comme sources du droit malgache de la protection de la nature est constituée par les conventions sur la protection du patrimoine mondial : que ce soit le patrimoine mondial, culturel et naturel (**1**) ou le patrimoine mondial culturel et immatériel (**2**). L'adhésion à ces conventions va renforcer les dispositions de l'ordonnance n° 82-029 relative à la conservation, sauvegarde et protection du patrimoine national (**3**).

1. La convention sur la protection du patrimoine mondial, culturel et naturel

120. Cette convention dite convention de Paris[194] consacre « l'idée que certains biens se trouvant sous la souveraineté d'États ont un intérêt qui

[193] Par exemple, une distance minimale d'observation doit être respectée. Elle est de 100 mètres s'il s'agit d'un groupe de cétacés adultes et de 200 mètres pour un couple mère/baleineau. Des limites sont aussi imposées pour la durée d'observation : une heure maximum pour un groupe d'adultes et trente minutes pour un couple mère/baleineau. Et enfin, une interdiction formelle de nager avec les cétacés est émise. D'autres mesures sont édictées par cet arrêté interministériel et portent sur la méthode d'approche ou le nombre de bateaux admis à effectuer les manœuvres d'approche.
[194] Adoptée par la conférence générale de l'UNESCO à Paris le 16 novembre 1972.

dépasse les frontières des États territoriaux et concernent toute l'humanité »[195]. Elle a vocation à s'appliquer aux différents sites naturels ou culturels « qui ont une valeur universelle exceptionnelle du point de vue esthétique ou scientifique (...) du point de vue de la science ou de la conservation »[196]. Ces biens et sites ayant une valeur universelle exceptionnelle sont inventoriés sur la Liste du Patrimoine mondial[197], à des fins de protection. Madagascar a ratifié cette Convention sur la protection du patrimoine mondial le 19 juillet 1983 et plusieurs sites malgaches sont répertoriés dans cette Liste.

121. ***Distinction entre les biens du patrimoine mondial, culturel et naturel et les biens du patrimoine commun de l'humanité***[198]**.** Le concept de patrimoine commun de l'humanité n'est pas définitivement déterminé[199]. Il est admis qu'il est composé de ressources qui ne sont sous la souveraineté d'aucun État en particulier,[200] mais qui, dans le même temps, sont

---

195 Alexandre KISS, Jean-Pierre BEURRIER, *Droit international de l'environnement,* Paris : Pedone, 2004, 3e édition, p. 281.

196 Article 2 de la convention, relatif à son champ d'application.

197 Cette liste recense les différents sites naturels et culturels qui ont une valeur telle qu'ils sont considérés comme « appartenant » à tous les peuples, sans que leur localisation géographique ne puisse constituer un obstacle. Elle contient actuellement plus de 1052 sites naturels et culturels (date de consultation : 4 août 2016) et peut être consultée sur le site http://whc.unesco.org/fr/list.

198 Voir Alexandre KISS, *La notion de patrimoine commun de l'humanité,* Académie de droit international. Recueil des cours ; 1982, II, Tome 175, pp. 99 – 256, The Hague : M. Nijhoff, 1983. Le Professeur Kiss ne semble pas faire la distinction entre ces deux catégories de biens et inclut les éléments du patrimoine mondial, culturel et naturel comme étant des biens du patrimoine commun de l'humanité. Les critères qu'il a établis (p. 135) ne justifient pas cette absence de distinction. En effet, il effectue une synthèse des propositions qui ont été faites et les résument en quatre points : l'impossibilité pour les États d'acquérir la souveraineté de l'espace et des ressources considérés, l'utilisation de ceux-ci à des fins pacifiques, l'existence d'un système de gestion exercé par l'ensemble des utilisateurs, l'utilisation rationnelle des ressources du patrimoine et enfin la répartition équitable des avantages tirés de l'utilisation du patrimoine commun de l'humanité entre les différents États. Ces critères ne sont pas applicables aux biens du patrimoine mondial, culturel et naturel, parce que ceux-ci relèvent entièrement de la souveraineté de l'État comme ce sera vu dans le développement qui va suivre.

199 Et d'ailleurs, la doctrine considère que ce concept peut difficilement être considéré comme utile et applicable, à cause de ces objets et de son absence d'effectivité. Voir en ce sens : Martine RÉMOND-GOUILLOUD, « L'avenir du patrimoine », *Esprit,* novembre 1995, J. CHARPENTIER, « L'humanité, un patrimoine, mais pas de personnalité juridique », *Les hommes et l'environnement, Quels droits pour le vingt-et-unième siècle, études offertes à Alexandre Kiss,* Éditions Frison-Roche, 1997, R-J. DUPUY, « Réflexions sur le patrimoine commun de l'humanité », *Revue Droits,* 1985, p.63 et svt.

200 « Le concept de *patrimoine commun de l'humanité* n'a jusqu'à aujourd'hui été utilisé dans les conventions ou traités que pour qualifier des espaces — et les ressources qu'elles contiennent — qui se situent clairement à l'extérieur du territoire de tous les États ». Sylvie PAQUEROT, *Le statut des ressources vitales en droit international : essai sur le concept de patrimoine commun de l'humanité,* Bruxelles : Bruylant, 2002, p. 23.

nécessaires à toute la communauté internationale. Au-delà de ces considérations s'ajoute aussi le fait que ces biens ne peuvent, en l'état actuel des connaissances, être exploités par les États, qui dès lors, leur accordent peu d'intérêt. Plusieurs biens sont considérés comme relevant du patrimoine commun de l'humanité[201], mais formellement, seules deux conventions reconnaissent le concept. Ainsi, selon respectivement l'Accord régissant les activités des États sur la Lune et les autres corps célestes[202], et la Convention des Nations Unies sur le droit de la mer[203], la Lune et les corps célestes, la Zone et ses ressources mentionnées à l'article 135 de la convention sur le droit de la mer sont des biens du patrimoine commun de l'humanité.

122. Que les biens relèvent du patrimoine commun de l'humanité ou du patrimoine mondial, culturel et naturel, ils ont un intérêt qui dépasse le stade étatique et intéresse la communauté internationale. Cependant, à la différence des biens du patrimoine commun de l'humanité, les biens qui relèvent de la Convention de Paris de 1972 sont soumis à une souveraineté nationale. Et ils ne peuvent faire l'objet d'appropriation par d'autres États. Seul celui où ils sont localisés a compétence en ce qui les concerne, même s'ils présentent un caractère universel exceptionnel.

123. ***L'absence de distinction entre le patrimoine naturel et le patrimoine culturel.*** Cette convention de Paris innove dans le cadre des traités et textes internationaux, elle ne distingue pas le patrimoine naturel du patrimoine culturel, ce qui n'a pas toujours été le cas. Face à la centaine de traités internationaux adoptés pour la sauvegarde du patrimoine naturel, le patrimoine culturel ne semblait pas faire l'objet de préoccupation internationale auparavant. « En réunissant patrimoine culturel et patrimoine naturel, la convention opère une réconciliation et même une synthèse entre les deux grandes composantes de notre patrimoine »[204]. Il est à remarquer que cette synthèse considérée comme innovante existe depuis longtemps en Afrique où « les représentations locales de l'environnement intègrent, outre les problèmes juridiques, des problèmes humains et sociaux qui rendent les distinctions occidentales entre "nature" et "culture" inappropriées pour

[201] Le Professeur Kiss parle ainsi de l'Antarctique, du spectre des fréquences radioélectriques, de l'espace extra-atmosphérique et des corps célestes. Sylvie Paquerot voudrait y intégrer l'eau.

[202] Accord du 5 décembre 1979 (UN doc A/RES/34/68), entré en vigueur en 1984.

[203] Convention signée à Montego Bay le 10 décembre 1982 et entrée en vigueur le 16 novembre 1994.

[204] Alexandre KISS, *op. cit.*, p. 277.

comprendre les conceptions africaines des relations entre les hommes et l'environnement »[205].

124. ***La primauté de la responsabilité de l'État partie dans la convention de Paris.*** Cette convention encourage la coopération internationale, néanmoins, c'est « une assistance collective qui sans se substituer à l'action de l'État intéressé la complétera efficacement »[206]. La coopération internationale ne peut se substituer aux décisions prises en interne par l'État partie : il n'y a pas de protection directe au niveau international. La conférence des parties vise le maintien des caractéristiques des sites inscrits et attribue aide et assistance à l'État partie en cas de dégradation. En effet, malgré l'objet de la Convention de consacrer les biens ayant un caractère universel exceptionnel, c'est à l'État partie qu'échoue la plus grande part de responsabilité. Selon l'article 4 de la Convention, chacun des États partie « reconnaît (que) l'obligation d'assurer l'identification, la protection, la conservation, la mise en valeur et la transmission aux générations futures du patrimoine culturel et naturel lui incombe au premier chef. Il s'efforce d'agir à cet effet tant par son propre effort au maximum de ses ressources disponibles que, le cas échéant, au moyen de l'assistance et de la coopération internationales dont il pourra bénéficier, notamment aux plans financier, artistique, scientifique et technique ». Dans le cadre de ces responsabilités, seul l'État partie est titulaire de l'initiative pour la soumission de la candidature[207] de sites à l'inscription sur cette Liste du Patrimoine mondial. Au préalable, les sites dont la candidature est présentée pour l'inscription sur cette Liste du Patrimoine mondial doivent bénéficier de mesures internes de protection. Puis, l'État partie a l'obligation de dresser une liste indicative de biens ayant les potentiels pour prétendre à l'inscription sur la Liste, et qui sera évaluée selon des critères préétablis selon la nature du bien.

Les critères essentiels exigés sont l'intégrité, l'authenticité et le caractère exceptionnel des sites soumis. Les biens culturels doivent entre autres, présenter un chef-d'œuvre du génie créateur humain ou témoigner d'une

---

205 Sitack BENI YOMBATINA, « Droit de l'environnement à l'épreuve des représentations culturelles africaines : une gestion à réinventer ? », in Camille KUYU (dir.), *À la recherche du droit africain du XXIe siècle*, Paris : Éditions Connaissances et Savoirs, 2005, p. 147.

206 6ème considérant de la convention concernant la protection du patrimoine mondial, culturel et naturel.

207 L'inscription sur la Liste du patrimoine mondial n'est pas de droit, mais résulte d'un processus de sélection et d'élection qui met en compétition plusieurs sites localisés dans le monde entier. Pour plus de détails sur cette procédure d'inscription d'un bien sur la Liste du patrimoine mondial, consulter : *Orientations devant guider la mise en œuvre de la Convention du patrimoine mondial,* Comité intergouvernemental pour la protection du patrimoine mondial culturel et naturel, Paris, UNESCO, janvier 2008.

tradition culturelle, d'une période de l'histoire humaine. Les biens naturels doivent représenter un grand stade de l'histoire de la Terre ou des phénomènes naturels essentiels dans le cadre de la conservation *in situ* de la diversité biologique[208].

125. ***L'obligation de protection et de préservation des sites par l'État partie.*** Que les sites soient sur la liste indicative ou qu'ils soient déjà sur la liste du Patrimoine mondial, l'État partie est titulaire d'une obligation de protection et de préservation de ces sites. En amont, l'État doit prendre au préalable toutes les mesures nécessaires afin de les préserver de toute atteinte. Et en aval, il a l'obligation de maintenir et de préserver les caractéristiques ayant conduit à l'inscription du site sur la Liste du patrimoine mondial. La communauté internationale peut lui venir en aide, sous forme d'assistance technique ou financière.

126. ***Les sites malgaches inscrits sur la Liste du Patrimoine mondial culturel et naturel.*** L'adhésion de Madagascar puis la ratification de cette Convention de Paris, en juillet 1983, ont, jusqu'à présent, permis l'inscription de trois sites malgaches sur la Liste du Patrimoine mondial culturel et naturel, dont un au titre du Patrimoine mondial culturel. Il s'agit du *Tsingy de Bemaraha* (1990), de la colline royale d'*Ambohimanga* (2001) et enfin, des Forêts humides de l'*Atsinanana* (2007).

127. Le *Tsingy* de *Bemaraha* est le premier site malgache inscrit sur la Liste du Patrimoine mondial, en 1990. Situé dans la région centre ouest de Madagascar, il a une superficie totale de 152 000 ha. La beauté exceptionnelle du site associée à sa formation calcaire inhabituelle a justifié en partie son inscription. Le *Tsingy* de *Bemaraha* présente un phénomène géologique rare à caractère exceptionnel : sur son plateau calcaire existe une formation de forêt de pierres acérées et déchiquetées. À cette qualité du paysage s'ajoute un autre élément déterminant pour son inscription, le site du *Tsingy* constitue l'habitat d'un nombre important d'espèces endémiques de la faune et de la flore et d'une diversité biologique très riche. Par exemple, il y existe 11 espèces de lémuriens, 6 espèces d'oiseau, 2 espèces d'amphibiens et 17 espèces de reptiles endémiques locales.

Avant d'être sur la Liste du patrimoine mondial, le site du *Tsingy* de *Bemaraha* était consacré comme réserve naturelle intégrale, et bénéficiait de la protection liée à ce statut. Cette protection a été mise en place dès 1927 lors de la création du premier réseau de réserves naturelles de Madagascar[209]

---

[208] *Orientations devant guider la mise en œuvre de la Convention du Patrimoine mondial*, pp. 25 – 26.
[209] Voir *infra*.

puis, à l'Indépendance, avec le décret n° 66-242 du 1er juin constituant certains territoires en réserves naturelles intégrales pour la protection de la faune et de la flore. Actuellement, cette protection se poursuit par la catégorisation du site du *Tsingy* dans le réseau des parcs nationaux malgaches.

128. La Colline royale d'*Ambohimanga* est le seul site malgache inscrit au titre de la protection d'un monument culturel. Son inscription sur la Liste du Patrimoine mondial s'est faite en 2001. Ce site est composé de la Cité royale, d'un site funéraire avec les tombeaux royaux et d'un ensemble de lieux sacrés. Selon le dossier[210] présenté par la partie malgache à la conférence des parties, le site royal a réussi à être conservé, son authenticité et son intégrité ont été préservées, comparées à d'autres sites royaux malgaches. L'inscription de ce site sur la Liste du Patrimoine mondial s'est justifiée par plusieurs critères[211]. En premier lieu, la colline royale est un symbole significatif de l'identité culturelle du peuple malgache. Ensuite, sa conception, ses matériaux de construction et sa disposition traditionnelle sont représentatifs de la structure politique et sociale malgache depuis le XVIe siècle. Et enfin, c'est un lieu où, pendant des siècles, la mémoire, le rituel et la prière ont façonné une expérience humaine collective.

Avant son inscription sur cette Liste du Patrimoine mondial, la colline royale d'*Ambohimanga* était protégée par des mesures particulières. D'une part, elle est propriété de l'État malgache. Et d'autre part, plusieurs textes avaient prévu sa protection. Ainsi, pendant la colonisation française, il y a eu l'arrêté n° 435 du 28 février 1897, puis, l'arrêté du 8 février 1939 portant inscription des monuments naturels et des sites de la colonie de Madagascar et dépendances sur la liste prévue par l'article 2 du décret du 25 août 1937 relatif à la protection des monuments naturels et de sites de caractère historique, scientifique, légendaire ou pittoresque[212]. Après l'Indépendance de Madagascar, la colline reste protégée au titre de l'ordonnance n° 82-029 du 6 novembre 1982 relative à la sauvegarde, la protection et la conservation du patrimoine national[213].

129. Et enfin, le dernier site malgache dans la liste du patrimoine mondial est constitué par un bien sériel : **les Forêts humides de l'*Atsinanana*,**

---

210 Voir *Proposition d'inscription sur la Liste du Patrimoine mondial, Colline royale d'Ambohimanga, Madagascar*, juin 2000, consultable sur http://whc.unesco.org/uploads/nominations/950.pdf (consultée le 10 octobre 2015).
211 *Idem.*
212 C'était un décret pris pour tous les sites présentant un intérêt historique, scientifique ou pittoresque dans les colonies françaises, pays de protectorat et territoires sous mandat relevant du ministère français des colonies.
213 Voir *infra.*

inscrites en 2007. Ces Forêts humides de l'*Atsinanana* sont composées par six parcs nationaux du système des aires protégées, répartis le long de la côte est de Madagascar : ce sont les parcs de *Marojejy*, *Masoala*, *Zahamena*, *Ranomafana*, *Andringitra* et *Andohahela*. Les classifications des différents éléments de ce site en tant que parcs nationaux constituent les premières mesures de protection de ceux-ci. Deux critères ont justifié l'inscription du site sur la Liste du patrimoine mondial : ces forêts humides de l'*Atsinanana* abritent une importante part de la diversité biologique malgache, et elles jouent un rôle écologique important dans le cadre du changement climatique. « Les zones protégées comprises dans ce bien sériel ont acquis une importance critique pour le maintien du processus écologique en cours, nécessaire à la survie de la biodiversité unique de Madagascar (...) Ces forêts ont également été un important refuge pour des espèces durant les périodes passées de changements climatiques et joueront un rôle essentiel pour l'adaptation et la survie des espèces à la lumière des futurs changements climatiques »[214]. De plus, « à l'intérieur du bien, le taux d'endémisme est d'environ 80 à 90 pour cent pour tous les groupes (...) les cinq familles de primates malgaches, toutes les familles de lémuriens endémiques, sept genres endémiques de rongeurs, six genres endémiques de carnivores et plusieurs espèces de chiroptères y sont représentés. Sur les 123 espèces de mammifères non volants de Madagascar (dont 72 sont sur la Liste rouge de l'UICN des espèces menacées), 78 sont présentes à l'intérieur du bien »[215].

130. ***De la Liste du patrimoine mondial à la Liste du patrimoine mondial en péril.*** L'inscription des Forêts humides de l'*Atsinanana* sur la Liste du patrimoine mondial a été faite en 2007, mais les situations de troubles politiques commencés au cours de l'année 2009, à l'occasion d'un changement de pouvoir anticonstitutionnel, ont engendré des menaces sur l'intégrité du site et le caractère exceptionnel qui lui est associé. L'absence d'un pouvoir politique stable a favorisé la multiplication des actes de destruction et de pillage intensif d'essences rares dans ces zones protégées : le bois de rose et le bois d'ébène. Une étude a évalué qu'il y a « au minimum 52 000 tonnes de bois précieux abattu, venant de 100 000 arbres de bois de rose et d'ébène (...) dont plus de 60 000 arbres situés dans les aires protégées, ce qui représente au minimum 4000 hectares de parc et 10 000 hectares de forêt intacte non classée »[216]. Malgré la surveillance des

---

[214] Voir *Propositions d'inscription de biens naturels, mixtes et culturels sur la liste du patrimoine mondial, Forêts humides de l'Atsinanana, Madagascar*, 2007, 31COM8B.9, consultable sur http://whc.unesco.org/archive/2007/whc07-31com-24f.pdf (consultée le 10 octobre 2008).

[215] *Idem.*

[216] Hery RANDRIAMALALA, Zhou LIU, « Bois de rose de Madagascar : entre démocratie et protection de la nature », *Madagascar Conservation & Development*, mars 2010, pp. 11-22.

communautés locales environnantes et les plans d'action adoptés par le comité des parcs nationaux de Madagascar en collaboration avec les autorités régionales, les pillages se sont intensifiés.

131. Face à cette situation et dans le cadre de ses moyens de contrôle, le Comité du patrimoine mondial a mis en œuvre la procédure de suivi réactif. Le suivi réactif est « la soumission de rapports (...) sur l'état de conservation de certains biens du patrimoine mondial qui sont menacés »[217]. Il a pour but principal de mettre en œuvre tous les moyens afin d'empêcher le retrait d'un site de la Liste du patrimoine mondial, et ainsi, de protéger ses caractéristiques particulières. Dans ce cadre, plusieurs décisions importantes ont été prises par le Comité du patrimoine mondial. En premier lieu, dans une décision 33 COM 7B.147 – Forêts humides de l'*Atsinanana* – Madagascar – N1257[218], prise en 2009, le Comité y « exprime sa plus vive inquiétude quant à l'augmentation de l'abattage illégal ainsi que des autres exploitations illégales des ressources dans les parcs nationaux de *Marojejy* et de *Masoala*, qui font partie du bien en série "Forêts humides de l'*Atsinanana*", susceptibles d'affecter la valeur universelle exceptionnelle du bien ». Dans le cadre de cette même décision, le Comité du patrimoine mondial demande un rapport détaillé sur l'état de conservation du site et les impacts de ces activités d'abattage illégales, mais aussi un rapport sur toutes les mesures prises afin de traiter les menaces sur l'intégrité du site, engendrées par ces abattages. Malgré les mises en garde du Comité et les mesures internes prises, l'exploitation et l'exportation de ces essences de bois rares ont continué et ont par ailleurs entraîné, outre la déforestation de ces parcs nationaux, la chasse et l'abattage de plusieurs espèces de la faune sauvage, soit la perte des caractéristiques ayant motivé l'inscription du site sur la Liste du patrimoine mondial. La question de la cohérence de ces mesures internes censées faire cesser les actes menaçant l'intégrité et le caractère exceptionnel de ce bien sériel peut se poser. En effet, dès le mois de janvier 2009, un décret interministériel du 28 janvier 2009 a autorisé des négociants à exporter le bois de rose et d'ébène provenant d'arbres tombés lors des cyclones. Dans la réalité cependant, le volume exporté va dépasser de beaucoup le volume estimé provenant des dégâts cycloniques. Puis, le décret n° 2010-141 du 24 mars 2010 a interdit l'exploitation et l'exportation de bois de rose et d'ébène, mais des autorisations officielles d'exportation de ces essences ont néanmoins été accordées en parallèle.

---

[217] *Orientations devant guider la mise en œuvre de la Convention du patrimoine mondial*, Comité intergouvernemental pour la protection du patrimoine mondial culturel et naturel, Paris, UNESCO, janvier 2008.
[218] Décision consultable sur http://whc.unesco.org/fr/decisions/1940 (date de dernière consultation 4 août 2017).

132. En 2010, par la décision 34 COM 7B.2 – Forêts de l'*Atsinanana* – Madagascar - N 1257[219] et plus particulièrement en son article 11, le Comité « décide d'inscrire les Forêts humides de l'*Atsinanana* sur la liste du Patrimoine mondial en péril ». Cette inscription sur la liste du Patrimoine mondial en péril constitue une des sanctions à l'obligation de protection des sites qui incombe à l'État partie. Elle résulte d'une menace ou d'un danger grave et précis sur la préservation de la valeur universelle d'un site inscrit sur la Liste du patrimoine mondial et dont la sauvegarde nécessite la réalisation de grands travaux. Cette inscription signifie encore que le Comité du patrimoine mondial met à la disposition de l'État partie et après consultation de celui-ci, tous les moyens nécessaires afin d'adopter les meilleures mesures correctives afin de pallier cette dégradation. Des mesures régulières de suivi sont adoptées afin de contrôler l'état des biens inscrits sur cette Liste du patrimoine mondial en péril. Dans le cas présent, les menaces ont été identifiées comme étant la mauvaise gouvernance, les empiétements, les incendies, la chasse et le braconnage d'espèces menacées de lémuriens, l'exploitation minière artisanale et surtout l'abattage illégal de bois précieux. Le Comité encourage la partie malgache à adopter toutes les mesures législatives et à réaliser toutes les actions susceptibles de stopper cette dégradation. Mais malgré toutes les mesures prises, il[220] est constaté que l'état de conservation de certaines portions de ce bien sériel demeure fragile, en raison de ces exploitations abusives. L'absence de données précises handicape la mise en œuvre et la correcte évaluation des actions planifiées. De ce fait, actuellement, les Forêts humides de l'*Atsinanana* sont encore maintenues dans cette Liste du patrimoine mondial en péril. Selon le Comité du patrimoine « l'élimination des coupes, des stocks et des mouvements de bois illégaux constitue une condition essentielle pour le retrait du bien de la Liste du patrimoine mondial en péril »[221]. Dans sa dernière décision en date[222], le Comité du patrimoine reconnaît les efforts qui ont été faits, notamment avec « les études préparatoires qui ont été menées afin de liquider tous les stocks de bois de rose (…) et développer un secteur forestier transparent et respectueux de la loi et des réglementations »[223]. Néanmoins, il

[219] Décision consultable sur http://whc.unesco.org/fr/decisions/4110 (date de dernière consultation 4 août 2017).

[220] Dans la décision 35 COM 7A.10 – Forêts humides de l'*Atsinanana* – Madagascar – N1257 prise en 2011 lors de la Conférence des parties, décision consultable sur http://whc.unesco.org/fr/decisions/4344 (date de dernière consultation 4 août 2017).

[221] Dans la décision 38 COM 7A.44 – Forêts humides de l'*Atsinanana* – Madagascar – N1257 prise en 2014 lors de la Conférence des parties, décision consultable sur http://whc.unesco.org/fr/decisions/5986 (date de dernière consultation 4 août 2017).

[222] Dans la décision 39 COM.7A.11 – Forêts humides de l'Atsinanana – Madagascar – N1257 prise en juillet 2015 lors de la Conférence des parties, décision consultable sur http://whc.unesco.org/fr/decisions/6230 (date de dernière consultation 4 août 2017).

[223] *Op. cit.*

a été décidé que le site des Forêts humides de l'*Atsinanana* est maintenu dans la Liste du patrimoine mondial en péril[224].

133. Par ailleurs, le Comité du patrimoine demande que l'État malgache obtienne l'aval du Comité permanent de la convention Cites avant toute action. Si la soumission d'un Plan d'utilisation des stocks de bois précieux à la convention Cites en 2014 a été appréciée par le Comité du patrimoine, ainsi que l'adoption de la loi n° 2015-056 portant création de la « chaîne spéciale de lutte contre le trafic de bois de rose et/ou de bois d'ébènes » et répression des infractions relatives aux bois de rose et/ou bois d'ébènes et la publication de son décret d'application, il invite instamment Madagascar à « adhérer strictement aux recommandations qui seront émises par le Comité permanent de la Cites après son examen »[225]. En effet, le comité de la convention Cites s'est aussi saisi du dossier vu les conséquences de la situation sur les ressources de la faune et de la flore et plus particulièrement sur les essences de bois précieux qui font l'objet d'abattage illégal. Et ce comité de la convention Cites a exigé des autorités malgaches l'adoption de mesures pour stopper le trafic illicite de ces bois précieux. En 2013, la 16e conférence des parties à la convention Cites décide[226] d'inscrire ces espèces à l'annexe II de la convention, ainsi, le commerce de celles-ci n'est pas strictement interdit, mais est soumis à autorisation. En mars 2016, une notification aux parties est faite à propos de la suspension des échanges commerciaux de ces espèces et de la mise en place d'un « embargo sur l'exportation des stocks de ces bois jusqu'à ce que le comité permanent de la Cites ait approuvé les conclusions d'un audit et d'un plan d'utilisation des stocks afin de déterminer quelle partie de ces stocks a été légalement constituée et pourrait donc faire l'objet d'exportations légales »[227].

134. À l'issue des différents suivis faits par le Comité du patrimoine et des mesures prises par les autorités malgaches, les Forêts de l'*Atsinanana* inscrites sur la Liste du patrimoine mondial en péril peuvent, soit réintégrer la Liste du patrimoine mondial, soit bénéficier de mesures de sauvegarde supplémentaires, soit être retirées des deux types de Liste au cas où les dégradations sont telles que le bien a perdu de manière définitive les caractéristiques qui ont justifié son inscription sur la Liste du patrimoine mondial. C'est ce retrait du bien des 2 listes qui constitue la sanction ultime de la Convention de Paris.

---

224 Le site est toujours maintenu dans cette liste en 2017, voir décision 41 COM 8C.2 – Mise à jour de la liste du patrimoine mondial en péril.

225 *Op. cit.*

226 Décision 16 152 sur les ébènes et palissandres et plan d'action connexe, consultables sur https://cites.org/fra/dec/valid16/245 (date de dernière consultation 4 août 2017).

227 Plan d'action pour Diospyros spp. et Dalbergia spp., plan consultable sur https://cites.org/fra/dec/valid16/245 (date de dernière consultation 4 août 2017).

135. ***Les sites malgaches sur la Liste indicative.*** En parallèle à ces sites de la Liste du Patrimoine mondial, il a aussi été établi une liste indicative de sites naturels et culturels situés dans plusieurs localités de l'Île et dont les candidatures sont soumises pour inscription à la Liste du Patrimoine mondial. Cette liste indicative malgache contient sept sites. Il s'agit :

– du paysage culturel rizicole et hydraulique de *Betafo* situé dans la partie centrale du pays (1 997),

– du Pays *Mahafaly* situé dans la région sud-ouest (1 997),

– de la falaise et des grottes de l'*Isandra* situé dans le sud des Haux-Plateaux (1 997),

– de l'*Antongona*, situé dans la partie centrale du pays et constitué de sites archéologiques du XVIe et du XVIIe siècle (1 997),

– de la réserve spéciale d'*Anjanaharibe*-Sud, qui est une extension des forêts humides de l'*Atsinanana* (2008),

– des forêts sèches de l'*Andrefana*, bien sériel localisé dans la partie occidentale et sud (2008), et enfin,

– du site et *Rova* de *Tsinjoarivo* (1 997).

– de la Haute Ville d'*Antananarivo* (2016).

Après la consécration des sites naturels et culturels, une autre convention va mettre en exergue l'aspect culturel et immatériel du patrimoine.

2. La convention pour la sauvegarde du patrimoine culturel et immatériel

136. ***L'intérêt nouveau porté au patrimoine culturel et à son aspect immatériel*** a conduit à l'adoption de la Convention pour la sauvegarde du patrimoine culturel et immatériel le 17 octobre 2003. Cette convention aspire à la sauvegarde du patrimoine culturel immatériel, à la sensibilisation et au respect de celui-ci aussi bien au niveau des communautés, groupes et individus concernés qu'au niveau local, national et international. Elle constate « une profonde interdépendance entre le patrimoine culturel immatériel et le patrimoine culturel et naturel ». Le patrimoine culturel immatériel est défini par l'article 1er de la convention comme les « pratiques, représentations, expressions, connaissances et savoir-faire ainsi que les instruments, objets, artefacts et espaces culturels qui leur sont associés – que les communautés, les groupes et, le cas échéant, les individus reconnaissent comme faisant partie de leur patrimoine culturel (…) transmis de génération en génération, recréé en permanence par les communautés et groupes en fonction de leur milieu, de leur interaction avec la nature (…) ». Ce patrimoine culturel immatériel est alors considéré comme « creuset de la diversité culturelle et garant du développement durable »[228].

137. La protection de ce patrimoine culturel et immatériel passe essentiellement par l'établissement de listes, la coopération internationale par l'échange d'informations et d'expériences et par l'assistance technique pour la sauvegarde et la préparation des inventaires. Deux types de listes ont été prévus par cette convention sur le patrimoine culturel immatériel : la Liste représentative du patrimoine culturel immatériel de l'humanité et la Liste du patrimoine nécessitant une sauvegarde urgente.

138. ***Madagascar est partie à cette Convention pour la sauvegarde du patrimoine culturel immatériel*** qu'elle a ratifiée le 31 mars 2006. Préalablement à la ratification de cette convention, seule la loi n° 94-036 du 18 septembre 1995 portant sur la propriété littéraire et artistique[229] était référencée comme disposition ayant contribué en interne à la sauvegarde du patrimoine culturel immatériel. Plus précisément, en son article 5, cette loi sur la propriété littéraire et artistique comporte des dispositions spécifiques aux expressions du folklore[230], qui recouvrent les mêmes domaines que ceux du patrimoine culturel immatériel. Une loi de juin 2005, la loi n° 2005-006 portant politique culturelle nationale pour un développement socio-économique dispose en son article 4 que la protection du patrimoine matériel et immatériel est une priorité nationale. Afin de réaliser cette politique culturelle nationale, l'article 13 de cette dernière préconise la promotion des dialogues culturels, l'élaboration d'une politique linguistique, l'amélioration des conditions de production artistique, le développement des industries culturelles et enfin l'éducation culturelle et citoyenne de la jeunesse malgache.

139. ***Le caractère*** **a minima** ***des dispositions internes pour la mise en œuvre de la Convention pour la protection du patrimoine culturel immatériel.*** Suite à la ratification de la convention et afin d'appliquer les dispositions de la loi portant politique culturelle nationale, la loi n° 2013-017 du 20 février 2014 relative à la sauvegarde du patrimoine immatériel national[231] est adoptée. Cette loi définit le patrimoine culturel immatériel

---

[228] Considérant de la Convention pour la sauvegarde du patrimoine culturel immatériel.

[229] JO n° 2333 du 6 novembre 1995, p. 3554.

[230] Selon cet article 5, « les productions d'éléments caractéristiques du patrimoine culturel traditionnel de Madagascar développé et perpétué par une communauté ou par des individus reconnus comme répondant aux attentes de cette communauté, comprenant les contes populaires, la poésie populaire, les chansons et la musique instrumentale populaires, les danses et spectacles populaires. Ces expressions (…) ne sont pas des œuvres au sens de la présente loi. Pourtant, elles jouissent d'une protection similaire ».

[231] J. O n° 3580 du 13 octobre 2014, p. 3858.

comme : « tout ce qui identifie et caractérise les groupes et communautés qui le considèrent comme faisant partie de leur patrimoine culturel et qui le transmettent de génération en génération »[232]. Peuvent être compris dans ce patrimoine culturel immatériel : les traditions, mœurs, us et coutumes, les expressions orales, écrites et gestuelles, les pratiques sociales, les connaissances et perceptions de la nature et de l'univers, le savoir-faire lié à l'artisanat traditionnel. Et enfin, selon le dernier alinéa de l'article 2 de la loi, « les instruments, objets et espaces culturels qui leur sont associés et appartenant à la communauté détentrice font partie de ce patrimoine culturel immatériel national ». Plusieurs moyens[233] sont prévus par cette loi pour réaliser la sauvegarde du patrimoine immatériel national et selon l'article 4 de celle-ci, tout autant le citoyen que la communauté détentrice du patrimoine sont titulaires d'une obligation générale de veiller à la sauvegarde et au respect de celui-ci. Néanmoins, seuls les éléments qui sont inscrits[234] sur l'inventaire national du patrimoine immatériel bénéficient d'une protection détaillée de la loi : l'inscription étant « l'acte par lequel l'État reconnaît à certains éléments une valeur culturelle immatérielle particulière »[235]. Le premier alinéa de l'article 11 de la loi interdit l'aliénation totale ou partielle et/ou l'exploitation abusive d'un lieu de culte et d'un espace culturel associés au patrimoine culturel immatériel national. Mais cette interdiction ne constitue pas un obstacle au fait que le propriétaire ou la communauté détentrice d'un élément matériel associé au patrimoine culturel immatériel restent titulaires d'un droit de jouissance et d'une responsabilité sur cet élément[236]. La seule condition qui leur soit opposée, par le dernier alinéa de l'article 11 de la loi, est le respect de la nature et de l'intégrité, liées aux traditions, de l'élément en question. Avec la mesure d'interdiction de l'aliénation d'un lieu de culte et d'espace culturel, le propriétaire ou la communauté détentrice d'un élément associé au patrimoine culturel immatériel a l'obligation d'aviser le représentant local du ministère chargé de la culture et du patrimoine dans les cas de destruction fortuite, de perte ou de vol, selon l'alinéa 2 de cet article 11 de la loi.

---

232 Article 1er de la loi.

233 Selon l'article 3 de la loi, l'identification, la recherche, la préservation, la protection, la promotion, le respect, la mise en valeur, la transmission et l'éducation ainsi que la revitalisation des différents aspects de ce patrimoine peuvent aider à la sauvegarde du patrimoine immatériel national.

234 L'inscription est faite par décret ministériel. Elle intervient après des travaux de recensement réalisés par les directions régionales de la culture et du patrimoine en collaboration avec toute la communauté et les autorités locales décentralisées. Les comités régionaux tiennent un registre de ces éléments recensés et c'est le comité national qui établit le registre national d'inventaire du patrimoine culturel immatériel. C'est le décret n° 2014-141 du 25 mars 2014 et un arrêté n° 13428/2015 du 3 avril 2015 qui ont mis en place et rendu effectif ce registre national d'inventaire du patrimoine culturel immatériel de Madagascar.

235 Alinéa 2 de l'article 6 de la loi relative à la sauvegarde du patrimoine culturel immatériel.

236 Dernier alinéa de l'article 11 de la loi.

140. ***L'élément malgache dans la Liste représentative du patrimoine culturel immatériel de l'humanité.*** En 2008, *le savoir-faire du travail du bois des Zafimaniry* est inscrit dans la Liste représentative du patrimoine culturel immatériel de l'humanité. Le peuple *Zafimaniry* est établi dans le Sud Est de Madagascar, dans sa région boisée et montagneuse. Ils sont les derniers dépositaires de l'art du travail et de la sculpture du bois[237]. Cependant, ces connaissances sont menacées de disparition à cause de la déforestation générale qui se propage dans toute l'Île. De plus, leur travail du bois, faute de mesures de protection et de sauvegarde de la part des autorités étatiques, risque de plus en plus de perdre sa richesse culturelle, pour devenir une simple activité de subsistance. Cette inscription dans la Liste représentative du patrimoine culturel immatériel de l'humanité constitue un moyen de préservation, mais surtout une mise en valeur de ce savoir-faire ancien de ce peuple.

141. En définitive, l'adhésion de Madagascar aux conventions sur le patrimoine mondial a eu des influences contrastées au niveau du droit interne. D'une part, l'adhésion à la convention sur le patrimoine mondial naturel et culturel permet théoriquement une sauvegarde des sites inscrits et un renforcement de leur protection. Néanmoins, les dispositions de la convention n'ont pu faire office de rempart aux dégâts causés par les troubles internes et les actes d'exploitation illégaux qui en ont découlé. D'autre part, l'inscription du savoir-faire du peuple *Zafimaniry* va permettre de renforcer la prise en compte de la dimension immatérielle de certains éléments du patrimoine en parallèle à l'ordonnance, préexistante, relative à la conservation, sauvegarde et protection du patrimoine naturel et culturel national.

3. L'ordonnance n° 82-029 du 6 novembre 1982 relative à la conservation, sauvegarde et protection du patrimoine national

142. ***L'unification des mesures de protection.*** Cette ordonnance n° 82-029 est issue de la réforme de deux textes, adoptés au lendemain de l'Indépendance de Madagascar, protégeant le patrimoine culturel national : la loi n° 61 – 031 du 15 novembre 1961 sur les monuments historiques et objets d'art[238] et la loi n° 62 – 026 du 13 juillet 1962 sur le classement des sites[239]. Les dispositions de ces précédents textes ont permis la protection de

---

[237] Voir Pierre VÉRIN, Michel PELTEREAU-VILLENEUVE, *Les Zafimaniry et leurs traditions esthétiques – Le pays Zafimaniry et son art*, Paris : INALCO, 1991.

[238] J.O.R.M n° 195 du 25 novembre 1961 p. 2008.

[239] J.O.R.M du 21 juillet 1962 p 1369, remplacée par la suite par l'ordonnance n° 73-050 du 7 septembre 1973.

biens naturels ou culturels, en raison de leur caractère historique, légendaire, artistique, scientifique, ou touristique, et qui doivent être conservés en leur état. Mais les différentes mesures contenues dans ces lois étaient éparses et diffuses. L'adoption de l'ordonnance n° 82 – 029 du 6 novembre 1982 relative à la protection, la sauvegarde et la conservation du patrimoine national[240] va modifier cette structure. L'ordonnance va œuvrer à l'unification des mesures de protection et de mise en valeur du patrimoine naturel et du patrimoine culturel et abroger explicitement toutes les dispositions antérieures[241].

143. ***La préservation de l'histoire et des valeurs culturelles malgaches*** est l'objectif principal de cette ordonnance, afin d'éviter une « dépersonnalisation d'une partie du peuple »[242]. Dans cette optique, la différenciation faite usuellement entre le patrimoine culturel et le patrimoine naturel est considérée par l'ordonnance n° 82 – 029 du 6 novembre 1982 comme une « vision tronquée du patrimoine national » dans son exposé des motifs. « Il s'avère que la protection des biens culturels ne concerne qu'une partie d'un bien unique qui mérite d'être appréhendé dans une vision globale : notre patrimoine national dans son ensemble (...) »[243]. C'est un « patrimoine vivant unique et indivisible traduisant notre identité nationale en perpétuel devenir ou la rehaussant, le patrimoine national *malagasy* ne saurait être scindé en patrimoine naturel national et en patrimoine culturel national »[244]. Sont considérés comme des éléments du patrimoine par l'article premier de cette ordonnance, aussi bien les biens immeubles que les biens meubles. Sont des biens immeubles du patrimoine national, les formations naturelles[245], les créations culturelles dont les sites, les monuments, les constructions ou restes de constructions, et les ensembles constitués de groupes de construction isolée ou réunie[246]. Les biens meubles

[240] JO R.M n° 1524 du 6 novembre 1982, p. 2513.

[241] Selon l'article 59 de l'ordonnance n° 82 – 029 du 6 novembre 1982 : « sont et demeurent abrogées toutes dispositions antérieures contraires à la présente ordonnance notamment les lois n° 56 – 106 du 3 novembre 1956, n° 61 – 031 du 15 novembre 1961 et n° 62 – 026 du 16 juillet 1962, l'ordonnance n° 73 – 050 du 7 novembre 1973 et tous les décrets pris pour leur application. ». Il n'y est pas fait une référence expresse aux dispositions concernant la protection des biens du patrimoine naturel.

[242] Exposé des motifs de l'ordonnance n° 82 -029 du 6 novembre 1982 relative à la protection, la sauvegarde et la conservation du patrimoine national.

[243] Exposé des motifs de l'ordonnance n° 82-029 relative à la protection, la sauvegarde et la conservation du patrimoine national.

[244] *Idem.*

[245] Alinéa 2 de l'article 1er : « les monuments naturels, groupes constitués par les formations physiques ou biologiques ; les formations géologiques et physiographiques et les zones constituant l'habitat d'espèces animale et végétale ; les monuments, sites ou zones naturels pittoresques ».

[246] Alinéa 3 de l'article 1er : « les sites, œuvres de l'homme, ou œuvre conjuguées de l'homme et de la nature ; les monuments : œuvres architecturales, de sculpture ou de peinture

du patrimoine national quant à eux sont répartis en trois catégories. En premier lieu, est considéré comme tel par l'alinéa 4 de l'article premier de l'ordonnance tout spécimen de la faune et de la flore vivant ou empaillé. Ensuite, « toute documentation ou tout objet sur l'ensemble des traits spécifiques de la société malgache qui traduisent sa vision du monde »[247]. Et enfin, la dernière catégorie de biens meubles considérés comme éléments du patrimoine national est constituée par toute création artistique et littéraire[248]. Au vu de ces caractéristiques données par l'article premier de l'ordonnance, une multitude de biens peuvent être considérés comme biens du patrimoine national. Néanmoins, seuls les biens inscrits et classés bénéficient effectivement d'une protection de l'ordonnance n° 82-029.

144. ***La protection et la conservation du patrimoine national par l'inscription et le classement des biens.*** Deux catégories de mesures de protection sont préconisées par l'ordonnance n° 82 – 029 : l'inscription des biens et leur classement.

145. « En vue d'assurer la sauvegarde, la protection et la conservation totale ou partielle du patrimoine national, l'État peut ordonner l'inscription sur l'inventaire national des biens (...) lorsqu'ils présentent un intérêt préhistorique, protohistorique, ethnologique, et d'une manière générale, scientifique et technique, littéraire, artistique, religieux, esthétique, écologique »[249]. L'inscription des biens sur l'inventaire national est « l'acte par lequel l'État reconnaît à certains biens une valeur particulière »[250].

146. Cette inscription se réalise à l'issue d'une procédure déterminée aux articles 11 et suivants de l'ordonnance. Plusieurs entités ont compétence pour proposer l'inscription de biens sur l'inventaire national : les collectivités décentralisées, la commission nationale de classement ou enfin, le ministère chargé de la protection du patrimoine national lui-même. Le

---

monumentale, éléments ou structure de caractère archéologique, restes de constructions anciennes, inscriptions, groupes d'éléments, tombeaux ; les constructions ou restes de constructions (maisons d'habitation, tombeaux, bâtiments de culte... Etc.) ayant rapport avec des évènements ou l'histoire de personnalités politiques, historiques, scientifiques, culturels, religieux et plus particulièrement celles qui ont plus de 150 ans d'ancienneté ; (...) les constructions dont la protection est nécessaire pour isoler, dégager, assainir ou mettre en valeur un bien régi par les dispositions de cette ordonnance ».

[247] Alinéa 5 de l'article 1er de l'ordonnance.

[248] Cette dernière catégorie regroupe un très grand nombre de biens à l'alinéa 6 de l'article 1er de l'ordonnance. « Les éléments de quelque matière qu'ils soient, provenant de constructions anciennes et des sites archéologiques, scientifiques, artistiques, religieux et les éléments constitutifs de tombeaux ; le produit des fouilles et des découvertes archéologiques et paléontologiques ».

[249] Article 4 de l'ordonnance 82-029.

[250] Alinéa 2 de l'article 4 de l'ordonnance.

particulier détenteur d'un bien ayant les caractéristiques déterminées par le texte, a l'obligation[251] de le déclarer auprès du ministère chargé de la protection du patrimoine national en vue du recensement du bien ou de son inscription éventuelle. À partir des propositions d'inscription, c'est la commission nationale de classement qui statue sur l'opportunité d'inscription d'un bien ou non, dans un délai de trois mois à compter de sa saisine. Le propriétaire doit être informé de la proposition d'inscription de son bien[252] étant donné que, selon l'alinéa 2 de l'article 12, les effets de l'inscription s'appliquent de plein droit au bien visé à compter de la notification de la proposition d'inscription. En tant que propriétaire, il peut présenter des observations dans un délai de trois mois à partir de la notification. Le silence du propriétaire durant ce délai vaut acquiescement sans réserve à l'inscription. À l'expiration du délai, l'inscription du bien sur l'inventaire national peut se faire de manière définitive par un arrêté du ministère chargé de la protection du patrimoine national[253].

147. ***L'obligation de maintien en l'état d'un bien inscrit sur l'inventaire national.*** L'inscription d'un bien sur l'inventaire national emporte des obligations dont son propriétaire ou son usager ne peut se soustraire, « les effets de l'inscription suivent le bien en quelque main qu'il se trouve »[254]. Le propriétaire d'un bien inscrit peut jouir en toute liberté de sa possession, mais il est tenu de préserver les qualités ayant justifié l'inscription : le bien doit être protégé de tout acte de dégradation ou de toute modification, tout acte sur le bien sera désormais soit soumis à autorisation soit interdit. Selon l'article 8 de l'ordonnance, toute réparation (b), aliénation, affectation ou location (e) d'un bien inscrit est soumise à une autorisation préalable du ministère chargé de la protection du patrimoine national. Sont aussi soumis à autorisation préalable tous les projets d'aménagement dans toute zone dans laquelle se situe un bien inscrit (d). Tout graffiti, affichage ou publicité (h), et tous les travaux pouvant modifier ou morceler le bien sont interdits (c). L'État est titulaire de certaines prérogatives sur ces biens. En cas d'aliénation du bien, l'État a un droit de préemption qu'il peut exercer dans un délai maximum de trois mois (f). Le bien peut faire l'objet d'une appropriation ou d'une expropriation pour cause d'utilité publique ou pour abus de droit de propriété. Et enfin, selon l'article 9 de l'ordonnance, des travaux de réparation ou d'entretien peuvent être exécutés par les autorités étatiques, après avis conforme de la

---

[251] Article 5 de l'ordonnance n° 82-029.
[252] Alinéa 1 de l'article 12 de l'ordonnance n° 82-029 : « le ministère chargé de la protection du patrimoine national notifie la proposition d'inscription du meuble et de l'immeuble au propriétaire par lettre recommandée avec accusé de réception et le cas échéant au service de la conservation des titres fonciers dans le ressort duquel l'immeuble est situé.
[253] Article 7 de l'ordonnance n° 82-029.
[254] a. de l'article 8 de l'ordonnance.

commission de classement sans que le propriétaire ne puisse s'opposer à l'exécution de ces travaux.

148. ***La reconnaissance d'une valeur nationale aux biens classés.*** À un niveau supérieur, un bien inscrit peut être classé. Au bien inscrit est reconnue une valeur particulière, tandis que « le classement est l'acte par lequel l'État reconnaît à un bien du patrimoine une valeur nationale indéniable »[255]. La procédure liée aux propositions de classement est identique à celle de l'inscription. Néanmoins, selon l'article 18 de l'ordonnance 82-029, les propositions de classement sont présentées par le ministère chargé de la protection du patrimoine national en conseil des ministres. Et le classement est prononcé par décret, dans un délai d'un an à compter de la notification de la proposition de classement au propriétaire[256]. Ce décret doit déterminer le périmètre de classement et une zone de protection du bien, en hauteur, en surface et en profondeur. Selon l'arrêté n° 22 268/2 012 du 20 août 2012 portant délimitation du périmètre de protection des sites classés patrimoine national, ce périmètre a une étendue de 50 à 500 mètres autour du site concerné[257], et ses limites ne peuvent être modifiées[258]. Au cas où une propriété privée est incluse dans ces limites du périmètre de protection, les propriétaires ont une obligation de respecter l'authenticité et l'intégrité du site. Des poursuites pénales sont prévues par l'article 4 de cet arrêté portant délimitation du périmètre de protection des sites classés patrimoine mondial si des occupations sont réalisées à des fins de construction et d'exploitation. Ainsi, la délimitation de ce périmètre de protection est importante eu égard aux obligations liées au classement du bien qui se cumulent avec celles liées à une simple inscription.

149. ***Le cumul des obligations liées à l'inscription des biens avec les obligations liées au classement.*** La valeur nationale indéniable reconnue à un bien classé a pour conséquence de le soumettre à la fois aux régimes d'autorisation et d'interdiction d'un bien inscrit, et aux obligations propres liées à son classement. Selon l'article 15 de l'ordonnance, un bien classé est frappé d'insaisissabilité et aucune acquisition par droit de prescription ne peut être exercée sur celui-ci. De même, aucune servitude légale ne peut s'appliquer au bien si la servitude peut lui porter atteinte et entraîner des dégradations. L'intérêt de la délimitation du périmètre de protection réside dans l'exigence d'une autorisation préalable du ministère chargé de la

---

[255] Article 14 de l'ordonnance.

[256] Article 19 de l'ordonnance. Si le décret n'intervient pas dans ce délai d'un an, l'article 17 de l'ordonnance précise que « les effets du classement cessent de s'appliquer ».

[257] Article 2 de l'arrêté portant délimitation du périmètre de protection des sites classés patrimoine national.

[258] Article 3 du même arrêté.

protection du patrimoine avant la réalisation de travaux dans ce périmètre. Il en est ainsi des travaux d'élévation ou d'adossement d'immeubles.

150. ***La palette de sanctions aux infractions relatives à la protection des éléments du patrimoine.*** L'ordonnance n° 82-029 a prévu plusieurs types de sanctions, qui sont cumulatives, en ses articles 48 et suivants, en cas d'infractions à ses dispositions.

En premier lieu, il est prévu des sanctions de nature pécuniaire avec des peines d'emprisonnement lorsque les procédures d'autorisation préalable ne sont pas respectées. Au premier palier, le montant des amendes varie de 100 francs à 5 000 francs malgaches et la peine d'emprisonnement peut aller jusqu'à 10 jours. C'est le cas par exemple lorsque le bien a fait l'objet d'une réparation ou d'une location sans autorisation préalable. Au deuxième palier, la peine d'emprisonnement va jusqu'à 29 jours, avec des amendes de 500 francs à 25 000 francs malgaches lorsque le propriétaire s'oppose à l'exécution des travaux conservatoires entrepris par l'État ou lorsqu'un bien classé a fait l'objet d'une saisie. Au dernier palier, la peine d'emprisonnement varie d'un à cinq ans et les sanctions pécuniaires de 50 000 à 5 000 000 FMG lorsque des projets d'aménagement sont réalisés dans le périmètre de la zone de protection du bien inscrit ou lorsque des constructions neuves sont adossées ou élevées dans le périmètre de protection d'un bien classé.

151. Ensuite, l'ordonnance prévoit en son article 49, la confiscation du bien par l'État lorsqu'il y a acquisition d'un bien du patrimoine national en violation de ses dispositions. Selon l'article 50, une expropriation sans enquête préalable est faite lorsqu'il y a abus de droit du propriétaire.

152. Et enfin, la dernière catégorie de sanctions consiste en une remise en état des biens. Si des travaux ont été réalisés, sur un bien classé ou inscrit, sans l'autorisation requise auprès de l'autorité compétente, le contrevenant doit prendre en charge les frais liés à la recherche et à la remise en état des parties modifiées, morcelées et déplacées, conformément à l'article 53 de l'ordonnance. De même, le ministère chargé de la protection du patrimoine a compétence pour ordonner l'arrêt immédiat des travaux non autorisés, et obliger le contrevenant à « restituer l'état du lieu à sa contexture d'origine »[259]. Mais malgré l'édiction des sanctions, d'une manière générale, il est constaté que cette préservation des biens du patrimoine national n'a pas encore acquis une place importante.

---

[259] Alinéa c de l'article 54 de l'ordonnance.

153. ***Le désintérêt des autorités nationales à l'égard des biens inscrits et classés.*** À travers le prisme de cette ordonnance, il peut être vu que les autorités nationales manifestent peu d'intérêt à la préservation et à la protection de ces éléments du patrimoine. Il y a d'une part, le caractère rare des actes de classement et d'inscription des biens. L'étude de l'inventaire des biens classés le démontre. Cet inventaire national recense près de 170 sites et monuments et regroupe tous les biens qui ont été classés par les précédents textes. Et parmi tous ces sites, seuls 8 biens ont été classés comme éléments du patrimoine national malgache depuis l'adoption de cette ordonnance de 1982 : 4 sites[260] vers le début des années 1980, et un immeuble de l'histoire militaire malgache[261] en 1999. En 2010, le site naturel « Cirque Rouge » de la ville de *Mahajanga* a été classé par décret. Peu de temps auparavant, deux villages *Zafimaniry* ont été inscrits comme éléments du patrimoine national malgache. Ce classement est intervenu en 2008, la même année que le classement du *savoir faire du travail du bois* par les *Zafimaniry* comme patrimoine culturel immatériel mondial par la convention de 2006[262]. Dans ces derniers cas, la question se pose de savoir si ce classement en tant qu'éléments du patrimoine national n'a été réalisé qu'en vue de la reconnaissance mondiale du *savoir-faire du peuple Zafimaniry* ou s'il résulte réellement d'une initiative propre nationale. La rareté des classements et inscriptions de biens par les autorités nationales malgaches contraste avec ceux qui ont été réalisés auparavant, sous l'autorité d'autres textes. En effet, la plupart des biens de l'inventaire du patrimoine national, soit 135 sites et monuments, ont été classés par les administrateurs français avant l'accès de Madagascar à l'Indépendance. Ce constat contraste avec les objectifs premiers de l'ordonnance : la protection des éléments du patrimoine en vue de la préservation de l'identité malgache. Les autorités malgaches se sont contentées de ces classements qui ont déjà été faits pendant la période coloniale et n'ont pas cherché à élargir le champ d'application de l'ordonnance, malgré la souplesse des définitions des biens meubles et immeubles pouvant composer le patrimoine national. À cette rareté des actes de classement et d'inscription s'ajoute le caractère figé de l'ordonnance.

154. ***La nécessité d'une refonte de l'ordonnance n° 82-029.*** Le désintérêt des autorités nationales à propos des éléments du patrimoine s'illustre d'autre part par l'absence de refonte de l'ordonnance malgré l'adhésion de Madagascar aux différentes conventions internationales

---

260 La résidence de l'ancien Premier ministre pendant la période royale malgache a été classée en 1978, deux temples protestants en 1983 et un tombeau royal dans la région *Betsileo* en 1983.

261 Il s'agit de l'immeuble historique ayant abrité l'état-major de l'Armée pendant la période royale.

262 Voir *supra*.

relatives à la protection du patrimoine et malgré la nette évolution connue par la protection des éléments de la faune et de la flore du patrimoine national. Plus particulièrement, suite à l'adhésion à la convention de protection du patrimoine culturel immatériel, une réforme des dispositions de l'ordonnance est nécessaire afin de mettre en avant l'existence d'un réel et important patrimoine culturel immatériel malgache. Il en est ainsi des éléments oraux de la culture. Il est régulièrement rappelé qu'un pan non négligeable de la culture malgache est de nature orale, mais cette richesse culturelle ne bénéficie pas des mesures de protection accordées aux sites et monuments historiques. Or, « l'oralité est la caractéristique dominante des traditions malgaches. Cette culture fonctionne grâce à un système de « colportage des informations de bouche-à-oreille, transmises de père en fils »[263]. Bien que certains éléments de cette culture orale soient recensés, et constituent dès lors des biens meubles du patrimoine national[264], force est de constater qu'ils ne constituent qu'une part de ce vaste champ qu'est la richesse culturelle malgache. « À Madagascar, il y a aussi des chefs-d'œuvre, mais ce sont des morceaux de parole. Cependant, à la différence des tableaux de Maître, on peut les garder chez soi. C'est la force, la faiblesse et l'intérêt aussi de la parole (...) C'est une société qui refuse de figer les formes dans la matière, car elle préfère la souplesse qu'apporte la créativité verbale »[265]. Dans la culture malgache, la sagesse et les valeurs se transmettent à travers les contes et les légendes, les proverbes et les *hain-teny* ou poésies populaires. Plus particulièrement, le *kabary* constitue l'une des institutions traditionnelles et coutumières qui illustre cette oralité de la civilisation. « Les discours traditionnels ou *kabary*, tiennent une place particulière dans la vie sociale des Malgaches. Longtemps appelé palabre par les Européens, avec une connotation péjorative, le *kabary* est une facette intéressante de la culture malgache. Il n'y a pas d'évènement important qui ne soit précédé d'un ou de plusieurs discours, véritables joutes oratoires entre différents intervenants (...). Les *kabary* sont nés avant l'arrivée de

---

[263] NJARA Ernest, « La profanation de sépultures », *Revue de Droit et de Jurisprudence de Madagascar*, n° 2, décembre 2000, p. 57, cité dans NJARA Ernest, « L'intégration des coutumes dans le droit moderne à Madagascar », in *Regards sur le droit malgache – Mélanges en l'honneur du professeur Alisaona Raharinarivonirina,* Paris : L'Harmattan, 2010, pp. 73 – 123.

[264] Selon l'article 1er de l'ordonnance, peut être considéré comme élément du patrimoine culturel, « toute documentation et tous objets sur l'ensemble des traits spécifiques de la société malgache qui traduisent sa vision du monde (...) les manuscrits, les documents, les livres et les publications rares ou anciens d'intérêt historique, archéologique, littéraire, scientifique et technique (...) les collections scientifiques et les collections de livres et documents à caractère historique, scientifique et d'une manière générale, culturel, y compris les documents sonores, photographiques et les microfilms ».

[265] Eugène MANGALAZA, Thierry WENDLING, « La parole va, comme le lémurien, de branche en branche », les jeux de l'oralité chez les *Bestimisaraka* de Madagascar », *Ethnographiques.org*, n° 4, novembre 2003 (consulté le 12.02.2013).

l'écriture à Madagascar. Le rôle du *kabary* est d'expliquer, de persuader et de condenser des idées »[266]. Lors des grandes occasions et évènements de la vie sociale et familiale malgache, le *kabary* précède et rythme le cérémonial. Toute cette richesse, de nature immatérielle n'est point cependant à l'abri d'une perte ou d'une disparition vu que peu d'éléments sont retranscrits à l'écrit[267]. Éviter de délaisser ce caractère oral d'une partie du patrimoine culturel malgache constitue un moyen important d'éviter la « dépersonnalisation » d'une partie du peuple telle qu'évoquée par l'exposé des motifs de l'ordonnance.

155. Au-delà de ces questions relatives au patrimoine national culturel, l'évolution des dispositions du droit malgache en ce qui concerne la protection des éléments de la faune et de la flore doit aussi être prise en compte. Malgré un important développement des dispositifs en la matière, l'ordonnance reste sur un *statu quo* et continue à considérer les éléments de la faune et de la flore comme des biens meubles du patrimoine national, avec ainsi des sanctions spécifiques lors des infractions aux dispositions de l'ordonnance. Or, il apparaît que si les espèces de la faune et de la flore non vivantes, mais ayant fait l'objet de procédés de taxidermie peuvent être considérées comme des éléments du patrimoine et faire l'objet d'une réglementation identique à celle des autres éléments tels que les objets archéologiques ou autres. Il semble difficile de se contenter des sanctions ainsi émises en ce qui concerne les éléments de la faune et de la flore vivants et qui doivent faire l'objet d'une protection spécifique. Dans le même ordre d'idée, sont considérés comme classés d'office par l'article 23 de l'ordonnance, « les sites, zones ou groupes de sites renfermant les espèces animales et végétales éteintes ou en voie d'extinction ». Bien que l'idée selon laquelle le patrimoine naturel ne devrait pas être séparé du patrimoine culturel soit justifiée. Des dispositions spécifiques aux aires protégées ou à protéger ont déjà été prises et constituent de meilleures barrières de protection[268] que les interdictions contenues dans cette ordonnance qui se contentent de frapper d'insaisissabilité le bien en question, ou qui soumettent à autorisation les différents actes.

---

[266] Jean Claude RAHAGA, « Les expressions consacrées dans les discours traditionnels : le *kabary* », in *Madagascar Fenêtres, aperçus sur la culture malgache,* vol. 1, Tananarive : CITE, 2006, p. 45.

[267] Il en est ainsi des *hainteny*, c'est l'ouvrage qui a recensé certains des *hainteny* en 1912 qui a été réédité en 1991 : Jean PAULHAN (recueillis et trad.), *Les Hainteny merinas : poésies populaires malgaches*, Antananarivo : Foi et justice, 1991, 237 p. Néanmoins, les *kabary* sont mieux étudiés et plusieurs ouvrages offrent un panorama de cet élément, voir notamment : RABETSIMANDRANTO Fidélis, RAHAZARIZAFY Antoine de Padoue, *Kabary taloha sy ankehitriny,* 8ème éd, Tananarive : Impr. Ankehitriny, 1954, 26 p. ; Andriamampihatona Vero, *Kabary betsileo,* Antananarivo: Vaovao sy Riba malagasy, 1984, 58 p. RAKOTO RAPHAEL Fostant, *Kabary am-panambadiana*, Tananarive: Impr. Volamahitsy, 1958, 15 p.

[268] Voir *infra.*

156. En conclusion, les adhésions aux conventions internationales relatives à la protection des éléments du patrimoine n'ont pas permis la mise en place d'un système national effectif et efficient de protection. Bien que les motifs ayant poussé à l'adoption de l'ordonnance portant protection du patrimoine national malgache se justifient, la mise en œuvre du texte ne permet pas réellement d'atteindre les objectifs fixés. D'autant plus qu'une refonte du texte est rendue nécessaire par l'évolution des conventions internationales d'une part et par l'évolution propre du droit malgache de la protection de la nature d'autre part.

SECTION III. LA PARTICIPATION À LA DYNAMIQUE RÉGIONALE DE PROTECTION DES RESSOURCES NATURELLES

157. Au niveau régional, Madagascar est partie à plusieurs conventions de protection des ressources naturelles. Ces conventions à vocation régionale ont encore moins d'influence sur le contenu du droit malgache que les conventions de niveau international. Dans une moindre mesure la convention sur la lutte contre la désertification peut être considérée comme une source indirecte du droit de la protection de la nature malgache (**Paragraphe 1**), mais les adhésions aux autres conventions régionales n'ont influencé ni le contenu ni la forme de ce dernier (**Paragraphe 2**).

Paragraphe 1. La faible portée de la convention sur la lutte contre la désertification

158. Adoptée à Paris en juin 1994, et entrée en vigueur en décembre 1996, cette convention a pour objectif de « lutter contre la désertification et d'atténuer les effets de la sécheresse dans les pays gravement touchés (...) en particulier en Afrique, grâce à des mesures efficaces à tous les niveaux, appuyées par des arrangements internationaux de coopération et de partenariat »[269]. Madagascar adhère à cette convention et est autorisée à la ratifier en 1996 par la loi n° 96-023 du 4 septembre 1996[270]. Parmi les obligations demandées aux États parties à cette convention, il y a d'une part l'élaboration d'une stratégie ou d'un plan

[269] Article 2 de la Convention sur la lutte contre la désertification.
[270] J.O.RM du 23 septembre 1996, p. 1074 et le décret n° 97-772 du 10 mai 1997.

d'action national[271] et d'autre part la communication, sous forme de rapports nationaux, de l'évolution et de l'application de ces plans d'action nationaux[272].

159. ***Le plan malgache d'action nationale de lutte contre la désertification*** est élaboré dès 1999[273]. Ce plan a permis d'identifier les zones d'intervention prioritaires. Ces zones ne sont pas encore soumises au phénomène de désertification, mais sont considérées comme fortement sujettes aux menaces de désertification, car assujetties de façon régulière à la sécheresse. Ces zones sont constituées par toute la partie Sud Ouest, le Grand Sud, le Centre Ouest (*Menabe* et le nord du *Menabe*) et enfin la pointe Sud et Sud Est (une partie de l'*Anosy*) de la Grande Île.

160. Ce plan d'action national définit différents moyens de lutte contre la désertification et adopte une approche décentralisée. Au niveau des communes qui sont exposées au risque de désertification devrait être élaboré et mis en œuvre un plan d'actions locales, qui serait inclus dans des plans de développement communal. Au niveau régional devraient être mis en place des plans régionaux de lutte contre la désertification. Et enfin au niveau national, une Cellule de gestion de la lutte contre la désertification est prévue par ce plan d'action. Cette cellule devrait coordonner les actions réalisées aux différents niveaux régional et communal et appuyer les collectivités et organismes évoluant dans cette lutte contre la désertification.

161. Les moyens financiers nécessaires à la mise en place et à l'application de ces différents niveaux de plans de lutte contre la désertification ne sont pas immédiatement prévus dans le plan d'action national. Mais différentes pistes y ont été évoquées : la création d'un fonds national de lutte contre la désertification, l'instauration d'une taxe verte, la promotion d'un partenariat à tous les niveaux (local, national ou international) ou enfin, la sollicitation des sources de financement habituelles.

162. ***La lente et partielle application du plan d'action national*** contraste avec les virtualités prometteuses de celui-ci sur le papier. Rédigé en 1999, l'adoption et la mise en œuvre de ce plan ne prennent place qu'en 2003 avec

---

[271] Article 5 de la Convention : « les pays touchés Parties s'engagent : (...) à établir des stratégies et des priorités, dans le cadre des plans ou des politiques de développement durable, pour lutter contre la désertification et atténuer les effets de la sécheresse ».

[272] Article 26 de la Convention : « chaque partie communique à la Conférence des Parties, pour examen lors de ses sessions ordinaires, des rapports sur les mesures qu'elle a prises aux fins de la mise en œuvre de la Convention ».

[273] Consultable sur http://www.unccd.int/ActionProgrammes/madagascar-fre2001.pdf (page consultée le 20 octobre 2016).

le décret n° 2003-199 du 11 mars 2003 portant approbation du Plan d'action national de lutte contre la désertification. Aucun texte en particulier n'est adopté afin de permettre la mise en œuvre de la lutte contre la désertification, elle s'appuie seulement sur la législation forestière, le Code de l'eau et le Code des aires protégées[274]. Et si l'Organe de coordination national prévu a été créé, il n'en demeure pas moins qu'il n'est pas opérationnel : « les capacités de l'organe de coordination nationale sont très limitées, car il ne dispose ni de local propre, ni de moyens matériels et financiers. Il ne dispose ni de secrétariat à temps plein ni de représentation au niveau décentralisé »[275]. Et bien que 3 rapports nationaux aient été soumis à la Conférence des parties depuis l'adhésion de Madagascar à la Convention, il n'en demeure pas moins que l'application des recommandations de la convention et la réalisation des différentes actions de lutte contre la désertification demeurent parcellaires.

Paragraphe 2. Les adhésions sans conséquences aux autres conventions régionales

163. ***De l'intégration de Madagascar à l'Afrique***. La participation malgache aux différentes organisations au niveau régional est parcellaire. Certes, au niveau des organisations politiques, la partie malgache y a pris part dès l'Indépendance avec l'adhésion à l'Organisation de l'Union Africaine[276]. Mais il a été constaté que c'est surtout à l'occasion des résolutions des crises politiques qu'un « retour à l'Afrique »[277] est effectué[278]. En ce qui concerne les organisations économiques, ce n'est qu'assez tardivement qu'une adhésion à celles-ci est faite. Ainsi, ce n'est qu'en octobre 2007 que Madagascar met en œuvre officiellement les dispositions liées à son adhésion (en 2005) à la Communauté pour le développement de l'Afrique australe (SADC). Au niveau juridique, Madagascar n'a pas adhéré à l'Organisation pour l'Harmonisation en Afrique du Droit des Affaires[279] (OHADA). Au niveau des questions

---

[274] Voir *3e rapport national relatif à la mise en œuvre de la convention sur la lutte contre la désertification*, 2004.

[275] 3e rapport *national*, p. 15.

[276] Devenue Union Africaine en 2002.

[277] Voir Didier NATIVEL et Faranirina V. RAJAONAH (dir.), *Madagascar et l'Afrique, entre identité insulaire et appartenances historiques*, Paris : Karthala, 2007, 485 p.

[278] Depuis la crise politique de 2002, la résolution des crises est soumise aux travaux de médiation des instances des organisations africaines, que les solutions proposées soient suivies par les parties malgaches en crise ou non.

[279] Créée par le Traité de Port-Louis en octobre 1993, cette organisation internationale veut réaliser l'intégration juridique entre les pays qui en sont membres. Elle regroupe actuellement 17 États. Tout État membre de l'Union africaine peut demander son adhésion à l'organisation.

environnementales, Madagascar est partie à plusieurs conventions de portée régionale, mais ces adhésions ont très peu de conséquences sur les dispositions du droit malgache de la protection de la nature. Il en est ainsi de la Charte africaine des droits de l'Homme et des peuples (**1**), ou encore des différentes conventions régionales relatives à la protection des ressources naturelles ou des milieux (**2**).

1. La Charte africaine des droits de l'Homme et des peuples

164. Dans le préambule de sa Loi fondamentale, dans sa version de 2007, Madagascar avait considéré comme sienne la Charte Africaine des droits de l'homme et des peuples, adoptée en juin 1981 au Kenya et entrée en vigueur en octobre 1986[280]. L'article 24 de cette Charte reconnaît que « tous les peuples ont droit à un environnement satisfaisant et global, propice à leur développement ». Cette Charte africaine prône un « droit à » vivre dans un environnement satisfaisant, insistant, comme le fait la Charte de l'environnement française[281], autant sur les devoirs que sur les droits des citoyens.

165. C'est le premier texte interétatique à avoir classé le droit à l'environnement comme partie intégrante des droits de l'homme. « Mais si les auteurs de la Charte se sont aisément accordés sur l'opportunité d'y incorporer le droit à l'environnement, en revanche, ils ne se sont guère attardés sur la description de son contenu (...) ils ont dû se contenter d'une formulation assez vague »[282]. Vu les réalités géographiques et économiques en Afrique, ce droit à un environnement satisfaisant et global propice au développement, tel que prévu par la Charte africaine des droits de l'homme, peut être assimilé au droit de jouir d'« un environnement de qualité : c'est-à-dire une eau, un air exempts de toute pollution excessive, la sauvegarde d'une flore et d'une faune qui sont d'autant plus importantes qu'elles font parfois partie intégrante du mode de vie traditionnel (...) de certains peuples africains »[283]. Cette « consécration précoce »[284] du droit à l'environnement

280 Doc. OUA CAB/LEG/67/3/Rev 5 et.

281 Charte de l'environnement adossée à la Constitution française par la loi constitutionnelle n° 2005-205 du 1er mars 2005.

282 Mohamed Ali MEKOUAR, « Article 24 » in Maurice KAMTO (dir.), *La Charte Africaine des Droits de l'Homme et des peuples et le protocole y relatif portant création de la Cour Africaine des Droits de l'Homme – Commentaire article par article,* Bruxelles : Éditions Bruylant, 2011, p. 630.

283 Fatsah OUGUERGOUZ, *La Charte africaine des droits de l'homme et des peuples – Une approche juridique des droits de l'homme entre tradition et modernité*, Paris : Presses Universitaires de France, 1993, p. 225.

aura un impact non négligeable sur le plan international et influencera les constituants et législateurs africains. La Charte aura précipité l'inscription constitutionnelle de ce droit à l'environnement dans plusieurs États africains. « Aux yeux des constituants et des législateurs africains, elle est devenue une sorte de norme référentielle quasi incontournable à chaque réforme constitutionnelle d'envergure ou à l'occasion de l'adoption de toute nouvelle loi environnementale »[285]. Mais le constituant malgache n'a pas été influencé par ces dispositions de la Charte[286] : aucune reconnaissance d'un droit à un environnement de qualité n'est faite dans la loi suprême ni dans aucun texte législatif ou réglementaire malgache[287]. Et avec la Constitution en date de décembre 2010, actuellement en vigueur, c'est la référence même à cette Charte africaine des droits de l'Homme qui a été supprimée.

2. Les autres conventions régionales

166. Bien qu'État partie à d'autres conventions de niveau régional, Madagascar n'accomplit pas toujours les obligations contractées à l'occasion de ces adhésions. Il en est ainsi de la convention d'Alger sur la conservation de la nature et des ressources naturelles. Cette convention est la principale convention de protection de l'environnement en Afrique. Son but essentiel est d'améliorer la protection de l'environnement et de promouvoir la conservation et la gestion durable des ressources naturelles dans les pays d'Afrique à travers notamment la consécration d'aires protégées. Adoptée en septembre 1968[288], une trentaine de pays africains sont actuellement parties à cette convention, dont Madagascar qui l'a ratifiée en juin 1970 avec la loi n° 70-004 du 23 juin 1970. Néanmoins, le texte malgache relatif à la création des aires protégées ne sera pas issu de cette convention, mais relèvera d'une évolution propre. En effet, les dispositions régissant la création des aires protégées sont issues principalement d'une circulaire de 1927, reprise par une ordonnance de 1961 et refondue par une loi de 2001

---

[284] Mohamed Ali MEKOUAR, « *Le droit à l'environnement dans la Charte africaine des droits de l'homme et des peuples* », Etude juridique de la FAO en ligne, n° 16, avril 2001, disponible sur http://www.fao.org/legal/prs-ol/lpo16.pdf.

[285] Mohamed Ali MEKOUAR, *op. cit.*

[286] Ianjatiana RANDRIANANDRASANA, « La protection constitutionnelle de l'environnement à Madagascar », *Revue juridique de l'environnement*, n° 1, 2016, pp. 122-139.

[287] Comme il sera vu plus tard, dans la partie relative aux sources nationales du droit malgache de la protection de la nature, l'inscription de la protection de l'environnement dans la Constitution malgache a plusieurs causes. Dans tous les cas, cet article 4 de cette Charte Africaine ne peut être considéré comme un élément déterminant.

[288] Adoptée à Alger le 15 septembre 1968 et entrée en vigueur le 16 juin 1969 ; texte in Nations Unies, *Recueil des traités,* 1976, Vol. 1001, N° 14689, pp.19 et s. Cette convention remplace celle de Londres de 1933 relative à la conservation de la faune et de la flore à l'état naturel.

portant Code de gestion des aires protégées[289]. Il est à remarquer que ce dernier ne fait aucune référence à cette convention d'Alger sur la conservation de la nature et des ressources naturelles.

167. Il en sera de même pour la convention de Nairobi pour la protection, la gestion et la mise en valeur du milieu marin et côtier ou de l'Accord sur la conservation des oiseaux d'eau migrateurs d'Afrique et Eurasie. Ces conventions sont respectivement entrées en vigueur en 1996 et en 1999. Madagascar a adhéré à ces conventions, mais pour autant, ni plan d'action, ni texte, ni aucune conséquence particulière ne peuvent être associés à la suite de ces adhésions.

168. En définitive, seule la participation de Madagascar à la Conférence des Nations Unies sur l'Environnement et le Développement en 1992 a favorisé de manière palpable l'évolution du droit malgache de la protection de la nature. En effet, de cette Conférence est issue l'adoption de plusieurs textes clés : que ce soit celui concernant la participation des communautés locales ou celui instaurant l'étude d'impact pour tout projet pouvant avoir des conséquences sur la tenure des ressources naturelles. À côté de ces sources de dimension internationale ou régionale du droit malgache de la protection de la nature, il faut étudier aussi l'apport des sources nationales, issues de l'histoire de Madagascar.

---

[289] Voir *infra* partie II – Espaces, espèces et activités protégées, Chapitre II. La préservation des aires protégées.

Chapitre II. Les sources nationales

169. La protection de la nature n'est pas un fait récent à Madagascar. Elle a toujours constitué une préoccupation importante des autorités publiques. Cette volonté s'illustre dans les premières mesures prises à l'époque des royaumes malgaches au XIXe siècle (**section I**). Actuellement, les préoccupations environnementales sont inscrites dans la Constitution malgache, ce qui démontre la valeur qui leur est accordée (**section II**). Et le droit malgache de la protection de la nature s'appuie aussi sur les normes infraconstitutionnelles pour préserver les richesses de ces ressources naturelles (**section III**).

SECTION I. L'ANCIEN DROIT MALGACHE AVANT LA COLONISATION

170. « Dans le système juridique malgache, la loi écrite coexiste étroitement avec les coutumes, usages populaires, dont l'application est constante et remonte aux temps les plus anciens »[290]. De ces temps anciens peuvent être retenues les décisions prises par le roi *Andrianampoinimerina* (1787 – 1810), qui constituent un embryon de droit de protection de la nature (**Paragraphe 1**), et les codes écrits laissés par ses successeurs par la suite (**Paragraphe 2**).

Paragraphe 1. L'ébauche de protection avec la réforme foncière initiée par le roi *Andrianampoinimerina* (1787-1810)

171. ***La conquête de Madagascar par le roi Andrianampoinimerina.*** Pendant la période précoloniale (1500 – 1896), Madagascar était constituée de plusieurs royaumes indépendants les uns des autres, dont l'existence est liée à l'histoire du peuplement[291]. L'origine réelle du peuple malgache renferme encore à ce jour une part d'inconnus. « Si l'origine des peuples est toujours plus ou moins conjoncturelle, celle des Malgaches s'enveloppe d'un mystère particulièrement épais »[292]. Mais il est unanimement reconnu que le

---

290 RAMANGASOAVINA, « Du droit coutumier aux codes modernes malgaches », *Recueil Penant*, janvier- février- mars 1962, n° 690, pp. 327-347.

291 Voir A. DANDOUAU & G.-S CHAPUS, *Histoire des populations de Madagascar*, Paris, 1952, 317 p.

292 Hubert DESCHAMPS, *Histoire de Madagascar*, Paris : Éditions Berger – Levrault, 1965, p. 13.

Malgache est issu du mélange des migrants venant d'Afrique noire[293] d'une part et du continent asiatique[294] d'autre part. « Le Malgache n'est donc ni un Asiatique ni un Africain, mais une juxtaposition ou un métissage des deux, un peuple original et d'une grande variété »[295]. Ces migrants, formés en clan au début, se sont organisés par la suite en royaumes. Parmi la multitude de royaumes, peuvent être relevés : le royaume *Sakalava* tout le long de la côte ouest, le *Betsimisaraka* le long de la côte est, les *Antakarana* et *Tsimihety* dans le Nord de l'Île, les *Antandroy, Bara* et *Vezo* dans le Sud de l'Île, les *Antambahoaka, Antaimoro, Antaifasy, Antaisaka* dans le sud-est, et enfin, les royaumes *Merina* et *Betsileo* sur les Hauts plateaux centraux. Ces royaumes n'entretenaient pas un climat d'entente entre eux et des conflits étaient apparus régulièrement.

172. Le roi *Andrianampoinimerina* commença par œuvrer à la réunification du royaume *Merina* en proie aux guerres de succession interne. Par la suite, il entama la conquête d'autres territoires. Peu à peu, l'unification de toute l'île va se faire au gré des expéditions et guerres de conquête du roi. Son but avait été d'avoir tous les royaumes sous sa seule domination et d'ériger en seules frontières de son royaume l'océan : *« ny ranomasina no valam-parihiko »*[296]. Grâce à cette conquête, continuée par son fils le roi *Radama* (1810-1828) à partir du XVIIIe siècle, une très grande partie du territoire de l'Île est réuni et connu sous le nom de *Royaume de Madagascar,* composé de l'*Imerina* et de ses provinces.

173. Au contact avec les Européens, seul le royaume *Merina* a laissé un droit consigné à l'écrit. La rareté et la quasi-absence d'écrit des autres royaumes limitent l'étude de l'ancien droit malgache à l'étude du droit ayant eu cours dans le royaume *Merina*. Les règles, édictées lors des *kabary*[297], ont

---

[293] Voir Didier NATIVEL et Faranirina V. RAJAONAH (dir.), *Madagascar et l'Afrique. Entre identité insulaire et appartenances historiques*, Paris : Éditions Karthala, 2007, 496 p.

[294] La langue malgache appartient à la famille austronésienne comme le javanais ou l'indonésien.

[295] Hubert DESCHAMPS, *op. cit.*

[296] Voir Alain DÉLIVRÉ, *L'Histoire des rois d'Imerina : interprétation d'une tradition orale*, Paris : Klincksieck, 1974, 447 p.

[297] Outre la fonction sociale précédemment développée, voir *supra* n° 153, le *kabary* revêt une autre fonction sur le plan politique, c'est « l'assemblée plénière du peuple, les discours, les proclamations qui sont faits à cette occasion, par extension, les affaires traitées dans ces réunions publiques, les discours publics » : ARBOUSSET Françis, *Le fokonolona* à Madagascar, Thèse, Paris : Editions Domat Montchrestien, 1950, p. 22. « Dans le but de ménager leurs sujets, les chefs auraient alors pris l'habitude de consulter le peuple pour les affaires importantes ou tout au moins de faire un semblant de consultation démocratique, car il est vrai que la majorité se trouvait toujours de l'avis du chef » *idem,* p. 23. Ainsi, les *kabary* pouvaient être considérés comme un moyen de consultation démocratique, mais ils constituaient aussi les moyens de diffusion des lois et règlements. Avant la promulgation écrite des premiers Codes malgaches (en 1868), les nouvelles règles et lois faisaient l'objet de

été principalement conservées dans le recueil « *Histoire des rois* »[298] qui est la source principale des traditions politiques, littéraires et philosophiques malgaches et un des ouvrages de base sur l'histoire de Madagascar. Il couvre l'époque comprise entre la genèse des royaumes (vers 1500) jusqu'au règne de la reine *Rasoaherina* (1863 - 1868). Dès cette époque royale apparaîtront les premières mesures proclamées en faveur de la protection des ressources naturelles en général et de la forêt en particulier.

174. ***Un partage des terres par la réforme foncière.*** Une fois sa conquête achevée et son autorité assise, le roi *Andrianampoinimerina* met en œuvre plusieurs réformes, dont celle sur la propriété des terres. Cette réforme du régime de la propriété foncière avait été initiée pour une double raison. En premier lieu, ce partage des terres permettait d'organiser le royaume en plusieurs communautés de vie, plus facilement maîtrisées[299]. Ensuite, le partage des terres assurait une source de subsistance à la population, et par voie de conséquence permettait de déterminer des assiettes d'impôts.

175. Cette réforme foncière était importante dans la mesure où dans les premiers temps, la propriété était une notion essentiellement collective dans la société malgache : tous les biens immeubles et meubles appartenaient à toute la communauté. Le droit de propriété individuelle n'existait pas[300]. Avec cette nouvelle législation foncière, le roi est réputé propriétaire de toutes les terres du royaume : il en détient la nue-propriété, mais l'usufruit est partagé entre les sujets du royaume. Plus précisément, le roi « distribue les terres de son royaume entre les tribus (...) À l'intérieur de chaque tribu, les terres furent réparties entre les *fokon'olona* (communautés traditionnelles) qui se chargeaient du partage entre les différents membres »[301]. Les nouvelles propriétés individuelles sont classées selon 3 critères : leur origine, leur mode d'acquisition ou de transmission et enfin

---

proclamation par *kabary* sur les places publiques comme les *tsena* ou places de marché. Mais même dans le droit positif, le *kabary* est considéré par l'article 7 de l'ordonnance n° 62-041 du 19 septembre 1962 relative aux dispositions générales de droit interne et de droit international privé comme un moyen pour porter à la connaissance du public la loi ou tout autre acte administratif ou réglementaire ayant une portée générale : « il pourra toujours être décidé que la loi ou tout autre acte administratif ou réglementaire ayant une portée générale sera en outre porté à la connaissance du public par d'autres moyens tels qu'émission radiodiffusée, *kabary*, insertion dans la presse ou dans les *dinam-pokonolona.* »

298 CALLET, François, *Histoire des rois. Traduction du Tantaran'ny Andriana.* Tananarive : Académie malgache, 1953.

299 Les guerres de conquête sont terminées, mais il fallait prendre des mesures pour limiter et proscrire les tentatives de rébellion.

300 RAKOTO Ignace, RAMIANDRASOA Fred, RAZOHARINORO-RANDRIAMBOAVONJY (éditeurs scientifiques), *Corpus d'histoire du droit et des institutions, Fiche 4- Le régime des terres,* Tananarive : Université de Madagascar, 1975.

301 René RARIJAONA, *Le concept de propriété en droit foncier de Madagascar*, Paris : Éd. Cujas, 1967, p. 146.

leur condition politique[302]. Elles pouvaient être soit des *lohombintany*, des *sola-pangadin-dray aman-dreny*, des *zaratany*, ou des *hetra*.

176. Le *lohombintany* est un terrain concédé par le souverain à titre de « récompenses de la fidélité ou des services rendus par des seigneurs ou par des sujets du royaume »[303]. C'est une propriété individuelle, définitive, complète, non soumise à l'impôt foncier. La limite à ce caractère absolu de la propriété est l'obligation de mise en valeur de la propriété.

177. Le *sola-pangadin-dray aman-dreny* qui, selon René Rarijaona, peut se traduire par les « terres défrichées par les coups de bêche des père et mère ». C'est une parcelle de terre acquise par les travaux de défrichement et de mise en culture réalisés par une personne. C'est une propriété individuelle aliénable à titre gratuit ou onéreux.

178. Le *zara-tany*[304] est composé par les terrains destinés à bâtir des maisons d'habitation et être mis en culture. Leur aliénation pouvait être faite à titre gratuit ou à titre onéreux.

179. Et enfin, le *hetra* est une parcelle de terre issue de la division de la propriété entre familles d'une même tribu. C'est l'exemple type de la nouvelle forme de propriété issue des réformes initiées par le roi *Andrianampoinimerina*. En principe, le *hetra* est transmissible et cessible seulement en faveur d'un membre de la tribu. Un étranger à la communauté voulant fixer sa résidence dans la localité et ayant obtenu droit de cité de la tribu peut néanmoins en bénéficier. La jouissance de cette propriété se fait sous condition résolutoire : en cas d'augmentation de la population ou de disparition *in testat*, sans postérité du porteur du *hetra* ou d'un départ de la tribu, le partage est de nouveau réalisé en prenant en compte ces circonstances. Le *hetra* est l'unité de l'impôt foncier et de la corvée dus au souverain.

180. ***La protection de la forêt et des couvertures forestières à travers la mise en œuvre de la réforme foncière.*** Avec ce partage des terres, cette réforme foncière va aussi attribuer un statut particulier aux forêts et couvertures forestières et par ricochet, leur faire bénéficier d'un embryon de régime de protection. Ainsi, les forêts ne sont pas considérées comme des *hetra*. Elles constituent un patrimoine commun non susceptible de répartition entre les sujets et sont placées sous la protection de l'autorité souveraine. Les

---

[302] E.P THÉBAULT, *Traité de droit civil malgache. Les lois et coutumes hova. Fascicule II. Les biens, les obligations et les contrats*, Paris, 1951.

[303] René RARIJAONA, *op. cit.*, p. 147.

[304] Des mots *zara* qui signifie partage et *tany* qui signifie terre.

forêts n'ont donc pas été incluses dans le partage des biens immeubles opéré lors de la modification du régime de la propriété foncière : ce sont des biens communs indivis. Selon le roi *Andrianampoinimerina*, la forêt est un « grand héritage indivis »[305].

181. Au-delà de ce statut particulier de la forêt, ce nouveau régime foncier va aussi réglementer l'accès à la forêt et l'exploitation de la couverture forestière. Le roi charge le peuple malgache de « veiller sur la forêt, ce n'est pas seulement le désir d'avoir une montagne couverte de forêt qui m'y pousse ; mais Dieu a béni la forêt pour qu'elle soit la gloire de ce pays »[306]. Par conséquent, les incendies de forêt et toute activité d'abattage ou de défrichement par le feu sont interdits. Vu les usages de la forêt et des couvertures forestières, ces nouvelles règles ne peuvent néanmoins pas les sanctuariser, deux exceptions vont alors être admises. En premier lieu, il est permis à une certaine catégorie de la population particulièrement vulnérable[307] de puiser dans les ressources forestières, d'occuper et d'exploiter la forêt sans limite ni condition. Ensuite, les matériaux de construction nécessaires peuvent être prélevés des forêts en cas de nécessité. « Je vous dis ceci, ô peuple, celui qui met le feu à une forêt, je le condamnerai, car la forêt est un patrimoine commun dont vivent les orphelins, les enfants, les femmes et tout le monde, qui fournit ce qui est nécessaire à la construction de nos maisons »[308].

182. ***Des kabary d'Andrianampoinimerina aux codes écrits.*** À la suite d'*Andrianampoinimerina*, ses successeurs vont promulguer différents codes. Ces codes sont principalement des instructions à l'usage des gouverneurs des provinces hors des Hauts plateaux sur les principes juridiques et législatifs de l'*Imerina*. Le premier texte est le Code de 1828 de la Reine *Ranavalona Ire* (1828 – 1861) contenant les Instructions aux gouverneurs de Province. Ensuite, suivent le code de 1862 du Roi *Radama II* (1861 – 1863) et celui de 1863 de la Reine *Rasoaherina* (1863 – 1868). Enfin, les derniers textes sont composés par le Code des 101 articles de 1868 de *Ranavalona II* (1868 – 1883) et le texte des règlements sur les *Sakaizambohitra*[309] de 1878.

---

305 R.P CALLET, *Histoire des Rois. Ny tantaran'ny Andriana teto Imerina*, Traduction par G.S CHAPUS et E. RATSIMBA, Tome III, Tananarive : Éditions de la Librairie de Madagascar, 1974, p. 731.
306 R. P CALLET, *op. cit.*, Tome II, p. 278.
307 Il s'agit ici des orphelins, des enfants et des femmes.
308 R. P CALLET, *op.cit.*, p. 334.
309 *Sakaiza* = ami, *vohitra* = village, colline, signifie littéralement les amis des villages, ce sont d'anciens militaires placés dans les villages en 1878 pour remplir des fonctions administratives (ex : tenue des registres de l'état civil) et pour assurer la sécurité des villageois.

183. Enfin, le Code des 305 articles promulgué par la Reine *Ranavalona II* le 29 mars 1881[310] est considéré comme un des premiers textes importants du droit malgache. Ce code ne va abroger ni les règles orales qui ont préexisté ni les précédents codes. L'article 263 du Code des 305 articles précise que « les lois et les coutumes anciennes, jusqu'à ce jour observées, alors même qu'elles ne figuraient pas parmi les présentes, restent en vigueur et doivent être appliquées à l'égal des lois écrites réunies dans le présent code »[311]. C'est principalement ce Code des 305 articles qui reprendra les mesures du Roi *Andrianampoinimerina* sur la protection de la forêt et de la couverture forestière.

Paragraphe 2. Le renforcement des dispositions de protection avec le Code des 305 articles du 29 mars 1881

184. ***Des mesures de protection des forêts plus strictes assorties de sanctions.*** Le Code des 305 articles réaffirme en son article 91 que « les grandes forêts et toutes les terres libres appartiennent à l'État ». En comparaison aux mesures édictées par le roi *Andrianampoinimerina* dans ses *kabary*, le Code des 305 articles contient des règles plus détaillées qui sont assorties de sanctions. Pour ce faire, un chapitre entier[312] est consacré à la réglementation de la protection des forêts. L'article 101 dispose que : « les forêts ne doivent pas être incendiées, ceux qui les brûleront seront mis aux fers pendant dix ans ». Il est interdit par l'article 104 de construire sans autorisation des maisons d'habitation dans la forêt. Les activités d'abattage et de défrichement des forêts pour établir des champs de culture sont aussi interdites. Selon l'article 105, « on ne peut défricher la forêt par le feu dans le but d'y établir des champs de riz, de maïs ou toutes autres cultures : les parties antérieurement défrichées et brûlées, seules, peuvent être cultivées ». Et enfin, « les arbres des forêts situées sur les bords de la mer ne peuvent être abattus ni endommagés inutilement, à moins que ce ne soit à propos d'un ordre donné par le gouvernement »[313]. Malgré ces aspects détaillés et stricts, ces dispositions ne sont pas définitives et l'exploitation de la forêt sera toujours permise, mais soumise à diverses conditions.

185. ***Les exceptions liées aux fonctions sociales de la forêt.*** Afin de tenir compte de la place primordiale prise par la forêt et les produits forestiers

---

[310] Pour une étude approfondie : Eugène THÉBAULT, *Code des 305 articles*, Études malgaches, Collection Les lois et coutumes malgaches, Tananarive, 1960. G.P BORELL, *Le Code des 305 articles de Madagascar*, Thèse pour le doctorat en droit, Paris, 1931.

[311] D'ailleurs, ce Code des 305 articles est encore en vigueur actuellement, pour les dispositions qui n'ont pas fait l'objet d'une abrogation ou d'une législation nouvelle.

[312] De l'article 101 à l'article 106.

[313] Article 106 du Code des 305 articles.

dans le quotidien, le Code des 305 articles a prévu plusieurs exceptions aux interdictions d'exploitation et d'abattage des arbres. Ainsi, les constructions dans la forêt sont admises sous réserve d'une autorisation préalable. Les activités liées à la fabrication du charbon de bois sont aussi permises par l'article 103 du code, mais les gros arbres ne pourront être abattus dans ce but. De même, cette fabrication du charbon et le séchage au feu ne pourront être effectués que dans les régions dénudées, et à une distance importante des abords de la forêt selon l'article 102. À l'étude, les limites portent essentiellement sur le périmètre d'exercice de l'exploitation forestière et sont conditionnées par l'obtention d'une autorisation préalable. À l'instar des règles émises par le roi *Andrianampoinimerina*, il ne s'agit pas pour le Code des 305 articles de proscrire toute exploitation de la forêt et des couvertures forestières ni de consacrer l'inviolabilité de ces éléments. Il s'agit seulement ici de limiter certains usages du feu et de contrôler l'exploitation de la forêt et des couvertures forestières. À cette fin, les mesures de protection sont accompagnées de sanctions à caractère pénal et répressif.

186. En cas de non-respect de ses dispositions, le Code des 305 articles prévoit des peines patrimoniales et des peines privatives de liberté. Ainsi, sont mises au fer pendant 10 ans, les personnes déclarées coupables d'entrave à l'interdiction des incendies de forêt. La peine d'emprisonnement est réduite à 5 ans pour les personnes ayant réalisé de nouveaux défrichements de forêts par le feu ou ayant étendu d'anciens défrichements, dans le cadre d'une pratique culturale. Ce sont les peines d'amende qui sont prononcées dans les autres cas. Le paiement se fait alors sous forme de livraison en nature ou par équivalent en argent[314]. En cas de non-respect des conditions d'exploitation de la forêt, la personne est redevable de 3 bœufs et 3 piastres. L'amende encourue pour l'abattage des gros arbres pour la fabrication de charbon équivaut à 1 bœuf et 1 piastre par arbre abattu. L'abattage des forêts sur les bords de mer est sanctionné par le paiement de 10 bœufs et 10 piastres. Enfin, l'infraction à l'interdiction de construction sans autorisation à l'intérieur des forêts est sanctionnée par la remise en état de la forêt par destruction des constructions, le paiement de 10 bœufs et 10 piastres forfaitaires, chaque arbre abattu sera payé 1 bœuf et 1 piastre.

187. Au cas où la personne coupable se trouve dans l'impossibilité de payer l'amende, la contrainte par corps est prononcée. « S'ils ne peuvent pas payer, ils seront mis en prison à raison d'un *sikajy*[315] par jour jusqu'à

---

314 Une tête de bœuf est équivalente à deux piastres, et une piastre vaut 5 anciens francs malgaches ; une tête de bœuf vaut dix anciens francs malgaches.

315 Un *sikajy* équivaut à 1/8 piastre soit 0,625 ancien franc malgache. Par exemple, une peine d'amende de 3 bœufs et 3 piastres équivaut à 9 piastres, soit 72 *sikajy*, soit 72 jours de prison.

concurrence du montant de l'amende » dispose l'article 102 du Code des 305 articles.

Dans un premier temps, on peut affirmer que le droit malgache de la protection de la nature puise ses sources dans les mesures prises du temps des Royaumes à Madagascar. Adoptées parfois dans un but politique, ces mesures constituent néanmoins des embryons des dispositions actuelles lesquelles s'appuie en premier lieu sur le Texte fondamental : la Constitution.

SECTION II. LA CONSTITUTION MALGACHE

188. L'inscription de la protection de l'environnement dans la Loi fondamentale malgache résulte des aspirations propres et profondes du constituant originaire malgache, héritier des mesures royales. Et depuis, les constituants successifs ont toujours intégré cet objectif dans la Loi suprême malgache (**Paragraphe 1**). Ériger cette protection en un impératif constitutionnel ne suffit cependant pas, il est aussi nécessaire de connaître le contenu de ces dispositions constitutionnelles que d'en vérifier l'effectivité, notamment au regard des garanties constitutionnelles. (**Paragraphe 2**).

Paragraphe 1. Une tradition constitutionnelle de protection de la nature

189. La Constitution dresse un tableau de l'organisation de l'État malgache et de ses diverses institutions (Titre III de la Constitution). C'est une République dont un des principes essentiels est la séparation des pouvoirs[316]. La Constitution malgache énumère aussi les libertés, les droits et les devoirs des citoyens (Titre II de la Constitution). Et surtout, cette Loi fondamentale reflète les valeurs défendues par la République. L'introduction de l'environnement, en général, et de sa protection en particulier dans ce texte fondamental illustre alors la volonté du constituant malgache de lui conférer une place importante, « l'environnement apparaissant alors comme une des valeurs collectives fondamentales de la nation »[317].

---

[316] Selon le 2e considérant du Préambule de la Constitution actuellement en vigueur, « la séparation et l'équilibre des pouvoirs exercés à travers des procédés démocratiques sont des conditions nécessaires ». La précédente version de la constitution disposait plus clairement en son article 41 que « les trois fonctions de l'État — exécutive, législative et juridictionnelle — obéissent au principe de la séparation des pouvoirs et sont exercées par des organes distincts ».

[317] François OST, « Un environnement de qualité : droit individuel ou responsabilité collective », *L'actualité de droit de l'environnement*, Bruxelles, Bruylant, 1995, pp. 23- 51.

190. D'une manière générale, les textes constitutionnels malgaches qui se sont succédé contiennent des considérations sur la protection de l'environnement. Seuls ceux qui ont été pris pour gérer les périodes de crise politique n'ont pas mentionné cette nécessaire protection. La protection constitutionnelle de l'environnement à Madagascar[318] s'est faite en trois temps distincts. Après des débuts timides (**1**), cette protection s'est enracinée et renforcée dans les dispositions constitutionnelles (**2**) avant de connaître actuellement un certain recul (**3**).

1. Les prémisses de la protection constitutionnelle de l'environnement

191. ***La mention de la nécessité de protection des ressources naturelles dès la Constitution originaire***. Madagascar s'est pour la première fois dotée d'une constitution écrite le 29 avril 1959[319], tout en étant État membre de la *Communauté Française* de l'époque[320]. Avec l'Indépendance proclamée officiellement le 26 juin 1960 à Tananarive, cette Constitution sera celle de la Première République de Madagascar[321]. Il est généralement admis que les premières constitutions de l'Afrique francophone se sont largement inspirées de la Constitution française de 1958[322]. Une nuance peut cependant être apportée au cas de Madagascar. En effet, la Constitution malgache originaire du 29 avril 1959 a défini de manière autonome les droits et libertés de l'individu : « seules les Constitutions malgache et centrafricaine ne font pas allusion à la définition française des droits de l'homme »[323]. Et à cette particularité dans la définition des droits de l'homme peut aussi être ajoutée la consécration constitutionnelle des préoccupations relatives à l'environnement ; ce que peu de textes fondamentaux originaires et peu de constitutions de l'époque ont fait. Dans cette première Constitution, les considérations environnementales sont contenues dans le Préambule : « le peuple malgache proclame solennellement que : (…) tout individu doit s'efforcer de protéger, sauvegarder, améliorer ou exploiter au mieux de

---

[318] Ianjatiana RANDRIANANDRASANA, « La protection constitutionnelle de l'environnement à Madagascar », *Revue juridique de l'environnement*, 2016, n° 1, pp. 122-139.

[319] JO de Madagascar du 29 avril 1959.

[320] À la suite du référendum constitutionnel organisé par la France en 1958 sur tout son territoire, les territoires d'Outre-mer et les départements d'Outre-mer inclus, dont le but était de former « une communauté sur le mode fédéral (…) chacun des territoires ayant pleine et entière liberté de son administration, de son gouvernement à l'intérieur de lui-même » selon le discours du Général de Gaulle le 22 août 1958, JORM du 26-08-1958 n° 3891 p. 1872.

[321] Avec des modifications apportées par la révision constitutionnelle du 6 juin 1962, liée à la mise en place définitive des institutions de la toute nouvelle République malgache.

[322] P.F. GONIDEC, *Les droits africains – Évolution et sources*, 2e édition, Paris : LGDJ, 1976.

[323] P.F. GONIDEC, *Constitutions des États de la communauté,* Paris : Sirey, 1959, p. 9.

l'intérêt général le sol, le sous-sol, les forêts et les ressources naturelles de Madagascar ».

192. ***Le caractère précurseur des dispositions constitutionnelles malgaches relatives à l'environnement.*** Le constituant malgache s'est ici démarqué par son originalité, vu que peu de constitutions de l'époque incluaient des dispositions environnementales. Ce n'est que récemment que l'environnement est considéré comme un « nouvel objet du droit constitutionnel »[324], étant entendu que chaque État a sa propre vision dans la détermination de l'assise constitutionnelle du droit de l'environnement[325]. Il est largement admis que « le bourgeonnement environnemental marque d'un constitutionnalisme "vert" »[326] n'est apparu que ces dernières années. Mais cette introduction de l'environnement dans les Lois fondamentales ne se réalise pas d'une manière uniforme : à côté des constitutions précurseurs dont celle de Madagascar, et celles qui ont « logiquement inséré des références à l'environnement »[327] se retrouvent celles qui ont tardé voire ne lui ont pas consacré de place particulière. « La constitutionnalisation de l'environnement est désormais réalisée dans la plupart des pays, avec cependant quelques irréductibles qui se contentent de l'engagement du législateur, tels le Danemark, l'Irlande, l'Australie, le Japon, les États-Unis »[328]. En droit français, c'est l'adossement[329] à la Constitution de la Charte de l'environnement par la loi constitutionnelle n° 2005-205 du 1er mars 2005[330] qui viendra consacrer de manière solennelle ces préoccupations environnementales. Cette Charte française de l'environnement comporte 10 articles dont le premier reconnaît que « chacun a le droit de vivre dans un environnement équilibré et respectueux de la santé ». Il est à noter que la Loi fondamentale française ne comportait dans sa version de 1958 aucune référence à la protection de la nature[331].

---

324 Voir en ce sens, Henry ROUSSILLON, Xavier BIOY, Stéphane MOUTON (dir.), *Les nouveaux objets du droit constitutionnel*, Presses de l'Université des Sciences Sociales de Toulouse, 2005, 409 p.

325 Marie-France DELHOSTE, « L'environnement dans les Constitutions du monde », *Revue de droit public*, n° 2-2004, pp. 441-455.

326 Laurence BURGOGUE-LARSEN, « La protection constitutionnelle de l'environnement en droit comparé », *Environnement*, n° 12, décembre 2012, p. 59.

327 Laurence BURGOGUE-LARSEN, p. 60.

328 Jacqueline MORAND-DEVILLER, « L'environnement dans les constitutions étrangères », *Les nouveaux cahiers du Conseil Constitutionnel*, n° 43, 2014, p. 84

329 Marie-Pierre MAÎTRE, Christian HUGLO, « Une Charte de l'environnement adossée à la Constitution pour quoi faire ? », *Environnement*, n° 3, 2003, p. 3 ; Michel VERPEAUX, « La Charte de l'environnement, texte constitutionnel en dehors de la Constitution », *Environnement*, n° 4, 2005, pp. 12-16.

330 JO du 2 mars 2005, p. 3697.

331 Pierre AVRIL, Gérard CONAC, *La Constitution de la République Française – Texte et révisions*, 3e édition, Paris : Montchrestien, 2005.

193. Par l'introduction des préoccupations environnementales dans ses dispositions originaires, la Constitution malgache s'est démarquée de la plupart des autres lois fondamentales, dont celles du continent africain. Si le continent n'a pas échappé à ce mouvement de constitutionnalisation de la question environnementale, il faut cependant attendre l'influence de la Charte africaine des droits de l'homme et des peuples, adoptée en juin 1981 au Kenya et entrée en vigueur en octobre 1986[332]. Pour rappel[333], cette Charte reconnaît en son article 24 que « tous les peuples ont droit à un environnement satisfaisant et global, propice à leur développement ». Quelques exemples de cette consécration constitutionnelle de la question environnementale sur le continent africain peuvent être pris[334]. Elle s'est réalisée dans les années 90 en République de Congo[335]. Plus récemment, c'est la nouvelle Constitution tunisienne du 27 janvier 2014 qui réalise la constitutionnalisation de la protection de l'environnement en adoptant « une approche globale de la protection de l'environnement, tout en mettant l'accent sur les rapports entre le développement durable et la protection de l'environnement »[336]. Ainsi, cette première Constitution malgache peut être qualifiée d'avant-garde grâce à l'intégration de ces considérations environnementales dans ces dispositions. Mais la survenance d'une crise politique va avoir des conséquences sur celle-ci.

194. ***Le coup d'arrêt à partir des troubles politiques de l'année 1972.*** Cette première Constitution malgache sera en vigueur jusqu'à l'éclatement de troubles politiques importants en 1972[337]. À la suite de ces troubles, un gouvernement de transition est mis en place. La période de transition est régie par la loi constitutionnelle du 7 novembre 1972. Les préoccupations environnementales ne seront pas prises en compte dans cette loi qui est essentiellement un texte provisoire, une feuille de route pour sortir le pays de la crise politique. Le gouvernement de transition a alors pour mission « d'entreprendre la rénovation nationale, réformer les institutions et restaurer l'économie nationale avant un délai de cinq ans »[338]. Il est aussi chargé de préparer une nouvelle Constitution. Plusieurs évènements vont raccourcir

---

332 Que la Constitution malgache a fait sienne dans ses versions précédentes.
333 Voir *supra*.
334 Voir Maurice KAMTO, *Le droit de l'environnement en Afrique*, Paris, 1996, 415 p.
335 Voir Aubin NZAOU, « La constitutionnalisation du droit de l'environnement en République du Congo », *Droit de l'environnement*, n° 228, novembre 2014, pp. 391-396.
336 Wahid FERCHICHI, « L'environnement dans la nouvelle Constitution tunisienne du 27 janvier 2014 », *Revue juridique de l'environnement*, n° 2, 2014, pp. 215-218.
337 Pour rappel, ces troubles sont liés au mécontentement de la population, ont entraîné la démission du Président élu et une période d'instabilité politique jusqu'en 1975, voir *supra*.
338 Article 2 paragraphe 1 de la loi constitutionnelle du 7 novembre 1972.

cette période de transition et précipiter l'entrée de Madagascar dans une Deuxième République[339].

195. La Deuxième République malgache est largement influencée par l'idéologie du bloc communiste de l'époque[340]. « L'édifice constitutionnel emprunte au constitutionnalisme soviétique (référence au centralisme démocratique — distinction pouvoir d'État administration d'État — souveraineté populaire — hiérarchie des structures — rôle exclusif du Front national pour la défense de la révolution) »[341]. L'État incarne « l'expression des intérêts des masses laborieuses (...) conforme aux principes socialistes énoncés dans la "Charte de la Révolution socialiste Malagasy" »[342]. Les considérations relatives à la protection de l'environnement contenues dans la première Constitution du 29 avril 1959 ne seront pas reprises. Le titre relatif aux droits et devoirs fondamentaux du citoyen est consacré principalement à l'édification d'un État socialiste et à l'idéal révolutionnaire. « L'exercice des droits et libertés reconnues par la Constitution et la loi est garanti à tout citoyen qui œuvre dans le sens de la Charte et milite pour le triomphe d'une société socialiste »[343]. Tout citoyen doit « remplir loyalement ses obligations vis-à-vis de la collectivité et observer les règles de conduite socialistes »[344]. Ainsi, aucune mention n'est faite de la nécessité de protéger l'environnement et les ressources naturelles.

196. La chute du Mur de Berlin en 1989 signera la fin de la Guerre froide, du bloc communiste et par la même occasion, celle de la Deuxième République malgache. Avec la disparition du bloc communiste, le peuple malgache aspire aux changements et à une vie plus démocratique. Des troubles vont apparaître et un mouvement de contestation populaire paralysera le pays en 1991. Pour gérer cette situation de crise et la période de transition, un nouveau texte à valeur constitutionnelle est adopté. C'est la Convention du 31 octobre 1991. Cette loi constitutionnelle provisoire a pour fonction principale l'organisation du fonctionnement de l'État malgache et de ses organes transitoires. Comme la loi constitutionnelle de 1972, cette

---

339 Notamment, la démission du chef du gouvernement, le Général Gabriel *Ramanantsoa* le 5 février 1975, suivie de la disparition subite et violente du Colonel *Ratsimandrava* le 11 février 1975, qui était alors désigné comme son successeur.

340 P. CHAIGNEAU, « Un mode d'orientation socialiste à la périphérie du système : le cas singulier de Madagascar », *Pouvoir* n° 21, 1982, numéro spécial consacré au « système communiste mondial ».

341 Maurice- Pierre ROY, « Madagascar, la Constitution de la troisième république du 19 août 1992 », *Revue de la recherche juridique. Droit prospectif*, n° 2 du 01/04/1993, p. 465.

342 Préambule de la Constitution du 31 décembre 1975.

343 Selon l'article 15 de la Constitution du 31 décembre 1975.

344 Article 17 de la constitution du 31 décembre 1975.

convention de 1991 ne comportera aucune allusion à la protection de l'environnement.

197. Dans sa version originaire, la première Constitution malgache a endossé un rôle de pionnière en mettant en exergue dans son préambule les préoccupations environnementales. Si ces dispositions ne vont pas être reprises lors des différentes périodes de troubles politiques, elles vont se renforcer à l'avènement de la IIIe République malgache.

2. L'enracinement des préoccupations environnementales dans la Loi Fondamentale

198. Cet enracinement des préoccupations environnementales va s'illustrer par la reconnaissance de la nécessité de protéger les richesses de la faune et de la flore malgache d'une part (**A**) et par la détermination des biens qui peuvent jouir de cette protection constitutionnelle d'autre part (**B**).

A. La reconnaissance de la nécessité de protection des ressources naturelles et de l'environnement

199. ***La réintégration des objectifs de respect et de protection dans la Constitution.*** À la fin de la période transitoire, Madagascar entre dans la Troisième République avec la Constitution du 18 septembre 1992[345]. Ce texte a été adopté afin de marquer la rupture avec le régime socialiste de la Deuxième République. Comme la plupart des pays africains de cette époque, Madagascar s'engage dans un processus de démocratisation. Le préambule de la Constitution du 18 septembre 1992, dans sa version initiale, est alors axé principalement vers cette aspiration à la démocratie et à la mise en place d'un État de droit. Sont posées comme conditions à l'épanouissement de la personnalité et de l'identité du peuple malgache : « la transparence dans la conduite des affaires publiques (...) l'instauration d'un État de droit dans lequel le peuple et les pouvoirs publics sont soumis aux mêmes normes juridiques (...) »[346]. Le préambule de cette Constitution du 18 septembre 1992, dans sa version initiale, n'évoque pas la protection de l'environnement.

200. Mais cette Loi fondamentale reprend l'objectif de protection de l'environnement contenue dans la première Constitution de la Première République malgache. Elle formule une obligation de protéger l'environnement qu'elle énonce de manière explicite pour la première fois

---

345 Adoptée par référendum du 19 août 1992 et promulguée le 18 septembre 1992

346 Préambule de la constitution du 18 septembre 1992 dans sa version initiale.

dans l'histoire constitutionnelle malgache, avec l'article 39[347] : « toute personne a le devoir de respecter l'environnement, l'État en assure la protection ».

201. ***La constance des dispositions de protection face à la multiplication des révisions constitutionnelles.*** Cette loi fondamentale fera l'objet de plusieurs révisions constitutionnelles. Elle a été modifiée une première fois par la loi constitutionnelle n° 95 – 001 du 13 octobre 1995. Cette première révision a considérablement renforcé les pouvoirs du Chef de l'État sur l'exécutif. Principalement, elle a attribué au Président de la République le pouvoir de nommer et de révoquer librement le Chef du Gouvernement. Cette révision constitutionnelle du 13 octobre 1995 n'apportera pas de grandes modifications pour la protection de la nature et de l'environnement. C'est la proclamation de Madagascar en « *République humaniste et écologique* » qui peut être relevé comme un tournant important dans cette protection constitutionnelle de l'environnement.

202. ***Madagascar « République humaniste et écologique*** » est proclamée comme le nouveau fondement de la Troisième République malgache par le Président Didier Ratsiraka à l'issue de sa victoire aux élections présidentielles de 1997. Il a développé cette idée durant sa campagne électorale et expliqué ce projet de société lors de son discours d'investiture le 9 février 1997[348]. Cette République humaniste et écologique consisterait en un retour aux sources et se proposerait d'encourager la réconciliation du Malgache avec « Dieu et avec ses semblables » et de promouvoir la fraternité à l'égard des individus et des Nations. « Le Malgache de la République humaniste et écologique doit redonner tout son sens aux relations pacifiques, fraternelles, justes et équitables entre les individus et entre les Nations dans le respect mutuel »[349]. Cette réconciliation doit aussi se manifester à l'égard de la Nature. « L'écologie ou l'environnement ne saurait être l'affaire d'un parti politique, mais l'affaire de tous. Car il ne s'agit pas seulement de protéger les lémuriens, de lutter contre la pollution de l'air (...) ; il s'agit d'une notion beaucoup plus vaste et plus globale... il s'agit de l'avenir de l'homme dans toutes ses dimensions »[350].

---

[347] Dans le sous-titre II relatif aux droits et devoirs économiques, sociaux et culturels du titre II – Des libertés, des droits et des devoirs des citoyens.

[348] Il n'est néanmoins pas exclu que la participation de Madagascar aux différentes conventions internationales qui ont façonné le droit international de l'environnement, notamment le Sommet de Rio en 1992, ait eu une influence certaine sur ce retour en grâce des préoccupations environnementales dans la Constitution malgache.

[349] Extraits du discours d'investiture du Président Didier Ratsiraka le 9 février 1997 à Iavoloha.

[350] *Idem.*

203. Ces ambitieux objectifs seront confirmés par la suite dans le cadre d'une révision constitutionnelle avec la loi constitutionnelle n° 98 - 001 du 8 avril 1998[351]. Le peuple *malagasy* souverain doit être « conscient, au nom de l'humanisme, de la nécessité de la réconciliation de l'homme tant avec son Créateur et ses semblables qu'avec la nature et son environnement ainsi que de l'importance exceptionnelle des richesses et ressources végétales, animales et minières à fortes spécificités dont la nature a doté Madagascar et qu'il importe de préserver pour les générations futures »[352]. Pour permettre l'épanouissement de la personnalité et de l'identité de tout un chacun, le préambule réaffirme qu'il est nécessaire de maîtriser « la gestion rationnelle et équitable des ressources naturelles pour les besoins de développement de l'être humain ».

204. Et enfin, un référendum constitutionnel organisé en avril 2007 a apporté d'autres modifications importantes, sur le plan politique, par le biais de la loi constitutionnelle n° 2007 – 001 du 27 avril 2007. Il s'agit notamment de la modification des conditions d'éligibilité à la présidence de la République et du fonctionnement des assemblées parlementaires, et de l'abandon du système des provinces autonomes. Cette révision a aussi retiré le caractère laïque de l'État malgache. Désormais, « le Peuple Malagasy constitue une Nation organisée en État souverain, unitaire et républicain »[353]. Cette dernière révision constitutionnelle n'a pas remis en cause la nécessité de protéger la nature et les ressources naturelles, et la reprend dans les mêmes termes dans le préambule. Ainsi, le Peuple Malagasy souverain est « conscient de l'importance exceptionnelle des richesses de la faune, de la flore et des ressources minières à fortes spécificités dont la nature a doté Madagascar et qu'il importe de préserver pour les générations futures »[354].

205. En définitive, la Constitution malgache du 18 septembre 1992 modifiée[355] reconnaît le caractère unique de la biodiversité malgache. Le but essentiel de cette protection constitutionnelle de l'environnement est alors d'arriver à un développement durable et intégré[356]. « Considérant que

---

[351] Cette révision constitutionnelle a mis en place le système des provinces autonomes, pour réaliser une « décentralisation effective » de l'État. Elle a aussi modifié les conditions de révision de la Constitution en les simplifiant.

[352] Préambule de la Constitution suite à cette révision constitutionnelle du 8 avril 1998.

[353] Article 1er de la Constitution modifiée du 18 septembre 1992

[354] Préambule de la Constitution après les modifications apportées par la loi constitutionnelle n° 2007 – 001 du 27 avril 2007.

[355] Compte tenu des modifications apportées par la loi constitutionnelle n° 95 – 001 du 13 octobre 1995, par la loi constitutionnelle n° 98 – 001 du 8 avril 1998 et enfin, par la loi constitutionnelle n° 2007 – 001 du 27 avril 2007 portant révision de la Constitution.

[356] Par comparaison, la Constitution de l'Équateur dans sa version de 2008 protège la Nature, pour elle-même : elle est reconnue non en tant que propriété ni ressource, c'est un sujet de droit à part entière. L'article 71 de cette loi fondamentale dispose que « la Nature, ou *Pacha*

l'épanouissement de la personnalité et de l'identité de tout *Malagasy*, est le facteur essentiel du développement durable et intégré dont les conditions sont reconnues comme étant : (...) la gestion rationnelle et équitable des ressources naturelles pour les besoins du développement de l'être humain »[357]. Cet enracinement des préoccupations environnementales se renforce par les termes de l'article 39 de cette Constitution modifiée du 18 septembre 1992.

B. Les biens faisant l'objet d'une protection selon l'article 39 de la Constitution de la IIIe République

206. Selon l'article 39 de la Constitution du 18 septembre 1992 modifiée : « toute personne a l'obligation de respecter les valeurs culturelles, les biens publics et l'environnement. L'État et les collectivités territoriales décentralisées assurent la protection, la conservation et la valorisation de l'environnement par des mesures appropriées ». Cet article énumère les biens qui doivent être protégés : au même titre que l'environnement, le patrimoine culturel en bénéficie aussi. Néanmoins, cette notion d'environnement demeure un terme que le constituant malgache n'a pas réussi à préciser.

207. ***L'environnement selon la Constitution malgache : de la simple mention à l'énumération des éléments constitutifs.*** Une des difficultés récurrentes dans ce domaine relativement nouveau du droit est la définition de son objet[358]. Le constituant malgache n'échappe pas à cette difficulté. Aucune des constitutions malgaches successives ayant fait référence à l'environnement n'en donne une définition explicite.

208. Dans la première Constitution malgache du 29 avril 1959[359], la méthode de définition adoptée est une méthode énumérative. Une liste des éléments devant être protégés tient lieu de définition. Le préambule de cette Constitution proclame que « tout individu doit s'efforcer de protéger, sauvegarder, améliorer ou exploiter au mieux de l'intérêt général le sol, le sous-sol, les forêts et les ressources naturelles de Madagascar ». Cette définition est assez générale et ne donne pas de précisions notamment à propos des ressources naturelles à préserver.

Mama, dans laquelle se reproduit et se réalise la vie, a le droit au respect intégral de son existence, de son maintien et de la régénération de ses cycles vitaux, de sa structure, de ses fonctions et de ces processus évolutifs ». Voir en ce sens : Nadine MARTIN, « Une Constitution qui protège la Nature en Équateur », *Liaison énergie francophone*, n° 98, 3e trimestre 2014, pp. 31-35.

357 2e considérant du préambule de la constitution du 18 septembre 1992 modifiée.

358 Voir *supra* n° 20 et svt.

359 JORM, 29 avril 1959 (mise à jour au 1er juillet 1969).

La Constitution du 18 septembre 1992 dans sa version initiale fait une simple mention de l'environnement, sans le définir et sans déterminer les éléments constitutifs de celui-ci. Selon l'article 39 de cette version initiale de la constitution du 18 septembre 1992, « toute personne a le devoir de respecter l'environnement ; l'État en assure la protection ».

Les modifications apportées à la Constitution du 18 septembre 1992 par les lois constitutionnelles n° 95-001 du 13 octobre 1995 et n° 98-001 du 8 avril 1998 vont enrichir la définition de l'environnement. En effet, selon le préambule de la constitution modifiée, cet environnement à protéger et à préserver est composé « des richesses et ressources végétales, animales et minières à fortes spécificités dont la nature a doté Madagascar ». La dernière révision constitutionnelle apportée par la loi constitutionnelle n° 2007-001 du 27 avril 2007 ne modifie pas en profondeur cette définition. Elle ne fait que confirmer et préciser le préambule dans sa précédente version. L'environnement à préserver et à protéger est désormais composé « des richesses de la faune, de la flore et des ressources minières à fortes spécificités dont la nature a doté Madagascar ».

209. ***L'exigence de la rareté et de la spécificité.*** Au final, le constituant malgache donne une définition globale, mais assez limitée de l'environnement. Si chaque État a sa propre vision dans la détermination de l'assise constitutionnelle du droit de l'environnement[360], Madagascar a opté pour une approche fondée sur le respect de la biodiversité et des ressources naturelles[361]. D'ailleurs, le constituant met en exergue le caractère spécifique de ces ressources protégées afin de justifier leur protection : « conscient de l'importance exceptionnelle des richesses de la faune, de la flore (...) à fortes spécificités dont la nature a doté Madagascar et qu'il importe de préserver (...) »[362]. Ainsi, les éléments essentiels qui sont pris en compte dans cette protection doivent être caractérisés par la rareté d'une part et par l'endémicité d'autre part.

---

360 Marie-France DELHOSTE, « L'environnement dans les Constitutions du monde », *Revue de droit public*, n° 2-2004, pp. 441-455.

361 D'autres options peuvent être prises : la préservation des fondements de la vie impliquant la reconnaissance d'un droit à la santé (exemple : art 66 du titre III dans la constitution portugaise modifiée du 2 avril 1976 : « toute personne a droit à un environnement humain, sain et écologiquement équilibré »), la protection des éléments fondamentaux tels l'eau, l'air et la terre (exemple : art 27 b de la constitution sud-africaine : « tout individu possède le droit de bénéficier [...] d'eau en quantité suffisante »), la préservation de l'environnement dans le cadre des activités humaines (exemple : art 24 b de la constitution sud-africaine « tout individu a droit [...] au bénéfice [de] mesures qui sont destinées à [...] sécuriser un développement écologique durable et l'utilisation de ressources naturelles en assurant la promotion d'un développement économique et social légitime »).

362 Alinéa 4 du Préambule de la Constitution de 1992 modifiée.

Même si cette position de la Constitution malgache est justifiée par les constats faits sur le terrain à propos de la richesse de la diversité biologique malgache[363], elle semble écarter de fait les autres éléments qui composent l'environnement. En effet, bien que le préambule mentionne les autres « ressources naturelles », il ne précise pas les éléments qui doivent être pris en compte dans ce terme.

210. Ce positionnement du constituant malgache est assez singulier dans la mesure où d'une part, dans les autres Constitutions, les éléments qui font l'objet de protection et de préservation ne se limitent pas seulement à ceux qui sont rares et endémiques. Et d'autre part, quand il est fait mention des ressources naturelles, les ressources concernées sont spécifiées. Par exemple[364], sont mentionnées comme protégées dans la Constitution de la République de Croatie en son article 52 : « la mer, les rivages et les îles, les eaux, l'air, les richesses minérales et autres ressources naturelles, ainsi que la terre, les forêts, la faune et la flore, la nature, les biens présentant un intérêt particulier d'ordre économique ou écologique ». De même, dans la Constitution de l'Ouganda du 22 septembre 1995, il est précisé que « l'État protégera les ressources naturelles importantes, y compris la terre, l'eau, les zones humides, les minerais, le pétrole, la faune et la flore, pour le compte du peuple ougandais ».

211. Et enfin, avec ces éléments rares et précieux des ressources naturelles, le dernier élément sujet de protection selon les dispositions de l'article 39 de la Loi fondamentale est le patrimoine culturel, qui bénéficie aussi d'une protection constitutionnelle au même titre que le patrimoine naturel. Cette disposition ne fait que renforcer la vision qui a déjà été adoptée par le législateur malgache dans l'ordonnance n° 82- 029 du 6 novembre 1982 relative à la protection, la sauvegarde et la conservation du patrimoine national[365].

3. Le recul des préoccupations environnementales

212. Ce recul de la place des préoccupations environnementales dans la Constitution malgache est intervenu suite à l'adoption de la nouvelle Constitution du 11 décembre 2010, à l'entrée de Madagascar dans la IVe République[366]. Les diverses affirmations relatives à l'environnement

---

[363] *Supra*, note n° 6.
[364] Exemples pris dans Marie-France DELHOSTE, *op. cit.*, p. 447.
[365] Voir *supra*.
[366] Suite à une crise politique intervenue en 2009, a été mise en place une période de Transition au cours de laquelle une nouvelle constitution a été élaborée et soumise à référendum puis adoptée comme la Constitution de la 4ème République de Madagascar.

contenues dans le préambule de la Constitution de la Troisième République n'ont pas été changées. « L'importance exceptionnelle des richesses de la faune et de la flore et des ressources minières à fortes spécificités dont la nature a doté Madagascar » est toujours reconnue. Néanmoins, les autres dispositions constitutionnelles, qui avaient renforcé les affirmations du préambule, ne sont pas reprises. Ainsi, cet article 39 qui avait précisé les obligations relatives à la protection des ressources, les ressources concernées et les personnes physiques et morales titulaires de ces obligations a été modifié. Désormais, l'article 39 de la Constitution actuellement en vigueur énonce le principe de neutralité politique de l'administration, des forces armées, de la justice, de l'enseignement et de l'éducation. Or, cette modification de l'article 39 vide de leur sens les déclarations contenues dans le préambule de la Constitution de la IVe République malgache.

213. L'engagement du constituant malgache à la cause environnementale revêt désormais un caractère général et limité : il ne s'étend plus au-delà de la recommandation dans le préambule de la préservation des éléments exceptionnels de la faune et de la flore et de la protection des ressources naturelles. D'une certaine manière, ces dispositions constitutionnelles actuellement en vigueur ont une nature simplement déclaratoire. La Constitution malgache actuellement en vigueur n'a pas formellement précisé les personnes ou les groupes de personnes titulaires de cette obligation de préservation des éléments de la faune ou de la flore. Et aucune précision n'est donnée non plus en ce qui concerne les moyens nécessaires à la réalisation de cette obligation. D'autant qu'il ne suffit pas d'intégrer les préoccupations environnementales dans la Constitution, il faut aussi apporter les garanties pour leur assurer application et respect.

Paragraphe 2. Les garanties liées à cette inscription constitutionnelle

214. Comme il a été vu, l'inscription des préoccupations environnementales dans la Constitution permet de proclamer l'environnement comme « une des valeurs collectives fondamentales de la nation »[367]. Cette inscription répond aussi à d'autres objectifs. « C'est tout à la fois leur assurer la place la plus élevée dans la hiérarchie normative, leur garantir la plus grande stabilité en les mettant à l'abri des lois et des majorités de circonstances »[368]. Théoriquement, donc, la protection de

[367] Voir *supra*.

[368] François OST, « Un environnement de qualité : droit individuel ou responsabilité collective », *L'actualité de droit de l'environnement*, Bruxelles, Bruylant, 1995, pp. 23- 51.

l'environnement bénéficie de la force juridique conférée à la loi suprême (**1**), mais les questions se posent quant à son effectivité (**2**).

1. Le principe de la supériorité hiérarchique des dispositions constitutionnelles

215. Il a été vu que la problématique environnementale est inscrite dans le préambule de la Constitution malgache actuellement en vigueur. Cette inscription est essentielle dans la mesure où le préambule de la Constitution malgache a une valeur juridique certaine d'une part, et que le contrôle de constitutionnalité est institué afin d'assurer de la suprématie de la Constitution sur les autres normes d'autre part.

216. ***La valeur juridique des affirmations dans le préambule de la Constitution malgache.*** La valeur constitutionnelle d'une affirmation dans le préambule fait souvent l'objet d'une remise en question. « Le langage courant ne voit dans un préambule que l'exposé d'intentions préalables, ou des paroles ou démarches ne formant qu'une entrée en matière. Le préambule ne serait donc que ce qui annonce sans engager encore »[369]. Il peut alors être considéré soit comme une simple déclaration de droits soit comme la formulation de principes de philosophie politique. Le droit malgache, quant à lui, confère une valeur constitutionnelle à toutes les affirmations qui y sont inscrites, aussi bien celles du Préambule que celles du texte même de la Constitution. En effet, « les principes généraux contenus dans le Préambule de la Constitution de la République Malgache s'imposent aux juges qui doivent, en tous les cas, en faire assurer le respect et l'observation dans le cadre de la législation en vigueur »[370]. Ces principes sont alors considérés comme des prescriptions de nature constitutionnelle qui peuvent donner lieu à des sanctions juridiques en cas de non-respect.

217. Néanmoins, la force normative de ce Préambule ne résulte pas seulement de ses dispositions, reconnues comme ayant valeur constitutionnelle, mais se mesure aussi à son contenu. « Le contenu exerce une double influence sur la force normative : il détermine non seulement les acteurs appelés à respecter la norme, mais aussi la manière dont devra

---

[369] Patrice ROLLAND, « L'art du préambule, le précédent de 1848 », *Droits fondamentaux*, n° 1, juillet-décembre 2001, p. 229.

[370] Article 13 de l'ordonnance n° 62 041 du 19 septembre 1962 sur les dispositions du droit international privé et du droit interne, JORM n° 244 du 28-9-1962, p 1989, complétée par la loi n° 98-019 du 2 décembre 1998, JORM n° 2549 du 15-12-1998, p 3642 et 3654 ; *errata* JORM n° 2571 du 26-04-1999, p. 1060.

s'effectuer ce respect »[371]. Or, la Constitution malgache actuellement en vigueur n'a pas formellement précisé les personnes ou les groupes de personnes titulaires de cette obligation de préservation des éléments de la faune ou de la flore. Et aucune précision n'est donnée non plus en ce qui concerne les moyens nécessaires à l'accomplissement de cette obligation. Il importe alors de consolider ces affirmations partielles du Préambule par le renforcement de la supériorité de la Constitution sur les autres normes juridiques.

218. ***Le contrôle de constitutionnalité pour assurer la supériorité hiérarchique de la Constitution.*** Toute loi, tout décret, doit être conforme aux dispositions constitutionnelles que ce soit dans son esprit ou dans son texte. C'est le principe de la suprématie de la Constitution. Plusieurs mécanismes sont mis en place pour veiller au respect de cette hiérarchie des normes. Ils inspirent la justice constitutionnelle, définie comme « l'ensemble des institutions et techniques grâce auxquelles est assurée sans restriction la suprématie de la Constitution »[372]. Parmi ces techniques, le contrôle de constitutionnalité est essentiel. Ce contrôle est fondé sur le principe de la suprématie de la Constitution ainsi que sur le principe de légalité. Ce dernier signifie que tous les actes juridiques accomplis par les personnes physiques et morales doivent être conformes à l'état du droit positif dont la source essentielle est la Constitution.

219. Le contrôle de constitutionnalité a été prévu dès la première Constitution malgache. Selon l'article 45 modifié de la Constitution du 29 avril 1959, « le contrôle de la conformité des lois et des ordonnances à la présente Constitution est effectué (...) par le Conseil Supérieur des Institutions[373] ». Actuellement, c'est la Haute Cour Constitutionnelle qui doit statuer « sur la conformité à la Constitution des traités, des lois, des ordonnances et des règlements autonomes »[374]. Le contrôle de constitutionnalité peut être opéré à tout moment sous l'initiative de toute personne ayant intérêt. Et il est effectué par un organe désigné par la Constitution elle-même : la Haute Cour Constitutionnelle (HCC). Ce contrôle peut porter sur différentes catégories de textes juridiques : les lois organiques et les ordonnances, le règlement intérieur de chaque assemblée, les lois ordinaires, ainsi que tout texte à valeur législative ou réglementaire.

---

[371] Mathilde BOUTONNET, « La force normative des principes environnementaux, entre droit de l'environnement et théorie générale du droit », in Catherine THIBIERGE et alii, *La force normative – Naissance d'un concept*, Bruxelles : Bruylant, 2009, p. 486.

[372] Louis FAVOREU (dir.), *Droit constitutionnel*, Dalloz, 9e édition, 2006, p. 205.

[373] Sur cette institution, voir Franck MODERNE, « Le Conseil Supérieur des Institutions de la République malgache », *Annuaire Université de Madagascar*, Série Droit, n° 5, 1967, pp. 9-85.

[374] Article 116 alinéa 1 de la Constitution du 11 décembre 2010.

Le contrôle de constitutionnalité s'effectue obligatoirement *a priori* par voie d'action, et exceptionnellement, *a posteriori,* lors d'une action en justice.

220. Par voie d'action, le contrôle de constitutionnalité permet de saisir directement la cour constitutionnelle d'une requête afin de vérifier la conformité à la Constitution de tout texte législatif ou réglementaire. C'est un contrôle *a priori* auquel est obligatoirement soumis tout texte. La Haute Cour Constitutionnelle est saisie par le Président de la République pour le contrôle de constitutionnalité des lois organiques et ordonnances, avant la promulgation de celles-ci[375]. « Pour tout texte à valeur législative ou réglementaire ainsi que toutes matières relevant de sa compétence »[376] le chef d'institution ou le quart des membres composant l'une des assemblées parlementaires sont titulaires de l'initiative de contrôle. Une disposition jugée inconstitutionnelle ne peut être ni promulguée ni appliquée, et « la saisine de la Haute Cour Constitutionnelle suspend le délai de promulgation des lois »[377].

221. L'initiative du contrôle n'est pas réservée aux seules autorités publiques, elle peut émaner de toute autre personne lors d'une action en justice. Il est admis pour tout citoyen ayant un intérêt personnel à voir déclarée l'inconstitutionnalité d'une norme juridique[378] d'initier un contrôle de constitutionnalité ; il peut aussi être introduit pour faire valoir une atteinte aux droits fondamentaux reconnus par la Constitution[379], atteinte provoquée par une disposition d'un texte législatif ou réglementaire. Le contrôle est alors exercé à l'occasion d'une action en justice, c'est l'exception d'inconstitutionnalité[380].

222. L'exception d'inconstitutionnalité engendre un contrôle *a posteriori* sur toute disposition d'un texte législatif ou réglementaire. Dans ce cas, le juge doit surseoir à statuer et la partie ayant soulevé l'exception d'inconstitutionnalité dispose d'un délai d'un mois pour saisir la Haute Cour

---

[375] Article 117 de la Constitution du 11 décembre 2010.

[376] Article 118 de la Constitution du 11 décembre 2010.

[377] Article 117 de la Constitution du 11 décembre 2010.

[378] Article 118 alinéa 2 de la Constitution du 11 décembre 2010.

[379] Article 118 alinéa 3 de la Constitution du 11 décembre 2010.

[380] En droit français est admise la procédure de Question prioritaire de constitutionnalité. Une révision constitutionnelle opérée en 2008 avec la loi constitutionnelle n° 2008-724 du 23 juillet 2008 institue la question prioritaire de constitutionnalité dans le droit français. Selon l'article 61-1 de la Constitution française : « Lorsque, à l'occasion d'une instance en cours devant une juridiction, il est soutenu qu'une disposition législative porte atteinte aux droits et libertés que la Constitution garantit, le Conseil constitutionnel peut être saisi de cette question sur renvoi du Conseil d'État ou de la Cour de cassation qui se prononce dans un délai déterminé. » ; voir également : Christine MAUGÜÉ, Jacques-Henri STAHL, *La question prioritaire de constitutionnalité*, éd. Dalloz, 2017.

Constitutionnelle. Cette Cour dispose à son tour d'un délai d'un mois pour rendre une décision. L'exception d'inconstitutionnalité s'applique aussi aux décisions devenues définitives dès que celles-ci sont attaquées pour non-respect des droits fondamentaux[381].

223. ***Effets du contrôle de constitutionnalité.*** Toute disposition déclarée inconstitutionnelle cesse de plein droit d'être en vigueur et la décision de la Haute Cour Constitutionnelle est publiée au Journal officiel[382]. Si le contrôle de constitutionnalité a été réalisé *a priori*, les décisions rendues par cette cour constitutionnelle peuvent entraîner l'annulation pure et simple de la loi ou une promulgation partielle de celle-ci. Dans certains cas, les décisions d'inconstitutionnalité rendues nécessitent de soumettre l'ensemble du texte à une nouvelle procédure d'adoption avec une délibération de l'organe ayant l'initiative de la loi. Dans ce cadre, le juge constitutionnel sera d'une certaine manière associé au processus normatif. Si le contrôle de constitutionnalité a été fait *a posteriori* à l'occasion d'une action en justice, les décisions de la cour constitutionnelle ont un effet *erga omnes*, elles ne s'appliquent donc pas seulement aux parties en présence. La procédure de contrôle de constitutionnalité est réalisée afin de s'assurer de la conformité des normes et textes inférieurs aux dispositions et à l'esprit de la Constitution, dont les préoccupations environnementales contenues dans celle-ci. L'inscription de ces préoccupations dans la Loi fondamentale se justifie aussi par le caractère relativement stable de la Constitution en comparaison aux autres normes juridiques inférieures.

224. ***La relative stabilité de la Constitution.*** Au plus haut niveau de la hiérarchie, la Constitution bénéficie en principe, d'un équilibre et d'une stabilité dont ne peuvent se prévaloir les dispositions législatives ou réglementaires. Cette stabilité constituera dès lors une garantie pour les dispositions relatives à la protection de la nature contenues dans le préambule de la Constitution, désormais « à l'abri des lois et des majorités de circonstances »[383]. La Constitution malgache tire ce caractère rigide des conditions prévues pour la modification et la révision de son contenu : elles sont plus strictes que celles posées pour l'adoption et la modification des textes législatifs et réglementaires. En effet, plusieurs conditions sont posées pour initier une révision constitutionnelle notamment en ce qui concerne les entités titulaires de l'initiative de révision ou des articles faisant l'objet de

---

381 Décision n° 1 HCC/D2 du 14 février 2001 : la Haute Cour Constitutionnelle s'est déclarée compétente pour statuer sur une exception d'inconstitutionnalité dirigée contre une décision juridictionnelle devenue définitive, en l'occurrence un arrêt rendu par la cour d'appel d'Antananarivo au motif qu'il a porté atteinte à l'exercice d'un droit fondamental.

382 Article 118 de la Constitution du 11 décembre 2010.

383 François Ost, « Un environnement de qualité : droit individuel ou responsabilité collective », *L'actualité de droit de l'environnement*, Bruxelles, Bruylant, 1995, pp. 23- 51.

révision. Et en son article 161, la Constitution actuellement en vigueur affirme qu'« aucune révision de la Constitution ne peut être initiée, sauf en cas de nécessité jugée impérieuse ».

225. L'initiative de la révision constitutionnelle appartient concurremment au Président de la République statuant en conseil des ministres et aux assemblées parlementaires[384]. Le projet ou la proposition de révision est ensuite soumis au vote des assemblées parlementaires : il doit être approuvé par les ¾ des membres de l'Assemblée nationale et du Sénat (alinéa 2 article 162 de la Constitution). Ce n'est qu'après avoir obtenu cette approbation des membres des assemblées que le projet ou la proposition de révision est soumis à référendum.

226. Cette soumission à référendum du projet ou de la proposition de révision, préalablement approuvé par les assemblées parlementaires, répond aux nécessités de la vie démocratique. Se pose néanmoins la question de la légitimité de la révision ainsi faite surtout lorsqu'aucun taux de participation minimum n'est requis pour la validation des résultats du référendum[385].

227. La loi suprême peut faire l'objet de révision en tous ces articles. Actuellement, les seules limites à la révision constitutionnelle sont relatives à la sécurité du territoire national et à la forme de l'État. Ainsi, « la forme républicaine de l'État, le principe de l'intégrité du territoire national, le principe de la séparation des pouvoirs, le principe d'autonomie des collectivités territoriales décentralisées, la durée et le nombre du mandat du Président de la République, ne peuvent faire l'objet de révision »[386]. Auparavant, la Constitution du 18 septembre 1992 soumettait obligatoirement à référendum toute révision du préambule, des titres relatifs aux principes généraux (titre I), aux libertés, droits et devoirs des citoyens (II) et à la structure de l'État (III). Le champ de la révision constitutionnelle s'est donc élargi de manière importante. Mais malgré tout, l'alinéa 2 de l'article 163 de la Constitution actuellement en vigueur précise que « les pouvoirs exceptionnels détenus par le Président de la République dans les circonstances exceptionnelles ou de trouble politique ne lui confèrent pas le droit de recourir à une révision constitutionnelle ».

---

[384] Article 162 de la Constitution actuellement en vigueur.

[385] Par exemple, lors de la révision constitutionnelle de 2007, soumise à un référendum populaire, le taux de participation est relativement bas : seulement 42,78 % des électeurs inscrits ont participé au référendum (selon l'arrêt n° 01/HCC/AR du 27 avril 2007, sur 7 381 091 électeurs inscrits, seuls 3 224 088 sont considérés comme votants), cependant, le projet de révision a quand même été adopté. Se pose la question de la légitimité de ces élections pour lesquelles le taux de participation est faible.

[386] Article 163 de la Constitution actuellement en vigueur.

Il a donc été vu que les préoccupations environnementales sont inscrites dans le texte de la Constitution malgache, il est intéressant de voir le caractère effectif de ces inscriptions constitutionnelles.

2. L'effectivité de la protection constitutionnelle de l'environnement

228. Cette effectivité peut se mesurer, d'une part, à l'aune de la stabilité effective des dispositions relatives à la protection de la Nature et des ressources naturelles dans la Loi fondamentale et d'autre part, à celle de l'effectivité des contrôles de constitutionnalité[387].

229. ***Une relative constance des dispositions concernant la protection de la Nature et des ressources naturelles.*** Il a été vu que d'une manière générale, les dispositions relatives à la protection de la Nature n'ont pas fait l'objet de modifications importantes au fil des révisions constitutionnelles. Avant l'adoption de la Constitution actuellement en vigueur, les préoccupations environnementales ont régulièrement occupé une place constante qu'aucun constituant n'a voulu remettre en cause. Plusieurs raisons pouvaient expliquer cet état des faits. En premier lieu, ces préoccupations constituent des héritages des premières mesures prises par le roi *Andrianampoinimerina* pour protéger les ressources forestières. Ensuite, la diversité biologique malgache riche et endémique nécessite un haut niveau de protection que les dispositions constitutionnelles sont présumées lui assurer. Les révisions constitutionnelles avaient porté pour l'essentiel, sur le titre relatif à l'organisation de l'État[388].

Un recul manifeste peut néanmoins être constaté avec les dispositions de la Constitution actuellement en vigueur. Seules les affirmations dans le préambule ont été retenues. Les dispositions relatives aux droits et devoirs du citoyen en général et celles relatives à la protection de l'environnement en particulier ont fait l'objet de modifications importantes. À cette absence

---

[387] L'effectivité de la protection constitutionnelle de l'environnement peut aussi se mesurer à travers le prisme de la répartition des compétences entre les autorités centrales et les collectivités territoriales décentralisées, étant entendu que cette répartition est faite par la Constitution. Voir *supra*, le chapitre « Le cadre institutionnel et les acteurs de la protection de la nature ».

[388] Peut être prise en exemple, la consécration des provinces autonomes par la révision constitutionnelle intervenue en 1998, selon l'article 1er de la Constitution du 18 septembre 1992, après la révision constitutionnelle effectuée par la loi constitutionnelle n° 98-001 du 8 avril 1998, « le Peuple *Malagasy* constitue une Nation organisée en État souverain et laïc fondé sur un système de Provinces autonomes dont les compétences et les principes de gouvernement sont définis et garantis par la Constitution ». Puis leur suppression par la révision constitutionnelle de 2007.

de constance des dispositions s'ajoute le peu de recours au niveau de la cour constitutionnelle malgache.

230. ***La rareté des recours devant la cour constitutionnelle en dépit de ses attributions.*** Le rôle actif de la cour constitutionnelle chargée de faire respecter la supériorité de la Constitution et de ses dispositifs doit être examiné de près. Le juge constitutionnel endosse plusieurs rôles[389]. Il a compétence dans le cadre du contentieux électoral lors des référendums et des élections qu'elles soient présidentielles ou législatives. Il règle les conflits de compétence entre les institutions de l'État, ou entre l'État et les collectivités territoriales décentralisées. Et enfin, il s'assure de la conformité à la Constitution des traités, des lois organiques, des textes législatifs et réglementaires et de tout autre texte tels les règlements intérieurs des Assemblées parlementaires. Il faut cependant remarquer que malgré cette diversité des rôles de la cour constitutionnelle, il y a peu de recours à ses attributions relatives au contrôle de conformité des textes à la Constitution et au respect de la suprématie de celle-ci. Le juge constitutionnel malgache n'a pas encore eu l'occasion de se prononcer sur le sujet. Les récentes décisions de la Haute Cour Constitutionnelle en matière d'environnement concernent les examens *a priori* de conformité à la Constitution des lois. Il s'agit de la décision n° 13 -HCC/D3 du 11 février 2015 concernant la loi n° 2015/003 portant Charte de l'Environnement malagasy actualisée et de la décision n° 15-HCC/D8 du 18 février 2015 concernant la loi n° 2015-005 portant refonte du Code de gestion des aires protégées. Cette rareté du recours à la cour constitutionnelle est due d'une part à un trait de la culture juridique malgache, et d'autre part à l'accent mis sur le rôle du juge constitutionnel dans le cadre du contentieux électoral.

231. La haute considération portée dans la culture malgache aux dirigeants et à l'administration est telle que ceux-ci sont assimilés aux *ray aman-dreny* : « le Malgache appelle *ray aman-dreny* tous les chefs dans le cadre du *fanjakana*[390] »[391]. La Constitution de 1992 originelle a poussé jusqu'à inscrire[392] dans ses dispositions cette qualité de *Ray aman-dreny* des autorités étatiques. Selon son article 44 : « Le Président de la République est le Chef de l'État. En tant que "*Ray aman-dreny*", il veille au respect de la

---

389 Article 27 de l'ordonnance n° 2001-003 du 18 novembre 2001.

390 *Fanjakana* = l'État et l'administration étatique en général.

391 Robert DUBOIS, *L'identité malgache – la tradition des Ancêtres*, Paris : Karthala, 2002, p. 74.

392 « L'État *ray aman-dreny* inscrit dans la Constitution, élaborée après 1991, était supposé désacraliser les Présidents monarques pour incarner à la place le collectif sacré en retrouvant les voies de l'autochtonie » : Solofo RANDRIANJA, « Du *Hasina* à la confiance en histoire politique de Madagascar » in Didier NATIVEL, Faranirina V. RAJAONAH (dir.), *Madagascar revisitée – En voyage avec Françoise Raison-Jourde*, Paris : Karthala, 2009, p. 443

Constitution. Il est le garant, par son arbitrage, du fonctionnement régulier des pouvoirs publics (...) ». Le terme *ray aman-dreny* signifie littéralement père et mère, « parents auxquels sont dus respects et obéissance et qui, en échange, pourvoient aux besoins des cadets sociaux »[393]. Il est attribué d'une manière générale à toute personne détenant une autorité que ce soit au niveau du cercle familial ou dans le milieu professionnel. De par ce statut, ils sont présumés agir au bénéfice de la population et ne pourraient dès lors pas prendre des décisions qui porteraient préjudice à cette dernière ou commettre des fautes.

232. Par conséquent, prendre l'initiative de faire contrôler la conformité d'une loi ou d'un décret à la Constitution n'est pas un acquis pour le citoyen malgache. « Quelque part, le citoyen reste au stade de sujet dans de telles conceptions et non un acteur responsable de la vie politique »[394].

233. À cette acceptation culturelle se rajoute le fait que les considérations politiques et électorales occultent les autres rôles de la cour constitutionnelle, qui se retrouve dès lors cantonnée à son rôle de juge dans le contentieux électoral. La Haute Cour Constitutionnelle malgache (HCC) facilite la transition démocratique de Madagascar en faisant autorité lors de la proclamation des résultats, et en apportant une garantie de transparence lors des élections[395]. La majorité des requêtes déposées à la HCC le sont alors pendant les grandes périodes électorales à Madagascar. Et, lors des moments clés du parcours démocratique de Madagascar, le fréquent recours aux décisions de la Haute Cour Constitutionnelle et l'autorité incontestée[396] de ces décisions participent à asseoir ce statut. C'est ainsi que les considérations portées à cette cour constitutionnelle sont surtout relatives au contentieux électoral. À cause de cette méconnaissance des différents rôles de la HCC, les décisions relatives à l'exception d'inconstitutionnalité d'un texte législatif ou réglementaire environnemental sont rares, pour ne pas dire inexistantes. Et il semblerait qu'il n'existe pas encore de jurisprudence constitutionnelle portant sur des questions environnementales. Dès lors, la protection constitutionnelle des dispositions relatives à l'environnement n'est pas totalement assurée, car masquée par les contentieux électoraux.

234. De plus, le facteur politique lié à la composition de cette cour constitutionnelle ne contribue pas à améliorer cet état de fait. La Haute Cour

---

393 Solofo RANDRIANJA, *op. cit.*, p. 442.

394 Solofo RANDRIANJA, *idem.*

395 Albert BOURGI, « Madagascar : ombres et lumières d'une transition démocratique », *La Gazette du Palais*, 03 octobre 1998, pp. 1231- 1240.

396 Bien qu'incontestées, les décisions de la HCC sont parfois contestables.

Constitutionnelle[397] est constituée de neuf membres dont l'indépendance est garantie par l'incompatibilité du mandat avec d'autres fonctions et par les critères de compétence posés. La désignation des membres de cette cour prend en considération la compétence juridique et une pratique suffisante en la matière[398]. Le mandat de membre de la Haute Cour Constitutionnelle est incompatible avec celui de membre du gouvernement, ou du parlement, avec tout mandat électif, ou toute autre activité professionnelle rémunérée[399] ainsi que toute activité au sein d'un parti politique ou d'un syndicat. C'est un mandat de sept ans non renouvelable.

235. Malgré les garanties d'indépendance apportées, une connotation politique peut être sentie dans la composition de cette cour. En effet, parmi les neuf membres de la Haute cour constitutionnelle, la majorité est choisie plus ou moins directement par le Président de la République. Ce dernier nomme directement trois de ces membres. Deux autres membres sont élus par le Conseil supérieur de la magistrature[400] à la tête duquel se trouve le Président de la République. Et, c'est par un décret du Président de la République qu'est nommé le président de la Haute Cour Constitutionnelle. Les quatre derniers membres sont élus par chacune des assemblées parlementaires : deux par l'Assemblée nationale et les deux derniers par le Sénat. Cette cour constitutionnelle est alors composée majoritairement de membres choisis par le Président de la République.

236. En définitive, la composition de la cour constitutionnelle et la rareté des requêtes relatives au contrôle de constitutionnalité constituent autant de facteurs qui relativisent la suprématie de la Loi fondamentale et ses dispositions relatives à la protection de la Nature et des ressources naturelles sur les autres textes.

237. Malgré tout, l'adhésion de Madagascar à la plupart des conventions internationales environnementales et l'inscription de cette protection dans la Loi fondamentale sont autant de facteurs qui ont influencé le législateur malgache. En écho à ces dispositions constitutionnelles, la protection de la

---

[397] Ordonnance n° 2001-003 du 18 novembre 2001 portant loi organique relative à la Haute Cour Constitutionnelle, JO n° 2747 E. S du 19 novembre 2001, p. 3077.

[398] Selon l'article 1er de l'ordonnance n° 2001 – 003 du 18 novembre 2001 portant loi organique relative à la Haute Cour Constitutionnelle, JO n° 2747 E. S. du 19 novembre 2001, p. 3077 : « ils sont choisis en raison de leur compétence juridique et doivent avoir une pratique suffisante de la magistrature, de l'ordre administratif ou judiciaire, du barreau, de l'enseignement supérieur du droit ou de l'administration ».

[399] Sauf pour les activités d'enseignement.

[400] Défini par l'article 107 de la Constitution comme un « organe de sauvegarde, de gestion de carrière et de sanction » veillant au respect de la loi, des dispositions du statut de la magistrature, contrôlant le respect des règles déontologiques par les magistrats et faisant des recommandations pour une meilleure administration de la justice.

nature et des ressources naturelles est aussi prévue dans les normes juridiques infraconstitutionnelles. En effet, la loi n° 90-033 du 21 décembre 1990 portant Charte de l'environnement *malagasy* constitue le texte central du droit malgache de la protection de la nature.

SECTION III. LE TEXTE CENTRAL : LA CHARTE DE L'ENVIRONNEMENT *MALAGASY*

238. La loi n° 90-033 du 21 décembre 1990 portant Charte de l'Environnement *malagasy*[401] constitue le pilier fondamental du droit malgache de la protection de la nature. Même si l'adoption du terme Charte peut porter à confusion, il est précisé que contrairement à la Charte de l'environnement française qui est une norme constitutionnelle, cette Charte malgache a une valeur infraconstitutionnelle. Cette loi portant Charte de l'environnement *malagasy* comporte 13 articles qui relèvent les principes généraux de la matière et fixent « le cadre général d'exécution de la politique de l'environnement »[402].

239. Reconnaissant en son article 3 que « l'environnement constitue une préoccupation prioritaire de l'État », la Charte de l'environnement *malagasy* se fixe comme objectif principal la réconciliation de la population avec son environnement en vue d'un développement durable[403]. Les préoccupations ne concernent pas seulement les ressources naturelles et la Nature, en effet, l'environnement est ici défini comme « l'ensemble des milieux naturels et artificiels y compris les milieux humains et les facteurs sociaux et culturels qui intéressent le développement national »[404]. Pour atteindre l'objectif principal donné ci-dessus, la Charte a, d'une part, consacré plusieurs principes (**Paragraphe 1**) et, d'autre part, réparti les compétences en la matière et prévu les moyens de mise en œuvre de cette réconciliation de la population avec l'environnement (**Paragraphe 2**).

---

[401] JO n° 2035 du 24 décembre 1990, p. 2540.

[402] Article 1er de la loi n° 90-033 du 21 décembre 1990.

[403] À cet objectif principal de l'article 6 de la Charte sera ajouté plusieurs déclinaisons : « développer les ressources humaines ; promouvoir un développement durable en gérant mieux les ressources naturelles ; réhabiliter, conserver et gérer le patrimoine malagasy de biodiversité ; améliorer le cadre de vie des populations rurales et urbaines ; maintenir l'équilibre entre croissance de la population et le développement des ressources ; améliorer les outils de gestion de l'environnement ; aider à la résolution des problèmes fonciers ».

[404] Article 2 de la Charte.

Paragraphe 1. Les principes fondamentaux issus de la Charte de l'environnement *malagasy*

Trois grands principes sont reconnus dans cette Charte : le principe de prévention (**1**), le droit à l'information et le principe de participation (**2**).

1. Le principe de prévention

240. « La prévention consiste à empêcher la survenance d'atteintes à l'environnement par des mesures appropriées dites préventives avant l'élaboration d'un plan ou la réalisation d'un ouvrage ou d'une activité »[405]. Afin de mettre en œuvre le principe de prévention, l'article 10 de la Charte prévoit que « les projets d'investissements publics ou privés susceptibles de porter atteinte à l'environnement doivent faire l'objet d'une étude d'impact, compte tenu de la nature technique et de l'ampleur desdits projets. Les projets d'investissement soumis à autorisation ou à approbation d'une autorité administrative font également, ainsi que la sensibilité du milieu d'implantation, l'objet d'une étude d'impact dans les mêmes conditions que les autres projets ». Il est alors adopté le décret n° 99-954 du 15 décembre 1999 relatif à la mise en compatibilité des investissements avec l'environnement[406]. Ce décret dit MECIE institue l'étude d'impact environnemental en droit malgache.

241. *De l'étude d'impact environnemental.* L'étude d'impact consiste, selon l'article 2 du décret, « en l'analyse scientifique et préalable des impacts potentiels prévisibles d'une activité donnée sur l'environnement, et en l'examen de l'acceptabilité de leur niveau et des mesures d'atténuation permettant d'assurer l'intégrité de l'environnement dans les limites des meilleures technologies disponibles à un coût économiquement acceptable ». Afin de mesurer le niveau d'acceptabilité des atteintes, vont être pris en compte les éléments tels que les politiques environnementales, les normes légales, les valeurs limites de rejets, les coûts sociaux, culturels et économiques et enfin les pertes en patrimoine. *A priori*, l'objectif final de l'étude d'impact est de prévoir et de réduire toutes les atteintes qu'un projet puisse avoir sur l'environnement. Néanmoins, comme il a été vu précédemment, ce terme d'environnement englobe à la fois les éléments naturels et artificiels, il est alors difficile de constater, si la préservation des ressources naturelles et des richesses de la diversité biologique constitue un objectif à part entière de l'étude d'impact.

---

[405] Michel Prieur, *Droit de l'environnement*, 7e édition : 2011, p. 90.

[406] JO n° 2648 du 10.07.2000, p. 2235 ; modifié par le décret n° 2004 – 167 du 3 février 2004, JO n° 2904 du 24.05.2004.

242. ***De la prise en compte des ressources naturelles et des richesses de la diversité biologique par l'étude d'impact.*** Bien que non spécifié de manière directe, cet objectif de préservation de la nature dans le cadre de l'étude d'impact peut se constater à travers quelques éléments du décret. En premier lieu, il s'agit lors de la mise en œuvre de l'étude d'impact de « ramener les impacts potentiels prévisibles d'une activité donnée sur l'environnement (...) à un niveau acceptable pour assurer l'intégrité de l'environnement (...) et de réduire les pertes en patrimoine »[407]. Or, il a été vu que le droit malgache de la protection de la nature considère que le terme patrimoine englobe aussi bien le patrimoine naturel que le patrimoine culturel[408]. Ainsi, cette préoccupation relative à la limitation des « pertes en patrimoine » inclut une préservation des richesses de la diversité biologique lors de la réalisation de l'étude d'impact environnemental. Ensuite, la sensibilité du milieu d'implantation est un élément clé. En effet, dès que le projet peut affecter des zones sensibles[409], modifier le milieu naturel ou l'utilisation des ressources naturelles, il est obligatoirement soumis à étude d'impact environnemental, quelle que soit son envergure[410]. Et enfin, plusieurs autres types de projets sont aussi soumis obligatoirement à cette étude d'impact dès qu'ils impliquent les ressources naturelles. Il en est ainsi de toute introduction de nouvelles espèces animales, végétales ; de toute collecte et/ou chasse et vente d'espèces n'ayant jamais fait l'objet de commercialisation par le passé ; de toute introduction d'espèces présentes à Madagascar, mais non préalablement présentes dans la zone d'introduction.

243. Ces exigences de prise en compte des ressources naturelles ne se limitent pas à l'étape de conception du projet, et donc à la mise en œuvre de l'étude d'impact, mais se retrouvent tout le long de sa réalisation. Un suivi de l'exécution du projet est prévu à l'article 29 du décret. Il consiste à « vérifier l'évolution de l'état de l'environnement ainsi que l'efficacité des mesures d'atténuation (...) ». S'il est constaté que les mesures d'atténuation sont inadaptées et qu'ainsi que des atteintes sont faites aux ressources naturelles à protéger et à la diversité biologique à préserver, des ajustements doivent être nécessairement faits. À défaut, des sanctions sont prévues à l'article 36 du décret MECIE en cas de manquements à ces obligations. Ces

---

407 Selon l'article 7 du décret du 15 décembre 1999 modifié.

408 *Supra.*

409 Selon l'arrêté interministériel n° 4355/97 du 13 mai 1997 portant définition et délimitation des zones sensibles, les zones sensibles sont des zones dont l'équilibre écologique est considéré comme facilement ou déjà perturbé.

410 Le décret MECIE a classé les projets d'investissement selon leur envergure : les projets de l'annexe I pour lesquels une étude d'impact environnementale est requise, un permis environnemental est délivré ainsi qu'un plan de gestion environnementale du projet. Les projets de l'annexe II doivent, quant à eux, fournir un programme d'engagement environnement.

sanctions consistent en des injonctions de remise en état des lieux, de mise en œuvre de mesures de correction et de compensation ou enfin en une suspension ou un retrait du permis environnemental.

Ainsi, que ce soit dans ces objectifs, ou dans sa mise en œuvre, l'étude d'impact constitue un outil de prévention des atteintes aux ressources naturelles. Elle prévoit une phase d'information et de participation du public. Ce sont les deuxième et troisième principes retenus par la Charte de l'environnement *malagasy.*

2. Le droit à l'information et le principe de participation

244. Selon l'alinéa 2 de l'article 4 de la Charte de l'environnement malgache : « toute personne physique ou morale doit être en mesure d'être informée sur les décisions susceptibles d'exercer quelque influence sur l'environnement (...) Elle a également la faculté de participer à des décisions ». Afin de mettre en œuvre ce droit à l'information et ce principe de participation, un texte spécifique sera adopté en droit malgache (**B**), mais il importe de prime abord de voir le contenu de ces principes au niveau du droit international (**A**).

A. La reconnaissance du droit à l'information environnementale et de la participation au niveau international

245. La Déclaration de Rio, à laquelle Madagascar a adhéré, affirme en son principe 10 la place primordiale à accorder à l'information et l'implication de tout un chacun dans la question environnementale : « la meilleure façon de traiter les questions d'environnement est d'assurer la participation de tous les citoyens concernés, au niveau qui convient »[411]. Les principes d'information et de participation du public sont largement reconnus par d'autres textes internationaux et surtout, par la ***Convention d'Aarhus sur l'accès à l'information, la participation du public au processus décisionnel et l'accès à la justice en matière d'environnement***[412]. Adoptée le 25 juin 1998, cette convention consacre le droit à l'information environnementale et détaille ses trois éléments essentiels. En premier lieu, le

---

[411] Conférence des Nations Unies sur l'Environnement (CNUED), *Action 21 — Déclaration de Rio sur l'environnement et le développement — Déclaration de principes relatifs aux forêts*, New York : Nations Unies, 1993, p. 4.

[412] Sur cette convention, consulter : « La Convention d'Aarhus », *Revue juridique de l'environnement,* 1999, numéro spécial ; Christian HUGLO, Marie Pierre MAÎTRE, « La consécration du droit à l'information dans la Convention d'Aarhus : objectifs et perspectives », *Bulletin du droit de l'environnnement industriel,* 2004, numéro spécial Information et Environnement du 1er décembre 2004, pp. 4-11.

public est titulaire d'un droit d'accès à l'information environnementale. Ensuite, la participation effective et réelle du public est exigée lors des processus de prise de décision. Et enfin, le public doit pouvoir accéder à la justice afin de faire valoir son droit à l'information.

246. L'information environnementale elle-même peut être disponible sous forme écrite, visuelle, orale ou électronique ou toute autre forme matérielle[413]. Trois types d'informations environnementales peuvent être recensés :

« - les informations relatives à l'état des éléments de l'environnement, tels que l'air, l'eau, le sol et la diversité biologique, y compris l'interaction entre ces éléments ;

- les informations concernant les facteurs (comme les substances chimiques, le bruit et l'énergie), et les activités ou mesures (comme les prescriptions administratives, législatives ou politiques) qui ont, ou risquent d'avoir des incidences sur les éléments de l'eau ;

- les informations relatives à l'état de santé de l'homme, sa sécurité et ses conditions de vie ainsi que l'état des sites culturels et des constructions »[414].

247. Sur le plan international, ce droit à l'information environnementale du public, ainsi que ses implications, est reconnu par plusieurs droits nationaux. En droit français par exemple, cette reconnaissance des principes d'information et de participation du public se traduit par une large consécration législative[415] de ceux-ci. Il en est autrement en droit malgache de la protection de la nature.

---

413 Selon l'article 2 paragraphe 3 de la Convention d'Aarhus.

414 Christine LARSSEN, « L'accès aux informations sur l'environnement en droit international : la Convention d'Aarhus » dans *Dix ans d'accès à l'information en matière d'environnement en droit international, européen et interne : Bilan et perspectives,* Christine LARSSEN (Éd.), Bruylant, 2003, p. 33.

415 En droit français, avec la loi n° 78-753 du 17 juillet 1978 portant diverses mesures d'amélioration des relations entre l'administration et le public, le particulier a un droit général d'accès aux documents administratifs. Le droit à l'information devient la règle et le refus d'informer et de communiquer l'exception. Voir Yves RAZAFINDRATANDRA, « Du droit d'accéder à l'information au droit d'être informé : le rôle moteur du droit de l'environnement dans la transformation des rapports entre l'administration française et les usagers », *Droit de l'environnement,* décembre 2005, n° 134, p. 293 s. En matière environnementale, différentes dispositions législatives sont prises dans plusieurs domaines pour assurer ce droit à l'information (les déchets, les risques technologiques et naturels prévisibles, les organismes génétiquement modifiés, l'eau, l'air, etc.). Ensuite, l'article 7 de la Charte de l'environnement française affirme que « toute personne a le droit, dans les conditions et les limites définies par la loi, d'accéder aux informations relatives à l'environnement détenues par les autorités publiques et de participer à l'élaboration des décisions publiques ayant une incidence sur l'environnement ». Puis, la loi n° 2005-1319 du 26 octobre 2005 transpose la directive 2003/4/CE du Parlement européen et du Conseil du 28 janvier 2003 concernant l'accès du public à l'information en matière d'environnement, et reconnaît le droit à toute

B. L'information et la participation du public en droit malgache

248. ***Absence de consécration constitutionnelle ou législative.*** Madagascar n'est pas partie à la Convention d'Aarhus[416], pourtant essentielle en la matière. Et, malgré la signature de la Déclaration de Rio et la reconnaissance par l'article 4 de la Charte de l'environnement *malagasy* de leur importance[417], ces principes d'information et de participation du public n'ont pas obtenu de consécration constitutionnelle ou législative. Seul un arrêté ministériel, pris pour l'application du décret instituant l'étude d'impact en droit malgache, évoque ces principes pourtant fondamentaux. C'est l'arrêté n° 6830/2001 du 28 juin 2001 fixant les modalités et les procédures de participation du public à l'évaluation environnementale[418].

249. ***L'information et la participation du public limitées au cadre de l'étude d'impact environnemental.*** Dans cet arrêté du 28 juin 2001, la participation du public est définie comme « son association dans l'évaluation environnementale des dossiers d'étude d'impact environnemental »[419]. Il y est déterminé deux phases essentielles : l'information sur l'existence du projet et la consultation ou le recueil des avis du public concerné sur le projet. Ces phases sont des constantes que le projet soit soumis à une consultation sur place de documents, à une enquête publique ou à une audience publique. Ces dernières sont les trois formes de participation du

---

personne d'accéder aux informations relatives à l'environnement détenues, reçues ou établies par les autorités publiques. Ces diverses dispositions sont aux articles L. 124.1 à L. 124.8 du Code de l'environnement français.

[416] La convention a été négociée et signée au sein de la Commission économique pour l'Europe des Nations Unies, par trente-neuf États membres de la CEE-ONU et la Communauté Européenne à Aarhus (Danemark) le 25 juin 1998. Selon l'article 19-3 de la convention : « tout État (…), qui est membre de l'Organisation des Nations Unies peut adhérer à la Convention avec l'accord de la réunion des parties », avec suffisamment de volonté politique, Madagascar aurait donc pu y adhérer.

[417] Dans sa version actuellement en vigueur, dans la loi n° 2015-003 du 20 janvier 2015 portant Charte de l'Environnement *Malagasy* actualisée, il est spécifié dans l'exposé des motifs que « (…) le droit inhérent à chaque individu d'accéder aux informations susceptibles d'influencer sur l'état de l'environnement et le principe de l'accès à la justice en cas de violation du droit à l'information constitue la valeur intrinsèque de la nouvelle Charte ». Ce droit d'accès à l'information est alors confirmé aux articles 7 et 14 de la Charte de l'environnement dite actualisée.

« Article 7. Toute personne physique ou morale a le droit d'accéder aux informations susceptibles d'exercer quelques influences sur l'environnement. À cet effet, toute personne physique ou morale a le droit de participer aux procédures préalables à la prise de décisions susceptibles d'avoir des effets préjudiciables à l'environnement. (…)

Article 14. Par application du principe de participation du public, chaque citoyen doit avoir accès aux informations relatives à l'environnement, y compris celles relatives aux substances et activités dangereuses. (…)»

[418] JO n° 2722 du 16 juillet 2001, p. 1924.

[419] Selon l'article 2 de l'arrêté.

public telles que déterminées par l'arrêté. Et c'est le comité technique d'évaluation[420] qui a compétence quant au choix de la forme de participation du public. Ce choix doit prendre en compte la dimension du projet en question qui se mesure au niveau financier des investissements dans le projet (inférieur ou supérieur à 10 milliards de francs malgaches) et au nombre de populations du lieu d'implantation du projet (inférieur ou supérieur à 10 000 personnes). L'éventualité d'expropriations pour cause d'utilité publique ou de déplacements de populations constitue les derniers facteurs d'évaluation de la dimension d'un projet.

250. Lorsque le projet a un taux d'investissement inférieur à 10 milliards de francs malgaches et que son lieu d'implantation abrite moins de 10 000 personnes, il est prévu ***une consultation sur place de documents***[421]. L'information est alors mise à la disposition du public, à charge pour ce dernier d'y accéder. Selon l'alinéa 1 de l'article 4 de l'arrêté, cette diffusion de l'information se fait « par voie d'affichage ou par tout autre moyen d'information ». Elle consiste aussi en la mise à disposition du résumé non technique du dossier d'étude d'impact rédigé en malgache et en français et en la possibilité pour toute personne qui le souhaite de consulter l'intégralité des documents d'étude d'impact du projet. Il faut noter que l'information diffusée porte essentiellement sur l'existence du projet et sur la tenue de la consultation sur place des documents d'information. C'est dans un second temps que les observations, avis et suggestions du public à propos de l'implantation du projet sont recueillis. Ce recueil se réalise soit par consignation des avis dans un registre relatif à la consultation sur place des documents, soit par l'organisation de rencontre entre le promoteur du projet et le public concerné lors d'une ou plusieurs séances d'information.

251. Il y a lieu d'organiser ***une enquête publique*** ou ***une audience publique***, lorsque le projet correspond à un investissement supérieur à 10 milliards de francs malgaches, et qu'il implique un lieu dont la population dépasse les 10 000 habitants ou entraîne des expropriations pour cause d'utilité publique ou un déplacement de population. Dans ces cas, la mise à disposition de l'information se fait dans les mêmes formes que pour la consultation sur place des documents[422]. Des séances sont aussi organisées

---

420 Défini par le décret MECIE en son article 2 comme « le Comité Technique d'Évaluation *ad hoc* chargé de l'évaluation du dossier d'étude d'impact environnemental ».

421 Toute la procédure est prévue de l'article 4 à l'article 14 de l'arrêté n° 6830/2001.

422 Information du public par voie d'affichage ou par tout autre moyen d'information et mise à disposition du résumé non technique du dossier d'étude d'impact rédigé en malgache et en français, possibilité pour toute personne intéressée d'accéder à l'intégralité des documents d'étude d'impact.

afin de permettre aux enquêteurs et auditeurs environnementaux[423] d'apporter des informations supplémentaires au public sur les tenants et aboutissants du projet, dans les cas où les éléments de réponse se trouvent dans le dossier d'étude d'impact[424]. Et c'est aussi dans le cadre de cette phase d'information que sont organisées les rencontres avec les promoteurs du projet. L'information est ici diffusée de façon plus importante que dans la consultation sur place des documents à travers l'organisation des enquêtes publiques et audiences publiques. Au cours de celles-ci, le public prend connaissance complète du projet et, ils peuvent aussi présenter leurs observations et appréciations du projet sur la base de leurs propres connaissances, mais dans le respect des devoirs de neutralité et d'indépendant qui leur sont demandés[425].

252. Ainsi, que ce soit dans le cadre de la consultation sur place de documents, ou lors des enquêtes ou audiences publiques, l'information du public est assurée. Et la participation du public est prise en compte par le recueil des avis et observations qui doivent obligatoirement figurer dans les documents finaux d'évaluation du projet transmis aux autorités compétentes dans l'examen du dossier d'étude d'impact environnemental. Néanmoins, ces principes d'information et de participation du public ne trouvent application que dans le cadre limité des études d'impact environnemental et ne sont pas repris dans le cadre plus général du droit malgache de la protection de la nature.

253. ***L'absence d'un texte général sur le droit à l'information et à la participation du public.*** Le seul texte ayant prévu la participation du public à l'évaluation environnementale et l'information de celui-ci n'a pas un caractère général et s'applique uniquement dans le cas précis de l'étude d'impact[426]. C'est une lacune importante du droit malgache. Ces caractéristiques de l'arrêté n° 6830/2001 impliquent plusieurs conséquences sur l'exercice de ce droit à l'information et à la participation du public. En premier lieu, l'accès à l'information environnementale est limité dans le temps et ne peut être exercé à tout moment, l'étude d'impact ne se réalisant qu'en amont de la réalisation des projets. L'information environnementale n'est dès lors pas accessible au public en dehors de cette étape de conception

---

[423] Il est à noter que les enquêteurs et les auditeurs environnementaux ne relèvent pas du promoteur du projet, mais sont recrutés par les autorités publiques en raison de leur compétence et de leur qualification. Par ailleurs, ils sont astreints à un devoir de réserve et doivent obligatoirement être empreints de neutralité et d'indépendance. Voir articles 16,17 et 18 de l'arrêté.

[424] Article 28 de l'arrêté.

[425] Article 17 de l'arrêté.

[426] Sous réserve des dispositions des articles 7 et 14 de la Charte de l'environnement actualisée, voir *supra*.

et de préparation d'un projet d'investissement. Il en est de même en ce qui concerne la participation du public au processus décisionnel. Ensuite, l'information et la participation du public au processus décisionnel sont tributaires de la nature des projets : elles ne sont assurées que lorsque les projets sont soumis à étude d'impact. Et enfin, aucune disposition relative à l'accès à la justice pour faire valoir ce droit à l'information n'est prévue.

254. ***Le choix de la forme de l'arrêté ni judicieux ni justifié.*** La force obligatoire et le poids d'un arrêté ministériel sont assurément moindres qu'une disposition législative ou réglementaire générale. Contrairement à une loi ou un règlement, qui énoncent des principes généraux, l'arrêté sert à régler les détails techniques pour appliquer la réglementation[427]. Il n'est dès lors pas suffisant pour traiter la substance même du sujet. En l'occurrence, les principes d'information et de participation du public ne sauraient se suffire à un simple arrêté ministériel. Il est souhaité de procéder à l'adoption d'un texte plus général qui pallierait les différentes limites constatées avec l'arrêté n° 6830/2001 et qui détaillerait les principes d'information et de participation du public dans le droit malgache de la protection de la nature.

Paragraphe 2. La mise en œuvre de la Charte de l'environnement *malagasy*

Outre l'énoncé des grands principes, la Charte de l'environnement s'est aussi attelée à procéder à la répartition des compétences et à la mise en place des structures de gestion de l'environnement.

1. Les compétences déterminées par la Charte

255. ***La pluralité des acteurs.*** La Charte de l'Environnement, dans sa version originelle, désigne divers acteurs qui doivent assurer de manière conjointe la protection des ressources. Ce sont : l'État, les collectivités décentralisées, les organisations non gouvernementales régulièrement constituées, les opérateurs économiques, ainsi que tous les citoyens (article 7 de la Charte)[428].

---

427 Voir Catherine BERGEAL, *Rédiger un texte normatif : manuel de légistique*, 7e édition, Paris : Berger-Levrault, 2012 ; Christian HUGLO, « Convergences sur le droit à l'information en matière d'environnement ? », *Environnement*, octobre 2007 ; JAMAY, « Droit à l'information », *JurisClasseur Environnement*, fascicule n° 2430.

428 Dans la version dite actualisée de la Charte, c'est-à-dire sa version de 2015, sont considérés comme responsables à l'article 19 : « l'État, les collectivités territoriales décentralisées avec les concours des communes et du *fokonolona*, la société civile, les communautés locales, le secteur privé et tous les citoyens ».

256. ***La concentration des responsabilités au niveau de l'État central.*** Malgré cette pluralité d'acteurs, selon les dispositions de l'article 8 de la Charte dans sa version originelle, c'est principalement l'État qui a les plus larges compétences. Il doit en premier lieu définir la politique environnementale et coordonner les actions environnementales. Ensuite, il doit organiser des campagnes de sensibilisation en collaboration avec les collectivités décentralisées et les organisations non gouvernementales. En tant qu'acteur principal, l'État doit faire participer les autres acteurs désignés ci-dessus aux décisions en matière de gestion de l'environnement. Et enfin, l'État doit procéder ou faire procéder à une évaluation des actions qui sont menées dans le domaine de l'environnement et veiller à la compatibilité des investissements avec l'environnement.

257. La Charte de l'environnement attribue la plupart des compétences environnementales à l'État et à l'administration centrale[429]. Bien qu'elle désigne d'autres acteurs[430] qui sont chargés conjointement à celui-ci à accomplir les tâches relatives à la protection des ressources naturelles, la répartition des compétences faite ci-dessus montre une concentration des responsabilités au niveau de l'État.

2. La mise en place de l'Office National pour l'Environnement et le Plan d'Action Environnementale

258. ***Le plan d'action environnementale*** est constitué par l'ensemble des dispositifs mis en place par la Charte de l'environnement pour « rétablir un équilibre durable et harmonieux entre les besoins de développement de l'homme et les soucis écologiques »[431]. Ce plan se décline en trois phases essentielles.

259. La première phase, commencée en 1991, a mis en place les diverses structures et institutions nécessaires. « Le Programme environnemental I a cherché à établir les fondations d'une gestion environnementale (politiques, législations, renforcement de la capacité institutionnelle, etc.) tout en exécutant les opérations d'urgence »[432]. La deuxième phase du plan d'action

[429] Cette centralisation des compétences n'a pas été changée dans la version 2015 de la Charte de l'environnement.

[430] Selon l'article 15 de la version 2015 de la Charte de l'environnement, « l'État a la faculté d'attribuer la responsabilité et l'autorité de gestion aux institutions qui sont les plus proches des ressources naturelles (...) si ces dernières le demandent ou consentent à assumer ces responsabilités ».

[431] Annexe de la loi n° 90-033 du 21 décembre 1990 portant Charte de l'environnement malagasy.

[432] Fano ANDRIAMAHEFAZAFY, Philippe MÉRAL, Jean-Roger RAKOTOARIJAONA, « La planification environnementale : un outil pour le développement durable ? », in Christian

environnementale, entamée en 1997, renforce les acquis de la première phase et les capacités des institutions mises en place à cette occasion. Elle est orientée vers l'acclimatation du plan d'action environnementale au processus de décentralisation. « Le Programme environnemental II avait pour objectif de renverser la tendance à la dégradation de l'environnement et de promouvoir une utilisation durable des ressources naturelles en impliquant les communautés locales et en s'appuyant sur les institutions récemment créées »[433]. À l'issue de la dernière phase, commencée en 2004 et dont la fin est située en 2011, l'objectif principal fixé était d'aboutir à ce que « le réflexe environnemental »[434] soit approprié et adopté par la population et tous les autres acteurs de la protection. Cette adoption dudit réflexe environnemental consiste essentiellement à la prise en compte systématique de l'environnement et des conséquences que peuvent entraîner sur son état les diverses activités, que celles-ci soient économiques, résultent de décisions politiques, ou soient le fait d'un individu ou d'une communauté. Ce plan a permis la mise en place de diverses structures, à vocation temporaire, plusieurs composantes et agences d'exécution ont été créées pour la durée de chaque phase du plan d'action environnementale, mais la plus pérenne est l'Office National pour l'Environnement.

260. ***La création et le renforcement des rôles de l'Office National pour l'Environnement (ONE).*** À sa création, l'ONE était l'organe d'exécution de la politique de gestion de l'environnement[435]. L'Office avait de larges et multiples attributions : faire des propositions en matière de politique de gestion de l'environnement, coordonner la mise en place et l'exécution du Plan d'Action Environnemental Malagasy, veiller à ce que les activités économiques ne se fassent pas au détriment de l'environnement, réaliser ou faire réaliser des études environnementales, coordonner les activités d'éducation et de formation environnementales, réaliser et faire réaliser les actions de sensibilisation en matière environnementale, suivre et appuyer les activités des institutions mises en place en vue de réaliser le Plan d'action environnemental, réaliser ou faire réaliser des publications tant spécialisées que de vulgarisation, coordonner les activités de programmes de recherches sur l'environnement, coordonner les différents systèmes de données sur l'environnement et gérer les systèmes relevant de ses attributions.

CHABOUD, Géraldine FROGER, Philippe MÉRAL (dir.), *Madagascar face aux enjeux du développement durable. Des politiques environnementales à l'action collective locale*, Paris : Karthala, 2007, p. 28.

433 Fano ANDRIAMAHEFAZAFY, Philippe MÉRAL, Jean-Roger RAKOTOARIJAONA, « La planification environnementale : un outil pour le développement durable ? », *op. cit.*, p. 31.

434 *Idem.*

435 Selon les termes de l'article 4 du décret n° 95-607 portant refonte du décret n° 95-312 du 25 avril 1995 portant création et organisation de l'Office National de l'Environnement.

261. Actuellement, avec la fin du Plan d'Action Environnementale, les attributions de l'ONE sont réduites et orientées. Désormais, selon le décret n° 2008-600 du 23 juin 2008[436], les missions de l'ONE se focalisent exclusivement sur la prévention des risques environnementaux dans les investissements publics et privés et la lutte contre les pollutions et sur la gestion du système d'informations environnementales, le suivi et l'évaluation de l'état de l'environnement pour appuyer l'évaluation environnementale et pour une meilleure prise de décision à tous les niveaux. Et enfin, l'ONE promeut les procédures de labellisation et de certification environnementale et met en œuvre le mécanisme de suivi des émissions de gaz à effet de serre.

262. Dans tous les cas, la Charte de l'environnement a permis la planification des différentes phases du Plan d'action environnementale. Elle a aussi affirmé les différents principes admis en droit malgache de la protection de la nature, même si l'application de ceux-ci n'est pas encore totalement effective, et reste soumise à plusieurs conditions. Néanmoins, à l'instar de la Constitution et des dispositions de son préambule, cette Charte de l'environnement *malagasy* constitue indéniablement une source nationale essentielle du droit malgache de protection de la nature. À la suite de l'étude des sources, il importe de voir les divers acteurs de la protection de la nature à Madagascar.

---

436 Modifiant et complétant certaines dispositions du décret n° 95-607 portant refonte du décret n° 95-312 du 25 avril 1995 portant création et organisation de l'Office National pour l'Environnement.

Chapitre III. Le cadre institutionnel et les acteurs de la protection de la nature

263. Malgré leur inscription constitutionnelle et l'attention particulière portée aux questions environnementales, la création d'un ministère en tant qu'administration étatique chargée de la gestion et de la protection de l'environnement ne s'est pas imposée comme un choix « naturel »[437]. Le ministère chargé de l'environnement constitue le pilier de l'administration centrale de l'environnement (**section I**). Les collectivités territoriales décentralisées ont aussi des compétences en la matière. Cependant, les difficultés rencontrées par le mouvement de décentralisation étatique les fragilisent (**section II**). Cette centralisation des pouvoirs de décision et le fait que la protection de la nature à Madagascar relève historiquement des autorités centrales n'ont pas pu cependant empêcher que la société civile, à travers le milieu associatif et les organisations non gouvernementales y prennent part de manière active (**section III**).

SECTION I. L'ADMINISTRATION CENTRALE DE L'ENVIRONNEMENT

264. La responsabilisation et l'implication de l'État malgache sont des éléments clés de la protection et du respect de la Nature. Les différentes obligations dictées par les conventions auxquelles Madagascar a adhéré et par la Loi fondamentale nécessitent la mise en place de structures adaptées. Vu les enjeux économiques et sociaux liés à l'environnement, l'appareil d'État paraît incontournable, et malgré des hésitations au départ, il en résulte la création du ministère de l'Environnement (**Paragraphe 1**). Cette préoccupation environnementale va s'infiltrer dans les autres structures administratives et prendre la forme de cellules environnementales au sein des autres départements ministériels (**Paragraphe 2**).

---

[437] Cette situation n'est pas propre à Madagascar. En effet, les débuts du ministère de l'Environnement français montrent que les moyens qui lui furent accordés restaient modestes. « Alors même que l'environnement est perçu comme un enjeu capital des décennies à venir, il est paradoxal de constater que la structure ministérielle qui, en France, en a reçu la charge, n'a pas encore été dotée de moyens à hauteur des ambitions et n'a jamais pu échapper à la tutelle, souvent paralysante, des grands ministères » : Jacqueline MORAND-DEVILLER, « L'environnement, protections nationales et enjeux internationaux », *Revue française d'administration publique*, janvier-mars 1990, p. 26. Depuis la mise en place de la première structure ministérielle chargée exclusivement des questions d'environnement en 1971, l'administration française de l'environnement connaîtra des fluctuations importantes avant d'acquérir la place qu'elle occupe actuellement.

Paragraphe 1. Le ministère de l'Environnement

La mise en place du ministère de l'Environnement a pris plusieurs temps (**1**), mais, les structures déconcentrées de celui-ci vont être empruntées aux structures préexistantes (**2**).

1. Création et évolution du ministère de l'Environnement

265. Pour rappel, la loi n° 90-033 du 21 décembre 1990 portant Charte de l'environnement *malagasy*[438] a permis la mise en place d'un cadre institutionnel général pour l'environnement et d'un ministère dédié en particulier.

266. Dans un premier temps[439], il a été prévu la création d'une « structure institutionnelle nationale pour l'environnement »[440], située au plus haut niveau du cadre institutionnel et considérée comme le premier responsable du domaine. Selon le titre V, chapitre 1er de la loi portant Charte de l'environnement malgache d'alors, cette structure nationale « définit les orientations en matière de gestion de l'environnement ». C'est le ministère de l'Environnement qui endosse ce statut. La structure institutionnelle nationale est épaulée par d'autres institutions ayant des fonctions consultative ou opérationnelle. Avec l'évolution obligée[441] de la Charte de l'environnement, ce cadre institutionnel connaît aussi des modifications ponctuelles. Mais le principe de base reste le même : auprès de la structure nationale existent des entités chargées de la conception, du suivi et de la coordination opérationnelle de la politique de l'environnement[442].

267. C'est à travers le ministère de l'Environnement que l'État respecte son obligation de protéger et de valoriser l'environnement. La responsabilité de définir la politique environnementale lui est attribuée par la

---

438 Jo n° 2035 du 24 décembre 1990, p. 2540, modifiée par la loi n° 97-012 du 6 juin 1997, et par la loi n° 2004-015 du 19 août 2004.

439 Dans la première version de la Charte de l'environnement malagasy, avant les modifications opérées par les loi n° 97-012 du 6 juin 1997, loi n° 2004-015 du 19 août 2004 et loi n° 2015-003 du 20 janvier 2015.

440 V. Chapitre 1er. Principe d'organisation du titre V relatif au cadre institutionnel de l'annexe de la loi n° 90-033 relative à la Charte de l'Environnement Malagasy, avant les modifications sus-citées.

441 Évolution obligée dans le sens où le contenu de cette Charte tient compte des résultats obtenus après la réalisation de chaque phase du Plan d'action environnementale ; l'évolution concerne surtout le contenu du programme environnemental en cours et le cadre institutionnel de celui-ci.

442 Malgré la fin officielle des 3 phases du Plan d'action environnementale, il est encore difficile de distinguer les institutions consultatives et opérationnelles ayant vocation à être pérennisées de celles mises en place pour un moyen terme.

Charte de l'environnement malgache, dans sa version originelle, en son article 8 alinéa 1er. Un certain laps de temps s'écoulera cependant avant la création du ministère de l'environnement proprement dit. Des réticences inhérentes à la lourdeur de fonctionnement d'une administration et surtout aux manques de moyens humains et financiers[443] retarderont sa mise en place. Cependant, de la volonté des autorités malgaches de prendre en main cette problématique environnementale et aussi de la doter des forces attribuées à la puissance publique résultera la création d'un ministère de l'Environnement. Et, finalement, le décret n° 94-612 du 28 septembre 1994 instituera le premier ministère de l'Environnement, premier pas vers l'autonomie administrative de l'environnement. « La création de ce ministère résulte de la volonté du gouvernement malgache de récupérer le leadership dans la problématisation (…) le gouvernement malgache pouvait tenter d'asseoir son autorité dans la conception et la mise en œuvre de la politique environnementale. Le pouvoir de ce nouveau ministère devait être suffisamment élevé pour influencer les différents ministères sectoriels que touche l'environnement »[444].

268. ***Autonomie administrative, mais confusion des rôles.*** La mise en place de ce ministère de l'environnement a marqué une certaine autonomie administrative du domaine de l'environnement. Mais elle a aussi alourdi la répartition des tâches avec les autres structures. Il en a été ainsi lors des débuts de l'Office National pour l'Environnement et du Ministère de l'Environnement et des eaux et forêts. À l'adoption de la Charte de l'environnement malgache en 1990, l'Office National pour l'Environnement se retrouve chargé de gérer la question environnementale. Il a été admis par la Charte de l'environnement malgache que cet office puisse faire des propositions en matière de politique et de gestion de l'environnement. À la mise en place, en 1994, du ministère chargé de l'environnement, ce dernier se voit confier la mission d'élaborer et de mettre en œuvre la politique de l'environnement, sans que celle confiée à l'ONE ne soit abrogée. De plus, l'ONE est chargée de suivre et de coordonner les activités des institutions mises en place et dans le même temps, le Ministère chargé de

---

443 Bruno SARRASIN, *Élaboration et mise en œuvre du Plan d'Action Environnemental à Madagascar (1987-2001) : construction et problèmes d'une politique publique*, Thèse de doctorat, Université Paris 1, 2002 ; ce manque de moyens du ministère a été la cause de tension avec les autres organismes s'occupant de l'environnement. « De hauts responsables du ministère de l'Environnement (…) tout en voulant la mainmise sur les structures existantes (…) voulaient s'emparer des matériels (ordinateurs, véhicules, etc.) utilisés par les organismes affiliés (…) Leur but serait de gérer à leu gré le financement alloué à l'ONE par les bailleurs de fonds » in « Du rififi à l'Office national de l'environnement », *Revue de l'Océan Indien*, n° 143, juin 1995, p. 19.

444 Bruno SARRASIN, *Environnement et développement à Madagascar. Du Plan d'action environnemental à la mise en valeur touristique des ressources naturelles*, Paris : Khartala, 2013, p. 113.

l'Environnement suit le déroulement des opérations environnementales exécutées par les associations, les sociétés, les ONG et les autres opérateurs du secteur. Au final, cette répartition des tâches a pour résultat de rendre inopérante la distinction des fonctions de ces deux entités et floue la répartition des compétences entre ces différentes structures administratives centrales chargées de la protection de l'environnement à Madagascar.

269. La tenue d'un atelier sur les rôles et responsabilités des acteurs de la protection de l'environnement, en novembre 1994, a contribué à éclaircir et à mieux répartir les compétences entre ces différents acteurs[445]. Désormais, le ministère de l'Environnement et des eaux et forêts est « chargé de la conception, de la mise en œuvre et de la coordination de la politique de l'État Malagasy en matière d'environnement et de ressources forestières »[446]. Et l'Office National pour l'Environnement est « l'organe d'exécution de la politique de gestion de l'environnement »[447]. Et cette répartition des compétences s'est affirmée avec les dispositions du décret n° 2008-600 du 23 juin 2008 qui a modifié le décret n° 95-607 portant création et organisation de l'Office National pour l'Environnement. L'article 2 de ce décret dispose que « l'ONE est placé sous la tutelle du Ministère chargé de l'environnement et sous la tutelle financière du Ministère chargé des finances ». L'article 4 du même décret énumère les missions de l'ONE[448] et précise que c'est « en étroite collaboration avec les directions et services concernés du Ministère chargé de l'environnement, des eaux et forêts » qu'il les réalise.

270. Cet éclaircissement des compétences entre l'ONE et le Ministère de l'environnement fait, il faut cependant noter que les compétences de ce dernier relèvent beaucoup de celles de l'ancienne Direction des eaux et forêts. Cette direction a longtemps été considérée comme un appareil étatique suffisant pour prendre en charge la question de la protection de l'environnement et de la nature sur tout le territoire malgache. Cette perception demeure. Pour preuve, la plupart des responsabilités du ministère de l'Environnement ressortent encore du domaine forestier. Dans l'article 1er

---

[445] E. ABRAHAM, Z. RANAIVOSON et B. RANDRIANARIVELO, *Étude sur la clarification des rôles et mandats dans la gestion de l'environnement à Madagascar*, document de travail, Knowledge and Effective Policies for Environnemental Management (KEPEM), ONE, USAID/ARD n° 8, Antananarivo, janvier 1995.

[446] Article 1er du décret n° 2005-334 fixant les attributions du ministre de l'Environnement, des Eaux et Forêts ainsi que l'organisation générale de son ministère.

[447] Article 4 du décret n° 95-607 du 10 septembre 1995 portant refont du décret n° 95-312 du 25 avril 1995 portant création et organisation de l'Office National de l'Environnement (ONE).

[448] Pour rappel, voir *supra*, il s'agit de la prévention des risques environnementaux dans les investissements publics et privés et la lutte contre les pollutions ; la gestion du système d'information environnementale, la labellisation et la certification environnementale…

du décret n° 2005-334 fixant les attributions du ministre de l'Environnement, des eaux et forêts, la charge d'arrêter la déforestation et les feux de brousse figure parmi la tête de liste. Sont aussi attribuées au ministère de l'environnement, les charges d'assurer la pérennité financière des actions forestières et environnementales, la bonne gouvernance environnementale et forestière, la promotion des outils de mise en œuvre de la politique forestière.

271. Les autres missions du ministère qui ne relèvent pas du sujet forestier sont relativement minoritaires et de nature assez vague. Il en est ainsi de la mise en place d'une organisation permettant l'amélioration des procédures relatives à la mise en compatibilité des investissements avec l'environnement, de l'établissement de conditions environnementales favorables à un développement rapide et durable, de la protection, la conservation et la valorisation de l'environnement par des mesures appropriées.

Cette administration environnementale n'est pas seulement centralisée, elle connaît aussi une certaine déconcentration. Et l'organisation de ces structures déconcentrées résulte encore une fois de l'organisation de l'ancienne Direction des Eaux et Forêts.

2. Les structures déconcentrées du ministère

272. Le décret déterminant les attributions et l'organisation générale du ministère de l'Environnement, des Eaux et Forêts[449] a procédé à la mise en place des représentants de l'administration centrale au niveau des collectivités territoriales. Cette administration environnementale essaie de couvrir les différents niveaux de l'organisation étatique. Mais force est de constater que cette déconcentration du ministère ne se réalise que sur papier, et que seul le niveau central prend en charge toutes les missions attribuées. Au niveau central est le ministère de l'Environnement. Au niveau régional les Circonscriptions de l'Environnement, des Eaux et Forêts. Leur mission consiste en la programmation et l'exécution opérationnelle des actions environnementales et forestières au niveau régional. Ces circonscriptions coordonnent aussi les activités des cantonnements forestiers et des triages forestiers qui sont les niveaux opérationnels de base et sont respectivement situés au niveau des districts et des communes.

273. Un autre niveau a été déterminé dans cette organisation, mais ne correspond pas réellement à une déconcentration du ministère. Au-dessus

[449] Décret n° 2005-334 du 31 mai 2005 fixant les attributions du ministre de l'Environnement, des Eaux et forêts, ainsi que l'organisation générale de son ministère.

des circonscriptions régionales de l'environnement, des eaux et forêts sont prévues les Directions Interrégionales de l'Environnement, des Eaux et Forêts (DIREEF). Ces directions interrégionales sont chargées de concevoir, planifier, réaliser et coordonner la mise en œuvre des politiques environnementales au niveau des *faritany*. Or, les *faritany*, qui sont des provinces autonomes, constituent d'anciennes collectivités territoriales qui ont été supprimées depuis une révision constitutionnelle en 2007 et qui n'ont pas été retenues dans le nouveau découpage territorial déterminé par la nouvelle Constitution actuellement en vigueur. En effet, celle-ci retient, en son article 143, les provinces, les régions et les communes comme nouvelles collectivités territoriales décentralisées. Par conséquent, l'organisation de l'administration environnementale a vocation à être remodelée en tenant compte à la fois de cette suppression des *faritany* et du maintien de ces directions interrégionales, mais aussi, et surtout des éléments liés au découpage territorial. Ces anciens *faritany* ne correspondent pas aux actuelles régions[450], et aucun élément ne semble encore indiquer qu'ils correspondent aux provinces qui constituent actuellement le premier niveau de décentralisation, les missions de ces directions doivent alors être reprises ou attribuées à une autre structure administrative.

274. Le ministère de l'Environnement et ses structures déconcentrées sont les outils principaux de l'administration étatique centrale pour la protection de l'environnement. Ils sont appuyés dans leur mission par des structures identifiées dans d'autres appareils ministériels, du fait du caractère transversal de cette préoccupation relative à l'environnement.

Paragraphe 2. Les autres structures ministérielles

275. Avec le décret n° 2003-439 est instituée au niveau de chaque ministère ***une cellule environnementale***[451]. Cette cellule est « responsable de la coordination des actions environnementales résultant des attributions de son ministère »[452]. Selon l'article 7 du décret, la cellule environnementale est composée « d'un chef de cellule (…) et d'un personnel technique compétent reflétant, dans la mesure du possible, une représentativité de chaque secteur d'activité au sein du Ministère concerné ». La mise en place de ces cellules répond à la nécessaire prise en compte du caractère transversal de la question environnementale. La mission principale de chaque cellule est de favoriser « l'intégration de la dimension environnementale dans les politiques

[450] En effet, il y avait 6 *faritany*, du temps de leur existence, et actuellement, il y a 22 régions.
[451] Décret n° 2003-439 instituant une cellule environnementale au sein de chaque ministère, Jo n° 2839 du 9 juin 2003, pp. 1675 – 1678.
[452] Article 3 du décret n° 2003-439 instituant une cellule environnementale au sein de chaque ministère.

sectorielles respectives »[453]. Cette mission des cellules environnementales couvre différents aspects. En premier lieu, ces cellules garantissent l'application et la mise en cohérence des textes relatifs à la gestion de l'environnement à leur secteur. Ensuite, elles assurent la promotion de la protection et de la gestion de l'environnement notamment dans l'utilisation des ressources naturelles ou dans la gestion de la pollution en rapport avec les missions de leur ministère de tutelle. Et enfin, ces cellules assurent la diffusion des diverses informations environnementales entre les structures ministérielles.

276. Une ***plateforme des cellules environnementales*** a aussi été mise en place par l'arrêté n° 19683/2003 du 18 novembre 2003 afin d'assurer une synergie des actions des différentes cellules. La plateforme a pour vocation principale de « proposer une solution cohérente aux problèmes environnementaux relevant de deux ou plusieurs secteurs d'activité »[454] et de réaliser l'intégration des questions environnementales lorsque plusieurs activités interagissent. Mais, « faute de moyens financiers, les activités de cette plateforme se sont, pour l'instant, limitées à l'organisation de réunions périodiques, l'échange de documents et la tenue de séances de formation »[455].

277. Le manque de moyens financiers n'est pas le seul élément expliquant le dysfonctionnement de la plateforme de cellules environnementales. Il faut remarquer qu'avant sa mise en place, une structure ayant la même mission a déjà été constituée : c'est ***le Comité Interministériel pour l'Environnement***. Créé par le décret n° 97-823 du 10 juin 1997[456], ce comité a pour mission principale, selon l'article 2 alinéa 5 du décret, d'assurer la coordination interministérielle des actions environnementales pour la mise en œuvre des politiques sectorielles. Selon la Charte de l'environnement[457], ce comité interministériel est « le garant de l'intégration réelle et effective des impératifs de la gestion de l'environnement pour un développement durable ».

---

[453] Article 2 du même décret.

[454] Selon l'article 2 de l'arrêté n° 19683/2003 du 18 novembre 2003 portant instauration de la Plate forme des Cellules environnementales.

[455] Eric BELVAUX, « La mise en œuvre d'une politique décentralisée de gestion des ressources naturelles à Madagascar : un exercice délicat », in Christian CHABOUD, Géraldine FROGER, Philippe MÉRAL (dir.), *Madagascar face aux enjeux du développement durable – Des politiques environnementales à l'action collective locale,* Paris : Karthala, 2007, p. 67.

[456] Décret portant création, organisation et fonctionnement du comité interministériel de l'environnement.

[457] Dans le Titre V, Chapitre III, de l'annexe à la loi n° 90-033 du 21 décembre 1990 portant Charte de l'environnement malgasy modifiée par la loi n° 97-012 du 6 juin 1997, J.O.R.M du 9/06/1997, Edition spéciale, p. 1171.

278. À travers ces diverses structures ministérielles, il peut être constaté que la préoccupation environnementale est institutionnalisée et la volonté de la prendre en compte dans les différents secteurs mise en évidence. Il n'en demeure pas moins que ces deux entités mises en place par l'État, la plateforme des cellules environnementales et le comité interministériel pour l'environnement, peuvent avoir un effet doublon, à cause notamment, de la difficulté de différencier leurs sphères de compétence. Elles ont en commun l'objectif de favoriser l'intégration de la question environnementale dans les diverses préoccupations sectorielles. Un seul élément donne une indication sur la nuance à apporter aux sphères de compétence respectives de ces structures interministérielles. Le comité interministériel agit en amont : lors de la conception et la mise en œuvre des politiques sectorielles ; alors que la plateforme des cellules environnementales agit en aval : lors d'apparition de problèmes environnementaux relevant de plusieurs domaines d'activité. Et à l'opposé de la plateforme des cellules environnementales, composée des premiers responsables des cellules environnementales des départements ministériels, ce sont les premiers responsables des ministères, à savoir les secrétaires généraux et les directeurs généraux qui forment le comité interministériel pour l'environnement.

279. Il est à relever que cette absence de distinction entre les structures mises en place n'est pas exclusive au comité interministériel pour l'environnement et à la plateforme des cellules environnementales. Le problème ne résulte pas seulement de la dimension nécessairement intégrée de la prise en compte de l'environnement. C'est la confusion des responsabilités qui constitue un problème qui tend à être généralisé au cadre institutionnel environnemental à Madagascar[458]. Force est de constater que les institutions s'occupant de la question environnementale sont légion dans le paysage administratif malgache. Bien que cela démontre si besoin est, la préoccupation environnementale des autorités étatiques malgaches, cette profusion institutionnelle provoque néanmoins une dilution des responsabilités.

280. Le ministère de l'Environnement, les cellules environnementales et les diverses structures interministérielles composent l'essentiel de l'administration centrale de l'environnement. Ces structures visent en premier lieu à définir la politique environnementale, mais aussi à traiter des questions environnementales de manière transversale. Le mouvement général de décentralisation de l'administration prévu dès les années 1960 à

---

[458] Pour rappel, la confusion de compétences entre le ministère chargé de l'environnement et l'Office national pour l'environnement dans les années 1990, voir *infra* n° 256 et svt ; RAKOTOVAO Solohery, RAMBININTSAOTRA Saholy, « *Appui stratégique au Ministère chargé de l'environnement, des eaux et forêts* », novembre 2003, 90 p.

Madagascar, mais mis en œuvre seulement vers le début des années 1990 aura pour effet d'élargir les structures administratives ayant compétence en la matière.

SECTION II. L'IMPOSSIBLE DÉCENTRALISATION

281. À Madagascar, le processus de décentralisation devait conduire progressivement à une gestion décentralisée et participative. Avec la révision constitutionnelle de 2007[459], les collectivités territoriales décentralisées étaient constituées par les seules régions et communes. Et selon la Constitution de 2010 actuellement en vigueur, les provinces sont aussi désormais considérées comme des collectivités territoriales décentralisées. Mais ces précisions ne sauraient masquer les difficultés rencontrées dans la mise en place de cette décentralisation de l'administration (**Paragraphe 1**). Plus particulièrement en matière de protection de l'environnement, le rôle des collectivités territoriales décentralisées est prévu par les textes, mais y est difficilement déterminé (**Paragraphe 2**).

Paragraphe 1. La question générale de la décentralisation de l'administration à Madagascar

282. Depuis l'accès à l'Indépendance de Madagascar, la question de la décentralisation a toujours constitué un sujet difficile[460]. Sa mise en place, toujours prévue dans les textes tarde à être appliquée, et la conception même de décentralisation a connu des variations : plusieurs formes de décentralisation ont été prévues en une cinquantaine d'années à Madagascar. La Première et la Deuxième République ont essayé de mettre en place des systèmes de décentralisation conformes aux idéologies de l'époque (**1**). La Troisième République a voulu remédier à ces situations, la Loi Fondamentale a alors posé comme objectif la réalisation d'une « décentralisation effective » même si la Constitution de décembre 2010 en a encore modifié les structures (**2**).

---

[459] Révision de la constitution du 18 septembre 1992 par la loi constitutionnelle n° 2007-001 du 27 avril 2007.

[460] Voir en ce sens : Georges RABEMANANTSOA, *Les compétences locales à Madagascar ou le Fokonolona, institution locale, comme instrument de pouvoir*, Thèse : Université Paris 13, 1990 ; Henintsoa RANDRIAMITOVO, *La décentralisation à Madagascar depuis l'avènement de la Troisième République : à la recherche de l'effectivité*, Mémoire DEA – Université Paris 1, 2004, 85 p. ; BIRD, *Décentralisation à Madagascar*, Washington : World Bank, 2004, 103 p.

1. Les essais de décentralisation

283. ***La tentation de la centralisation.*** À l'Indépendance, Madagascar constitue une jeune république qui se cherche encore. L'administration dans cette Première République (1960-1972) est encore fortement centralisée. Il n'y a que deux niveaux de décentralisation : les collectivités territoriales décentralisées sont constituées par les provinces et les communes. Malgré leur statut, elles se contentent d'exécuter les mesures prises au niveau central. Il y a une forte dépendance de ces collectivités territoriales décentralisées au pouvoir central dans la gestion des affaires publiques.

284. ***Le centralisme démocratique de la période socialiste.*** La Deuxième République (1975-1990) a été fortement marquée par la Révolution socialiste et la décentralisation qui a eu cours pendant cette période s'apparente fortement à un système hiérarchisé, contrairement à l'objectif premier de la décentralisation de doter les collectivités décentralisées d'un pouvoir autonome par rapport aux autorités centrales. C'est le principe du centralisme démocratique qui régit le fonctionnement des collectivités territoriales décentralisées. Ce principe consiste pour les autorités de niveau inférieur à rendre compte aux autorités supérieures lesquelles ont le pouvoir de donner des instructions sur les mesures à accomplir. Ce principe de centralisme démocratique a surtout été édicté afin d'éviter les menaces de mouvements révolutionnaires qui pourraient mettre en péril la Deuxième République.

Les collectivités territoriales décentralisées sont mises en place sur quatre niveaux : les *fokontany,* les *firaisampokontany,* les *fivondronampokontany,* et les *faritany.*

285. Ainsi, malgré l'affirmation de la mise en place d'une décentralisation lors de la Première et de la Deuxième République, c'est toujours l'administration centrale qui avait main mise sur les gestions des affaires publiques. La Troisième République va œuvrer à « rendre effective » cette décentralisation.

2. La « décentralisation effective »

286. À l'avènement de la Troisième République (1992-2009), la Loi fondamentale affirme, en son préambule, que la mise en place d'une « décentralisation effective » est nécessaire au « développement harmonieux » du peuple Malagasy. Cette décentralisation qualifiée d'effective tardera cependant à prendre une forme définitive. En effet, lors de la Troisième République, il y aura trois phases différentes dans la mise en place de la décentralisation de l'administration. Et à ces trois phases vont correspondre différentes formes de décentralisation.

287. ***La décentralisation effective de l'administration en trois étapes.*** Plusieurs formes de décentralisation vont être expérimentées à partir de l'année 1992. Ces « expérimentations » vont surtout avoir trait à la détermination des niveaux de décentralisation et du découpage territorial de l'État. Une première phase, entre 1992 et 1998, va remettre dans le paysage administratif malgache les régions, les départements et les communes[461]. Dans une deuxième phase, lors de la révision constitutionnelle de 1998, il y a trois niveaux de décentralisation avec un découpage territorial différent. En effet, les régions et les communes vont continuer d'être considérées comme des collectivités territoriales décentralisées, mais les départements vont être éliminés. Et un autre niveau de décentralisation sera considéré : les provinces autonomes. Au final, les niveaux de décentralisation de cette deuxième phase seront constitués par les provinces autonomes, les régions et les communes. Les provinces autonomes sont considérées comme des « collectivités publiques dotées de la personnalité juridique et de l'autonomie administrative et financière »[462]. Ces provinces autonomes sont titulaires d'un pouvoir exécutif et législatif. Les organes de l'exécutif sont constitués par les commissaires généraux qui font partie d'un conseil de gouvernorat. Le conseil provincial composé des gouverneurs élus exerce la fonction législative. Et enfin, la fonction juridictionnelle est attribuée aux cours d'appel et tribunaux. À aucun moment cependant, il n'est précisé explicitement que les provinces autonomes constituent des collectivités territoriales décentralisées. Seules les régions et les communes, qui constituent des démembrements des provinces autonomes, qui sont désignées par la Constitution dans sa version de 1998 comme des collectivités territoriales décentralisées.

288. En pratique, bien que leur mise en place ait débuté, les provinces autonomes n'ont fonctionné que durant un laps de temps très court. En effet, des troubles politiques dans le pays en 2002 vont mettre un coup d'arrêt à cette décentralisation et une révision de la Loi fondamentale va supprimer définitivement ces collectivités du paysage administratif malgache. Dans la pratique, après les troubles, les structures liées à l'existence des provinces autonomes n'ont plus fonctionné et ce sont les régions qui ont pris le relais.

289. La troisième phase correspond à la révision constitutionnelle opérée en 2007 qui a entraîné la suppression officielle des provinces autonomes. La décentralisation va rester à deux niveaux : selon l'article 138 de la

---

[461] Les précédents niveaux de décentralisation de la Deuxième République vont être balayés.

[462] Article 126 de la Constitution révisée de 1998.

Constitution d'alors, les collectivités territoriales décentralisées sont constituées par les régions qui ont une vocation essentiellement économique et sociale[463], et les communes, qui sont les collectivités territoriales de base[464].

290. ***L'imprécision de la Constitution de 2010 à propos de la décentralisation.*** À l'instar des précédentes dispositions de la Loi fondamentale dans ses différentes versions, la Constitution actuellement en vigueur prône sa propre vision de la décentralisation. Elle est revenue à une décentralisation à trois niveaux en disposant en son article 3 que « la République de Madagascar est un État reposant sur un système de collectivités territoriales décentralisées composées de communes, de régions et des provinces ». Néanmoins, elle introduit un autre élément dans ce système. En son article 152, la Loi fondamentale précise que « le *fokonolona*[465], organisé en *fokontany* au sein des communes, est la base du développement et de la cohésion socioculturelle et environnementale ». Faut-il rappeler ici que le *fokontany*[466] était considéré comme le premier niveau de décentralisation lors de la Deuxième République malgache ? Par ailleurs, sans apporter plus de précisions sur le rôle administratif du *fokonolona*, ni sur le fait que le *fokontany* puisse à nouveau être considéré comme un niveau de décentralisation, cet article rajoute que « les responsables des *fokontany* participent à l'élaboration du programme de développement de leur commune ». Les dispositions de cet article 152 de la Constitution entraînent une confusion dans la compréhension de l'organisation des collectivités territoriales malgaches. En effet, à côté des niveaux de décentralisation que sont les communes, les régions et les provinces, est aussi pris en compte le *fokontany*. Mais cette prise en compte se résume en une formule vague, sans réelle force juridique.

291. La confusion entraînée par cet article se rajoute à celle provoquée par le rajout des provinces en tant que collectivités territoriales décentralisées. Plusieurs questions se posent en ce qui concerne cette nouvelle catégorie de collectivités territoriales décentralisées. Peuvent-elles être assimilées aux provinces autonomes dans une précédente version de la Constitution, ou doit-on les assimiler aux provinces telles qu'admises lors de la Ire République ? Ce point demeure flou, d'autant qu'aucun élément ne

463 Selon l'article 141 de la Constitution modifiée du 18/09/1992, il y a 22 régions à Madagascar.

464 Selon l'article 146 de la Constituion modifiée du 18/09/1992 qui ne spécifie pas la vocation des communes, qui sont au nombre de 1386.

465 Le *fokonolona* constitue la forme la plus ancienne de communauté dans l'histoire de la société malgache. Voir *infra*.

466 Le *fokontany* constitue d'une manière générale l'assise géographique du *fokonolona*. Voir *infra*.

vient éclaircir l'articulation ou même la répartition des compétences entre les provinces, les régions et les communes. Aucun élément relatif à cette nouvelle organisation administrative n'est encore disponible. Selon l'article 157 de la Constitution, les provinces « assurent la coordination et l'harmonisation des actions de développement d'intérêt provincial et veillent au développement équitable et harmonieux des collectivités territoriales décentralisées dans la province (...) elles dirigent, dynamisent, coordonnent et harmonisent le développement économique et social (...) la planification, l'aménagement du territoire et la mise en œuvre de toutes les actions de développement ». Les régions ont sensiblement les mêmes attributions. Si l'alinéa 1 de l'article 153 de la Constitution précise que les régions « ont une vocation essentiellement économique et sociale », son alinéa 2 évoque exactement les mêmes attributions que celles des provinces dans l'article 157 avec pour seule différence que la compétence des provinces s'exerce sur « l'ensemble de la province » et celle des régions sur « l'ensemble de leur ressort territorial ». En ce qui concerne les communes, elles « constituent des collectivités territoriales décentralisées de base » (article 148 de la Constitution). Elles doivent concourir « au développement économique, social, culturel et environnemental de leur ressort territorial » (article 149 de la Constitution).

292. En définitive, la confusion au niveau des textes et l'organisation des collectivités territoriales décentralisées ne concourent pas réellement à rendre effective la décentralisation de l'administration malgache. Néanmoins, la Loi fondamentale d'une part, et les textes relatifs à la décentralisation d'autre part, vont attribuer aux collectivités territoriales décentralisées des rôles dans le cadre de la protection de la nature.

Paragraphe 2. Les responsabilités environnementales des collectivités territoriales décentralisées

293. Dans sa version de 2007, la Constitution modifiée du 18 septembre 1992 avait attribué, en son article 39 des responsabilités environnementales aux collectivités territoriales décentralisées. Selon cet article : « L'État et les collectivités territoriales décentralisées assurent la protection, la conservation et la valorisation de l'environnement par des mesures appropriées ». Et selon l'ancien article 136 de cette Constitution, les collectivités territoriales décentralisées « assurent avec le concours de l'État, la sécurité publique, la défense civile, l'administration et l'aménagement du territoire, le développement économique, l'amélioration du cadre de vie ». De ces articles, il pouvait être déduit la responsabilité environnementale que devaient assumer les collectivités territoriales décentralisées (**1**). Néanmoins, la disparition de ces articles relatifs aux responsabilités environnementales des collectivités territoriales décentralisées dans la Constitution actuellement en vigueur et un examen approfondi des textes d'attribution de compétence de ces collectivités territoriales décentralisées et organisant la décentralisation de l'État ont remis en cause, l'existence de ces responsabilités environnementales (**2**).

1. Une décentralisation de principe des responsabilités environnementales

294. Le mouvement de décentralisation dans l'administration de l'environnement rejoint celui amorcé par l'administration centrale générale. Dès 1992, le Texte fondamental estime nécessaire « l'application du système d'autonomie pour assurer l'effectivité de la décentralisation »[467]. Cette effectivité de la décentralisation est encore requise dans le préambule de la Constitution comme un facteur essentiel pour atteindre, entre autres objectifs, un « développement durable et intégré »[468]. La décentralisation instaure le principe de la libre administration[469] et se réalise par un transfert de compétences doublé nécessairement par un transfert des ressources. Ce transfert de compétences doit être obligatoirement précisé par un texte de loi qui en détermine les conditions et les modalités d'exercice. Et la répartition des compétences entre l'État et les collectivités territoriales décentralisées est faite en prenant en considération les intérêts nationaux et les intérêts locaux.

295. ***L'environnement, « chose » de l'État.*** Cette décentralisation de la responsabilité environnementale n'était pas évidente. Si en théorie, la répartition des compétences entre l'État et les collectivités territoriales décentralisées, qui sont actuellement les provinces, les régions et les communes, paraît facile, la décentralisation des compétences en matière d'environnement rencontre souvent des problèmes. « L'environnement, au même titre d'ailleurs que le patrimoine culturel, reste considéré comme une attribution relevant principalement de l'État (...) Si on se situe sur le terrain de la protection et donc des polices et des servitudes qui permettent de contrôler ou d'interdire les activités comportant un risque pour l'environnement, il est certain que l'environnement reste principalement de

---

[467] Dans le préambule de la Constitution de 1992 dans sa version initiale.

[468] Selon les termes mêmes du Préambule de la Constitution après la révision de 2007. Dans le Préambule de la Constitution actuellement en vigueur, « la mise en œuvre de la décentralisation effective, par l'octroi de la plus large autonomie aux collectivités décentralisées tant au niveau des compétences que des moyens financiers » est considérée comme un « facteur essentiel du développement durable et intégré ».

[469] Il faut souligner que la libre administration ne signifie pas pour autant indépendance totale, les actes des collectivités territoriales décentralisées doivent faire l'objet d'une transmission aux représentants de l'État.

la compétence de l'État. Si, par contre, on considère sa gestion, c'est-à-dire les multiples actions qui permettent d'entretenir l'environnement, de le restaurer si nécessaire, le constat est inverse : ce sont les collectivités territoriales qui assument l'essentiel des responsabilités »[470].

296. À Madagascar, la décentralisation de l'administration environnementale n'allait pas de soi dans la mesure où la gestion et la protection des ressources naturelles ont toujours eu un caractère centralisé. Ce sont les autorités centrales qui avaient pouvoir de décision et mettaient en œuvre ces décisions[471]. Peu à peu cependant, et avec la volonté d'établir une « décentralisation effective » de l'État malgache, l'administration de l'environnement a dû suivre le pas et adopter cette dimension décentralisée. Et l'identification des causes profondes des dégradations des ressources motive aussi cette démarche nouvelle. « L'idée de la décentralisation des ressources naturelles est issue de nouvelles analyses qui ont recentré les explications concernant la déforestation et la dégradation des milieux naturels sur l'échec de la politique de gestion administrative, centralisée et répressive des ressources. Une progressive reconnaissance des populations locales et une réhabilitation du niveau local ont donné naissance à une politique nationale de décentralisation de la gestion des ressources naturelles »[472].

297. ***La décentralisation de la gestion des ressources naturelles par l'ancien article 39 de la Constitution de 1992***. Cette politique de décentralisation de la gestion des ressources naturelles va s'illustrer dans cet article 39 de la Constitution de 1992. Il attribue aux collectivités territoriales décentralisées la responsabilité d'assurer la protection, la conservation et la valorisation de l'environnement par des mesures appropriées. C'est une responsabilité environnementale au même titre que celle attribuée à l'État. Un examen approfondi des autres dispositions de cette Constitution va montrer que cette affirmation demeure orpheline. En effet, dans la partie de la Constitution relative aux attributions des collectivités territoriales décentralisées, il n'est pas fait mention de cette responsabilité environnementale. Plus précisément, selon l'ancien article 136 du Texte fondamental, les collectivités territoriales décentralisées « assurent avec le concours de l'État, la sécurité publique, la défense civile, l'administration et l'aménagement du territoire, le développement économique, l'amélioration

---

470 Yves JEGOUZO, « Environnement et décentralisation », in *Confluences, Mélanges en l'honneur de Jacqueline Morand- Deviller*, Paris : Montchrestien, 2007, p. 868.

471 V. *Andrianampoinimerina* et la politique forestière.

472 MALDIDIER, *« La décentralisation de la gestion des ressources renouvelables à Madagascar. Les premiers enseignements sur les processus et les méthodes d'intervention »*, Tananarive, Rapport, ONE, 2001, p. 8.

du cadre de vie »[473]. Dans cet article, la protection des ressources naturelles n'était pas explicitement désignée par le Texte fondamental comme faisant partie des attributions des collectivités territoriales décentralisées.

298. ***Le respect du cadre de vie et la protection de l'environnement.*** De cette liste d'attributions, seule la responsabilité relative à l'amélioration du cadre de vie pouvait éventuellement être rapprochée de la responsabilité environnementale des collectivités territoriales décentralisées. Ce rapprochement a déjà été fait, mais au niveau du droit communautaire européen, notamment avec l'arrêt *Lopez Ostra* rendu par la Cour de Strasbourg le 9 décembre 1994 pour lequel « des atteintes graves à l'environnement peuvent affecter le bien-être d'une personne et la priver de la jouissance de son domicile de manière à nuire sa vie privée et familiale ». Il s'agit ici des atteintes au cadre de vie de la personne, par la détérioration ou la dégradation de l'environnement[474]. Ce cadre de vie et son respect peuvent ici être considérés comme des éléments constitutifs de la protection de l'environnement.

299. Dans les textes malgaches, ces deux notions ne correspondent cependant pas. D'une part, l'environnement est précisément défini par le Texte fondamental dans son Préambule comme composé « des richesses de la faune, de la flore et des ressources minières à fortes spécificités dont la nature a doté Madagascar ». D'autre part, bien que mentionné dans cet ancien article 136 de la Constitution, le cadre de vie n'est pas spécifiquement défini par les textes malgaches. S'il est admis qu'il « veut rendre compte de tout ce qui constitue le territoire de l'homme-individu et recouvre à la fois l'environnement physique et l'environnement social »[475], il ne correspond pas réellement aux préoccupations relatives à la protection des ressources naturelles, telles que formulées par l'ancien article 39 de la Constitution.

300. À un autre niveau de décentralisation, le texte fondamental dispose que « les compétences de la commune tiennent compte essentiellement des principes constitutionnels et légaux ainsi que du principe de proximité »[476] sans plus de précisions.

301. ***La neutralité politique en remplacement des responsabilités environnementales.*** Dans la Constitution de décembre 2010 actuellement en vigueur, les dispositions de l'ancien article 39 attribuant des responsabilités

---

[473] Article 136 de la Constitution du 18 septembre 1992 modifiée.

[474] Jean-Pierre MARGUÉNAUD, « Les troubles de voisinage combattus par le droit au respect du domicile et de la vie privée », *RTD civ.* 1996, p. 507.

[475] Michel PRIEUR, *Droit de l'environnement*, Paris : Dalloz, 5e édition, 2004, p. 5.

[476] Article 147 de la constitution modifiée du 18 septembre 1992.

environnementales à l'État et aux collectivités territoriales décentralisées ont été remplacées par des dispositions relatives à la neutralité politique de l'Administration et des institutions de la République. Selon l'article 39 nouveau : « l'État garantit la neutralité politique de l'administration, des forces armées, de la justice, de l'enseignement et de l'éducation. Il organise l'administration afin d'éviter tout acte de gaspillage et de détournement des fonds publics à des fins personnelles ou politiques ». Les dispositions attribuant compétence aux collectivités territoriales décentralisées en matière d'environnement vont être reprises au niveau du nouvel article 141 de cette Constitution actuellement en vigueur : « les collectivités territoriales décentralisées assurent avec le concours de l'État, notamment (...) la préservation de l'environnement et l'amélioration du cadre de vie ». Mais, d'une manière similaire, cette disposition n'est pas confirmée dans les textes relatifs aux compétences des collectivités territoriales décentralisées.

2. L'infirmation de l'existence de ces responsabilités environnementales des collectivités territoriales décentralisées

302. L'alinéa 2 de l'article 141 de la Constitution actuellement en vigueur précise que c'est la loi qui détermine la répartition des compétences en considération des intérêts nationaux et des intérêts locaux. Cette Constitution actuellement en vigueur dispose en son article 95 alinéa 2 que « la loi détermine les principes généraux (...) de la protection de l'environnement » et rajoute en son article 97 que « les matières autres que celles qui sont du domaine de la loi ont un caractère réglementaire ». Après avoir édicté en son préambule la nécessité de protéger l'environnement et les ressources naturelles, la loi fondamentale malgache attribue donc à la loi la compétence de déterminer les principes généraux de cette protection et aux règlements, en l'absence de précision, les compétences relatives à l'exercice et à la mise en œuvre de ces principes généraux de protection.

303. En appui aux dispositions de l'article 141 de la Constitution actuellement en vigueur a été adoptée la nouvelle loi régissant la décentralisation afin de réaliser le transfert de compétences entre le pouvoir central et les collectivités territoriales décentralisées. Il s'agit de la loi n° 2014-018 du 12 septembre 2014 régissant les compétences, les modalités d'organisation et de fonctionnement des collectivités territoriales décentralisées[477].

---

477 Journal officiel N° 3578 du 3 octobre 2014 page 3690. Cette loi remplace la loi n° 94-007 du 26 avril 1995, JO n° 2304 du 05.06.95, p. 1241, qui détermine les pouvoirs, compétences et ressources des collectivités territoriales décentralisées et la loi n° 94-008 du 26 avril 1995, JO n° 2304 du 05.06.95, p. 1197 vm et 1247 vf, Édition spéciale, qui fixe les règles relatives à

304. ***La répartition des compétences relatives à l'environnement entre les autorités centrales et les collectivités territoriales décentralisées.*** Dans la Constitution, cette répartition des compétences entre les autorités centrales et les collectivités territoriales décentralisées se réalise dans le titre relatif à l'organisation territoriale de l'État. À cet effet, l'article 141 dispose que « les collectivités territoriales décentralisées assurent avec le concours de l'État, notamment (...) la préservation de l'environnement et l'amélioration du cadre de vie ». Pour rappel sont considérées comme des collectivités territoriales décentralisées : les provinces, les régions et les communes[478].

305. Les dispositions de la Constitution et celles de la loi n° 2014-018 du 12 septembre 2014 régissant les compétences, les modalités d'organisation et de fonctionnement des collectivités territoriales décentralisées précisent les critères à prendre en compte dans cette répartition des compétences entre les autorités centrales et les collectivités territoriales décentralisées. En premier lieu, la répartition des compétences se fait « en considération des intérêts nationaux et des intérêts locaux »[479]. Ensuite, selon l'article 17 de la loi régissant les compétences des collectivités territoriales décentralisées, cette répartition ne peut pas « porter atteinte à la prééminence de l'État dans ses fonctions régaliennes ». Et enfin, la vocation principale de chaque niveau de décentralisation est aussi prise en compte[480].

306. ***L'absence de compétence environnementale des provinces et des régions.*** En premier lieu, les provinces, le plus haut niveau de décentralisation, ne font qu'assurer « la coordination et l'harmonisation des actions de développement d'intérêt provincial et veillent au développement équitable et harmonieux des collectivités territoriales décentralisées dans la province »[481]. Ensuite, il a été considéré que « les régions ont une vocation essentiellement économique et sociale »[482] et qu'ainsi aucune compétence particulière ayant trait à la préservation ou à la protection de l'environnement ne leur a été attribuée. Par conséquent, les compétences relatives à la protection de l'environnement sont attribuées aux seules communes.

---

l'organisation, au fonctionnement et aux attributions des collectivités territoriales décentralisées.

[478] Article 143 de la Constitution actuellement en vigueur.

[479] Alinéa 2 de l'article 141 de la Constitution actuellement en vigueur. Cette disposition sera reprise à l'article 14 et à l'alinéa 1 de l'article 16 de la loi régissant les compétences, les modalités d'organisation et de fonctionnement des collectivités territoriales décentralisées.

[480] Alinéa 2 de l'article 16 de la loi régissant les compétences, les modalités d'organisation et de fonctionnement des collectivités territoriales décentralisées.

[481] Article 157 de la Constitution actuellement en vigueur.

[482] Article 153 de la Constitution actuellement en vigueur, réaffirmé par l'article 29 de la loi relative aux compétences, modalités d'organisation et fonctionnement des collectivités territoriales décentralisées.

307. ***La responsabilité environnementale des communes.*** Considérées comme les collectivités territoriales décentralisées de base, les communes sont les seules compétentes avec les autorités centrales en matière de protection de l'environnement. C'est affirmé dans l'article 149 de la Constitution : « les communes concourent au développement économique, social, culturel et environnemental de leur ressort territorial » et confirmé, exactement dans les mêmes termes, dans la loi n° 2014-018 du 14 août 2014 régissant les compétences, les modalités d'organisation et de fonctionnement des collectivités territoriales décentralisées en son article 26[483]. Les compétences des communes en matière environnementale sont précisées à l'alinéa 4 de l'article 28 de cette loi. Ce sont des compétences générales qui ne sont pas détaillées et ne donnent pas plus de précisions par rapport aux dispositions de la Constitution. Il s'agit de « (...) la mise en œuvre des opérations liées à la contribution, à la préservation, à la valorisation et à la gestion de l'environnement et des ressources naturelles ; à la prévention et la lutte contre les feux de brousse et la déforestation ».

308. Plusieurs points peuvent être retenus de cette attribution de compétence. D'une part, les compétences de la commune consistent principalement à la mise en œuvre de ce qui est décidé au niveau central. Les difficultés liées au mouvement général de décentralisation à Madagascar se retrouvent en matière d'environnement. D'autre part, le caractère vague de ces dispositions de la loi relative aux compétences des collectivités territoriales décentralisées rend difficile l'appréciation de la portée normative des dispositions constitutionnelles. En effet, c'est essentiellement le concours des communes « au développement économique, social, culturel et environnemental de leur ressort territorial » qui est affirmé par la Constitution en son article 149, cette dernière n'émet pas une obligation ou un devoir particulier à l'égard de ces communes en ce sens. Ces divers points ne permettent pas d'affirmer l'effectivité et la portée normative qui pourraient être associées aux dispositions relatives à l'environnement dans la Constitution malgache. D'autant que le juge civil, administratif ou constitutionnel[484] malgache n'a pas encore eu l'occasion de se prononcer sur l'application ou l'invocabilité de ces dispositions. Même s'il faut retenir

[483] Article 26 de la loi n° 2014-018 du 14 août 2014 : « Conformément aux dispositions de l'article 149 de la Constitution, les Communes concourent au développement économique, social, culturel et environnemental de leur ressort territorial. Les compétences de la Commune tiennent compte essentiellement du principe de proximité, de répartition, d'appartenance, de promotion et de défense des intérêts des habitants ».

[484] Les récentes décisions de la Haute Cour Constitutionnelle en matière d'environnement concernent les examens de conformité à la Constitution des lois. Il s'agit de la décision n° 13 - HCC/D3 du 11 février 2015 concernant la loi n° 2015/003 portant Charte de l'Environnement malagasy actualisée et de la décision n° 15-HCC/D8 du 18 février 2015 concernant la loi n° 2015-005 portant refonte du Code de gestion des aires protégées.

effectivement que « la force normative d'une norme ne dépend pas de son effectivité. Ce n'est pas parce qu'une norme n'a toujours pas été appliquée ou garantie par un juge qu'elle ne revêt pas en elle-même un potentiel normatif. (…) Le droit ne se réduit pas à la sanction, il n'attend pas d'être appliqué pour exister. L'effectivité de la force normative n'est qu'un complément à sa potentialité, elles participent toutes deux à la construction de la force normative »[485].

309. En définitive, exprimée par de grands principes, la décentralisation de l'administration de l'environnement malgache ne s'est ni confirmée dans les textes ni matérialisée dans le concret.
En parallèle à l'administration en général et à l'administration environnementale en particulier, d'autres acteurs participent à la préservation de la richesse des ressources naturelles. Il s'agit d'une part des associations de protection de l'environnement et d'autre part, des organisations non gouvernementales.

SECTION III. LE CADRE ASSOCIATIF

310. Dans le cadre de cette lutte pour la préservation de la richesse de ces ressources naturelles, les autorités étatiques malgaches sont épaulées par de nouveaux acteurs. Les associations de protection de l'environnement se retrouvent souvent désignées comme telles. Le régime juridique des associations dans le droit malgache ne leur est cependant pas favorable (**Paragraphe 1**). De plus, dans le paysage institutionnel malgache, spécialement dans le cadre de la protection de l'environnement et des ressources naturelles, ce sont les organisations non gouvernementales qui sont légion (**Paragraphe 2**).

Paragraphe 1. Le statut des associations de protection de l'environnement dans le droit malgache

311. Il a été analysé[486] que deux raisons principales expliquent le développement du fait associatif : le refus d'une administration contraignante perçue comme un monde froid et distant[487], et, l'aspiration de plus en plus vive des citoyens de s'insérer dans les processus de prise de

[485] Mathilde BOUTONNET, « La force normative des principes environnementaux, entre droit de l'environnement et théorie générale du droit », in Catherine THIBIERGE et alii, *La force normative – Naissance d'un concept*, Bruxelles : Bruylant, 2009, p. 498.
[486] Jean Claude HÉLIN, René HOSTIOU (dir.), *Les associations, l'environnement et le droit*, Paris, Economica, 1984, 161 p.
[487] Claude DURAND-PRINBORGNE, *Association et démocratie représentative*, dans *Les associations, l'environnement et le droit*, Paris, Economica, 1984, p. 139.

décision politique. Avec cette possibilité donnée aux administrés et aux citoyens de créer une association, il s'agit de leur donner « un moyen de défendre tout intérêt de leur choix : il leur suffit de se constituer en association (et deux personnes y suffisent) et de lui assigner pour mission la sauvegarde de ce qui leur tient à cœur »[488]. À Madagascar, les associations de protection de l'environnement sont soumises au régime général de l'ordonnance n° 60-133 du 3 octobre 1960 (**1**), leurs actions se retrouvent de ce fait limitées (**2**).

1. La soumission des associations de protection de l'environnement au seul régime général

312. ***Le principe de liberté d'association.*** La Constitution malgache reconnaît et garantit la liberté d'association et la liberté de constitution des associations par toute personne sous la seule réserve de se conformer à la loi[489]. Selon l'article 10 de la Constitution actuellement en vigueur, « les libertés d'opinion et d'expression, de communication, de presse, d'*association*, de réunion, de circulation, de conscience et de religion sont garanties à tous et ne peuvent être limitées que par le respect des libertés et droits d'autrui et par l'impératif de sauvegarde de l'ordre public, de la dignité nationale et de la sécurité de l'État ». Le régime juridique des associations est édicté par l'ordonnance n° 60-133 du 3 octobre 1960[490]. Cette ordonnance constitue une simple adaptation de la loi française de 1901 sur les associations[491] : « ses dispositions ne diffèrent pratiquement pas de celles de textes français qu'elles se bornent à adapter aux contingences locales »[492]. Et cette ordonnance n'a été modifiée qu'une fois depuis son adoption, par l'ordonnance n° 75-017 du 13 août 1975[493] et n'a jamais subi de réforme majeure depuis.

313. *A priori*, ce régime juridique, proche du droit français, permet aux associations de protection d'agir en tant que gestionnaire de l'environnement. La personnalité juridique de l'association est reconnue à

---

[488] CHAPUS René, *Droit du contentieux administratif*, Montchrestien, 12ème édition, 2006, p. 462, n° 567.

[489] Article 14 de la Constitution actuellement en vigueur : « toute personne a le droit de constituer librement des associations sous réserve de se conformer à la loi ».

[490] Portant régime général des associations, JO n° 127 du 15 octobre 1960 p 2090.

[491] Loi du 1er juillet 1901 relative au contrat d'association : JO 2 juillet 1901, Brochure JO « Associations, régime général », n° 1068).

[492] Exposé des motifs de l'Ordonnance n° 60-133 du 3 octobre 1960 portant régime général des associations.

[493] JO n° 1076 du 23 août 1976, p. 2254.

l'issue de la procédure de déclaration[494] accomplie au moment de sa création. « Toute association qui voudra obtenir la capacité juridique (...) devra être déclarée par les soins de ses fondateurs ou de ses administrateurs ou directeurs et rendue publique »[495]. Cette capacité juridique, assurant la reconnaissance de la personnalité morale de l'association, est aussi une garantie essentielle pour l'association d'accomplir son objet statutaire. Ainsi, selon les dispositions de l'article 6 de l'ordonnance n° 60-133 du 3 octobre 1960, l'association a la faculté d'ester en justice « sans aucune autorisation préalable ». Elle peut aussi procéder à des acquisitions à titre onéreux, posséder et administrer des biens que ceux-ci soient des biens meubles ou des biens immeubles[496].

314. ***Absence de régime spécial pour les associations de protection de l'environnement***. On peut regretter que le système malgache n'ait pas consacré un régime spécial tel celui dont bénéficient, dans le droit français, les associations agréées pour la défense de l'environnement. C'est le principe de spécialité qui régit les associations de droit malgache. En vertu de ce principe, ces associations ne peuvent agir que dans le cadre de l'objet social déterminé dans la déclaration d'existence de l'association. Ce principe limite dès lors la marge de manœuvre des associations de droit malgache. Au contraire, les associations environnementales[497] du droit français peuvent bénéficier d'un statut particulier.

2. La limitation des marges de manœuvre des associations de protection en droit malgache

315. ***L'agrément administratif des associations de protection en droit français***. Soumis au régime général unique, le champ d'action des associations pour la défense de l'environnement de droit malgache se trouve limité par rapport à celui des associations relevant du droit français. Ce statut

---

494 Article 5 de l'ordonnance n° 60-133 du 3 octobre 1960 portant régime général des associations.

495 Alinéa 1 de l'article 5 de l'ordonnance n° 60-133 du 3 octobre 1960 portant régime général des associations.

496 Par comparaison, en droit français, « le Conservatoire de l'espace littoral et des rivages lacustres est un établissement public de l'État à caractère administratif qui a pour mission de mener, après avis des conseils municipaux et en partenariat avec les collectivités territoriales intéressées, une politique foncière ayant pour objets la sauvegarde du littoral, le respect des équilibres écologiques et la préservation des sites naturels ainsi que celle des biens culturels qui s'y rapportent (...) » (article L 322-1 du code de l'environnement français). Dans le cadre de ses compétences, ce Conservatoire du littoral peut réaliser des acquisitions foncières et des biens immobiliers afin de protéger le littoral.

497 Les associations locales d'usagers, dans le domaine de l'urbanisme, ont aussi connu une consécration grâce à la loi n° 76-1285 du 31 décembre 1976 relative à la réforme de l'urbanisme (JO du 1er janvier 1977, p. 4 ; rectif. 5 mars 1977, p. 1277 et 7 avril 1977 p. 1987)

particulier des associations du droit français est issu principalement de la loi n° 76-629 du 10 juillet 1976 relative à la protection de la nature[498] et de la loi n° 95-101 du 2 février 1995 relative au renforcement de la protection de l'environnement[499], dite loi *Barnier*. L'article 40 de la loi du 10 juillet 1976 a notamment institué l'agrément administratif des associations. Cet agrément est accordé sous conditions à toute association ayant pour objectif principal la défense de l'environnement[500]. Plus précisément, la demande d'agrément est réservée aux associations régulièrement déclarées qui ont une durée d'existence supérieure ou égale à 3 ans[501] et dont le mode de fonctionnement est conforme à la législation de 1901 sur les associations. Le critère de durée a été établi afin de privilégier les associations qui œuvrent réellement dans la durée et la continuité pour la protection de l'environnement et d'écarter les associations conjoncturelles.

316. ***La présomption d'intérêt à agir des associations agréées en droit français.*** L'agrément est décisif pour la détermination de l'intérêt à agir et aussi dans les contentieux qui peuvent être engagés : les compétences des associations se trouvent élargies selon le cas. En effet, les associations agréées pour la défense de l'environnement ont la possibilité d'agir dès qu'une atteinte à l'environnement se manifeste, et qu'un intérêt collectif entre en jeu, alors même que l'action n'a pas été prévue ni spécifiée dans les statuts. Les associations agréées peuvent engager des actions en réparation en cas d'infractions portant un préjudice direct ou indirect aux intérêts qu'elles défendent. Selon l'article L. 252-3 du Code de l'environnement français : « Les associations agréées mentionnées à l'article L. 252-2 peuvent exercer les droits reconnus à la partie civile en ce qui concerne les faits portant un préjudice direct ou indirect aux intérêts collectifs qu'elles ont pour objet de défendre et constituant une infraction aux dispositions législatives relatives à la protection de la nature et de l'environnement, à l'amélioration du cadre de vie, à la protection de l'eau, de l'air, des sols, des sites et paysages, à l'urbanisme, ou ayant pour objet la lutte contre les pollutions et les nuisances, ainsi qu'aux textes pris pour leur application ». Un simple lien avec l'objet statutaire et des effets dommageables pour l'environnement constituent autant d'intérêts à agir dont peut se prévaloir

---

[498] JO 13 juillet 1976, p. 4203 ; rectif. 28 juillet 1976, p. 6835

[499] JO 3 février 1995, p. 1840.

[500] L'administration ne peut fonder son refus d'agrément sur le fait « qu'une seule de ses branches soit baptisée environnement », dès lors que l'action de l'association « s'exerce principalement en faveur de l'environnement » *TA Rennes, 15 mars 2001, Assoc. Agir ensemble pour Combrit Sainte Marine* : *Rev.jur.env n° 3/2001,* dans Chantal CANS, *Associations agréées de protection de l'environnement,* JurisClasseur Environnement, 2004, Fasc 240.

[501] La durée a pour point de départ la date de la déclaration faite à la préfecture.

une association agréée de protection de l'environnement[502], ce qui est particulièrement important dans la mesure où elle permet à ces associations d'agir plus librement dans le domaine assez large de la protection de l'environnement.

317. Les avantages tirés de l'agrément des associations se retrouvent aussi dans le cadre des actions contentieuses engagées. Par exemple, avec l'article L.142-1 du Code de l'environnement français[503], le juge administratif admet une « présomption d'intérêt pour agir » à l'égard des associations agréées[504]. Ces associations peuvent aussi se constituer partie civile devant le juge pénal en cas d'infractions aux dispositions législatives relatives à la protection de la nature et de l'environnement, à l'amélioration du cadre de vie, à la protection de l'eau, de l'air, des sols, des sites et paysages, à l'urbanisme, ou ayant pour objet la lutte contre les pollutions et les nuisances[505]. Les associations agréées de protection de l'environnement du droit français bénéficient d'un régime juridique qui leur permet d'avoir une grande marge de manœuvre et d'action.

318. En comparaison, ***les principes de proximité et de spécialité limitent l'action des associations soumises au seul régime général du droit malgache***. En droit malgache, l'intérêt à agir des associations est directement tiré de leur statut. Les actions en réparation des préjudices moraux ou patrimoniaux ne peuvent être engagées que lorsque les intérêts propres de l'association sont mis en péril. La défense des intérêts individuels d'un membre de l'association est interdite, mais les intérêts collectifs des membres de l'association peuvent justifier de l'intérêt à agir de cette dernière. Si toutes les associations environnementales du droit français ne profitent pas du régime de l'agrément, des conditions étant posées pour en

---

502 CE 8 février 1999, *Fédération des associations de protection de l'environnement et de la nature des Côtes-d'Armor,* Rec.20 ; *JCP 1999.IV .2006,* obs Rouault : « (…) que ladite cour s'est fondée, d'une part, sur ce que l'agrément précité était par lui-même sans incidence sur la recevabilité de la demande de la fédération requérante tenant à l'annulation pour excès de pouvoir de l'arrêté précité et d'autre part, sur la circonstance que ladite fédération était, eu égard à son objet statutaire, sans intérêt et par conséquent sans qualité pour contester la légalité de l'arrêté (…) la cour administrative d'appel de Nantes n'a pas justifié légalement sa décision et fait une inexacte application des règles régissant la recevabilité des actions en justice des associations agréées ; que la fédération requérante est, dès lors, fondée à demander, pour ce motif, l'annulation de cet arrêt. »

503 « Toute association de protection de l'environnement agréée au titre de l'article L 141-1 justifie d'un intérêt pour agir contre toute décision administrative ayant un rapport direct avec son objet et ses activités statutaires et produisant des effets dommageables pour l'environnement sur tout ou partie du territoire pour lequel elle bénéficie de l'agrément ».

504 CE, 8 février 1999, *FAPEN,* req. n° 17677 : *Dr. env.* n° 66, mars 1999.

505 Article L 142- 2 du code de l'environnement français.

jouir, les associations de protection de l'environnement du droit malgache par contre, ne peuvent que se contenter du régime général.

319. Une réforme importante est demandée pour faire évoluer ce statut juridique des associations de protection de l'environnement en droit malgache[506]. Plusieurs questions peuvent être soulevées, dont entre autres celle de l'introduction du système d'agrément des associations ou encore celle de l'élargissement du champ de compétence des associations. Exemple devrait aussi être pris sur le Code de l'environnement du Burkina Faso qui avait reconnu en 2013 un droit de saisine des juridictions pénales par les associations de protection de l'environnement[507]. Selon l'article 111 de ce Code : « les associations de protection de l'environnement sont habilitées à demander en justice la poursuite des faits prévus et punis par la loi pénale à condition que l'infraction remette en cause les intérêts pour la défense desquels elles ont été constituées ». Si le champ pénal est désormais accessible à ces associations de protection au Burkina Faso, en cas d'inaction du ministère public ou de la victime de l'infraction, les conditions normales relatives à la capacité et à la qualité à agir subsistent. Ainsi, l'association qui saisit le tribunal pénal d'une infraction à la réglementation environnementale doit avoir la personnalité juridique de par l'accomplissement des formalités de déclaration et de constitution ; elle ne peut agir en dehors des cas déterminés par son objet social. Cette possibilité de saisine des juridictions pénales par les associations de protection de l'environnement constitue une avancée majeure en la matière dans la mesure où en droit pénal, seuls le ministère public ou la victime de l'infraction peuvent habituellement mettre en mouvement l'action publique dans le cadre de la répression des infractions.

320. Récemment, l'adoption de la loi n° 2015-056 du 3 février 2016 portant création de la chaîne spéciale de lutte contre le trafic de bois de rose et/ou de bois d'ébène et répression des infractions relatives aux bois de rose et/ou bois d'ébène[508], a amélioré les dispositions du droit malgache en la

---

[506] Voir en ce sens, Ketakandriana RAFITOSON, *Amélioration du cadre légal de la société civile malgache – Rapport de mission de l'Expert en droit des associations et de la société civile* – décembre 2014, 53 p. Ce rapport souligne que « la société civile malgache à vocation environnementale n'est pas régie par un cadre légal particulier, mais ses missions seraient de : mener des plaidoyers en matière environnementale/défendre et protéger l'environnement/inciter au respect des lois et règlements en vigueur/inciter la modification de ces lois et règlements en vue d'un développement durable/inciter le vote de nouveaux textes pour mieux préserver l'environnement » (p. 15).

[507] Voir P. Ted Rodrigue BILGHO, « Le droit de saisine des juridictions pénales par les associations de protection de l'environnement : une innovation majeure en droit pénal de l'environnement au Burkina Faso », *Liaison Énergie-Francophonie*, n° 98, 3e trimestre 2014, p. 68-70.

[508] JO n° 3674 du 7 mars 2016, p. 1636.

matière. En effet, en son article 10, cette loi prévoit que toute « association ou organisation dont les statuts définissent dans leur objet la défense de l'environnement, la protection des forêts ou d'une tierce personne » peut saisir la brigade mixte d'enquête[509] d'une plainte ou d'une dénonciation. Cette loi permet aussi, en son article 62, à toute association de défense de l'environnement de « se constituer partie civile devant la juridiction de jugement qui est compétente pour statuer sur toutes actions en dommages-intérêts découlant des faits objets de la poursuite », et cela à partir du moment où l'association « se sent lésée »[510]. Ces dispositions de cette loi constituent un premier pas vers le renouveau du régime juridique des associations de protection de l'environnement.

321. ***Les associations malgaches de protection de l'environnement dans la pratique.*** Il est difficile d'avoir une image claire du paysage des associations de protection de l'environnement à Madagascar. Les données disponibles sont relatives à la fois aux associations et aux organisations non gouvernementales, elles sont d'ordre général et ont un caractère obsolète, aucune actualisation n'ayant été faite. Un recensement a relevé qu'à la fin du premier semestre de l'année 2006, il y avait 671 associations et organisations non gouvernementales qui œuvraient à Madagascar[511]. Dans cette étude aucune distinction n'a été faite entre les associations et les organisations non gouvernementales.

322. ***Alliance Voahary Gasy, exemple d'association environnementale à Madagascar.*** Alliance *Voahary Gasy* est une plateforme qui regroupe une trentaine de sociétés civiles malgaches œuvrant en matière d'environnement et qui a été créée suite au constat qu'en période de crise, l'État malgache ne peut efficacement continuer son œuvre de protection et de gestion des questions environnementales. En effet, c'est au plus fort moment de la crise politique de 2009, et avec la multiplication des actes de dégradation des aires protégées que cette plateforme a été créée. Elle se définit comme une plateforme d'interpellation, et d'innovations sociales. Elle veut constituer un moyen de partage d'information, de connaissance, d'expérience et de renforcement de capacité. Les objectifs, à terme, de l'Alliance *Voahary Gasy*

---

[509] Composée d'éléments officier de police judiciaire, d'agents de police judiciaire de la police nationale, de la gendarmerie ainsi que d'agents forestiers (selon l'article 6 de la loi), cette brigade mixte d'enquête est chargée de recueillir toutes les informations nécessaires relatives à d'éventuels trafics de bois de rose et de bois d'ébène (...) de constater les infractions relatives aux bois de rose et aux bois d'ébène, et enfin de procéder à l'enquête sur lesdites infractions (selon l'article 9 de la loi). Cette brigade mixte d'enquête est placée sous l'autorité du Parquet de la Cour spéciale (article 7 de la loi).

[510] Selon les termes du même article 62.

[511] Instat, Banque Centrale de Madagascar, *Étude sur les organisations non gouvernementales à Madagascar*, novembre 2008, p. 8.

sont « d'asseoir une bonne gouvernance des ressources naturelles et de veiller à la bonne gestion des ressources naturelles pour le développement durable ». Selon ses statuts, Alliance *Voahary Gasy* est une association régie par l'ordonnance n° 60-033.

323. Selon l'article 6 des statuts de la plateforme, « les deux principes philosophiques sur lesquels Alliance *Voahary Gasy* fonde son association sont : l'interdépendance entre l'Homme et la Nature ainsi que la responsabilisation des *Malagasy* dont la qualité de vie — voire la survie — dépend de la préservation des ressources naturelles, le respect des valeurs de la société civile en harmonie avec les valeurs *malagasy* ». La plateforme a déterminé plusieurs champs d'intervention : le renforcement des capacités, la justice environnementale, le réseautage, les activités de veille. Le renforcement des capacités consiste à ériger la plateforme comme une force de proposition. Plusieurs objectifs sont fixés dans ce sens : l'amélioration de la notoriété et de la crédibilité des organisations de la société civile malgache œuvrant pour l'environnement, l'accroissement de la collaboration entre chaque membre et entre la plateforme et les autorités, et enfin, la valorisation des compétences existantes. Afin de favoriser la mise en place d'une justice environnementale, Alliance *Voahary Gasy* veut favoriser la diffusion des connaissances sur les mécanismes juridiques et le cadre légal relatifs aux problèmes environnementaux[512]. Par ailleurs, elle veut jouer un rôle dans la gestion des conflits en la matière et enfin, encourager l'application des législations environnementales en vigueur. Conformément aux objectifs fixés lors de sa création, l'Alliance *Voahary Gasy* joue un rôle essentiel dans le cadre de la protection des ressources naturelles face aux actes de braconnage et de détérioration perpétrés en cette période de flottement des pouvoirs centraux. En effet, en tant que plateforme de veille, plusieurs communications ont été faites afin d'interpeller les autorités centrales lors des exploitations illicites d'essences de bois protégés et des exportations clandestines d'espèces de la faune protégée.

324. En ce qui concerne les actions concrètes, chaque membre de la plateforme a une zone, un domaine et des moyens d'intervention qui leur sont propres. Par exemple : l'ANAE qui s'occupe de promouvoir la gestion des ressources naturelles en harmonie avec les techniques d'aménagement et d'exploitation du sol et qui travaille dans la plupart des régions de Madagascar. Il y a l'association ASITY qui vise à protéger et à conserver les oiseaux et leurs habitats et qui agit sur tout le territoire de l'Île. La Fondation pour les Aires protégées et la biodiversité de Madagascar est aussi membre

---

[512] Par exemple, avec la publication de l'ouvrage bilingue « La bonne gouvernance environnementale, en 27 études de cas – *Fitondrana tsara tantana ny harena voajanahary, fanadihadiana tranga miisa 27* » paru en juillet 2016.

de cette plateforme Alliance *Voahary Gasy,* ses actions se traduisent principalement par le financement de projets ou d'activités ayant des rapports avec les aires protégées et la conservation des espèces et des habitats. Et enfin, un dernier exemple qui peut être pris est l'association *Voarisoa* dont l'objectif principal est de lutter contre les effets et les risques engendrés par les mauvaises gestions des produits chimiques à Madagascar. Ces quelques exemples visent à illustrer le fait que la plateforme Alliance *Voahary Gasy* regroupe des membres qui travaillent et agissent dans des domaines variés, mais au final le but essentiel qui sous-tend toutes ces actions reste la protection des ressources naturelles et de l'intégrité des espèces de la faune et de la flore spécifiques de Madagascar. Au côté des associations, les organisations non gouvernementales commencent de plus en plus à occuper une place importante dans le domaine.

Paragraphe 2. L'accentuation du rôle des organisations non gouvernementales

325. La mise en place et surtout l'accentuation du rôle et de la place occupée par les organisations non gouvernementales répondent à une certaine défaillance et un désengagement de l'État malgache. « Faute de moyens, l'État assure les fonctions essentielles comme l'éducation, la santé ou la sécurité dans des conditions de plus en plus précaires ; dans les régions isolées, il arrive même que ces structures n'existent plus que sur le papier »[513]. Face à cette paralysie de l'appareil étatique, « la particularité des ONG et associations réside dans l'implication directe et la disponibilité immédiate de leurs apports dans le processus de développement socio-économique (…), à travers leurs interventions directes sur leurs populations cibles »[514]. D'une manière générale, les organisations non gouvernementales à Madagascar exercent leurs activités dans les domaines visant à améliorer les conditions et le niveau de vie des populations cibles. Le domaine de la santé regroupe 24,5 % des organisations exerçant à Madagascar, cette proportion est de 28 % en ce qui concerne les activités de formation, conseil et éducation et enfin, 9,2 % de ces organisations s'occupent des questions d'environnement[515].

326. Avant de procéder à une étude des actions des organisations non gouvernementales sur la protection de la nature à Madagascar, il est

---

[513] Isabelle DROY, *La multiplication des ONG à Madagascar, une réponse au désengagement de l'État ?* octobre 1996, p. 3.
[514] Instat, Banque Centrale de Madagascar, *Étude sur les organisations non gouvernementales à Madagascar*, mars 2007, p. 2.
[515] Instat, Banque Centrale de Madagascar, *Étude sur les organisations non gouvernementales à Madagascar*, novembre 2008, p. 14.

important de faire le point sur le régime juridique auquel celles-ci sont soumises en comparaison au régime des associations dans le droit malgache.

327. ***Le régime juridique des ONG.*** Les organisations non gouvernementales sont régies par la loi n° 96-030 du 14 août 1997 portant régime particulier des ONG à Madagascar. Selon l'article 2 de la loi, c'est « un groupement de personnes physiques ou morales, autonome, privé, structuré, légalement déclaré et agréé, à but non lucratif, à vocation humanitaire, exerçant de façon professionnelle et permanente des activités à caractère caritatif, socio-économique, socio-éducatif et culturel sous forme de prestations de services en vue du développement humain durable, de l'autopromotion de la communauté ainsi que de la protection de l'environnement ». L'article 30 de la loi rajoute que les collectifs d'ONG[516] peuvent bénéficier du statut d'ONG.

328. ***Les catégories d'objectifs des ONG.*** Il est demandé à ces organisations non gouvernementales d'accomplir leurs activités « de façon professionnelle et permanente » ; en comparaison, l'association peut n'être créée que pour un motif ponctuel et en relation avec les intérêts des membres. Les organisations non gouvernementales peuvent avoir plusieurs objectifs délimités en 4 catégories par l'article 2 de la loi : réaliser des activités d'ordre caritatif, aider au développement socio-économique de la population cible, se consacrer aux questions socio-éducatives et à celles relatives à la formation et à l'insertion professionnelle. Et enfin, un des derniers domaines auxquels les organisations non gouvernementales peuvent se consacrer est constitué par le domaine culturel, à travers par exemple, la diffusion de la culture, la protection du patrimoine national. Les questions relatives à la protection de l'environnement ou de la nature ont été classées dans la catégorie relative aux activités socio-éducative et culturelle, mais elles peuvent aussi relever des ONG œuvrant pour le développement économique.

---

[516] Selon l'article 29 de la loi, ces collectifs d'ONG peuvent se former librement sur tout le territoire national et sous l'appellation de leur choix. Leurs rôles et objectifs seront définis statutairement. Ils peuvent notamment :
- Se prêter à toutes formes de sollicitation qui viendraient de leurs membres : appui technique, formation, information, recherche de financement, démarches administratives.
- Se constituer en réseau d'informations de leurs membres, du public, du gouvernement, des organismes privés ou publics internationaux sur les activités des membres, les financements obtenus, les projets exécutés et ceux en cours d'exécution.
- Faciliter la concentration entre les ONG membres d'une part, entre les ONG membres et les organismes gouvernementaux d'autre part.
- Œuvrer à la coordination et à la rationalisation des activités des ONG membres en vue de parvenir à une meilleure efficacité.

329. ***La personnalité juridique des ONG.*** Comme les associations, les organisations non gouvernementales sont des personnes morales de droit privé. La seule différence réside dans la procédure d'acquisition de cette personnalité morale : pour les associations, la seule déclaration d'existence suffit. En ce qui concerne les organisations non gouvernementales, à cette déclaration d'existence doit être ajoutée la procédure de demande d'agrément.

330. La déclaration d'existence se fait sans aucune formalité particulière, selon l'article 6 de la loi, « l'ONG doit être déclarée par les soins de ses fondateurs », sans autre précision. Les seuls éléments qui doivent obligatoirement être indiqués sont « sa dénomination, le siège de ses établissements et les noms, prénoms, profession et domicile de ceux qui, à un titre quelconque, sont chargés de son administration ou de sa déclaration »[517]. Cette déclaration d'existence est déposée, avec les statuts de l'ONG en trois exemplaires aux bureaux du département ou de la région de son siège social. Il en est délivré un récépissé.

331. La procédure de demande d'agrément est détaillée par l'article 7 de la loi. Le dossier de demande d'agrément est déposé aux bureaux du département ou de la région du siège social de l'ONG. Il est constitué d'une demande écrite adressée au représentant de l'État auprès du département ou de la région concernée, d'un exemplaire des statuts, d'un récépissé de la déclaration d'existence, d'une fiche de renseignements sur les membres fondateurs et les dirigeants, et enfin d'un document relatant les programmes d'activités annuelles et les moyens dont dispose l'ONG. Ce n'est pourtant pas au niveau des bureaux du département ou de région du siège social de l'ONG que l'agrément est délivré, car le dossier de demande est transmis soit au comité départemental soit au comité régional bipartite qui est composé des représentants de l'État et des ONG. Ce comité départemental ou régional dispose d'un délai de 1 mois à partir de la date de dépôt du dossier pour l'instruire et statuer. Et c'est la décision prise par le comité qui est constatée par arrêté par le représentant de l'État au niveau du département ou de la région. L'arrêté doit être pris dans un délai de 2 mois à partir de la date de dépôt initial du dossier.

332. Pour leur formation, les ONG nationales sont soumises aux procédures de déclaration et d'existence et de dépôt du dossier de demande d'agrément. Le législateur a posé un préalable supplémentaire dans la procédure de formation des ONG étrangères. Selon l'article 37 de la loi, la formation de ces dernières nécessite l'autorisation préalable du Ministère de l'Intérieur, après avis du Ministère des Affaires étrangères. Selon l'article 38

[517] Alinéa 2 de l'article 6 de la loi.

de la loi, sont considérées comme étrangères les ONG « quelle que soit la forme sous laquelle ils peuvent éventuellement se dissimuler, les groupements présentant les caractéristiques d'une ONG, qui ont leur siège à l'étranger ou qui, ayant leur siège à Madagascar, sont dirigées en fait par un ou plusieurs étrangers, ou sont composés soit d'administrateurs en majorité étrangers, soit du quart au moins des membres étrangers ». À la suite de leur formation, ces ONG étrangères sont soumises aux mêmes dispositions de la loi malgache que les ONG nationales.

333. ***Les attributs liés à la personnalité juridique de l'ONG***. L'ONG est une personne morale de droit privé. Selon l'article 15 de la loi, elle peut ester en justice. Aucune précision n'a été apportée par les textes sur les sujets pour lesquels les ONG peuvent ester en justice. Il peut être déduit qu'ils ne peuvent le faire que dans les limites statutaires. Les ONG peuvent acquérir ou aliéner à titre onéreux, posséder et administrer toutes les ressources et tous les biens liés à son fonctionnement. Selon l'article 15 de la loi, ces biens sont constitués par « les cotisations des membres ou les sommes au moyen desquelles ces cotisations ont été rédimées, les locaux destinés à l'administration de l'ONG et à ses réunions, les immeubles nécessaires aux buts qu'elle se propose, les aides matérielles et financières en provenance d'autres organismes, les dons et legs de meubles et immeubles, toutes autres ressources licites, dont les fruits de ses activités ».

334. Dans la pratique, les organisations non gouvernementales s'occupant des questions d'environnement sont de différents types : elles peuvent être locales ou nationales, constituées par les populations locales ou d'envergure internationale. Peut être prit en exemple ***Conservation International Madagascar***. C'est le programme local de l'organisation américaine à but non lucratif *Conservation International*. Installée dans les années quatre-vingt-dix à Madagascar, cette organisation œuvre essentiellement dans les recherches scientifiques sur les espèces et les espaces à protéger et contribue à la collecte des données sur la biodiversité. De ces évaluations et collectes, le programme a pu aider les autorités centrales à prendre des décisions sur les orientations des politiques environnementales à mener, c'est le cas par exemple dans le cadre des aires protégées et de l'évolution des considérations portées sur celles-ci[518]. Vu les moyens dont dispose la recherche scientifique malgache, la présence de *Conservation International Madagascar* contribue de manière certaine à la connaissance des richesses de la biodiversité. Plus récemment, cette organisation constitue aussi un appui non négligeable quant à la responsabilisation des communautés locales dans la protection et la préservation des ressources. Pour ce faire, des actions de renforcement de capacité sont organisées, des financements de projets

---

[518] Voir *supra*.

réalisés. Deux programmes peuvent être mentionnés. Le programme NODE qui finance les associations des communautés locales lorsque celles-ci œuvrent pour la conservation et l'amélioration de la qualité et du niveau de vie des communautés. Le programme *Tokantrano Salama*[519] qui vise à favoriser l'accès des communautés aux services de la planification familiale, de l'eau potable et des assainissements et à appuyer l'éducation environnementale de ces communautés.

335. ***La variété des ONG à Madagascar et l'absence de résultats en matière de protection de la nature.*** Il y a autant de principes de travail différents que d'organisations non gouvernementales à Madagascar. « L'augmentation de leur nombre, de leur capacité financière et de leur influence, place les ONG en situation de concurrence entre elles, mais aussi avec les autres organisations engagées sur le terrain de l'aide et du développement »[520]. Les différences de philosophie de travail vont conduire à des résultats considérés comme non « homogènes »[521].

336. Comme vu auparavant, la présence des organisations non gouvernementales pallie d'une certaine manière l'absence et les défaillances des autorités centrales. Les différents textes attribuent à l'appareil étatique la plupart des obligations et des missions, mais dans la pratique, ce sont les associations et les organisations non gouvernementales qui contribuent le plus aux actions de protection et de préservation des éléments de la riche biodiversité malgache. Plusieurs lacunes devraient cependant être comblées, et notamment l'élargissement du champ de compétence des associations de protection quand il s'agit d'ester en justice, même si la loi portant création de la chaîne spéciale de lutte contre le trafic de bois de rose et/ou de bois d'ébène et répression des infractions relatives aux bois de rose et/ou bois d'ébène a déjà apporté sa pierre à l'édifice. La mise à jour de cette législation relative aux associations devrait aussi être sérieusement envisagée afin de prendre en compte les spécificités des actions des associations dans le domaine de l'environnement d'une part et les spécificités du monde associatif malgache d'autre part.

---

[519] Littéralement signifie foyer en bonne santé.

[520] Mino RANDRIANARISON, *La protection de la biodiversité à Madagascar – Les paiements pour services environnementaux (PSE)*, L'Harmattan, 2011, p. 91.

[521] « Les ONG internationales, pour séduire leurs donateurs ou obtenir des financements publics, valorisent leurs activités à Madagascar. Les ONG étrangères présentes sur le terrain de l'environnement, maintiennent l'influence et défendent l'intérêt de leur pays d'origine » : S. MOREAU, « Le développement durable au Sud : l'exemple de Madagascar » in *Le développement durable : approches plurielles*, Paris, 2005, pp. 251-274, cité dans Mino RANDRIANARISON, *op.cit.*

Conclusion sur les sources normatives et les acteurs du droit malgache de la protection de la nature

337. Les sources du droit malgache de la protection de la nature sont plurielles. Un embryon de protection avait été originellement mis en place par le roi *Andrianampoinimerina* et repris par le Code des 305 articles au XVIIIe siècle. Bien que la portée de ces premières mesures soit relative vu qu'elles n'allaient pas jusqu'à prévoir une protection intégrale, ces mesures constituent les premières bases du droit malgache de la protection de la nature.

338. La participation de Madagascar aux principales conventions internationales ayant édifié la protection de la diversité biologique a contribué à l'éclosion de ce droit. C'est principalement le cas avec la convention de Rio de 1992. Cependant, la mise en application des recommandations et des obligations issues des diverses adhésions aux conventions internationales est relative selon les sujets concernés : inexistante ou parcellaire pour certains, décisive pour d'autres. Au niveau interne, la protection constitutionnelle des éléments de la diversité biologique et de l'environnement est constante même si elle se retrouve quelque peu remise en cause dans la Constitution de 2010 actuellement en vigueur. Dans tous les cas, la nécessaire implication de l'État met celui-ci dans une position centrale dans la protection de la nature et des ressources de la diversité biologique. L'étude du cadre institutionnel de la protection de la nature a permis d'affirmer cette place centrale prise par l'administration étatique en la matière.

339. Tout l'appareil étatique est mobilisé pour la cause environnementale, que ce soit au niveau central ou à tous les niveaux de décentralisation, attribuant ainsi une place centrale à cette protection de la nature. L'État et l'administration étatique ont les principales compétences en la matière, malgré la mise en place des associations pour l'environnement dont les compétences sont limitées. Mais cette place centrale de l'État et de l'administration n'est pas parfaite. En effet, il y a souvent des confusions des rôles ou indéterminations de ceux-ci. Et même si la décentralisation des compétences environnementales est annoncée et affirmée par la Loi Fondamentale, en pratique, celle-ci n'est pas confirmée par les textes attribuant compétence aux collectivités territoriales décentralisées. Il nous faut maintenant étudier le champ d'application de ce droit malgache de la protection de la nature.

PARTIE 2. ESPACES, ESPÈCES ET ACTIVITÉS PROTÉGÉS

340. Dans le droit malgache de la protection de la nature, l'influence des premiers textes, essentiellement relatifs à la protection des forêts et des domaines forestiers, demeure. Faut-il rappeler ici que les principales dispositions du Code des 305 articles, relevées dans la première partie, et relatives à une protection des ressources naturelles concernaient la forêt et la couverture forestière. Il sera vu que dans les années 1960, l'ossature du droit malgache de la protection de la nature sera constituée des textes relatifs à la réglementation forestière et à la chasse. Ce sont les trois ordonnances du 3 octobre 1960. La réglementation forestière est une base essentielle et historique du droit malgache de la protection de la nature, contrairement à d'autres systèmes juridiques dans lesquels le droit forestier est considéré comme une partie intégrante du droit économique (**Chapitre I**). À cette protection des forêts et des couvertures forestières s'ajoute celle de territoires considérés, dès le début du XXe siècle, comme niches de plusieurs éléments essentiels de la diversité biologique et spécifiques à la faune et/ou à la flore malgache, ce sont les aires protégées (**Chapitre II**), qui vont constituer avec les forêts les domaines historiques de la protection.

341. Au fil des adhésions aux conventions internationales et de l'évolution des préoccupations internes des autorités malgaches, se grefferont à cette ossature de base, les autres dispositions qui illustrent un cheminement vers d'autres finalités de protection. Le socle constitué par la préservation de la forêt et la création des aires protégées va s'élargir peu à peu à d'autres sujets de protection. Cela résulte des influences des conventions internationales auxquelles Madagascar a adhéré d'une part, et aux prises de conscience interne d'autre part. Ce n'est qu'à partir de cette évolution des finalités de protection que les éléments de la faune et de la flore sont spécifiquement considérés (**Chapitre III**). Et à la suite des espèces de la faune et de la flore, l'eau acquiert une protection particulière. En effet, elle est désormais considérée comme « un patrimoine commun national et un élément naturel indispensable »[522] (**Chapitre IV**).

[522] Article premier de la loi n° 98-029 du 20 janvier 1999 portant Code de l'eau malgache.

Chapitre I. La protection de la forêt

342. Aucun texte d'envergure internationale ne traite de la protection de la forêt[523]. Et bien qu'une Déclaration de principes relative aux forêts[524] ait été adoptée lors du Sommet de la Terre de 1992[525], « d'un strict point de vue juridique, le régime international est un "désert juridique" »[526]. Cette Déclaration de principes relative aux forêts constitue une solution de compromis issue des vives oppositions et discussions lors de la Conférence de Rio entre les pays en développement et les pays développés : c'est « un simple texte d'engagement politique »[527]. Ce « vide » apparent constaté au niveau de la réglementation internationale est comblé au niveau national. En droit malgache de la protection de la nature, la réglementation forestière constitue un pilier fondamental. Mais, deux caractéristiques essentielles de cette législation forestière en affaiblissent la portée. D'une part, il y a une pluralité de perception des rôles de la forêt (**section I**). Et d'autre part, la mise en avant de l'utilité économique de la forêt déplace le curseur de la réglementation des finalités de protection des ressources vers leur exploitation (**section II**).

SECTION I. LA PLURALITÉ DES RÔLES DE LA FORÊT

343. « La politique forestière malgache s'articule autour de quatre grandes orientations :
a. enrayer le processus de dégradation forestière qui, compte tenu de son ampleur, constitue une menace pour la pérennité du patrimoine forestier et biologique ;

---

[523] Voir Stéphane DOUMBE-BILLE, « Le cadre juridique international relatif aux forêts – État de développement », in Marie CORNU & Jérôme FROMAGEAU (dir.), *Le droit de la forêt au XXIème siècle – Aspects internationaux,* Paris : L'Harmattan, 2004, p 133. Il y parle d'un « non-régime » juridique.

[524] C'est la « Déclaration de principes, non juridiquement contraignante, mais faisant autorité, pour un consensus mondial sur la gestion, la conservation et l'exploitation écologiquement viable de tous les types de forêts ». Conférence des Nations Unies sur l'environnement et le développement, *« Action 21 : Déclaration de Rio sur l'environnement et le développement : Déclaration de principes relatifs aux forêts »,* New York : Nations Unies, 1993, 256 p.

[525] « Le thème de la forêt a été, et de loin, le plus controversé, le plus difficile et le plus critiqué de toute la Conférence ». Guy CORCELLE, « 20 ans après Stockholm : la Conférence des Nations Unies de Rio de Janeiro sur l'environnement et le développement : point de départ ou aboutissement ? », *Revue du marché commun et de l'Union européenne*, n° 365, février 1993, p. 117.

[526] Stéphane DOUMBE-BILLE, *op.cit*, p. 124.

[527] Guy CORCELLE, *idem*, p. 111.

b. mieux gérer les ressources forestières en recherchant, dans une optique de développement durable, la meilleure adéquation possible entre les ressources et les besoins ;
c. augmenter la superficie et le potentiel forestier pour que la forêt puisse mieux remplir sur le long terme ses fonctions économique, écologique et sociale ;
d. accroître la performance économique du secteur forestier pour qu'il contribue davantage au développement économique du pays »[528].

344. La protection de la ressource forestière rencontre cependant des difficultés dues notamment à la perception des rôles de la forêt par les communautés riveraines. La forêt représente à la fois une source d'énergie, une surface potentiellement exploitable et un habitat pour la faune et la flore endémiques de Madagascar. Mais les fonctions sociale et culturelle, doublées de ses possibilités d'usage au quotidien prédominent les considérations liées à la protection portée à la forêt (**paragraphe 1**). Et de cette pluralité du rôle de la forêt va résulter une instabilité du contenu de la réglementation forestière (**paragraphe 2**).

Paragraphe 1. Les différents usages de la forêt

345. La forêt est essentielle au paysan africain, elle « fournit les matériaux de son habitation et de son mobilier, les plantes médicinales, le fourrage de son bétail, sa propre alimentation et le feu pour la cuire »[529]. Cette forêt fait, dès lors, l'objet d'une exploitation massive parce qu'elle constitue une source d'énergie et de matières premières nécessaires au quotidien (**1**). Et elle est aussi considérée comme un espace potentiel de culture : son défrichement peut permettre un accès à la propriété foncière (**2**).

1. La forêt, source d'énergie et de matière première nécessaires au quotidien

346. À Madagascar, la forêt et surtout ses produits sont essentiels au quotidien de la population. Dès les débuts du peuplement de l'Île, la forêt a toujours tenu une place primordiale : elle nourrit, guérit, fournit de l'énergie combustible, constitue un matériel de construction accessible. « L'extraction commerciale de bois, même à son plus haut degré, n'exerce pas autant de pressions sur les forêts de Madagascar que les besoins de subsistance des

[528] Selon le décret n° 97-1200 du 2 octobre 1997 portant adoption de la politique forestière malagasy (JO n° 2467 du 01.12.97, p. 2324)
[529] Ch. Du Saussay, « *La protection des forêts en droit africain* » in Michel Prieur (dir.), *Forêts et environnement,* Presses Universitaires de France, 1984, p. 150.

communautés rurales »[530]. Actuellement, malgré l'utilisation de nouvelles sources d'énergie et des moyens de construction modernes, le recours aux ressources forestières reste important. Une étude révèle que « la fourniture d'énergie à Madagascar est assurée à hauteur de 92 % par le bois énergie. Le bois énergie est principalement utilisé comme combustible pour la cuisson au niveau des ménages. Le bois de chauffe constitue le type de bois énergie consommé par 82,2 % des ménages, tandis que le charbon de bois est consommé par 17 % des ménages malgaches »[531].

347. « La principale menace qui pèse sur les forêts *malagasy* vient d'une population grandissante qui dépend largement des produits forestiers pour satisfaire plusieurs de ses besoins fondamentaux »[532]. Une grande partie de la population urbaine consomme aussi les produits issus de l'exploitation forestière. « La nécessité d'approvisionner les centres urbains en bois matériau et énergie figure parmi les causes de la surexploitation des ressources ligneuses »[533]. Et une démographie galopante de la population[534] ne permet pas de contrôler les exploitations des ressources forestières. Ce constat est unanime et recueille l'adhésion de la majorité des études menées sur la question. « Les taux de croissance continue de la population exacerbent les pressions sur tous les types d'écosystèmes. Les taux de densité élevée et la croissance importante de la population constituent une menace sérieuse pour les forêts. Plus de bouches à nourrir et une superficie fixe de terrain entraînent une grande exploitation des ressources »[535]. « La pression due au facteur démographique, accentuée par une répartition géographique inégale et par l'accroissement de la population urbaine, entraîne un décalage croissant entre d'une part les besoins économiques et sociaux, et d'autre part les ressources forestières susceptibles d'y faire

---

530 Eduard NIESTEIN, PhD, *Étude sur la politique de conservation des ressources forestières à Madagascar – Contraintes et opportunités de la conservation des forêts à Madagascar*, Conservation International, Direction générale des Eaux et Forêts, Antananarivo, mai 2000, p. 2.

531 WWF, *Diagnostic du secteur énergie à Madagascar*, septembre 2012, p. 22.

532 Eduard NIESTEIN, *op.cit.*

533 Ministère des Eaux et Forêts, *Politique forestière malagasy*, Antananarivo, janvier 2001, p. 7.

534 En 1975, la population malgache était évaluée à 7 586 000 habitants, en 1993, elle s'élevait à 12 239 000 habitants (source : Banque de données de l'État [BDE], RGPH 1975 et INSTAT, RGPH 1993). En 2002, sur les 15 981 000 habitants la population rurale est évaluée à 11 653 000 habitants et la population urbaine à 4 327 000 habitants. En 2008, cette proportion est encore respectée, sur 18 866 000 habitants, la population rurale s'élève à 13 080 000 habitants et la population urbaine à 5 786 000 habitants (source : INSTAT/Direction de la Démographie et des Statistiques Sociales, juillet 2009). Voir : RAZAFIMANJATO Jocelyn Yves & autres, « La situation démographique de Madagascar », *Population*, 56 (4), 2001, pp. 657 – 668.

535 USAID, *Mise à jour 2008 de l'Evaluation des menaces et opportunités pour l'environnement à Madagascar*, mai 2008, p. 78.

face »[536]. De ces faits, les ressources forestières font l'objet d'une exploitation massive pour satisfaire, à la fois, les besoins de la population rurale et ceux de la population urbaine.

2. La forêt, espace potentiel de culture et moyen d'accès à la propriété foncière

348. Un autre aspect de cette exploitation de la forêt qui contribue largement à son épuisement est l'utilisation active du feu à travers le *tavy*. C'est une pratique culturale de défrichement qui connaît la faveur des communautés riveraines des forêts dans la mesure où elle leur permet d'une part d'élargir leur espace de culture et d'autre part d'accéder à la propriété foncière.

A. L'élargissement des surfaces de culture par la pratique du *tavy*

349. Cette méthode agricole a une répercussion certaine sur les ressources forestières. L'absence de modernisation et d'intensification des techniques agricoles entraîne le maintien d'une pratique culturale dont l'outil essentiel est le feu, mais qui ne produit pas, sur le long terme, de résultats probants.

350. ***L'utilisation du feu par le tavy comme méthode de culture et défrichement.*** La pratique du *tavy* peut être définie de plusieurs manières selon les régions dans lesquelles il est réalisé, mais d'une manière générale, c'est une méthode de culture qui utilise le feu comme ingrédient principal et grâce auquel l'étendue des champs de culture s'élargit. Lors du *tavy*, les forêts sont mises à feu puis défrichées, et les espaces « dégagés » sont convertis en terres de culture. C'est « la culture de riz pluvial, sans labour, sur défriche – brûlis de forêt naturelle humide, en général de la forêt secondaire ou de recrû forestier »[537]. Plus particulièrement, il consiste dans « l'abattage de la forêt primaire, suivi de la mise à feu en septembre – octobre, époque où il fait relativement sec en forêt. Sur les cendres, on sème en s'aidant d'un bâton, du riz ou du maïs, voire des pois du Cap »[538]. Cette pratique est un problème historique à Madagascar parce qu'elle est largement ancrée dans la coutume paysanne et n'est pas exclusive d'une région particulière de l'île. Les autorités étatiques n'ont pas réussi à adopter une réglementation stricte et efficace sur cette méthode de culture ni à

---

[536] Ministère des Eaux et Forêts, *Politique forestière malagasy, op. cit.*

[537] Sigrid AUBERT, Serge RAZAFIARISON et Alain BERTRAND (éditeurs scientifiques), *Déforestation et systèmes agraires à Madagascar – Les dynamiques des tavy sur la côte orientale*, Cirad, Cite, Fofifa, 2003, p. 20.

[538] Edmont UHART, *Les reboisements facteur préalable du développement de Madagascar*, Thèse de doctorat en sciences économiques, Université de Paris, 1961, p. 15.

imposer aux paysans des méthodes plus respectueuses des ressources naturelles et plus productives. « Dans les zones forestières, la pratique traditionnelle de la culture de subsistance sur brûlis ou *tavy* par un nombre croissant de paysans, alors que la superficie des forêts naturelles a diminué, ne garantit plus leur reconstitution. Les méthodes d'exploitation forestière en vigueur, qui n'ont guère évolué, n'intègrent pas la notion du long terme »[539]. Il est à noter que le *tavy* ne permet d'obtenir des récoltes que pour un délai maximum limité à trois ans. Et malgré l'absence flagrante de conséquences positives à la pratique, celle-ci subsiste. « Les forêts détruites par le *tavy* ne rapportent ainsi aucun revenu au gouvernement, très peu à l'économie formelle, et ne rapportent que des bénéfices limités et provisoires aux paysans qui y puisent leur subsistance. Néanmoins, sans sources alternatives de revenus et de nourriture à prix abordable, ou de systèmes de production durables et compétitifs, les paysans continueront à dépendre du *tavy* »[540].

351. ***L'élément culturel dans la pratique du tavy.*** Par ailleurs, bien que jugé contre-productif, le *tavy* est difficile à réglementer, car considéré comme partie intégrante de la culture et du mode de vie dans certaines communautés locales. Il en est ainsi dans la partie Est de Madagascar. « Sur la côte orientale, avec le *tavy,* le feu est le support de relations sociales. La mise à feu des parcelles de *tavy* n'est pas un acte anodin qui peut être exécuté par n'importe qui, sans respecter les règles et les procédures coutumières »[541]. Au-delà de ses conséquences éphémères sur la qualité des terres agricoles, la pratique du *tavy* contribue à renforcer un certain lien social dans la communauté. Celui-ci « est véritablement représentatif et constitutif de l'identité sociale de l'ethnie *betsimisaraka*[542] »[543]. « La "forêt vivante" (*atiala velono*) est l'expression de la puissance inépuisable de la végétation à tout couvrir, à tout "manger". (...) déboiser ou déforester [sic] ne constitue nullement une activité prédatrice si elle est accompagnée d'une compensation symbolique et reboiser constitue à la limite un non-sens, car la

---

[539] Ministère des Eaux et Forêts, *Politique forestière malagasy,* Antananarivo, janvier 2001, p. 8.

[540] Eduard NIESTEIN, PhD, *Etude sur la politique de conservation des ressources forestières à Madagascar – Contraintes et opportunités de la conservation des forêts à Madagascar,* Conservation International, Direction générale des Eaux et Forêts, Antananarivo, mai 2000, p. 20.

[541] Sigrid AUBERT, Serge RAZAFIARISON et Alain BERTRAND (éditeurs scientifiques), *Déforestation et systèmes agraires à Madagascar – Les dynamiques des tavy sur la côte orientale,* Cirad, Cite, Fofifa, 2003, p. 24.

[542] Les *Betsimisaraka* constituent une ethnie malgache qui se trouve principalement sur la Côte Est de l'île.

[543] ALTHABE G., *Oppression et libération dans l'imaginaire, les communautés villageoises de la côte orientale de Madagascar,* Paris : 1982, citée dans Sigrid AUBERT, Serge RAZAFIARISON et Alain BERTRAND (éditeurs scientifiques), *Déforestation et systèmes agraires à Madagascar – Les dynamiques des tavy sur la côte orientale,* Cirad, Cite, Fofifa, 2003.

forêt ne s'épuise jamais puisque les arbres incarnent la vie inépuisable »[544]. S'ajoute à cela le fait que dans la pensée collective malgache, le phénomène d'épuisement des ressources semble utopique et ne peut constituer une réalité. « Certains ont dit que les Malgaches étaient des prédateurs. Mais il faut bien voir que dans l'imaginaire malgache, la forêt de l'Est sera toujours éternelle, les ressources minières seront toujours éternelles, et que s'il y a prédation, ce n'est pas par mauvais penchant ni par inconscience. L'approche imaginaire est plutôt que puisque les interdits sont respectés, alors Dieu ne peut donner en retour un monde imparfait »[545].

352. À ces différents aspects culturel et économique associés à la pratique culturale du *tavy* s'ajoute le constat que les difficultés liées à l'accès à la propriété foncière tendent aussi à justifier, aux yeux de ceux qui la pratiquent, la déforestation.

B. La déforestation, moyen d'accès à la propriété foncière

353. Les difficultés d'accès[546] à la propriété foncière sont contournées par les communautés locales avec les actes de déforestation qui ont des conséquences sur les ressources naturelles. « Faute d'infrastructures routières, de grandes entreprises forestières (...) la dégradation des ressources forestières a été largement le fait de paysans pauvres ouvrant de nouveaux espaces forestiers à l'agriculture de subsistance ou de rente. (...) Pour obtenir plus de terre, des pans de forêts sont défrichés, la végétation est laissée à sécher et brûler quelques mois plus tard »[547].

354. « Les explications concernant les rythmes affolants de la déforestation et de la dégradation des écosystèmes ont évolué dans la dernière décennie. Initialement, elles se limitaient souvent à la dénonciation de pratiques apparemment inéluctables comme les feux de brousse et la culture sur brûlis (...). Les nouvelles analyses proposées ont mis en relief cette fois la politique plus que centenaire de gestion administrative,

---

[544] SYLLA Yvette, MANGALAZA Eugène, « *L'image représentative de la forêt en pays Betsimisaraka* » sous la direction de MALDAGUE, KABALA MATUKA et ALBIGNAC Roland, *Environnement et gestion des ressources naturelles dans la zone africaine de l'Océan Indien,* Rapport du séminaire international organisé par la Commission nationale Malgache pour l'UNESCO, Tamatave – Madagascar, 25 septembre au 3 octobre 1998, p. 220.

[545] Irène RAJAONARIVELO RAKOTOMALALA, « Le Malgache et son univers : la relation à l'autre » in *Aperçus sur la culture malgache – Madagascar Fenêtres*, volume II, Antananarivo : Cite, novembre 2006, p. 89.

[546] Voir RAMAROLANTO-RATIARAY, « L'accès à la terre en droit rural malgache », *Revue Internationale de Droit Comparé,* 1989, volume 41, n° 3, pp. 637 – 707.

[547] Frank MUTTENZER, *Déforestation et droit coutumier à Madagascar – Les perceptions des acteurs de la gestion communautaire des forêts,* Paris : Éditions Karthala, 2010, p. 15.

centralisée et répressive des ressources renouvelables, l'importance de la situation généralisée d'insécurité foncière dans les causes de ces phénomènes (...) »[548].

355. Il a été vu que les différentes utilisations de la forêt, couplées avec les possibilités d'accès à la propriété foncière et de l'élargissement des champs de culture constituent autant de facteurs rendant difficile sa protection. Cette protection se complique d'autant plus que la définition de la forêt fluctue et se multiplie dans la réglementation forestière.

Paragraphe 2. La pluralité de définitions de la forêt

356. La réglementation forestière malgache n'a pas connu de grandes évolutions depuis les premières mesures prises au temps des Royaumes[549]. Cette réglementation est composée de trois textes successifs : le décret portant régime forestier de Madagascar et de ses dépendances du 25 janvier 1930[550], l'ordonnance n° 60-127 fixant le régime des défrichements et des feux de végétation du 3 octobre 1960[551] et enfin la loi n° 97-017 du 8 août 1997 portant révision de la législation forestière[552]. C'est une réglementation qui reste immuable dans ses dispositions et pour laquelle aucune réforme d'envergure n'a été faite : les différentes règles qui ont été édictées se sont cumulées au fil du temps. Ce caractère immuable et constant de certaines dispositions de la réglementation contraste avec la multiplication de la définition de son objet principal. En effet, chacun de ces textes a sa propre définition de la forêt.

1. La qualification de forêt tributaire de la qualification des produits du terrain concerné

357. ***Le décret portant régime forestier de Madagascar et de ses dépendances, base principale de la réglementation forestière malgache.*** Bien qu'adopté au début du XXe siècle, le décret du 25 janvier 1930 réorganisant le régime forestier applicable à la colonie de Madagascar et

[548] MALDIDIER, « *La décentralisation de la gestion des ressources renouvelables à Madagascar. Les premiers enseignements sur les processus et les méthodes d'intervention* », Tananarive, Rapport, ONE, 2001, p.13.
[549] Dans le Code des 305 articles du 29 mars 1881, qui est une des premières sources du droit écrit malgache, plusieurs articles régissent déjà l'exploitation des ressources forestières. *supra.*
[550] Journal officiel de Madagascar, 23 novembre 1930, p. 1066.
[551] JO du 15 octobre 1960, pp. 2069 – 2072.
[552] JO n° 2449 du 25 août 1997, p. 1717.

dépendances[553] pose les bases de la réglementation forestière malgache et l'influence de manière importante en imposant une vision très restrictive. « Les premières mesures de politique forestière destinées à lutter contre la dégradation forestière en Afrique ont eu pour unique objet de limiter au maximum la pression humaine sur les ressources boisées. Tel est le sens des dispositions contenues dans le décret du 25 janvier 1930 (...) promulgué à un moment où se précise une politique d'ensemble de protection des forêts africaines et malgaches »[554].

358. ***Les caractères exclusif et répressif du décret du 25 janvier 1930.*** Ce décret présente des caractéristiques particulières. Il est spécifique et exclusif : il se focalise entièrement sur la forêt. Ce décret « ne s'intéresse pas au contexte qui pousse les paysans à parcourir les espaces boisés (...) on ne s'occupe que de la forêt »[555]. De même, il ne prend pas en compte les facteurs extérieurs qui peuvent expliquer le mode d'exploitation des ressources forestières et la perception des communautés riveraines sur son rôle. « Le décret de 1930 ne fera référence aux contextes locaux, coutumes et autres modes traditionnels de gestion, que par des rapprochements au Code des 305 articles (protection contre les feux, défrichements et emplois des bois) qui donnent à ces textes une nette orientation pour une stricte protection des forêts »[556]. Et enfin, ce décret de 1930 limite considérablement les personnes qui peuvent faire usage de la forêt et exploiter les ressources forestières. « Son objectif est d'exclure le plus possible d'usagers afin de limiter une pression jugée néfaste sur les ressources forestières, et cela au nom de la défense d'un intérêt général conçu comme quelque chose qui s'impose à la société locale et dont seul l'État peut être le garant. Considérant que la dégradation forestière est directement fonction du nombre d'usagers, elle vise explicitement à l'extinction des pratiques correspondantes »[557]. Ainsi, l'article 48 du décret forestier prévoit que « les concessionnaires ou exploitants divers ne pourront commencer leurs exploitations qu'après avoir reçu le permis d'exploiter de l'autorité compétente à peine d'être poursuivis comme délinquants ». Et afin de réduire ces exploitations et l'accès libre de la population à la ressource forestière, un régime d'autorisation et de permis est mis en place.

---

553 Promulgué à Madagascar par arrêté du 17 novembre 1930.

554 Gérard BUTTOUD, *La forêt et l'État en Afrique sèche et à Madagascar – Changer de politiques forestières*, Paris : Éditions Karthala, 1995, p. 40.

555 Gérard BUTTOUD, *op. cit.*

556 Pierre MONTAGNE, Bruno RAMAMONJISOA, « Politiques forestières à Madagascar entre répression et autonomie des acteurs », *Economie rurale*, 294-295, juillet – octobre 2006, p. 13.

557 Gérard BUTTOUD, *idem.*

359. ***Les terrains à produits forestiers sont des forêts.*** Dans ce décret du 25 janvier 1930, la qualification de forêt dépend des fruits des terrains. Selon son article 2, sont des forêts « les terrains dont les fruits exclusifs ou principaux sont des produits forestiers ». Et l'article 3 du même décret définit ces produits forestiers dans une liste exhaustive. Les produits forestiers principaux sont « les bois d'ébénisterie, d'industrie et de service, les bois de chauffage et à charbon, les écorces textiles, tinctoriales et à tanin, les fibres de raphia ». Sont qualifiés de produits forestiers accessoires : « le caoutchouc, les résines ou gommes, les cires végétales, les cocons de vers à soie des peuplements de tapia, les bambous, ravenala, bruyères, fougères et tous autres végétaux ne constituant pas un produit agricole ».

360. Le texte de ce décret restera en vigueur, jusqu'à l'accès à l'Indépendance de Madagascar, mais son esprit demeure dans les textes malgaches contemporains. Il en est ainsi dans les ordonnances prises dans les années 1960.

2. L'absence de définition de la forêt dans le triptyque des ordonnances de 1960

361. À l'Indépendance de Madagascar, trois textes ont été adoptés simultanément afin de contribuer à la protection de la faune et de la flore. C'est ce triptyque d'ordonnances du 3 octobre 1960 qui constitue l'ossature historique du droit malgache de la protection de l'environnement[558]. Elles s'occupent globalement de la protection de la couverture forestière et de la faune. La première, l'ordonnance n° 60-126 fixe le régime de la chasse, de la pêche et de la protection de la faune, les deux autres ordonnances concernent directement la réglementation forestière malgache. L'ordonnance n° 60-127 fixe le régime des défrichements et des feux de végétation et l'ordonnance n° 60-128 quant à elle, régit la procédure applicable à la répression des infractions à la législation forestière, de la chasse, de la pêche et de la protection de la nature. Cette dernière est un « texte général (…) qui ne fait que reprendre la plupart des textes antérieurs en les codifiant. Il s'agit plus particulièrement du décret forestier du 25 janvier 1930 »[559].

362. ***Le renforcement de la répression des infractions par les ordonnances du 3 octobre 1960.*** Aucune disposition de ces ordonnances ne définit la forêt. Ces ordonnances n'ont pour but que de renforcer la répression des infractions aux textes en vigueur et de limiter les exploitations des ressources forestières. « Il est indispensable que des mesures sévères

[558] La plupart des dispositions de ces ordonnances restent encore en vigueur actuellement.
[559] Selon l'exposé des motifs de l'ordonnance.

soient prises. S'il n'en était pas ainsi, les sols continueraient à se dégrader à une vitesse accélérée, ne permettant plus à la population d'assurer sa subsistance, et l'avenir même du pays se trouverait irrémédiablement compromis »[560]. Ces ordonnances se contentent de se référer aux dispositions préexistantes et reprennent « dans leurs grandes lignes et en la codifiant, la réglementation et la matière, dont Madagascar a été progressivement dotée depuis 1930 »[561]. Il en sera ainsi jusqu'à la réforme initiée dans les années 1990, à la suite du constat de manque et d'inadaptation des textes qui ont été jusqu'alors en vigueur.

3. La nature et les fruits du terrain, éléments de définition de la forêt dans la loi n° 97-017 du 8 août 1997 portant révision de la législation forestière

363. La loi n° 97 - 017 du 8 août 1997 portant révision de la législation forestière constitue une refonte de l'ensemble de la législation forestière en vigueur depuis le roi *Andrianampoinimerina*. Cette réforme est la plus importante effectuée depuis l'adoption du triptyque d'ordonnances de l'Indépendance. Dans cette loi, la forêt est définie en fonction soit de la nature du terrain soit de ses fruits. Bien que pouvant être perçue comme une révision importante, il n'en demeure pas moins que le législateur malgache reprend ici la méthodologie du décret de 1930 qui se base sur la nature des produits du terrain pour déterminer la qualification de celui-ci.

364. ***L'indétermination de la définition de la forêt.*** Selon l'article 1er de cette loi, « par forêt, on entend :
- les surfaces couvertes d'arbres ou de végétation ligneuse, autres que plantées à des fins exclusives de production fruitière, de production de fourrage ou d'ornementation ;
- les surfaces occupées par les arbres et les buissons situés sur les berges des cours d'eau et lacs et sur des terrains érodés ;
- les terrains dont les fruits exclusifs ou principaux sont des produits forestiers, tels qu'ils sont définis à l'alinéa ci-dessous ;

Sont qualifiés produits des forêts : tous produits naturels issus de leur exploitation et dont la liste fera l'objet d'un décret ».

365. Ce dernier alinéa de l'article 1er reprend l'ancienne définition de la forêt telle qu'énoncée dans le décret forestier de 1930. Le caractère vague des éléments clés de la définition, à savoir les produits forestiers, permet d'y inclure une très grande diversité de terrains de natures très différentes. En

---

560 Exposé des motifs de l'ordonnance n° 60 – 127 fixant le régime des défrichements et des feux de végétation.

561 Exposé des motifs de l'ordonnance n° 60 – 127 du 3 octobre 1960.

effet, la détermination des produits forestiers n'est pas faite directement dans cette loi, mais fait l'objet d'un double renvoi. Le premier renvoi est fait par la loi à son décret d'application. Or, ce dernier n'apporte pas la définition attendue ni des faisceaux d'indices pouvant conduire à cette détermination des produits forestiers. Le décret d'application, le décret n° 2005 – 849 portant refonte des conditions générales d'application de la loi n° 97 – 017 du 8 août 1997[562] procède lui-même à un autre renvoi. Selon son article 2 « en application de l'article premier dernier alinéa de la loi forestière, constituent des produits forestiers, les produits naturels principaux et secondaires dont la liste sera fixée par un arrêté du ministre chargé des forêts ». Ainsi, avec ce double renvoi, la définition de la forêt dans la législation actuellement en vigueur n'est pas affinée et permet de qualifier un panel assez varié de terrains.

366. ***Le rôle de la forêt dans la protection de la diversité biologique : nouvel élément pris en compte dans la définition.*** Malgré le manque précédemment évoqué, une évolution certaine a été opérée dans la définition de la forêt, notamment par la prise en compte des considérations relatives à son rôle dans la protection de la diversité biologique. Auparavant, seule la possibilité ou non d'extraire ou d'exploiter des produits forestiers constituait l'élément clé de la qualification de forêt pour un terrain. Avec l'article 2 de la loi portant révision de la législation forestière, il n'en est plus ainsi, la protection de la diversité biologique entre aussi désormais en compte ainsi que le caractère sensible de la zone.

367. Ainsi, selon l'article 2 de la loi, peuvent être assimilées aux forêts :
« - les surfaces non boisées d'un bien-fonds forestier telles que les clairières ou surfaces occupées par des routes forestières, constructions et installations nécessaires à la gestion forestière ;
– les terrains non boisés à vocation forestière, notamment pour la conservation et la restauration des sols, la conservation de la biodiversité, la régulation des systèmes hydriques ou l'accroissement de la production forestière dès qu'ils auront fait l'objet d'un classement tel que défini à l'article 44 de la présente loi ;
- les terrains déboisés depuis moins de cinq ans et n'ayant pas fait l'objet d'une autorisation de défrichement ;
- les marais, les peuplements d'aloès ;
- les peuplements naturels et purs d'arbres produisant des fruits, tels que les manguiers et anacardiers ;
- les mangroves, les bois sacrés, les raphières ».

[562] JO n° 3024 du 17/04/06, p. 2099.

368. En définitive, la définition de la forêt faite par le législateur est empreinte d'une vision à la fois utilitariste et protectrice. D'un côté, la réglementation forestière soumet à sa protection les terrains qui permettent de récolter des produits forestiers et donc, peuvent être utiles du point de vue économique. De l'autre côté, est considéré comme forêt tout rempart de protection pour les milieux et terrains qui ont des valeurs importantes dans le cadre de la conservation de la biodiversité. De ces divers éléments des définitions il résulte un très grand panel de terrains qui peuvent être considérés comme des forêts. Cette grande variété de forêts fragilise la réglementation et en rend difficile l'application. D'autant que l'exploitation des forêts sera interdite ou autorisée selon des critères essentiellement économiques.

SECTION II. L'UTILITÉ ÉCONOMIQUE, CRITÈRE ESSENTIEL DE LA RÉGLEMENTATION FORESTIÈRE

369. L'héritage laissé par le décret forestier de 1930 a longtemps inspiré la réglementation forestière malgache surtout en ce qu'il a considéré les ressources forestières comme des ressources économiques. Les textes n'ont eu de cesse de privilégier ce rôle économique en ne prenant pas en compte les aspects liés à la protection de la biodiversité (**paragraphe 1**), les principales dispositions de la réglementation forestière vont se baser essentiellement sur l'utilité économique tirée des pratiques sur les terrains qualifiés de forêts (**paragraphe 2**).

Paragraphe 1. La négligence du rôle de protecteur de la diversité biologique de la forêt

370. ***Héritage des conceptions extérieures du rôle de la forêt.*** Dans les dispositions de la réglementation forestière malgache, la forêt est rarement considérée comme un abri de la faune et de la flore[563]. Cette option s'explique notamment par le fait que le contenu de la réglementation malgache n'a été au départ que « la copie outrée »[564] de la loi forestière française. Or, les perceptions des rôles de la forêt française sont différentes de celles de la forêt malgache. Dans la plupart des pays de l'hémisphère Nord, la forêt porte l'empreinte de l'action humaine : « il serait faux

[563] Seul le nouvel article 2 de la loi portant révision de la législation forestière a commencé à mettre en avant ce rôle important de la forêt dans la protection de la diversité biologique.
[564] Gérard BUTTOUD, *La forêt et l'État en Afrique sèche et à Madagascar – Changer de politiques forestières*, Paris : Éditions Karthala, 1995, p. 42.

d'assimiler la forêt à une nature »[565]. Les forêts sont « construites par les besoins de la société qui cherche à en garantir la pérennité. Dans ce processus, l'action humaine, bien qu'elle ne soit pas toujours facilement perceptible, est permanente (...) la forêt française est un espace, - et une ressource qui doit être aménagée par l'homme »[566]. Si cette main mise de l'homme sur les forêts est généralisée dans les pays de l'Hémisphère Nord, il en est autrement dans les pays du Sud en général et à Madagascar en particulier où une très grande partie de la couverture forestière est encore composée de forêts primaires[567] ou secondaires[568] : sur une couverture forestière totale de 132 600 km^2, les 58 700 km^2 sont constitués par des forêts originelles. La perception de la forêt est différente en ce qu'elle est encore considérée comme « naturelle » et qu'elle peut exister et croître sans l'intervention de l'Homme[569].

371. ***L'absence d'impact économique significatif de l'exploitation des forêts***. Cette différence de perception se retrouve aussi dans le rôle économique attribué et réel de la forêt. Bien que la réglementation forestière tende à considérer la forêt comme tout terrain sur lequel peuvent être extraits des produits forestiers, à Madagascar, la filière bois[570] n'est pas un pilier de l'économie. Sa structure ne permet pas une exploitation rationnelle et organisée des ressources forestières. Cette exploitation se réalise encore souvent de manière artisanale, sans la présence des grandes entreprises d'exploitation. « Le secteur forestier formel ne joue qu'un petit rôle dans le contexte de l'économie de Madagascar. (...) Ainsi, en 1998, le secteur forestier contribuait tout au plus à 1,8 pour cent du PIB et environ 1,3 pour cent du revenu total des exportations. Aucune statistique sur la contribution du secteur forestier à l'emploi n'est disponible »[571]. Or, malgré ces caractéristiques et même réalisée de manière artisanale, l'exploitation forestière entraîne de graves conséquences sur la ressource. « Le rôle économique mineur du secteur forestier formel contraste de manière frappante avec le rythme rapide de déforestation du pays. Le capital biologique de Madagascar est consommé à un taux élevé, sans pour autant

---

[565] Gérard BUTTOUD, *La forêt, un espace aux utilités multiples,* La Documentation française, Paris, 2003, p. 11.

[566] Gérard BUTTOUD, *idem.*

[567] Ce sont les forêts qui n'ont jamais fait l'objet d'une exploitation par l'homme.

[568] Ce sont les forêts qui sont composées d'arbres poussant sur des sols qui ont fait l'objet d'une première exploitation.

[569] *Supra* « la forêt ne s'épuise jamais puisque les arbres incarnent la vie inépuisable ».

[570] Désirée IBRAMDJEE, *Les bases juridiques de la filière bois-énergie à Madagascar,* Mémoire DEA, 1997, Université Panthéon Sorbonne, 77 pages.

[571] Eduard NIESTEIN, PhD, *Étude sur la politique de conservation des ressources forestières à Madagascar – Contraintes et opportunités de la conservation des forêts à Madagascar,* Conservation International, Direction générale des Eaux et Forêts, Antananarivo, mai 2000, p. 14.

produire de profit substantiel »[572]. Les ressources forestières s'amenuisent de manière importante sans que leur exploitation ne soit profitable à l'économie nationale. Cet état des faits est aggravé par la méconnaissance de l'ampleur exacte de cette destruction de la ressource.

372. ***Le manque de données et d'informations sur l'exploitation forestière.*** L'ampleur du recul forestier peut difficilement être quantifiée vu que les données en la matière varient d'une étude à l'autre ou se basent sur des données historiques non actualisées. « Il est très difficile de qualifier avec précision la diminution des espèces de forêts à Madagascar. Les méthodes et les unités de mesure sont rarement précisées et les chiffres divergent considérablement d'une source à l'autre. Depuis plus d'un siècle, ce sont donc les estimations de Grandidier[573], qui évaluait à 200 000 ha de forêt détruite chaque année, qui sont généralement avancées et finissent par figurer dans les chiffres officiels »[574]. Malgré ces imprécisions, il est acquis que le phénomène de recul des surfaces forestières existe réellement. « Selon les estimations basées sur les anciennes photographies aériennes de 1950, les forêts et les bois couvraient 14 à 16 millions d'hectares représentant 24 à 28 % du territoire national (…) La couverture forestière est actuellement estimée à 12 millions d'hectares et la forêt naturelle n'occuperait aujourd'hui que 9 à 10 millions d'hectares, soit 16 à 17 % de l'île »[575]. Et cet épuisement des ressources se traduit essentiellement par des pertes en matière de biodiversité : une étude récente montre que depuis les années 1950, 44% des forêts naturelles de Madagaascar ont été perdues[576].

373. ***Le rôle capital de la forêt malgache dans la protection de la richesse de la diversité biologique.*** Il est important de souligner que la forêt malgache est un élément essentiel qui abrite les richesses de sa diversité biologique et ce rôle est primordial par rapport à celui qu'elle pourrait occuper dans le cadre d'une exploitation économique. « L'avantage comparatif des forêts malagasy réside bien dans la protection de la biodiversité. (…) L'exploitation forestière commerciale n'est pas le meilleur

---

[572] Eduard NIESTEIN, PhD, *op.cit.*

[573] Ce naturaliste et explorateur français (1836 – 1921) a réalisé des études sur la faune et la flore de la Grande île, la géographie et le peuple malgaches ; ces études ont été réunies dans un ouvrage sur 30 volumes.

[574] Sigrid AUBERT, *Gestion patrimoniale et viabilité des politiques forestières à Madagascar, vers le droit à l'environnement ?*, Thèse pour le doctorat en droit, Université Paris 1, 1999, p. 9.

[575] ONE, PNUD, Banque Mondiale, *Rapport sur l'état de l'environnement à Madagascar*, Edition 1994-1995.

[576] Ghislain VIEILLEDENT *et alii.*, « Combining global tree cover loss data with historical national forest cover maps to look at six decades of deforestation and forest fragmentation in Madagascar », *Biological conservation*, vol. 222, juin 2018, p. 189-197.

moyen de tirer profit des forêts de Madagascar »[577]. Pour rappel, la forêt est un habitat d'une proportion importante de la flore et de la faune endémiques de l'Île : sur les 12 000 espèces de la flore malgache, il est évalué[578] qu'à peu près 10 000 dépendent de la forêt, de même, sur 120 espèces d'oiseaux endémiques, environ 100 sont restreintes à la forêt.

Malgré ces éléments favorables à la protection de la diversité biologique abritée par la forêt, la réglementation forestière restera focalisée sur la question de l'exploitation économique.

Paragraphe 2. Les autorisations de mise à feu et des pratiques destructrices

374. Dans la législation forestière malgache, c'est principalement la finalité de l'acte qui détermine ce qui est permis et ce qui est interdit. Les moyens utilisés ne sont pas mis en cause, pourvu que le défrichement ou la mise à feu d'une forêt ou d'une parcelle forestière ait une utilité : toutes les activités sont permises sous la condition unique de poursuivre une finalité économique. Par conséquent, certains travaux de défrichement sont autorisés, car jugés comme des méthodes culturales (**1**), et selon les finalités, l'utilisation du feu peut être autorisée ou être considérée comme constitutive d'une infraction (**2**).

1. Le régime juridique des travaux de défrichement de terrain

375. L'ordonnance n° 60-127 du 3 octobre 1960 fixant le régime des défrichements et des feux de végétation[579] a été adoptée à la suite du constat que « l'une des causes les plus graves de la dégradation et de la stérilisation des sols malgaches est la pratique inconsidérée des défrichements avec brûlis (*tavy)* et des feux de végétation (feux de brousse) »[580]. Mais paradoxalement, les travaux de défrichement pour la mise en culture sont admis, et l'usage du feu est toléré si celui-ci est suivi de travaux réels de mise en valeur du terrain.

376. ***L'admission des travaux de défrichement pour la mise en culture du terrain.*** Le défrichement est défini à l'article premier de l'ordonnance n° 60 – 127 comme « la suite des opérations destinées à permettre la mise en culture d'un terrain préalablement recouvert d'une végétation ligneuse et qui

---

[577] Eduard NIESTEIN, PhD, *idem*, p. 19.

[578] Cité *infra* : USAID, *Mise à jour 2008 de l'Évaluation des menaces et opportunités pour l'environnement à Madagascar*, mai 2008, p. 18.

[579] JO du 15 octobre 1960, p. 2069.

[580] Dans l'exposé des motifs de l'ordonnance.

consiste à abattre cette végétation avec l'intention de l'incinérer après dessiccation pour y faire des plantations ou semis d'ordre agricole ». Dans cette première figure, l'ordonnance admet implicitement l'utilisation du feu dans les travaux de mise en valeur des terrains. L'utilisation du feu n'est pas indispensable dans l'acte de défrichement, mais elle peut faire partie intégrante de l'opération afin de permettre la mise en culture du terrain. Et dans ce cas, la mise à feu de parcelles forestières ne constitue pas une infraction.

377. La limite principale posée pour la réalisation des travaux de défrichement est détaillée par l'article 3 de l'ordonnance n° 60 -127 : les zones auxquelles il est reconnu un rôle dans la protection de la diversité biologique du milieu doivent être respectées. Les travaux de défrichement ne peuvent être menés ni à l'intérieur du domaine forestier national[581] ni dans les « zones en défens »[582].

378. ***La délivrance de l'autorisation à l'aune d'une mise en valeur réelle.*** Les travaux de défrichement et de mise à feu ne peuvent être réalisés que sous réserve de l'obtention d'une autorisation préalable spéciale, et il est régulièrement rappelé par les textes d'application[583] que cette autorisation ne peut être délivrée que si la mise à feu des parcelles a pour but la mise en valeur des terrains et des parcelles forestières. De même, aucune autorisation ne peut être délivrée pour un terrain qui a déjà fait l'objet d'un défrichement depuis moins de quatre ans.

Il est exigé des propriétaires de terrains une mise en valeur réelle des terrains. Pour ce faire, aucune autorisation ne peut être délivrée pour tout détenteur de surfaces rizicoles irrigables qui ne sont pas mises en valeur et qui présentent une demande d'autorisation de défrichement pour des cultures de riz en montagne. Par ailleurs, tout titulaire d'autorisation a l'obligation de réaliser dans un délai d'un an les travaux prescrits pour atténuer les effets des défrichements par le feu. En cas de non-respect de cette obligation,

---

[581] Selon cette ordonnance, le domaine forestier national comprend les forêts classées, les réserves naturelles et leurs zones de protection, les parcs nationaux, les réserves spéciales, les périmètres de reboisement et de restauration, les stations forestières ou piscicoles, les terres affectées aux services des eaux et forêts qu'elles soient immatriculées ou non.

[582] Les zones en défens regroupent les terres qui jouent un rôle dans la protection de certaines zones particulières. Ce sont les versants des collines présentant une pente supérieure à 50 %, les terrains cultivables où des ravinements dangereux peuvent se produire, et enfin, ce sont les dunes du littoral, les berges des rivières et cours d'eau sur une largeur de 20 mètres à partir de la limite des plus hautes eaux, dans leurs coudes et méandres, et aux abords des ouvrages d'art.

[583] Principalement, le décret n° 61-079 du 8 février 1961 réglant les modalités d'application de l'ordonnance n° 60-127 du 3 octobre 1960 relative au régime des défrichements et des feux de végétation, JO du 18 février 1961, pp. 369 – 370.

l'autorisation de défrichement et de mise à feu ne peut en aucun cas faire l'objet de renouvellement.

379. Afin de consigner les travaux prescrits, l'autorisation de défrichement doit obligatoirement être délivrée par écrit par les personnes habilitées en la matière. La forme verbale n'est pas admise. Seuls les chefs de cantonnements forestiers et les chefs de brigades forestières ont compétence pour délivrer les autorisations pour les travaux de défrichement. Ils peuvent effectuer une délégation nominative de pouvoir au profit des chefs de triages forestiers, mais dans ce cas, l'accord écrit des chefs de service provinciaux est requis.

2. La distinction établie entre les différents usages du feu

380. Lors des travaux de défrichement, l'utilisation du feu est facultative, il en va autrement pour les autres pratiques culturales et pastorales. Par conséquent, une distinction entre les différents types de feux de végétation est établie par le législateur malgache, et toujours, la mise à feu d'un terrain ou d'une forêt n'est réprimée que si l'utilité économique de la pratique n'est pas démontrée.

381. ***La catégorisation des feux de végétation par l'ordonnance n° 60-127 fixant le régime des défrichements et des feux de végétation.*** Selon l'article 6 de l'ordonnance, il y a trois catégories de feux de végétation : les feux « de culture »[584] et de « nettoiement », les « feux de pâturage » et enfin les « feux sauvages ». « Les feux "de culture" et de "nettoiement" ont pour but, soit d'incinérer la végétation ligneuse peu dense qui recouvre un terrain cultivé de façon permanente en vue d'y préparer de nouvelles cultures, soit de nettoyer les abords de champs de culture pérennes ou d'installations à buts social et économique »[585]. Les « feux de pâturage » ont pour but le renouvellement de la végétation herbacée sur des pâturages dont l'utilisation par des particuliers ou des collectivités nettement déterminées a été reconnue[586]. Et enfin, les « "feux sauvages" sont ceux qui se propagent sans contrôle, sans limites, à travers n'importe quel type de végétation et sans utilité d'ordre économique »[587].

382. ***Les conditions auxquelles sont soumis les feux de végétation.*** D'une manière générale, aucun feu de végétation ne peut être allumé pour quelque raison que ce soit à l'intérieur d'une parcelle du domaine forestier

---

584 Les « » sont issus du texte de l'ordonnance elle – même.

585 Alinéa 1° de l'article 6 de l'ordonnance.

586 Alinéa 2° de l'article 6 de l'ordonnance.

587 Alinéa 3° de l'article 6 de l'ordonnance.

national ou d'une parcelle artificiellement reboisée. Les feux de culture ou de nettoiement et les feux de pâturage sont admis par les textes et autorisés par l'administration sur toute autre surface. Toutes les conditions de sécurité et de maîtrise du feu doivent être réunies : les mises à feu doivent s'effectuer de jour, par temps calme et en présence de tous les hommes valides de la collectivité avec toutes les précautions nécessaires.

383. ***La délivrance de l'autorisation de mise à feu selon le type de feu de végétation.*** En premier lieu, les feux de culture et de nettoiement peuvent être réalisés sans autorisation. Ils doivent être motivés par la nécessité de préparer un terrain pour de nouvelles cultures ou de nouvelles installations, ou par le besoin de nettoyer les abords des champs de culture. Les auteurs de ces feux de culture et de nettoiement ont l'obligation de maîtriser leurs feux pour que ces derniers ne se transforment pas en feux sauvages.

384. Ensuite, les feux de pâturage sont soumis au respect de deux règles essentielles. Ils ne peuvent être allumés en dehors des périodes fixées par arrêté pris par l'administration chargée des eaux et forêts et ils ne peuvent être réalisés sans une autorisation préalable des autorités. Des autorisations exceptionnelles de mise à feu peuvent cependant être délivrées pour le renouvellement des pâturages, en dehors de ces périodes fixées par l'administration. Il est nécessaire dans ce cas précis que les circonstances climatiques soient favorables, que les terres concernées soient sises à l'extérieur du domaine forestier national ou sur l'étendue des pâturages coutumiers de la collectivité ou sur les terrains d'un particulier qui y détient un droit réel immobilier. Ces autorisations exceptionnelles sont établies soit au nom du représentant légal de la collectivité soit au nom du particulier détenteur de droit réel immobilier.

385. Et enfin, les feux sauvages sont considérés comme des délits par l'article 11 de l'ordonnance. Plus précisément, est considéré comme tel le fait d'allumer ou de provoquer un feu sauvage. Le fait d'abandonner un feu non éteint susceptible de se communiquer à la végétation environnante peut aussi être assimilé à ce délit, tout comme celui de dépasser les limites définies par les autorisations dans le cadre d'autres types de feux de végétation.

386. Les activités économiques liées directement à l'utilisation ou à la transformation des ressources forestières doivent faire l'objet d'une autorisation préalable établie selon les termes d'un cahier de charges édicté par l'administration en charge des eaux et forêts. Les personnes qui veulent « assurer le fonctionnement d'une entreprise »[588] ne peuvent réaliser ou faire

[588] Selon les termes de l'article 19 de l'ordonnance.

réaliser des travaux de défrichement ou des feux de végétation, quel que soit le statut de la parcelle en l'absence de cette autorisation préalable.

387. Les activités liées à la fabrication du charbon de bois ne sont pas aussi strictement réglementées. En effet, les charbonnières, les fours à charbon, les fours pour l'extraction des goudrons, résines, cires peuvent être établis en forêt et dans une zone de 500 m de largeur à la périphérie de celle-ci par les exploitants forestiers autorisés qui endossent toute responsabilité. Ces exploitants forestiers ont l'obligation de nettoyer dans un rayon d'au moins 50 mètres autour de chaque installation. L'autorisation de ces activités doit néanmoins être remise en cause dans la mesure où elles constituent les principaux motifs de déforestation et d'exploitation de la forêt, comme il a été vu précédemment, ces activités ont des impacts importants sur la couverture forestière.

388. ***Les limites de ces dispositions de la législation forestière.*** Trois points essentiels peuvent être relevés. En premier lieu, il est difficile de justifier l'admission de l'usage du feu et de la réalisation des travaux de défrichement pour des motifs économiques. En effet, les conséquences sur l'état des sols et sur les ressources forestières demeurent qu'il s'agisse de travaux de défrichement autorisés, d'une mise à feu réalisée dans un but d'exploitation d'une parcelle ou enfin de feux de végétation sauvages. Ces différents usages du feu entraînent tous une dégradation continue de l'état des sols et une diminution de la couverture forestière et devraient, de ce fait, être soumis au même régime d'interdiction, quel que soit le motif.

389. Ensuite, l'exigence d'une mise en valeur est insuffisante. Il a été vu que les différents usages du feu peuvent précéder l'exploitation d'une parcelle. Mais en définitive, les limites des travaux de défrichement et de l'exploitation des ressources forestières sont déterminées dans l'autorisation délivrée par l'administration. Les obligations auxquelles sont soumis les exploitants ont alors essentiellement pour but d'éviter la propagation des feux de végétation et non de les interdire. La protection des ressources forestières ne constitue donc pas réellement le but premier de cette réglementation forestière.

390. Le respect des conditions économiques et des conditions liées à la mise en valeur est difficilement vérifiable sur le terrain, vu les moyens dont dispose l'administration. D'autant que l'édiction d'une interdiction totale des défrichements et des mises à feu ne pourra constituer une solution que si elle arrive à tenir compte des coutumes associées à l'usage du feu et que si les autorités offrent des alternatives adaptées. « La dépendance des communautés vis-à-vis des services que rendent les forêts implique que les stratégies centrées sur un niveau zéro de déforestation devraient aussi considérer les moyens d'offrir à ces communautés des substituts, à des prix abordables, à ces services. Les communautés chercheront à satisfaire leurs besoins d'une manière ou d'une autre, et à moins que les efforts de conservation n'incorporent de nouvelles réponses à ces besoins, les causes de ces alternatives peuvent être renforcées, à des degrés divers, par la participation des communautés locales »[589].

391. Et enfin, l'absence d'un principe général d'interdiction des feux de forêt a des conséquences néfastes sur la protection des ressources forestières et des espèces de la flore et de la faune qu'elles abritent. En effet, les travaux de défrichements autorisés ont un effet « tache d'huile » : une petite parcelle, sur laquelle une autorisation de défrichement a été obtenue, peut rapidement se muer en une grande parcelle défrichée de manière sauvage et illégale. « Les défrichements autorisés représentent environ 35 000 ha par an. Toutefois, les défrichements officiellement autorisés ouvrent la voie aux défrichements illicites et aux feux incontrôlés sur 200 000 à 400 000 ha par an. Ces chiffres traduisent une perte annuelle de 1,5 à 3 % de la couverture forestière existante »[590].

392. La multiplication des exceptions et la souplesse liée au motif économique des défrichements contribuent à rendre cette réglementation inadaptée à la protection des ressources. De plus, cette réglementation forestière manque de cohérence, ses principes directeurs fluctuent et changent au gré des réformes, sans prendre en compte le facteur temps, qui pourtant est essentiel dans le cadre du domaine forestier. La finalité de protection n'est pas perçue dans ces diverses dispositions de la réglementation forestière.

393. Traditionnellement, la protection de la nature s'applique surtout à la protection de la forêt. Cette protection des ressources forestières a pour but de préserver la qualité du sol et permettre une bonne couverture forestière à Madagascar, nécessaire pour éviter les « *lavaka* », phénomènes extrêmes d'érosion, qui « affectent les versants des Hautes Terres malgaches, intéressant la couche arable et les couches les plus profondes du sol, jusqu'à la roche mère »[591]. Mais aussi et surtout, cette couverture forestière constitue une zone de protection pour la diversité biologique malgache qui est particulièrement riche en comparaison aux ressources des autres pays.

---

589 Eduard NIESTEIN, PhD, *op.cit.*, p. 5.

590 Eduard NIESTEIN, PhD, *Etude sur la politique de conservation des ressources forestières à Madagascar – Contraintes et opportunités de la conservation des forêts à Madagascar*, Conservation International, Direction générale des Eaux et Forêts, Antananarivo, mai 2000, p. 7.

591 Repoblikan'i Madagascar, 1997, *Premier Rapport national à la Convention sur la Diversité Biologique*, MINENV, ONE, ANGAP, Antananarivo, p. 7.

Malgré ce rôle primordial de la forêt, il est important de considérer la diversité biologique comme un sujet indépendant de protection. Et l'engagement de Madagascar dans différentes conventions internationales portant sur la protection de la diversité biologique a contribué à cet élargissement de la protection de la nature vers les autres ressources que celles forestières. Dans le cadre de la préservation du patrimoine naturel, la Convention sur la diversité biologique estime que le maintien des espèces dans leur milieu naturel et la préservation de ces habitats naturels constituent des outils essentiels : c'est le concept de conservation *in situ*[592] qui se retrouve dans la création des aires protégées.

[592] Selon l'article 2 de la convention sur la diversité biologique, la conservation *in situ* est définie comme "la conservation des écosystèmes et des habitats naturels et le maintien et la reconstitution de populations viables d'espèces dans leur milieu naturel et, dans le cas des espèces domestiquées et cultivées, dans le milieu où se sont développés leurs caractères distinctifs". *A contrario*, la conservation *ex situ* est définie par cet article 2 de la convention comme "la conservation d'éléments constitutifs de la diversité biologique en dehors de leur milieu naturel".

Chapitre II. La préservation des aires protégées

394. Les aires protégées sont créées « en vue de la protection et du maintien de la diversité biologique, de la conservation des valeurs particulières du patrimoine naturel et culturel et de l'utilisation durable des ressources naturelles contribuant à la réduction de la pauvreté »[593]. Selon l'ancien Code de gestion des aires protégées, il fallait « préserver le territoire de tout effet de dégradation naturelle et de toute intervention artificielle susceptible d'en altérer l'aspect, la composition et l'évolution »[594]. À cet effet, le territoire est érigé en sanctuaire de protection (**section I**). L'Union Mondiale pour la Nature (UICN) définit l'aire protégée comme « une portion de terre et/ou de mer vouée spécialement à la protection et au maintien de la diversité biologique, ainsi que des ressources naturelles et culturelles associées et gérées par des moyens efficaces, juridiques ou autres »[595]. Dans le droit malgache, c'était la loi n° 2001 – 005 du 11 février 2003 portant Code de gestion des aires protégées qui régissait ces zones de protection. Une refonte de ce Code a été faite avec la loi n° 2015-005 du 26 février 2015[596], texte donc actuellement en vigueur. Cette refonte était motivée par trois raisons principales. En premier lieu, il a été constaté les limites de l'ancienne loi qui ne prenait notamment pas en compte les aires protégées marines, seules les aires protégées terrestres étaient connues de l'ancienne réglementation. Ensuite, cette nouvelle loi portant Code de gestion des aires protégées donne une nomenclature nouvelle au système des aires protégées malgache en incluant de nouvelles catégories reconnues au niveau international. Et enfin, cette nouvelle loi permet aussi bien aux aires protégées à caractère privé qu'aux aires protégées communautaires d'être incluses dans un même ensemble : le système des aires protégées malgache.

395. Trois éléments essentiels permettent de déterminer une aire protégée. En premier lieu, elle est circonscrite sur un territoire terrestre ou maritime délimité. Ensuite, ses composantes sont caractérisées par une valeur

---

593 Selon l'article 1er de la loi n° 2015-005 portant refonde du Code de gestion des aires protégées, JO n° 3610 du 23 mars 2015, p. 1337.

594 Selon l'article 1er de la loi n° 2001-005 du 11 février 2003 portant code de gestion des aires protégées, JO n° 2829 du 7 avril 2003, p. 1180-1195.

595 UICN, *Lignes directrices pour les catégories de gestion des aires protégées,* Gland : 1994, p. 95.

596 Néanmoins, les décrets d'application de cette loi portant refonte du Code de gestion des aires protégées n'ont pas encore été adoptés. La présente étude se base sur les dispositions des décrets d'application de l'ancienne loi portant Code de gestion des aires protégées à chaque fois que la loi portant refonte du Code demeure sans réponses aux questions posées.

particulière du point de vue scientifique, culturel, historique, etc.[597]. Et enfin, sa mise en place vise à lutter contre toute menace susceptible de dégrader le territoire et la spécificité de ses composantes, c'est-à-dire, toute intervention artificielle et toute altération de l'aspect, de la composition et de l'évolution de la zone en question. Néanmoins, « le choix n'est pas entre une nature primitive sauvage et l'utilisation humaine de la terre, mais entre différents modes d'utilisation et entre différentes sortes de contrôle politique »[598]. Il s'agit alors de réglementer l'utilisation qui peut être faite des ressources en tenant compte à la fois des impératifs de protection et de conservation et des usages des communautés riveraines sur ces territoires protégés (**section II**).

SECTION I. LA PROMOTION DES TERRITOIRES EN SANCTUAIRES COMME MOYEN DE PROTECTION DE LA DIVERSITÉ BIOLOGIQUE

396. La conservation *in situ* proclamée par la Convention sur la diversité biologique en son article 2 se définit comme « la conservation des écosystèmes et des habitats naturels et le maintien et la reconstitution de populations viables d'espèces dans leur milieu naturel et, dans le cas des espèces domestiquées et cultivées, dans le milieu où se sont développés leurs caractères distinctifs ». Cette option a été choisie dès les premières créations d'aires protégées à Madagascar au début du XXe siècle : la préservation des habitats naturels s'est réalisée par la mise en place de dispositifs qui réduisent au minimum la présence humaine (**paragraphe 1**). Cette protection consistait à « réserver aux espèces botaniques et animales un certain nombre de périmètres bien choisis et délimités, dans lesquels l'homme ne pourra pas intervenir, et où les espèces se maintiendront dans leur état naturel »[599]. La seule création d'aires protégées ne suffit cependant pas à atteindre le but poursuivi (**paragraphe 2**), la mise en place de différentes zones à l'intérieur de ces aires et leurs catégorisations permettent d'affiner cette protection (**paragraphe 3**).

---

[597] Selon l'article 1er du code de gestion des aires protégées, ces caractéristiques particulières peuvent relever des plusieurs domaines : biologique, naturelle, esthétique, morphologique, historique, archéologique, cultuelle ou culturelle.
[598] Marcus COLCHESTER, *Nature sauvage, nature sauvée ? Peuples indigènes, zones protégées et conservation de la biodiversité,* Genève : United Nations Research Institute for Social Developement (UNRISD), Septembre 1995, p. 29.
[599] Pierre VÉRIN & Paul GRIVEAUD, *La protection des richesses naturelles, archéologiques et artistiques à Madagascar,* Tananarive : Université de Madagascar, 1968, p. 42.

Paragraphe 1. Des réserves naturelles intégrales de 1927 au Système des aires protégées (SAPM) de 2003

397. ***La création du 1er réseau de réserves naturelles intégrales en 1927.*** Les premières mesures datent du début du XXe siècle, pendant la période coloniale. Elles consistaient en la création de zones à l'intérieur desquelles toute activité humaine était interdite et dont seul le personnel scientifique avait un accès restreint. « Les formations directes de quelque importance, ne se rencontrent plus avec leurs caractéristiques bien complètes que dans les endroits les moins accessibles, massifs montagneux et forêts. (...), Le système de la réserve naturelle intégrale, de superficie relativement restreinte et d'accès absolument interdit sauf autorisation spéciale a été choisi de préférence à celui de Parc national, de plus vaste étendue et plus spectaculaire, mais accessible à tous et plus difficile à protéger »[600].

398. « Dès 1927, Madagascar s'est donné un réseau de dix réserves naturelles, couvrant une superficie d'environ 350 000 hectares et censé protéger la nature sans gêner les activités humaines »[601]. Par la suite, plusieurs régions présentant des caractéristiques particulièrement intéressantes ont été constituées en réserves par une circulaire sur les réserves naturelles, la protection de la flore et de la faune à Madagascar[602].

399. Les exemples qui suivent illustrent la très grande diversité de ces milieux consacrés dès le début du XXe siècle et leurs spécificités respectives. La réserve de *Tsaratanana* située dans le nord de l'île avec une superficie de 48 622 hectares est caractérisée par une forêt dense humide sempervirente et des formations altimontanes. La réserve de *Bemaraha* dans l'ouest, avec une superficie de 85 370 hectares, se distingue par une forêt dense sèche caducifoliée. Et enfin, à l'est de l'île, la forêt dense humide et sempervirente de *Zahamena* justifiait le classement de cette zone d'une superficie de 22 497 hectares.

400. À l'Indépendance, ce réseau des réserves naturelles est remplacé par le Réseau national des aires protégées, qui comporte à la fois des réserves

---

600 Raymond DECARY, *La faune malgache : son rôle dans les croyances et les usages indigènes*, Paris : Payot, 1950, p. 194.

601 Sophie GOEDEFROIT, Jean-Pierre REVÉRET, dans l'article introductif de « Quel développement à Madagascar? Transfert et détournement; Biodiversité et ressources naturelles : conservation, investissement et pratiques locales », *Études rurales,* Juillet-décembre 2006, n° 178, p. 17.

602 Circulaire parue dans le Journal officiel de Madagascar du 25 février 1933, citée dans l'ouvrage de Pierre VÉRIN & Paul GRIVEAUD, *La protection des richesses naturelles, archéologiques et artistiques à Madagascar,* Tananarive : Université de Madagascar, 1968, p. 40.

naturelles intégrales, des réserves spéciales et des parcs nationaux[603]. Ce réseau national et celui des réserves naturelles vont être étendus à plusieurs autres types de territoires à la suite de la Conférence de Durban.

401. ***Du réseau national des aires protégées au système des aires protégées à Madagascar avec la Vision Durban 2003.*** À l'issue d'un Congrès mondial des aires protégées organisé par l'Union Mondiale pour la Nature (UICN) à Durban (Afrique du Sud) en septembre 2003, Madagascar a pris l'engagement, à travers le discours du Président de la République, d'accroître ses zones de protection de la biodiversité. « Nous ne pouvons plus nous permettre de laisser partir en fumée nos forêts, de voir asséchés nos lacs, marais et étangs qui parsèment notre pays et d'épuiser inconsidérément nos ressources marines. Aujourd'hui, je veux vous faire part de notre résolution à porter la surface des aires protégées de 1,7 million d'hectares à 6 millions d'hectares »[604].

C'est un vaste chantier auquel s'attellent tous les acteurs de la protection de la nature. Actuellement, cet objectif semble être partiellement atteint avec une surface actuelle des aires protégées évaluée à 6 438 410 hectares, soit près de 10,91 % du territoire[605]. Parmi cette surface, les aires protégées existantes sont évaluées à 2 113 333 hectares avec 281 757 hectares en plus qui constituent des extensions de ces aires protégées existantes et 2 416 034 hectares sont des aires protégées avec un statut de protection temporaire.

402. ***La fédération de toutes les aires protégées sous la bannière unique du Système des aires protégées à Madagascar (SAPM).*** Afin de faciliter cette augmentation massive de la superficie des aires protégées, un système unique est mis en place. Il a pour vocation de fédérer et de soumettre à un même régime juridique aussi bien les aires protégées existantes que celles qui sont appelées à être créées. C'est le système des aires protégées à Madagascar qui est un ensemble « représentatif d'aires protégées qui comprend tous les habitats majeurs, des habitats assez larges, capables de soutenir des populations viables de flore et de faune, des habitats assez bien connectés, pour permettre les échanges génétiques nécessaires à la stabilité

---

[603] Plus exactement, il y a eu dans ce réseau national des aires protégées : 19 parcs nationaux, 23 réserves spéciales et 5 réserves naturelles intégrales.

[604] Extraits du discours prononcé par le Président *Ravalomanana* le 17 septembre 2003 lors du Congrès mondial sur les parcs nationaux à Durban (Afrique du Sud).

[605] Sigrid AUBERT, Saholy RAMBININTSAOTRA et Jules RAZAFIARIJAONA, « L'insécurité foncière dans et autour des aires protégées de Madagascar : un obstacle à surmonter par la conservation de la biodiversité et le développement rural », *Développement durable et territoires* (en ligne), Vol. 4, n° 1, avril 2013.

des espèces »[606]. Au-delà de la conviction liée à l'utilité de la protection de certains territoires, la création de ce système des aires protégées répond aussi à une obligation contractée par Madagascar lors de la ratification de la convention sur la diversité biologique. En son article 8.a), cette dernière demande à chaque partie contractante d'établir, dans la mesure du possible, « un système de zones protégées ou de zones où des mesures spéciales doivent être prises pour conserver la diversité biologique ».

403. ***Le manque de consécration des aires protégées marines.*** Désormais, avec ce système national, la création d'aires protégées peut s'étendre aussi bien aux territoires terrestres que marins. D'une manière paradoxale, même si Madagascar est une Île[607], il est constaté que peu d'aires protégées marines ont été créées depuis la mise en place du premier réseau en 1927. Sur la cinquantaine d'aires protégées reconnues officiellement, une dizaine seulement a un caractère marin, et est de création récente. « La première aire marine protégée a été officiellement créée en 1989 avec le parc marin de *Nosy Antafana* intégré à la Réserve de Biosphère de *Mananara* Nord, suivie par les trois parcelles marines du Parc national de *Masoala*. Vingt ans après le premier parc marin, de nouvelles aires marines protégées et réserves marines ont été créées ou sont en voie de création dans l'attente de l'obtention de leur statut définitif »[608].

404. La réforme mise en place avec la refonte de la loi portant code de gestion des aires protégées prône une « préservation multiforme » des territoires présentant des caractéristiques particulières. Cette préservation multiforme va impliquer la création de nouvelles catégories d'aires protégées et renforcer le partage des responsabilités entre de nouveaux acteurs afin de compléter celle traditionnellement prise par l'État. Malgré l'absence d'allusion expresse dans les textes, concrètement, la décentralisation de la protection de la nature devrait permettre la création d'un réseau régional d'aires protégées, soumis au contrôle d'une collectivité territoriale décentralisée, en parallèle au système national. En encourageant la prise de responsabilité des collectivités décentralisées et en multipliant les zones

---

606 Grazia BORRINI-FEYERABEND, Nigel DUDLEY, *Elan Durban… Nouvelles perspectives pour les aires protégées à Madagascar,* Antananarivo, mai 2005, p15.

607 « Ses zones marines et côtières abritent une variété d'écosystèmes et d'habitats parmi lesquels les récifs coralliens, mangroves, dunes, lagons, plages sableuses, herbiers de phanérogames, estuaires, îles et îlots auxquels sont associées de nombreuses espèces de coraux, poissons, reptiles, crustacés, mollusques, échinodermes. Les écosystèmes les plus connus sont certainement les récifs coralliens avec une superficie de près de 5000 km2 et les mangroves qui s'étendent sur plus de 3 000 km^2 principalement sur les rivages occidentaux de l'île ». Rémi RATSIMBAZAFY, « L'océan au cœur de la Grande île : les aires marines protégées, un outil de développement durable pour Madagascar », *Madagascar Conservation & Development*, juin 2011, vol. 6, p. 5.

608 *Idem.*

pouvant intégrer le système des aires protégées, les autorités étatiques espèrent ainsi pouvoir largement dépasser l'objectif de 6 millions d'hectares de territoires protégés et améliorer la lutte pour la conservation de la biodiversité.

Paragraphe 2. La délimitation d'un territoire de protection par la création d'une aire protégée

405. La création d'une aire protégée sur un territoire dont il est avéré qu'il présente une richesse importante en termes d'espèces de faune ou de flore endémiques permet de lui faire bénéficier des protections liées à ce statut. Sous l'impulsion de l'État, le processus de création d'une aire protégée comporte une dizaine d'étapes. Ces différentes étapes sont réparties sur deux périodes distinctes particulières. En effet, avant la création définitive de l'aire protégée (**2**), une période de protection temporaire (**1**) est observée.

1. Les mesures de sauvegarde des spécificités du territoire lors de la période de protection temporaire

406. Du fait de la longueur de la procédure de création, un délai important peut s'écouler entre l'élaboration du projet et la sortie du décret officiel portant classement et création de l'aire protégée. La protection temporaire permet alors de mettre en place les mesures de sauvegarde nécessaires avant même la création de l'aire protégée.

A. La soumission du projet de création d'une aire protégée et la réalisation des études préalables de faisabilité

407. ***La constitution d'un dossier de projet de création d'une aire protégée.*** Afin de bénéficier de la protection temporaire, les personnes à l'initiative desquelles sera créée l'aire protégée doivent constituer un dossier et le soumettre au ministère chargé des aires protégées. Le dossier doit contenir :

– un document de présentation du site et de ses spécificités pour déterminer si ses caractéristiques répondent aux critères posés par la définition de l'aire protégée.

– une présentation des personnes à l'origine de l'initiative, avec leurs engagements vis-à-vis de cette future zone de protection.

– un schéma global d'aménagement avec les premières esquisses des limites de la zone à protéger.

– un inventaire des droits coutumiers et des droits fonciers identifiés sur le terroir.
– un certificat de situation juridique délivré par le service des domaines.
– un rapport d'évaluation environnementale simplifiée, qui décrit les enjeux environnementaux liés à la mise en place de la nouvelle aire protégée et ses impacts.

408. Avant sa soumission pour examen par le ministère chargé de l'environnement, ce dossier sera préalablement remis au Madagascar National Parks[609] pour qu'il en étudie la recevabilité.

Les études préalables de faisabilité sont effectuées par le Madagascar National Parks en partenariat avec les institutions spécialisées, notamment les laboratoires scientifiques des universités ou les personnes-ressources des organisations non gouvernementales œuvrant dans le domaine de l'environnement à Madagascar. Les études de « faisabilité en aire protégée » détaillent le contexte global du site et les différents écosystèmes de l'aire protégée à créer. Elles donnent aussi les résultats d'autres études préalables effectuées sur le site et servent à justifier la décision de classement de la future aire protégée, que ce soit du point de vue scientifique (elles apportent les justifications biologique, écologique en faveur de cette création), ou du point de vue culturel ou socio-économique.

L'arrêté de protection temporaire est délivré sur la base des résultats donnés par ces études de faisabilité.

B. La délivrance de l'arrêté de protection temporaire, premier acte de sauvegarde

409. Lors des études de faisabilité, et dès que l'opportunité de création de l'aire protégée est constatée[610], la procédure d'adoption d'un arrêté de

---

609 Anciennement dénommée Association Nationale de Gestion des Aires Protégées (ANGAP), c'est une association de droit privée créée en 1990 et reconnue d'utilité publique par le décret n° 91-592 du 4 décembre 1991. Elle est soumise à la tutelle technique du Ministère de l'Environnement, des eaux et forêts. *Madagascar national Parks* (MNP) est considéré comme un organisme d'appui dans le cadre du plan d'action environnementale et a reçu de l'État la mission d'assurer « la gestion du réseau national des aires protégées, terrestres, aquatiques et maritimes », selon la loi n° 2004-015 du 19 août 2004 modifiant et complétant certaines dispositions de l'annexe à la loi n° 90-033 du 21 décembre 1990 portant Charte de l'Environnement Malgache, chapitre IV : Les Agences ou Organismes sous tutelle de protection de l'environnement

610 Selon l'article 11 du décret n° 2005-013 du 11 janvier 2005 organisant l'application de la loi n° 2001-005 du 11 février 2003 portant code de gestion des aires protégées : « à tout moment du déroulement de la procédure et dès que l'opportunité de la création est justifiée, un arrêté est pris par le Ministère chargé de l'environnement conjointement avec le ou les

protection temporaire est entamée. Cet arrêté est pris conjointement par le ministère chargé de l'environnement et les ministères sectoriels concernés, sur proposition du Madagascar National Parks. Dans l'arrêté de protection temporaire sont définis le principe de gestion de l'aire protégée à créer et les objectifs de sa création. Ces objectifs sont larges et peuvent comprendre de manière cumulative, mais selon un ordre précis :

- « la conservation, la recherche et la valorisation du patrimoine naturel et culturel, basées sur les meilleures connaissances disponibles et sur un large éventail de recherches dont les conditions d'utilisation et les bénéfices sont définis avec soin,
- l'éducation, pour que le public apprécie davantage la richesse du patrimoine naturel malgache et adopte des pratiques respectueuses,
- la contribution au développement économique et social durable, en particulier à travers la promotion de l'écotourisme sans déculturation »[611].

410. ***La sauvegarde par la délimitation de la superficie et du périmètre à protéger.*** L'arrêté de protection détermine les délimitations provisoires, la superficie et le périmètre de l'aire protégée à créer. Dès l'arrêté de protection temporaire, l'exercice de certaines activités au sein de la zone provisoirement délimitée est encadré ou interdit. En effet, « cette protection temporaire vise à maintenir l'opportunité de la création d'une future aire protégée, la pertinence des critères d'endémicité et de représentativité du site et d'y limiter le risque d'augmentation de la pression anthropique et des dégradations naturelles jusqu'au classement définitif »[612]. Ces mesures contenues dans l'arrêté de protection temporaire sont celles préconisées par les études préalables de faisabilité. Elles sont spécifiques à chaque site à protéger et ont un caractère local. Sont alors chargées de veiller au respect de ces mesures, les communes rurales près desquelles est localisée la future zone de protection, les services déconcentrés concernés et les forces de l'ordre.

411. ***Exemple.*** Il en est ainsi des dispositions de l'arrêté interministériel n° 17 430/2 007 du 15 octobre 2007 portant protection temporaire du site d'intérêt biologique et écologique de « l'archipel de *Nosy Hara* » dans le district d'*Antsiranana II,* région *Diana*[613]. Selon l'article 8 de cet arrêté, « pendant la période de protection temporaire, les communes rurales d'*Andranovondronana,* de *Mangaoka,* d'*Andranofanjava* et de *Mahalina,* les services déconcentrés chargés de l'environnement, des eaux et

---

Ministères concernés, sur la demande de l'organisme chargé de la gestion du Réseau national des Aires Protégées, en vue d'une protection temporaire du site ».

[611] Association Nationale de Gestion des Aires Protégées, *Plan de Gestion du Réseau national des Aires protégées de Madagascar,* mai 2001, p. 56.

[612] Article 12 du décret n° 2005-013 du 11 janvier 2005.

[613] Cette région se situe dans la partie nord de Madagascar.

forêts d'*Antsiranana*, les services déconcentrés chargés des ressources halieutiques d'*Antsiranana*, le centre de surveillance des pêches, les brigades de la gendarmerie d'*Antsiranana* sont chargés, chacun en ce qui le concerne, de la surveillance et du contrôle de la proximité au niveau du site ; outre les textes législatifs et réglementaires en matière forestière, cynégétique, tourisme, minière, pétrolière, les textes régissant la pêche à Madagascar doivent être appliqués textuellement dans l'aire protégée "Archipel de *Nosy Hara*" en création ».

412. La période de protection temporaire permet de préserver la zone des éventuelles dégradations qui pourraient remettre en cause son classement. Il faut relever que les sanctions aux infractions commises au sein de ces zones de protection temporaire sont similaires à celles commises au sein des aires protégées déjà créées. La législation et les réglementations en vigueur demeurent applicables à ce niveau. Le statut de protection temporaire n'est pas totalement distinct de celui d'une aire déjà créée, en ce que l'arrêté interministériel de protection temporaire en détermine déjà les modes et principes de gestion, édicte des mesures d'interdiction et enfin applique la réglementation en vigueur en cas d'infractions. Cependant, ce n'est qu'à la sortie de cet arrêté que les étapes liées à la création définitive de l'aire protégée sont réalisées.

2. Le renforcement des mesures de sauvegarde lors de la création définitive de l'aire protégée

413. La période de protection temporaire permet de déterminer la pertinence des valeurs scientifiques ou culturelles à protéger et de mettre en place les premières mesures de sauvegarde. Ce n'est qu'au cours de la seconde période que le projet de création est officiellement porté à la connaissance des communautés locales riveraines (**A**), le projet de création est soumis pour autorisation aux autorités étatiques (**B**) afin de confirmer la mise en œuvre des mesures de sauvegarde précédemment édictées (**C**).

A. L'information et la participation du public

414. La création définitive de l'aire protégée débute par une phase de sensibilisation et d'information. Cette phase permet aux agents du *Madagascar National Parks* d'établir un contact avec les communautés riveraines et de leur exposer les conséquences liées à la création d'une aire protégée. La phase de sensibilisation et d'information vise à encourager la coopération des communautés riveraines, à maintenir une bonne entente et à leur fournir les informations relatives à l'implantation de l'aire protégée.

415. ***L'absence d'une information au préalable des communautés riveraines concernées.*** La participation du public est ici intégrée dans le processus même de création. Il en résulte que les communautés riveraines du territoire concerné sont appelées à donner leur avis sur un projet déjà en place et non sur un projet à mettre en place. Vu les enjeux et implications liés à la création d'une aire protégée, il est pourtant primordial que l'information intervienne largement en amont de la procédure et ne constitue pas simplement, comme dans le cas présent, une simple étape de confirmation et de validation du projet. Comme signalé précédemment, l'absence d'une réglementation générale sur l'information et la participation du public dans le droit malgache, constitue un manque qu'il convient de combler. En effet, les principes fondamentaux du droit de la protection de la nature reconnaissent au public le droit d'avoir les informations au préalable et de pouvoir participer à tout projet pouvant avoir un impact sur leur environnement[614].

416. ***Le défaut de participation réelle des communautés riveraines concernées.*** Cette absence d'information et de prise en compte des avis des communautés riveraines concernées amène souvent une situation de tension qui peut peser sur la suite du projet et sur sa réalisation. Cette sensibilisation ne peut consister seulement en une séance d'information dévoilant le tracé de l'aire à créer. Elle doit être consacrée aux informations sur les conséquences de la création de l'aire protégée que ce soit au niveau des conditions de vie des communautés riveraines ou au niveau de la conservation de la richesse de la diversité biologique de la région. Cette phase d'information et de sensibilisation doit être initiée en amont du processus de création pour recueillir réellement les avis de ces communautés riveraines. Et cela, afin que la décision finale de création soit le fruit d'une concertation réelle entre les autorités et ces communautés et que celles-ci n'en subissent les effets sans en avoir été informées au préalable. Bien que la protection de l'environnement soit un devoir constitutionnel, un équilibre doit nécessairement être trouvé dans le conflit d'intérêts qui pourrait opposer ces communautés aux autorités étatiques avec la mise en place d'une aire protégée.

417. L'exemple de la sensibilisation faite lors de la création du parc national de *Ranomafana* peut être pris[615]. Ce parc, d'une superficie de 43 500 hectares, est localisé dans la partie sud-est de Madagascar, il a été créé en 1991 afin de préserver la biodiversité unique de la région. Cette

---

[614] Voir *supra* sur le principe d'information.

[615] V. Lalaina RAKOTOSON, *La rencontre du décret de création du parc national de Ranomafana avec les coutumes et traditions locales*, Mémoire de maîtrise en droit, Université de Fianarantsoa, 1994, 96 p.

richesse de la faune et de la flore est due à la forêt dense, humide de type fluvial qui couvre une grande partie de ce territoire. La mise en place de ce parc national a connu des difficultés à ses débuts. L'incompréhension de part et d'autre lors de la phase d'information et de sensibilisation des communautés riveraines a rendu difficile la réception du décret de création du parc. Les autorités ont pensé avoir effectué convenablement les campagnes de sensibilisation et d'information tandis que les populations riveraines et locales ont perçu ces campagnes d'information comme l'énoncé de décisions unilatérales prises sans leur consentement. Lors de l'inauguration du parc, les discours respectifs du chef du *fokontany*, qui représente ici la population riveraine locale, et celui du président du *fivondronana*, qui est le représentant de l'autorité étatique, illustrent cet état des faits. Le premier estime avoir été mis devant le fait accompli sans qu'aucune consultation ou information n'ait été faite, tandis que le dernier s'est félicité du travail réalisé et a émis le souhait de voir une extension du projet[616].

B. La concertation avec les communautés locales riveraines

418. Après les premiers contacts tendant à l'information des communautés environnantes concernées, la délimitation de la zone de protection fait l'objet d'une concertation engagée. La concertation ne concerne dès lors plus la création de l'aire protégée, mais porte déjà sur les délimitations géographiques de celle-ci, ce qui paraît signifier que le projet de création de l'aire protégée est d'ores et déjà admis.

419. ***La procédure de concertation sous les traits d'une étude d'impact.*** Jusqu'en 1999, ces campagnes d'information et de concertation auprès des communautés riveraines locales étaient réalisées par les agents du Madagascar National Parks sur le terrain sous diverses formes : réunion, entrevue en porte à porte, visites sur terrain, et avec différents supports d'information (cartes, brochures, projections de films). Elles prennent désormais la forme d'une étude d'impact à la suite de l'adoption du décret n° 99-954 du 15 décembre 1999 relatif à la mise en compatibilité des investissements avec l'environnement. En effet, en son article 4, ce décret va soumettre à la réalisation d'une étude d'impact environnemental toute création d'aires protégées. Et le décret n° 2005-848 du 13 décembre 2005 organisant l'application de la loi n° 2001-005 du 11 février 2003 portant code de gestion des aires protégées va renforcer les dispositions du décret MECIE. Selon son article 13 : « toute création d'aires protégées est soumise à une étude d'impact environnemental conformément aux dispositions

616 Jeannot RAROJO, *Le parc national de Ranomafana : les douleurs du changement*, Magazine Vintsy n° 2, 1991, pp. 18-19.

légales et réglementaires pertinentes en vigueur». Dans sa version actuellement en vigueur, la loi n° 2015-005 portant refonte du Code de gestion des aires protégées ne mentionne pas cette nécessité de réaliser une étude d'impact environnemental lors d'un projet de création d'une aire protégée.

420. Les limites du territoire à protéger sont fixées village par village, entérinées par chaque commune riveraine. Et selon l'arrêté n° 6830/2001 du 28 juin 2001, qui fixe les modalités et les procédures de participation du public à l'évaluation environnementale, cette concertation peut prendre plusieurs formes, déterminées quinze jours avant la tenue de celle-ci : la consultation sur place des documents, l'enquête publique et l'audience publique[617]. Par la suite, le Service des Eaux et Forêts réalise des travaux de reconnaissance des limites sur le terrain avec notamment les représentants des *fokonolona* des communes limitrophes et le représentant de la collectivité territoriale décentralisée. Un procès-verbal est établi à l'issue de ces travaux pour officialiser les limites établies. Au niveau de chaque communauté, ce procès-verbal de reconnaissance fait l'objet d'un affichage public avec la carte des limites de l'aire protégée à créer, et ce, pendant une durée d'un mois. Un cahier de doléances est aussi mis en place afin de recueillir les commentaires, observations et avis des populations concernées.

421. La doléance écrite est certes nécessaire pour éviter les problèmes liés à la retranscription exacte des termes et avis de la population. Mais cette exigence devrait être atténuée. Le fait de privilégier la procédure écrite peut amener à ne pas prendre en compte une grande partie de la population, car il n'est pas acquis que toute la population puisse exprimer son avis par écrit. En effet, le taux d'alphabétisation des adultes à Madagascar est estimé à près de 59 % de la population totale[618]. L'absence de débat public général exclut alors de fait une grande partie de la population concernée. Il faut, autant que possible, privilégier les procédures orales qui induisent l'organisation de débat et d'audience publics. D'autant plus qu'il a été vu que la civilisation malgache est fondamentalement orale et que les débats et joutes oratoires ont toujours existé[619].

422. Dans la suite de la procédure, chaque observation et avis du cahier de doléances est traité individuellement et doit faire l'objet d'une réponse de la part des autorités par l'établissement de procès-verbaux de résolution de

---

617 Selon l'article 2 de l'arrêté fixant les modalités et les procédures de participation du public à l'évaluation environnementale.

618 United Nations Educational, Scientific and Cultural Organization (UNESCO), *Education pour tous – Bilan à l'an 2000.*

619 Voir *supra*

conflits. L'ensemble de ces procès-verbaux sera inclus dans le dossier de création de l'aire protégée à soumettre aux autorités. À l'issue de la concertation avec les communautés riveraines locales et une fois le dossier de création de l'aire protégée complété par les résultats de l'étude d'impact, celui-ci va être remis aux autorités étatiques pour autorisation.

C. Les consultations des services de l'État

423. Le dossier de création, complété des procès-verbaux dressés à l'occasion de la concertation avec le public et ceux de résolution de conflits, est soumis à un examen successif de la Commission de classement et du Conseil Supérieur de la protection de la nature.

424. ***La Commission de classement*** est composée des représentants des départements ministériels. Elle se réunit afin de rédiger le projet de texte de classement de l'aire protégée à créer et recueillir les avis de ces départements ministériels selon leur domaine respectif. Aucun représentant des communautés riveraines n'est admis au sein de cette commission. Par cette mesure, faut-il en conclure que les avis et observations de ces communautés ont déjà été pris en compte à travers les différents procès-verbaux établis ? À l'issue de cette réunion, la commission de classement peut émettre un avis favorable ou une opposition à la création de l'aire protégée. En cas d'avis favorable, le dossier est soumis à l'examen du Conseil supérieur de la protection de la nature. Ce dossier sera composé de l'arrêté de protection temporaire de la zone, et du projet de création de l'aire protégée.

425. ***Le Conseil supérieur de la protection de la nature***[620] a été institué par le décret n° 62-321 du 3 juillet 1962 et modifié par le décret n° 83-223 du 21 juin 1983. Il regroupe les départements ministériels, les représentants des associations de protection de la nature et des organisations non gouvernementales œuvrant dans le domaine de l'environnement, ainsi que les personnes-ressources scientifiques désignées par le ministère chargé de la recherche scientifique. Présidé par le ministre chargé de l'Environnement, ce conseil valide ou émet une opposition à la décision finale de création de l'aire protégée, au vu des pièces fournies dans le dossier. La validation du dossier par le Conseil supérieur de la protection de la nature déclenche la procédure d'adoption du décret de création de l'aire protégée.

426. La publication du décret de création, pris en conseil des ministres, institutionnalise le classement définitif de la zone en question. À l'issue de

---

[620] Créé initialement par le décret n° 60-447, il était connu à l'époque comme étant le Comité de la chasse, de la pêche et de la protection de la nature.

cette procédure, l'immatriculation de l'aire protégée nouvellement créée est effectuée au nom de l'État malgache. Cette dernière intègre désormais le domaine public. Le décret de création d'une aire protégée détermine les délimitations finales et la surface totale de l'aire protégée. Il précise par ailleurs la catégorie à laquelle vont appartenir l'aire protégée et le zonage intérieur de celle-ci.

Paragraphe 3. Les remparts de protection érigés par le zonage intérieur et la catégorisation des aires protégées

427. La création d'une aire protégée et les délimitations qu'elle implique mettent en place une première barrière de protection pour les territoires dont les richesses en matière de diversité biologique sont avérées. Ce sont les régimes d'autorisation et d'interdiction induits par le zonage intérieur (**1**) et la catégorisation de l'aire protégée qui permettent d'affiner cette protection. Ces éléments constituent des moyens importants de prévention des atteintes à l'intégrité du patrimoine naturel et culturel. En effet, selon la localisation et la catégorie à laquelle l'aire protégée appartient, certaines activités sont admises ou interdites à l'intérieur de celle-ci (**2**).

1. Le zonage intérieur de l'aire protégée

428. L'ancien Code des aires protégées disposait que : « dans une aire protégée du réseau national, il est interdit de résider, pénétrer, de circuler ou de camper ou de survoler à moins de mille mètres d'altitude au-dessus de ladite aire, sans autorisation spéciale écrite de l'autorité compétente »[621]. La nouvelle loi portant refonte de ce Code admet pour sa part le principe de l'utilisation minimale des ressources naturelles. Ainsi, selon ce principe, « l'utilisation durable des ressources naturelles du système des aires protégées de Madagascar s'applique à tous les statuts d'aires protégées. Toutefois, l'utilisation ne s'exerce pas au niveau du noyau dur de toute aire protégée et sur toute l'étendue de la réserve naturelle intégrale, du parc national, du parc naturel et de la réserve spéciale »[622]. À l'intérieur de chaque aire protégée, deux zones principales sont déterminées : le noyau dur et la zone tampon. Et une zone de protection entoure l'aire protégée. Cette réglementation s'est inspirée de celle des parcs nationaux en France[623].

---

[621] Alinéa 2 de l'article 40 de l'ancien Code de gestion des aires protégées.

[622] Article 39 de la loi portant refonte du Code de gestion des aires protégées.

[623] Ainsi, selon la loi française n° 60-708 du 22 juillet 1960 relative à la création des parcs nationaux, la création d'un parc national a notamment pour but « d'en assurer la protection en les préservant des dégradations et des atteintes susceptibles d'en altérer l'aspect, la composition et l'évolution ». Ces termes ont été repris dans la réglementation malgache pour définir l'aire protégée. Mais la réglementation française a évolué à la suite d'une modification

429. ***Le noyau dur, cœur de la zone à protéger.*** C'est « la zone sanctuaire d'intérêt biologique, culturel ou cultuel, historique, esthétique, morphologique et archéologique, constituée en périmètre de préservation intégrale. Toute activité, toute entrée et toute circulation y sont restreintes et réglementées »[624]. Dans tous les cas, les mesures sont propres à chaque aire protégée et leur nature et degré d'intensité dépendent en grande partie des valeurs à préserver.

430. ***La zone tampon*** jouxte le noyau dur. C'est « un espace dans lequel les activités sont réglementées pour assurer une meilleure protection du noyau dur de l'Aire protégée et garantir la vocation de chaque composante »[625]. Il peut comprendre différents types de zones : les zones d'occupation contrôlée, les zones d'utilisation durable, les zones de service et enfin les zones affectées à d'autres activités spécialement autorisées et déterminées par le plan d'aménagement et de gestion[626].

431. Il y a enfin ***la zone de protection***. Elle n'appartient pas, à proprement parler à l'aire protégée, car elle n'est pas incluse dans le tracé officiel de celle-ci, elle est dans les limites extérieures de l'aire. Les activités y sont aussi réglementées parce que cette zone de protection constitue le dernier rempart de l'aire protégée. Elle est localisée jusqu'à deux kilomètres cinq cents à vol d'oiseau à partir des limites de l'aire protégée[627]. Y sont admises les activités agricoles et pastorales des communautés riveraines à l'aire protégée à la seule condition d'être menées de « manière à éviter de provoquer des dommages irréparables dans l'aire protégée »[628]. D'autres

---

de la loi du 22 juillet 1960 par la loi n° 2006 – 436 du 14 avril 2006 relative aux parcs nationaux, aux parcs naturels et aux parcs naturels régionaux. Cette nouvelle loi propose un nouveau zonage des parcs nationaux. Notamment, elle propose un renforcement de la protection du « cœur du parc » qui pourra être multiplié selon les besoins. Cette nouvelle loi a aussi transformé les zones périphériques en zones d'adhésion, définies à l'alinéa 2 de son article 1er (article 331-1 du Code français de l'Environnement) : comme « tout ou partie du territoire des communes qui, ayant vocation à faire partie du parc national en raison notamment de leur continuité géographique ou de leur solidarité écologique avec le cœur, ont décidé d'adhérer à la charte du parc national et de concourir volontairement à cette protection ».

624 Article 51 de la loi portant refonte du Code de gestion des aires protégées.

625 Article 52 de la loi portant refonte du Code de gestion des aires protégées.

626 Selon l'alinéa 2 de l'article 52 de la loi portant refonte du Code de gestion des aires protégées, la zone d'occupation contrôlée désigne une zone habitée par des populations, située à l'intérieur de l'aire protégée existant antérieurement à sa création, la zone d'utilisation durable est un espace de valorisation économique où l'utilisation des ressources et les activités de production sont réglementées et contrôlées, la zone de service est une zone destinée à l'implantation d'infrastructures touristiques, éducatives ou fonctionnelles.

627 Article 18 alinéa 3 du décret n° 2005 – 013 du 11 janvier 2005 organisant l'application de la loi n° 2001- 005 du 11 février 2003 portant code de gestion des aires protégées.

628 Alinéa 2 de l'article 53 de la loi portant refonte du Code de gestion des aires protégées.

activités peuvent aussi y être exercées, mais sous réserve d'obtenir une autorisation de l'organisme chargé de la gestion de cette aire protégée.

432. ***Exemple d'activités autorisées ou interdites selon le zonage intérieur d'une aire.*** L'arrêté n° 17 430/2007 du 15 octobre 2007 portant protection temporaire du site d'intérêt biologique et écologique de « l'archipel de *Nosy Hara* » a réglementé les activités habituellement faites par les communautés riveraines selon le zonage de l'aire. En son article 5, cet arrêté interdit toute forme de pêche (industrielle ou artisanale) au niveau du noyau dur et des zones tampons. Est réprimé dans ces zones tout acte de nature à apporter des perturbations à la faune et à la flore, ainsi que l'aspect original du milieu naturel. Il en est ainsi de la coupe et du défrichement des mangroves et des forêts denses sèches ; de l'exploitation des minéraux et du corail, de la collecte et de la vente des œufs de tortues et des oiseaux d'eau. Au niveau de la zone de protection, seules sont interdites la pêche industrielle et l'exploitation commerciale des forêts et des mangroves.

2. La catégorisation des aires protégées

433. Mis à part le zonage intérieur de l'aire protégée, la catégorie à laquelle elle appartient détermine aussi les régimes de restriction et d'autorisation auxquels sont soumises ses différentes catégories d'usagers. « Sont considérées comme usagers toutes personnes ayant accès à une aire protégée, tels que les visiteurs, les personnes jouissant d'un droit d'usage dont notamment ceux relevant des zones d'utilisation contrôlée et des zones d'occupation contrôlée, celles jouissant d'une servitude de passage, les chercheurs, les guides et toute autre personne dûment autorisée »[629].

434. ***La classification des aires protégées au niveau international.*** L'Union Mondiale pour la Nature (UICN) a établi six catégories d'aires protégées, classées selon leur finalité[630]. La première catégorie est constituée par les aires protégées créées à des fins d'études scientifiques ou de protection des ressources sauvages. Ce sont les réserves naturelles intégrales ou les zones de nature sauvage. La deuxième catégorie est constituée par le parc naturel pour lequel la protection des écosystèmes est associée aux fins récréatives de celui-ci. Le parc naturel est à distinguer du monument naturel de la troisième catégorie qui vise à préserver des éléments naturels spécifiques. L'aire de gestion des habitats ou des espèces de la quatrième catégorie consiste en une conservation par intervention active au niveau de la

[629] Article 52 du décret n n° 2005-013 du 11 janvier 2005 organisant l'application de la loi n° 2001-005 du 11 février 2003 portant code de gestion des aires protégées.
[630] UICN, CNPPA et WCMC, *Guidelines for protected area management catégories,* UICN, Gland (Suisse) et Cambridge (UK), 1994.

gestion. L'avant-dernière catégorie vise à assurer la conservation de paysages terrestres ou marins et les valeurs biologiques, esthétiques, culturelles et récréatives associées. Et enfin, les aires protégées de ressources naturelles sont gérées pour une utilisation durable des écosystèmes naturels. Cette classification de l'UICN n'a aucun caractère obligatoire, chacun des États membres demeure libre d'adopter son propre système de classement.

435. ***La catégorisation des aires protégées par le droit malgache.*** Au niveau national, la classification se faisait auparavant « en fonction de la valeur particulière des composantes des aires protégées et de l'importance du risque de dégradation naturelle ou artificielle auquel ces composantes sont exposées »[631]. Avec la loi portant refonte du Code de gestion des aires protégées, la classification d'une aire protégée se fait désormais « en fonction de sa vocation et des objectifs de gestion selon les statuts auxquels elle appartient »[632]. Cette classification des aires protégées à Madagascar avait été faite en deux temps avant l'adoption en 2015 de la loi portant refonte du Code de gestion des aires protégées. Dans un premier temps, la loi n° 2001-005 du 11 février 2003 portant code de gestion des aires protégées avait consacré trois catégories d'aires protégées réunies dans le réseau national des aires protégées. Ainsi, selon ses caractéristiques, les risques de dégradation auxquels elle s'exposait et la vocation particulière qui lui était attribuée, l'aire protégée était classée soit en tant que réserve naturelle intégrale, soit en tant que réserve spéciale, soit en tant que parc national. Dans un second temps, l'adoption du système des aires protégées à Madagascar (SAPM) par le décret n° 2005-848 du 13 décembre 2005[633] avait créé et rajouté de nouvelles catégories d'aires protégées à celles préexistantes. Ce sont le parc naturel, le monument naturel, le paysage harmonieux protégé et enfin les réserves de ressources naturelles. Toutefois, avec la loi n° 2015-005 du 26 février 2015 portant refonte du Code de gestion des aires protégées, le système des aires protégées à Madagascar constitue désormais un ensemble unique, organisé « selon un mode cohérent et multiforme, autour de principes, d'objectifs, de statuts, d'acteurs de mécanismes clairs de conservation et de gestion durable »[634]. Ce système est composé de six catégories d'aires protégées : la réserve naturelle intégrale, le parc national et le parc naturel, la réserve spéciale, le monument naturel, le paysage harmonieux protégé et enfin, la réserve de ressources naturelles. La

631 Article 3 alinéa 1 de la loi n° 2001-005 du 11 février 2003 portant code de gestion des aires protégées.
632 Article 10 de la loi portant refonte du Code de gestion des aires protégées.
633 Décret pris en application de l'article 2 alinéa 2, des articles 4 ,17 ,20 et 28 de la loi n° 2001-005 du 11 février 2003 portant code de gestion des aires protégées.
634 Article 7 de la loi 2015-005 du 26 février 2015 portant refonte du Code de gestion des aires protégées.

nouvelle loi n'a donc fait qu'harmoniser et regrouper dans un seul texte les différentes catégories préexistantes.

436. ***Une assimilation par le droit malgache du système international de classification des aires protégées.*** Avec ces nouvelles catégories, le système malgache assimile le classement établi par l'Union Mondiale pour la Nature. Ce système des aires protégées actuellement en vigueur comporte les catégories de l'ancien réseau national et les catégories nouvellement créées. Ce nouveau classement vise à répondre aux objectifs de la politique malgache de conservation qui est de « garantir la représentativité unique de Madagascar, contribuer à la conservation du patrimoine culturel malgache, maintenir les services écologiques et favoriser l'utilisation durable des ressources naturelles pour contribuer à la réduction de la pauvreté »[635]. La multiplication de ces catégories d'aires protégées est aussi un moyen d'inclure dans le système national des territoires dont le mode de protection n'était pas pris en compte auparavant comme les aires protégées marines et celles qui sont communautaires. Et ainsi, d'atteindre, sinon de dépasser le but affiché de protéger une superficie de six millions d'hectares de territoires.

437. ***La finalité de création de l'aire protégée détermine la catégorie à laquelle elle appartient.*** C'est la raison pour laquelle il est besoin de préciser dans l'arrêté de protection temporaire, selon un ordre précis, les objectifs de création de l'aire protégée. Principalement, une aire protégée a pour but la conservation de la biodiversité, mais elle peut aussi être érigée pour d'autres fins. Peuvent constituer des objectifs secondaires, la récréation et l'éducation des citoyens ou la contribution au développement économique des territoires alentours. Le système actuellement en vigueur comporte plusieurs catégories dont sont issus les régimes d'autorisation et d'interdiction au sein de l'aire de protection.

A. Un régime strict d'interdiction pour la préservation intégrale des composants de la biodiversité

438. La première catégorie d'aires protégées est ***la réserve naturelle intégrale.*** Sa création vise à assurer la protection intégrale de la faune et de la flore d'un écosystème[636] particulier. La réserve naturelle intégrale contribue exclusivement à la conservation de la biodiversité et ses

---

[635] Article 1er alinéa 1 du décret n° 2005-848 du 13 décembre 2005.

[636] Selon l'article 2 de la convention sur la diversité biologique, l'écosystème est « le complexe dynamique formé de communautés de plantes, d'animaux et de micro-organismes et de leur environnement non vivant qui, par leur interaction, forment une unité fonctionnelle. »

composants. C'est une aire protégée dépourvue d'habitation humaine et pour laquelle toute forme d'utilisation ou d'exploitation des ressources naturelles est interdite. Le régime y est strict et se réduit à un régime d'interdiction : « sont interdits sur toute l'étendue d'une réserve naturelle intégrale l'accès et l'utilisation des ressources naturelles sauf à des fins de recherche ou des fins rituelles très spécifiques agréées dans le Plan d'aménagement et de gestion »[637]. C'est dans ce cadre qu'une sanctuarisation totale du périmètre peut être réalisée. L'accès y est alors interdit au grand public. À l'intérieur d'une réserve naturelle intégrale et sur toute son étendue sont strictement interdits tout acte pouvant perturber la faune ou la flore, et toute introduction d'espèces zoologique ou botanique.

439. Il est recensé[638] 5 réserves naturelles intégrales à Madagascar. Elles occupent une surface de 157 229 ha, soit à peu près le dixième de la surface totale des aires protégées. La plupart de ces réserves naturelles intégrales ont été créées soit au début du XXe siècle, soit à l'Indépendance. La situation de dégradation actuelle de la nature à Madagascar et les exigences liées à leur présence sont autant de facteurs qui rendent difficile la mise en place de nouvelles réserves naturelles intégrales.

440. ***Illustration.*** Les deux premières réserves naturelles intégrales font partie des réserves établies dès 1927. Ce sont les réserves de *Lokobe* et de *Tsaratanana* localisées dans le Nord de Madagascar. La réserve naturelle intégrale de *Lokobe* est large d'une superficie de 740 ha. Elle est située sur l'île de *Nosy-Be* et abrite une forêt originelle, habitat d'un lémurien endémique de *Lokobe*, c'est l'*eulemur macaco*. Historiquement, c'est le respect dû aux ancêtres, un aspect particulier de la culture malgache, qui a permis la protection de ce territoire. En effet, dès 1910, les autorités royales de la région ont édicté des mesures afin que soient préservés le tombeau du roi *Andriamaitso* et ses environs, situés sur le site de *Lokobe*. Cette préservation du site s'est réalisée grâce au respect des *fady* ou tabous et du culte des ancêtres. Dans la culture malgache, l'ancêtre « ne se désintéressera pas de sa famille ; bien au contraire, il restera en constantes relations avec les vivants, les protégera, les surveillera et les châtiera s'ils manquent aux règles de la tradition (...) La peur du châtiment n'est pas le seul mobile de ce comportement. La reconnaissance occupe une grande part. Les vivants doivent à leurs aïeux décédés tout ce dont ils jouissent : la vie, les biens, les instruments, les armes, les coutumes. (...) Le culte des ancêtres a sur le plan social et même politique une conséquence importante : les usages observés

---

637 Article 12 de la loi portant refonte du Code de gestion des aires protégées.
638 En 2015.

pour les *razana* sont sacrés et intouchables »[639]. Par conséquent, le site a été conservé et soustrait des actes potentiels d'exploitation sur la base de considérations coutumières et traditionnelles dans un premier temps et sur celle de la protection de la nature par la suite.
Cette réserve naturelle intégrale a été transformée en parc national.

441. La réserve naturelle intégrale de *Tsaratanana* quant à elle, abrite le plus haut sommet de Madagascar (*Maromokotra* qui culmine à 2876 m) et les sources d'eaux de la région. Cette réserve naturelle intégrale constitue aussi un important réservoir génétique grâce notamment à la présence de plusieurs espèces endémiques.

442. Les deux autres réserves naturelles intégrales ont été créées à l'Indépendance. Ce sont les réserves de *Bemaraha* et de *Zahamena* créées en juin 1966 avec respectivement, une superficie de 85 370 ha et de 22 497 ha. Ces deux réserves intégrales coexistent chacune avec des parcelles de terrains érigés en parc national. La réserve naturelle intégrale de *Zahamena* constitue le noyau dur d'une aire protégée plus large : le parc national de *Zahamena* (qui a une dimension de 42 300 ha). Ce site constitue la réserve d'eau de l'*Alaotra*, qui est le grenier à riz de Madagascar. Et il appartient aux forêts de *l'Antsinanana* qui sont elles-mêmes classées dans la Liste du patrimoine mondial culturel et naturel depuis 2007, et dans la Liste du patrimoine mondial en péril depuis 2010[640].

443. Le site de *Bemaraha* illustre les divers outils de l'arsenal de protection de la richesse de la diversité biologique malgache. En effet, ce site de *Bemaraha* fait partie des premières régions protégées, considéré comme une réserve naturelle intégrale dès l'année 1927. Par la suite, à l'adhésion de Madagascar aux conventions internationales de protection, c'est le premier site malgache inscrit sur la Liste du Patrimoine mondial en 1990. En 1991, il est déclaré patrimoine culturel national au titre de l'ordonnance n° 82-029 du 6 novembre 1982 relative à la protection, la sauvegarde et la conservation du patrimoine national. Et enfin, une partie de la réserve est transformée en parc national en 1997. Sur une dimension totale de 157 710 ha, ce site fait de forêt de pics karstiques contient un parc national dans sa partie sud (d'une surface de 72 340 ha) et une réserve naturelle intégrale dans sa partie nord (d'une dimension de 85 370 ha). La faune qu'il abrite est caractérisée par un endémisme général estimé à 86,7 %[641].

---

[639] Jean Claude MAESTRE, « Le tombeau malgache et le droit public – À propos de l'arrêt du 16 janvier 1965 de la Chambre administrative de la Cour Suprême de Madagascar », *Annales de l'Université de Madagascar*, Paris : Éditions Cujas, 1965, p. 150.
[640] Voir *infra*.
[641] Source : *Madagascar National Parks*.

444. La dernière création de réserve intégrale a été faite le 31 décembre 1997 dans le sud de Madagascar, c'est la réserve de *Betampona*. Son accès est exclusivement réservé aux scientifiques. Cette réserve abrite plusieurs espèces d'oiseaux et de mammifères comprises dans la Liste rouge des espèces menacées établie par l'Union Mondiale pour la Nature (UICN)[642]. Plusieurs actions sont réalisées avec l'aide et au profit des communautés riveraines à la réserve naturelle intégrale. Ainsi, des travaux de reboisement villageois et scolaire sont effectués et à ces communautés sont attribuées des semences et ruches améliorées.

B. Un régime assoupli d'autorisation pour les autres catégories

445. Au-delà de la sauvegarde des caractéristiques scientifiques, historiques ou culturelles particulières, l'éducation environnementale et la fin récréative constituent aussi des motifs de création d'une aire protégée. Il en résulte un régime d'autorisation plus souple.

446. Entre la vocation de protection totale de la réserve naturelle intégrale et la vocation récréative des autres catégories d'aire protégée est recensée une catégorie intermédiaire. C'est ***la réserve spéciale***. Madagascar comptait en 2015 une vingtaine de réserves spéciales qui sont localisées dans plusieurs localités de l'île. Elles occupent une superficie totale de 375 420 ha dans toute l'île, soit le double de la superficie des réserves naturelles intégrales.

La réserve spéciale n'a pas une vocation récréative particulière, mais vise la préservation d'un élément particulier de la biodiversité, qu'il s'agisse d'une espèce de la faune ou de la flore, ou qu'il s'agisse d'un écosystème particulier. À la différence de la réserve naturelle intégrale qui brasse sous sa protection tous les éléments présents sur le territoire, la réserve spéciale se différencie en se concentrant sur cet élément particulier. C'est ainsi qu'il y a des réserves de faune[643] ou de flore, des réserves de sols ou de forêts[644].

447. Le régime d'autorisation au sein des réserves spéciales est similaire à celui des deux autres catégories suivantes, à savoir le parc national et le parc naturel. Au sein de ces trois catégories d'aires protégées, les

---

642 4 espèces de mammifères de la réserve sont dans la liste des espèces vulnérables, et des espèces d'oiseaux endémiques de Madagascar sont dans la liste des espèces quasi menacées (exemple : l'ibis huppé de Madagascar ou *Lophotibis cristata*, l'épervier de Madagascar ou *Accipiter madagascariensis*, ou enfin le *Vanga de Lafresnaye*).

643 Exemple : la réserve spéciale de *Manombo*, d'une superficie de 5320 ha, dans le Sud Est abrite une espèce endémique de batracien et plusieurs espèces d'escargots terrestres.

644 Exemple : la réserve spéciale d'*Ambohitantely* sur les Hauts plateaux a été créée afin de protéger les dernières forêts naturelles de cette région centrale de l'île.

autorisations d'accès sont accordées par l'autorité chargée de la gestion de ces aires protégées en contrepartie du paiement d'un droit d'entrée et/ou l'établissement de conventions spécifiques avec l'organisme chargé de l'aire protégée. Les droits et obligations auxquels sont soumis les usagers du parc sont déterminés par le règlement intérieur de chaque parc.

448. Bien que relevant de deux catégories différentes dans les textes, ***le parc national*** et ***le parc naturel*** poursuivent un même but récréatif et éducatif. La différence principale réside dans leur dimension géographique et administrative : le parc national est d'envergure nationale et relève de l'administration centrale tandis que le parc naturel a une dimension régionale et sa gestion est décentralisée, ce sont les régions qui sont en charge de créer et de gérer les parcs naturels au sein de leur territoire, étant entendu que ces parcs naturels régionaux peuvent aussi être regroupés dans un réseau régional distinct du système national des aires protégées.

449. La grande majorité des parcs nationaux malgaches sont de nature terrestre. Dans le système des aires protégées actuel, moins de cinq parcs nationaux sont de nature maritime. Malgré le fait que le territoire malgache soit une île, ce n'est que très récemment que les parcs nationaux maritimes ont été créés. Pour preuve, la première, l'aire protégée marine et côtière de *Sahamalaza — Îles Radama* a été classée par le décret n° 247 – 2007 du 19 mars 2007 pour conserver les paysages, les écosystèmes des espèces et leur variabilité génétique. Elle a une superficie de 26 035 ha et est divisée en territoire marine et en territoire terrestre. Ce sont les fortes potentialités de ses récifs et barrières coralliens qui ont justifié la préservation du site. De plus, les zones de mangroves de cette aire protégée marine et côtière du nord-ouest abritent des palétuviers, habitats d'espèces d'oiseaux endémiques de Madagascar.

450. Les dernières catégories d'aires protégées sont constituées par ***les monuments naturels***, ***les paysages harmonieux*** et ***les réserves de ressources naturelles***. Ces catégories donnent aux communautés riveraines la possibilité d'exploiter de manière rationnelle leurs territoires tout en sauvegardant leurs caractéristiques particulières. Le développement économique du territoire est prioritaire, mais celui-ci se fera dans un esprit raisonnable d'exploitation des ressources naturelles. La mesure de cette exploitation raisonnable n'a cependant pas été précisée par les textes. L'appréciation de celle-ci se fera dès lors au cas par cas, en cas de problème. Les dispositions prises en ce qui concerne la création de ces dernières catégories d'aires protégées étant de nature relativement récente, aucune n'a encore été créée.

451. En définitive, une fois compris dans les limites d'une aire protégée, les territoires de vie des populations riveraines relèvent désormais de l'autorité étatique et sont soumis aux autorisations et interdictions édictées selon le zonage de l'aire ou sa catégorie. Néanmoins, les usages de ces communautés riveraines sont pris en compte.

SECTION II. LA RECHERCHE D'ÉQUILIBRE ENTRE LA PRÉSERVATION DE LA DIVERSITÉ BIOLOGIQUE ET LES USAGES DE COMMUNAUTÉS RIVERAINES

452. ***De la gouvernance de l'État à la gouvernance multiple sur les aires protégées.*** La classification d'un territoire en tant qu'aire protégée a des conséquences certaines sur les communautés riveraines. La gouvernance d'une aire protégée est définie comme « l'ensemble des interactions entre les structures, les processus et les traditions qui déterminent la façon dont l'autorité est exercée, dont les responsabilités sont réparties, dont les décisions sont prises et dont les citoyens et les autres acteurs sont impliqués dans une aire protégée »[645]. Au sein des aires protégées malgaches, la gouvernance de l'État était omniprésente : « Madagascar reconnaît aujourd'hui formellement un seul type de gouvernance d'aire protégée, la gouvernance par l'État, à travers un organisme paraétatique »[646]. Sous l'ancienne loi n° 2001-005 du 11 février 2003, rattachées au système national, les aires protégées devenaient des propriétés de l'État, « ce dernier en détermine les orientations principales de gestion »[647], et ainsi, plusieurs limitations et restrictions pesaient sur les usages habituels des communautés riveraines. Actuellement, avec la nouvelle loi portant refonte du Code de gestion des aires protégées, cette gouvernance a maintenant une pluralité. En effet, selon l'article 6 de cette nouvelle loi : « les types de gouvernance des aires protégées sont la gouvernance publique, la gouvernance partagée ou cogestion de type collaboratif ou conjoint, la gouvernance privée et la gouvernance communautaire ».

453. Malgré cette pluralité de modes de gouvernance, l'implantation d'une aire protégée impose aux communautés riveraines le respect d'un certain nombre d'obligations et plus particulièrement d'interdictions. Les limitations et restrictions liées aux impératifs de sauvegarde ont un caractère permanent et modifient de manière durable les usages qui ont été établis. Elles privent les communautés riveraines de l'exercice de certaines pratiques ancrées dans leur mode de vie et les incitent à en adopter de nouvelles. Les

---

[645] Grazia BORRINI-FEYERABEND, Nigel DUDLEY, *Elan Durban... Nouvelles perspectives pour les aires protégées à Madagascar,* Antananarivo, mars 2005, p.19.

[646] Grazia BORRINI-FEYERABEND, Nigel DUDLEY, *op. cit.*, p. 25.

[647] Selon l'article 28 de la loi n° 2001-005 du 11 février 2003.

impératifs de conservation et de protection peuvent alors se trouver en conflit avec les pratiques traditionnelles et les droits que ces communautés riveraines se sont appropriés. Or, il ne peut être fait fi de ces pratiques et besoins au risque de provoquer une résistance de ces populations. « Le fait d'établir des zones protégées sans prendre en compte les besoins, les aspirations et les droits des populations locales peut engendrer des problèmes sociaux insolubles, menaçant à long terme la viabilité des parcs au moins autant que les menaces dont la perception avait entraîné leur création, à l'origine »[648].

454. ***Illustration.*** Ainsi, dans l'article 3 du décret de création du parc national de *Ranomafana*[649], « le parc est fermé à toute exploitation et affranchi de tout droit d'usage (...) toutefois, l'aménagement touristique et les recherches scientifiques peuvent y être autorisés par le ministre chargé des Eaux et Forêt ». Cette disposition explique la mésentente, déjà évoquée précédemment[650], entre la population locale et l'administration. Selon les dispositions du décret de création, les communautés riveraines ne peuvent plus continuer d'exploiter les ressources naturelles comprises dans le périmètre du parc alors que l'État s'était donné la possibilité de le faire avec les autorisations liées aux recherches scientifiques et à l'exploitation du potentiel touristique de la zone. Cette situation pose problème dans la mesure où les pratiques traditionnelles des populations locales riveraines n'ont pas été prises en compte lors de la création du parc. Et que dans le même temps, ces communautés se voient privées de l'exercice de ces pratiques au profit de personnes considérées comme étrangères à la communauté. « Le *Mpanjaka*[651] a vu les *vahiny*[652], comprenant les étrangers et les Malgaches provenant des autres coins du pays, venir établir ce parc national, dans la forêt humide, les lieux sacrés de ses ancêtres. Les villageois vivant autour de ce lieu, devenu le Parc National de *Ranomafana*, ont eu peu d'occasions de négocier puisque ces terres abritaient des animaux dont la sauvegarde fut réclamée au niveau international autant que national »[653]. Les autorités étatiques ont estimé que le fait d'opérer une sanctuarisation totale

---

648 Marcus COLCHESTER, *Nature sauvage, Nature sauvée ? Peuples indigènes, zones protégées et conservation de la biodiversité,* septembre 1995, United Nations Research Institute for Social Development (UNRISD), p. 17.

649 Décret n° 91-250 du 27 mai 1991 portant création du parc national n° 4 de Ranomafana dans les fivondronampokontany d'Ifanadiana, de Fianarantsoa II et d'Ambohimahasoa, Faritany de Fianarantsoa

650 Voir *supra*.

651 Signifie littéralement le roi, mais actuellement, il est seulement titulaire de l'autorité morale traditionnelle sur le village.

652 Est considérée comme *vahiny* toute personne étrangère à la communauté.

653 Diane M. HENKELS, « A Close up of Malagasy Environmental Law », *Vermont Journal of Environnemental Law*, Volume 3, 2001 – 2002. Consultable sur http://www.vjel.org/journal/VJEL10009.html. (date de consultation : février 2008).

du territoire constituait l'unique moyen de conserver la richesse liée à la diversité biologique de cette forêt dense humide. Mais, il était difficile pour la population riveraine d'admettre les interdictions d'exploitation d'autant plus que cette population riveraine est constituée essentiellement par le clan des *Tanala*[654]. « Les *Tanala* de Madagascar de par leur nom — gens de la forêt — ont toujours été assimilés à une société où la forêt domine largement le mode de vie et la culture »[655]. Ils considèrent tenir la forêt de leurs ancêtres, d'où le conflit d'intérêts entre les deux parties, et les débuts difficiles du parc national[656].

455. En définitive, la création des aires protégées, au-delà des considérations portées sur la protection des éléments de la diversité biologique, doit tenir compte du contexte local et des us et coutumes des communautés riveraines. Les obligations et interdictions imposées par le statut d'aires protégées sont alors temporisées par l'admission de droits d'usage au profit de ces communautés riveraines.

456. ***La notion et l'étendue des droits d'usage.*** Les droits d'usage sont définis à l'article premier de la loi portant refonte du Code de gestion des aires protégées comme « des prélèvements de ressources naturelles à des fins non commerciales pour satisfaire les besoins domestiques, vitaux ou coutumiers, de la population locale résidente. Ils sont incessibles et s'exercent dans le cadre de la Convention de gestion communautaire ».

457. Ces droits d'usage sont strictement encadrés et déterminés par le décret de création de chaque aire protégée, et seul l'usage domestique des ressources naturelles y est admis. « La chasse, la pêche, l'exploitation forestière, agricole et/ou minière, toute fouille ou prospection sondage, terrassement ou construction, tout pâturage, tous travaux tendant à modifier l'aspect du terrain ou de la végétation, toute pollution d'eaux et d'une manière générale, tout acte de nature à apporter des perturbations à la faune

---

654 Ce qui signifie littéralement les gens de la forêt.

655 RAKOTOSON D.J, RAKOTONIRINA A. & SERPANTIÉ G., *La contrainte érosion chez les Tanala : savoirs et gestion*, dans Georges SERPANTIÉ, RASOLOFOHARINORO, Stéphanie CARRIÈRE, *Transitions agraires, dynamiques écologiques et conservation : le « corridor » Ranomafana-Andringitra*, Antananarivo : CITE et IRD, 2007, p.155.

656 Pour plus de détails sur la problématique des relations et interactions entre la protection de la nature et les modes de vie et de culture des Tanala, voir : Georges SERPANTIÉ, RASOLOFOHARINORO, Stéphanie CARRIÈRE, *Transitions agraires, dynamiques écologiques et conservation : le « corridor » Ranomafana-Andringitra,* Antananarivo : CITE et IRD, 2007, 275 p ; Diane M. HENKELS, « A Close up of Malagasy Environmental Law », *Vermont Journal of Environnemental Law*, Volume 3, 2001 – 2002.

et à la flore, toute introduction d'espèces zoologiques et botaniques soit importées, soit sauvages ou domestiques sont strictement interdits »[657].

458. L'usage est un démembrement de la propriété. C'est une servitude réelle qui n'engendre cependant pas un droit de copropriété au profit de son titulaire. Il a été établi les caractéristiques de ces droits d'usage : « Ce sont des droits d'autoconsommation (...) strictement destinés à la satisfaction des besoins familiaux et domestiques des usagers. Ce sont des droits gratuits : les usagers reconnus ont un libre accès aux produits forestiers et peuvent exercer toutes les activités entrant dans le cadre de ces droits sans fournir une contrepartie pécuniaire. Ce sont des droits limités et situés : ils s'exercent par « les populations riveraines »[658].

459. Une fois consacrée, une aire protégée est fermée à toute exploitation et affranchie de tout droit d'usage, même préexistant, qui soit incompatible avec les objectifs du parc. D'autres activités peuvent être admises pour les usagers du parc sous les conditions essentielles que ces activités ne soient pas incompatibles avec les objectifs du parc et aient obtenu les autorisations nécessaires auprès des autorités. Seules les communautés riveraines de l'aire protégée sont titulaires d'un droit d'usage. Sont considérées comme riveraines les communautés dont les zones d'habitation ou d'exploitation des ressources naturelles sont localisées aux alentours immédiats de la zone de protection de l'aire protégée. Selon l'article 18 alinéa 3 du décret n° 2005-013 du 11 janvier 2005 organisant l'application de la loi n° 2001-005 du 11 février 2003 portant code de gestion des aires protégées : « la zone de protection est de deux kilomètres cinq cents (2,5 km) à vol d'oiseau à partir des limites de l'aire protégée. Pour les aires protégées existantes, la dimension de la zone de protection peut être réévaluée. » Il n'a cependant pas été précisé la limite de cet entourage qualifié d'immédiat. L'évaluation sera faite selon le cas qui se présente.

460. Ces communautés riveraines peuvent alors exercer plusieurs types de droits au titre de ce droit d'usage dont elles sont titulaires : le droit de cueillette[659], le droit de saignée, le droit de coupe, le droit de chasse et de pêche, le droit de parcours et enfin le droit de culture[660].

---

[657] Exemple pris de l'article 7 alinéa 2 du décret n° 2002-798 du 7 août 2002 portant changement de statut de la Réserve Naturelle Intégrale n° 15 d'*Ankarafantsika* et de la réserve forestière en parc national.

[658] Maurice KAMTO, *Droit de l'environnement en Afrique,* Paris : Edicef, 1996, p. 206.

[659] Par exemple : l'article 8 alinéa 4 du décret n° 2002-798 du 7 août 2002 portant changement de statut de la réserve naturelle intégrale n° 15 d'*Ankarafantsika* et de la réserve forestière en parc national, autorise la population riveraine du parc national d'*Ankarafantsika* à exercer le droit coutumier de cueillette pour usage domestique.

[660] Maurice KAMTO, *op. cit.*

461. ***Limite à l'exercice des droits d'usage.*** Une limite essentielle doit être respectée : l'exercice de ces droits d'usage ne peut avoir pour effet de porter atteinte à l'aspect, la composition et l'évolution de l'aire protégée. Les ressources naturelles de ces zones vont passer d'un statut de propriété commune à un statut de ressources protégées. En tant que ressources communes, elles ont été librement accessibles à un ensemble d'utilisateurs ou d'utilisateurs potentiels, sans qu'aucune règle particulière n'eût été déterminée, ni sur la quantité ni sur le mode d'exploitation de ces ressources[661]. La mise en place des droits d'usage dans une aire protégée vise alors à éviter les gaspillages subis par ces ressources naturelles ayant un statut de propriété commune[662], sans priver totalement les communautés riveraines d'un accès à ces ressources.

462. ***Le respect des rites et coutumes liés à leur tradition*** confère à ces communautés riveraines des droits particuliers en dehors de ceux admis pour les prélèvements à usage domestique. En premier lieu, elles peuvent passer outre les obligations qui découlent du statut d'aires protégées pour l'accomplissement des rites et coutumes liés à leur tradition. « La population riveraine conserve son droit inaliénable de venir enterrer leurs morts dans les cimetières inclus dans le parc national sans qu'il soit nécessaire d'informer au préalable le gestionnaire du parc. Il en est de même pour les cultes rituels dans les *doany*[663] inclus dans le parc national »[664]. Le caractère inaliénable de ce droit peut être lié à celui des tombeaux, inaliénables et imprescriptibles et revêtus d'un caractère sacré dans le régime foncier malgache[665]. D'autant que les servitudes liées aux tombeaux demeurent. Par exemple, la servitude légale de passage grève les fonds qui jouxtent ou englobent les tombeaux.

463. Dans la droite ligne de ce respect imposé des tombeaux ancestraux, ces communautés ont aussi un droit de regard sur les déplacements qui pourraient être effectués aux alentours de leurs lieux sacrés. Une autorisation

---

661 Voir en ce sens : Benoît RABEMANANTSOA, *Le sens du bien public à Madagascar,* Antananarivo : Éditions Madprint, s.d., 56 p.

662 Souvent, l'instauration des droits d'usage est motivée par ce gaspillage des ressources des biens communs, voir CHRISTY, F.T.Jr., *Droits d'usage territoriaux dans les pêcheries maritimes : définitions et conditions,* FAO, Doc. Tech. Pêches, (227) : 11 p, 1983.

663 Lieu d'implantation d'une résidence royale importante, village royal ou village où réside le souverain vivant. Définition prise dans l'ouvrage : Robert JAOVELO-DZAO, *Mythes, rites et transes à Madagascar – Angano, joro et tromba sakalava,* Paris : Karthala éditions, 1996, 392 p.

664 Exemple pris de l'article 8 alinéa 1 du décret portant changement de statut de la réserve naturelle intégrale n° 15 *d'Ankarafantsika* en parc national précédemment cité.

665 En effet, « les tombeaux revêtent à Madagascar une importance considérable, car ils se rattachent aux cultes des ancêtres. Pour le Malgache, les morts sont des êtres sacrés, des divinités qui surveillent et protègent la famille » : Victor GASSE, *Les régimes fonciers africains et malgache – Évolution depuis l'Indépendance,* Paris : Librairie Générale de Droit et de Jurisprudence, 1971, p. 69.

des autorités traditionnelles est souvent nécessaire dans ces cas. En effet, dans la culture malgache, les lieux sacrés sont des lieux tabous sur lesquels aucune dégradation ne devrait être faite, ils sont protégés de toute intrusion et dans certains cas, certaines personnes ne peuvent y pénétrer. Comme il a été vu, « les usages observés pour les *razana*[666] sont sacrés et intouchables »[667]. Ces différents aspects font partie intégrante des droits d'usage, liés à la coutume et aux traditions, que ces communautés peuvent exercer.

464. Pour conclure, il a été vu qu'en comparaison à la réglementation forestière, les dispositions relatives à la création et aux régimes d'autorisation et d'interdiction au sein des aires protégées semblent viser réellement la protection des éléments importants de la biodiversité. Aux questions relatives à la participation des communautés riveraines doivent être apportées des réponses adaptées afin d'assurer la pérennité des mesures de protection. D'autant que si l'évolution des finalités dans le droit malgache de la protection de la nature permet désormais la prise en compte des espèces de la faune et de la flore, le contenu de celui-ci peine à afficher et atteindre les objectifs de protection.

[666] Ce sont les ancêtres.
[667] Jean Claude MAESTRE, *op. cit.*, p. 150.

Chapitre III. La protection des espèces de la faune et de la flore

465. À la suite de la protection des milieux, la protection des éléments de la faune et de la flore fait aussi partie prenante du droit malgache de la protection de la nature. L'influence de l'adhésion aux différentes conventions internationales est manifeste dans ce domaine dans la mesure où la prise en compte de ces éléments de la faune et de la flore s'est réalisée en 2 étapes successives. Dans un premier temps, les mesures internes n'ont pas pris en compte la spécificité de ces espèces de la faune et de la flore : il y a une quasi-absence de protection de celles-ci lorsqu'elles se retrouvent hors des zones bénéficiant traditionnellement de protection, à savoir les forêts ou les aires protégées. Seules les règles relatives à leur exploitation et leur commercialisation sont prises (**section I**). Par la suite, l'adhésion aux différentes conventions internationales a entraîné la transposition des dispositions dans le droit interne. Nécessaire en principe, cette transposition va cependant aboutir à une certaine désorganisation de ces dispositions de droit interne (**section II**). L'effectivité de la protection rencontre alors des difficultés certaines s'agissant des espèces de la faune et de la flore.

SECTION I. L'INSUFFISANCE DE LA PROTECTION DE LA FAUNE ET DE LA FLORE : DES RICHESSES CONVOITÉES

466. Même si historiquement une ordonnance du 3 octobre 1960[668] a prévu la mise en place d'un régime de la chasse et de la pêche, et que certains composants de la flore sont soumis à une certaine protection à travers le régime des défrichements et des feux de végétation[669], plusieurs éléments laissent penser que les espèces de la faune et de la flore ne bénéficient pas réellement d'une protection par la réglementation malgache. Il n'y a pas de dispositions spécifiques de protection, seules quelques dispositions constituent des exceptions à cette règle quasi générale.

467. ***La rareté des dispositions de protection directe.*** Seule la réglementation relative aux espèces marines et au milieu marin prévoit une protection directe de celles-ci dans l'ordonnance n° 93-022 du 4 mai 1993

[668] Ordonnance n° 60-126 du 3 octobre 1960 fixant le régime de la chasse, de la pêche et de la protection de la faune.

[669] Ordonnance n° 60-127 du 3 octobre 1960 relative au régime des défrichements et des feux de végétation.

portant réglementation de la pêche et de l'aquaculture[670]. Trois catégories de mesures sont recensées. En premier lieu, selon l'article 8 de l'ordonnance, dans les zones dans lesquelles la faune ou la flore présente un intérêt particulier, il peut être créé des parcs ou des réserves naturelles au sein desquels les activités de pêche sont interdites ou sont strictement réglementées. La création de ces zones protégées relève alors de l'initiative du ministère de la Pêche et de l'Aquaculture, en collaboration avec les autres ministères concernés. En second lieu, dans les mangroves, qui sont considérées comme des zones sensibles et font donc l'objet d'une protection particulière[671], l'article 11 de l'ordonnance de 1993 prévoit l'adoption de mesures spéciales de protection au profit des végétaux et animaux marins. Et enfin, une autorisation spéciale est requise pour les mammifères marins. Selon l'article 9 de l'ordonnance, « sauf autorisation spéciale délivrée à des fins notamment d'ordre scientifique ou d'expérimentation technique (...) il est expressément interdit de tuer, de blesser et de capturer des mammifères marins et d'autres espèces en danger ».

468. Ces dispositions de protection directe constituent une exception. D'une manière générale et malgré la richesse avérée de la biodiversité malgache en la matière, il peut être relevé dans les dispositions relatives aux éléments de la faune et de la flore deux caractéristiques. En premier lieu, l'absence d'un but de protection : les buts principaux de la réglementation sont la commercialisation et l'exploitation de ces espèces de la faune et de la flore (**paragraphe 1**). En second lieu, l'assimilation des espèces de la faune et de la flore aux milieux sur lesquels elles sont localisées, par conséquent, leur protection est tirée de celle de ces milieux (**paragraphe 2**).

Paragraphe 1. L'absence d'un objectif spécifique de protection

469. ***L'exploitation commerciale des espèces de la flore, principale préoccupation de la réglementation.*** Peu de textes peuvent être recensés en ce qui concerne les espèces végétales[672], perçues essentiellement comme des produits commerciaux. C'est ainsi que ces rares textes pris vont viser essentiellement la réglementation de leur exploitation et de leur

[670] JORM du 9 août 1993, pp. 1870-1877.

[671] *Supra,* pour rappel, en tant que zones sensibles, la réalisation d'études d'impact est obligatoire pour toute réalisation de projet d'envergure dans les zones de mangroves.

[672] Il en était de même aux débuts du droit français de la protection de la nature, « la protection de la flore ne fait encore l'objet d'aucune législation d'ensemble, si l'on excepte le régime juridique de la forêt » Jean LAMARQUE, *Droit de la protection de la nature et de l'environnement,* Paris : L.G.D.J, 1973, p. 505.

commercialisation. La protection des espèces n'est pas instituée comme but principal de la réglementation. Trois exemples peuvent être relevés.

470. ***Illustrations.*** En premier lieu, il y a l'arrêté du 8 mai 1967 sur le « raphia »[673] et le « *bao* »[674]. C'est un arrêté « réglementant sur l'ensemble du territoire de la République Malagasy l'exploitation, la collecte, la vente et la circulation de ces produits ». Dès l'intitulé, il est aisé de comprendre que l'arrêté ne contient pas des mesures visant à la protection de ces éléments de la flore, mais concerne essentiellement les opérations liées à leur exploitation et à leur commercialisation. Selon l'article 2 de l'arrêté, l'exploitation du raphia, dont les fibres se révèlent utiles, ne peut se faire que durant une période de cinq à sept mois sur le territoire. L'alinéa 3 de cet article 2 de l'arrêté précise que cette période d'ouverture de l'exploitation est déterminée par les collectivités territoriales décentralisées[675] et autorise en parallèle, lors de cette période, les actes d'achat, de vente ou de circulation du produit. Cet arrêté précise aussi en son article 3 que sont interdits l'exploitation, la vente, l'achat ou la circulation des raphias mal préparés ou n'atteignant pas 1 min 10 s de longueur. Ces articles 2 et 3, de la section relative au raphia de l'arrêté, ne s'occupent que de réglementer l'exploitation et la commercialisation de celui-ci.

471. Il en est de même pour le *bao.* Seules les modalités relatives à l'exploitation du *bao* sont contenues dans cet arrêté. Cette exploitation est permise toute l'année, par l'article 5 de l'arrêté, sous réserve de l'obtention d'un permis ou d'une convention d'exploitation portant sur une superficie déterminée et moyennant une redevance forfaitaire. Les articles 6 et 7 de l'arrêté détaillent les modes d'exploitation de ces pétioles de raphia. Tandis que l'article 8 interdit « l'exploitation des arbres trop jeunes, ou chétifs, aux feuilles mal développées et aux pétioles grêles et petits, ainsi que les arbres n'ayant que cinq feuilles ». De par ces quelques exemples de dispositions prises dans l'arrêté relatif au raphia et au *bao,* il peut être conclu que les préoccupations principales des autorités étaient de réglementer l'exploitation, la disponibilité de la ressource et la commercialisation de ces espèces végétales et ne concernaient pas leur protection.

472. En second lieu, il y a la loi n° 71-006 du 30 juin 1971 établissant un droit de sortie sur les animaux sauvages et sur les orchidées. À l'examen, cette loi, unique sur les orchidées, ne constitue pas non plus un texte assurant

673 C'est une espèce de palmier localisé dans les milieux marécageux et le long des fleuves à Madagascar.

674 Il est constitué par les pétioles du raphia.

675 Selon l'alinéa 4 de l'article 2 de l'arrêté, à chaque fois que l'intérêt général l'exige, il peut être apporté modification à cette période d'ouverture de l'exploitation du raphia.

leur protection. Elle vise seulement à fixer le montant des droits de sortie à l'exportation de ces espèces végétales. Selon son article premier, cette loi établit un droit de sortie du territoire malgache sur « tout animal sauvage, vivant ou naturalisé, protégé ou non (...) et sur les orchidées ». Ces droits de sortie seront fixés par l'article 2 de la loi par unité et selon l'espèce considérée[676]. Toutes les dispositions de cette loi réglementent pour l'essentiel les aspects administratifs et fiscaux liés à la sortie du territoire des espèces d'animaux sauvages et surtout des orchidées. Seul l'alinéa 2 de l'article 5 de la loi porte l'unique considération scientifique dans toutes les dispositions de cette loi. En effet, selon cet article, en cas d'éventuelles contestations sur l'espèce présentée, le litige est réglé par le Service des eaux et forêts. Néanmoins, aucun quota sur la quantité des espèces à exporter n'a été prévu ni fixé dans les dispositions de cette loi.

473. Et enfin, plus récemment, il y a l'arrêté interministériel n° 4911-99-MCC du 12 mai 1999 fixant la norme malagasy sur la vanille. Cet arrêté édicte principalement, les normes de qualité des vanilles préparées qui doivent être respectées lors de la commercialisation de celles-ci. Toutes les mesures contenues dans cet arrêté sont relatives à l'exploitation, la collecte, la vente et la circulation de la vanille. Aucun objectif de protection n'est adopté.

474. Un dernier exemple peut être pris : celui de la protection du baobab[677]. En effet, les baobabs constituent aussi des éléments essentiels de la biodiversité malgache : 6 espèces sont endémiques de Madagascar, dont 3 sont sur la Liste rouge de l'UICN et sont donc considérées comme en danger et les 3 autres espèces sont considérées comme quasi menacées. Néanmoins, ils ne sont pas protégés de manière spécifique s'ils ne sont pas localisés sur le territoire d'une aire protégée.

475. Ces exemples illustrent l'absence de l'objectif de protection dans le peu de textes spécifiquement relatifs aux espèces végétales du droit malgache de la protection de la nature. Cette carence se retrouve aussi dans les textes relatifs à la protection des éléments de la faune.

476. ***La domination des règles relatives à la commercialisation dans certains textes spécifiques à la faune. Illustrations.*** Si les textes très anciens sur les espèces de tortues marines comportent des dispositions en faveur de

---

676 En ce qui concerne les orchidées, les droits de sortie sont fixés au pied et s'élèvent à 10 000 FMG par pied d'orchidées.

677 Cynthia Onjanantenaina RAVELOSON, Daudet ANDRIAFIDISON, Julie Hanta RAZAFIMANAHAKA, *et alii*, « Les baobabs de Madagascar : quel cadre réglementaire pour leur conservation ? », *Madagascar Conservation & Development*, juin 2014, vol. 9, pp. 31-35.

leur protection[678], il n'en est pas de même dans les autres textes plus contemporains. Par exemple, l'ordonnance n° 1962-020 du 18 août 1962 sur la protection des lémuriens se limite à inciter à la déclaration en sous-préfecture de la détention des lémuriens. En cas de non-respect de cette ordonnance, il est considéré qu'il y a infraction de détention illicite d'animaux protégés.

477. Ensuite, il y a le décret n° 69-085 du 25 février 1969 sur les papillons[679]. La majorité des dispositions de ce décret veille à réglementer le commerce et la chasse des papillons. Ainsi, l'article premier du décret rappelle qu'un permis de chasse commercial est nécessaire pour toute personne se livrant au commerce du papillon. Selon l'article 2 du décret, la possession de ce permis permet à son détenteur de chasser, transporter, vendre et exporter toute espèce de papillon. Par ailleurs, la possession de ce permis implique pour son titulaire de respecter les différentes obligations liées à la pratique de la chasse au papillon, telle la déclaration du nombre de papillons de chaque espèce chassés ou achetés à la fin de chaque trimestre ou l'exercice de la chasse dans le strict cadre de la période et du périmètre de chasse autorisés. D'une durée de validité de 5 ans, ce permis de chasse doit néanmoins, selon les dispositions de l'article 4 du décret, être visé annuellement par les services de l'État. En cas d'infraction, ce sont les dispositions de l'ordonnance n° 60-126 du 3 octobre 1960 fixant le régime de la chasse, de la pêche et de la protection de la faune qui s'appliquent.

478. Un seul article pose les limites dans cette exploitation commerciale des papillons. Il peut être considéré comme l'unique rempart de protection. Mais cette protection ne sera pas intégrale dans la mesure où cet article concerne uniquement les permis de chasse délivrés aux personnes non résidentes à Madagascar, plus particulièrement, aux touristes de passage[680]. Ainsi, les titulaires de ce permis de chasse doivent se limiter à 2 papillons par espèce. Bien que motivée par la volonté de réduire l'exploitation des espèces de papillons, cette disposition ne pourrait avoir d'impacts décisifs que si elle était étendue à tous les permis de chasse et ne se limitait pas à cette seule catégorie de permis. Seul un élargissement de cette disposition à tous les permis de chasse délivrés, quelle que soit sa catégorie, peut limiter de manière significative l'exploitation des espèces de papillons. Car en définitive, le décret du 25 février 1969 ne vise pas à préserver les papillons, ni à prévenir une disparition ou une extinction des espèces, mais surtout à

---

678 Les décrets du 23 mai 1923 et du 23 octobre 1924 relatifs à la protection des espèces de tortues marines interdisent la capture des femelles en nidification et de tout individu dont la longueur de la carapace est inférieure à 50 cm.

679 JORM du 1er mars 1969, p. 519.

680 Prévu par l'article 6 du décret, ce permis de chasse a une durée de validité de deux mois à partir de sa date de délivrance.

limiter toute surexploitation commerciale de celles-ci. Ce décret relatif aux papillons ne constitue dès lors qu'une réglementation sur la chasse ou le commerce des espèces de papillons. Il ne s'agit en aucun cas d'un texte visant à les protéger.

479. Ainsi, comme dans le cadre des rares textes relatifs à certaines espèces particulières de la flore, les quelques textes portant spécialement sur certaines espèces de la faune ne visent pas leurs protections, mais la réglementation de leur exploitation et commercialisation. Et lorsqu'ils ne sont pas assimilés aux produits commerciaux, les éléments de la flore ou de la faune vont l'être aux milieux sur lesquels ils sont localisés : leur protection va déprendre des dispositions relatives à ces milieux.

Paragraphe 2. La protection des espèces de la flore et de la faune par les textes relatifs aux milieux

Il a été vu que rares sont les textes relatifs à la protection spécifique des espèces de la flore et de la faune. Considérées comme éléments composant les milieux sur lesquels elles sont localisées, leur protection est assujettie aux mesures relatives à la protection de ces derniers. Leur protection relèvera dès lors, par ricochet, des textes tendant à la protection de la forêt d'une part (**1**) et des textes relatifs aux aires protégées d'autre part (**2**).

1. La protection des espèces végétales par la réglementation forestière

480. Même si la forêt constitue l'habitat principal d'une proportion importante de la flore de l'Île[681], c'est surtout le flou de la définition de la forêt et la qualification faite explicitement par certains textes qui ont pour conséquence de classer une grande partie des éléments de la flore comme des produits forestiers principaux ou accessoires et ainsi de les confier à la protection de la réglementation forestière.

481. ***La classification en produits forestiers et la soumission à la réglementation forestière des espèces de la flore.*** Il a été vu que dans la loi n° 97-017 du 8 août 1997 portant révision de la législation forestière, sont considérés par l'article premier de la loi comme des forêts, les terrains « dont les fruits exclusifs ou principaux sont des produits forestiers ». Ces produits forestiers ne sont pas encore précisément déterminés, mais devront être

[681] Pour rappel, sur les 12 000 espèces de la flore malgache, 10 000 sont dépendantes de la forêt, V. USAID, *Mise à jour 2008 de l'Évaluation des menaces et opportunités pour l'environnement à Madagascar*, mai 2008, p. 18.

détaillés par un arrêté ministériel. Mais si, par analogie aux autres dispositions de cette réglementation forestière, il est fait référence au décret de 1930[682], il peut être supposé que les espèces de la flore vont constituer des produits forestiers. En effet, ce décret du 25 janvier 1930 avait aussi qualifié de forêts, en son article 2, « les terrains dont les fruits exclusifs ou principaux sont des produits forestiers ». L'article 3 du décret de 1930 avait catégorisé les produits forestiers en produits forestiers principaux[683] et en produits forestiers accessoires. Et plus particulièrement, ce décret de 1930 a donné une liste non exhaustive des éléments qui pouvaient être considérés comme des produits forestiers accessoires. Il en est ainsi « du caoutchouc, des résines ou gommes, des cires végétales, des cocons de vers à soie des peuplements de tapia, des bambous, ravenala, bruyères, fougères et *tous autres végétaux ne constituant pas un produit agricole*[684] ». Donc, le décret de 1930 considérait comme soumis à la réglementation forestière, parce que produits forestiers accessoires, tous les terrains sur lesquels poussent des végétaux qui ne sont pas considérés comme des produits agricoles, soit la plupart des espèces de la flore protégées. Ce flou de la définition de la forêt ne constitue pas le seul facteur, certains textes précisent d'emblée la classification des espèces de la flore et les soumettent à la protection de la réglementation forestière.

482. ***La classification faite expressément dans les textes.*** Dans les textes spécifiques à la flore pris en exemple précédemment, les espèces végétales sont désignées explicitement comme des produits forestiers et sont par conséquent soumises à la réglementation forestière. Il en est ainsi de l'arrêté relatif au raphia et au *bao* : en son article premier, il considère ceux-ci « comme produits principaux de la forêt ». Il en est de même dans la loi relative à l'établissement d'un droit de sortie des orchidées. En effet, selon l'article 6 de cette loi peut être considérée comme une infraction qualifiée de « détention et exportation illicites (…) de produits accessoires des forêts » le fait d'exporter les orchidées sans les pièces exigées par la réglementation.

Soumise aux dispositions de cette réglementation forestière, la flore l'est aussi aux mesures contenues dans la loi portant Code de gestion des aires protégées.

---

682 La plupart des dispositions et ordonnances de la réglementation forestière actuelle se contentent de se référer aux dispositions préexistantes et reprennent « dans leurs grandes lignes et en la codifiant, la réglementation et la matière, dont Madagascar a été progressivement doté depuis 1930 », selon l'exposé des motifs de l'ordonnance n° 60-127 du 3 octobre 1960.

683 Sont considérés comme tels les bois d'ébénisterie, d'industrie, de service, les bois de chauffage et à charbon, les écorces textiles, tinctoriales et à tanin, les fibres de raphia.

684 Souligné par nous.

2. La protection des espèces végétales et animales par la loi portant code de gestion des aires protégées

483. ***Une protection indirecte, par le biais des infractions retenues par la loi portant Code de gestion des aires protégées.*** La caractérisation des infractions dans la loi portant refonte du Code de gestion des aires protégées se base essentiellement sur les atteintes à l'intégrité de l'aire protégée et sur les atteintes faites aux composantes de la faune et de la flore de l'aire protégée. Les infractions y sont seulement considérées comme des crimes[685] et peuvent porter non pas sur le milieu en lui-même, c'est-à-dire l'aire protégée, mais sont caractérisées par les atteintes faites aux éléments de la flore et de la faune de l'aire protégée. Il en est ainsi des infractions suivantes prévues à l'article 55[686] de la loi portant refonte du Code de gestion des aires protégées : « (…) tout prélèvement ou toute altération d'animaux, de végétaux, de monuments ou de tout autre objet sans autorisation, (…) tout vol et recel de vol d'animaux, de végétaux, autres produits ou objets du site, (…) tout acte portant atteinte à l'intégrité physique de végétaux ou d'animaux, (…) tout transport ou vente de végétaux, d'animaux sauvages, ou de produits forestiers ou accessoires, de produits de pêche et coraux provenant de l'Aire protégée (…) ». L'article 56 de ce même Code considère par ailleurs comme une infraction le fait de détenir, transporter ou mettre en vente toute espèce de faune et de flore en dehors de l'Aire protégée. Dans ces cas, il est présumé que ces espèces ont été prélevées de l'intérieur de cette aire protégée.

Ces dispositions des articles 55 et 56 contribuent à la protection des espèces de la faune et de la flore des aires protégées en érigeant en infraction toute atteinte à leur égard. Néanmoins, l'adoption d'un texte spécifique est indispensable afin de compléter l'arsenal de protection de la nature en droit malgache.

---

685 Dans l'ancienne loi portant Code de gestion des aires protégées, les infractions étaient catégorisées en crimes ou en délits par l'article 43, selon que les actes incriminés constituent des atteintes irréparables, des comportements perturbateurs ou des comportements incompatibles avec la vie naturelle.

686 L'article 44 de l'ancienne loi portant Code de gestion des aires protégées était plus concis et considérait comme des crimes « l'altération irréparable de végétaux (…) les activités de construction entraînant une altération irréparable d'écosystèmes et/ou d'espèces animales ou végétales (…) l'abandon, le dépôt, le rejet, le déversement, l'immersion dans l'aire protégée de produits chimiques ou radioactifs, de matériaux, de résidus, de détritus de quelque nature que ce soit, ***pouvant nuire à l'intégrité de la faune et de la flore*** ».

Paragraphe 3. La nécessité d'adoption de textes de protection spécifiques aux espèces de la faune et de la flore

484. ***Une stabilité nécessaire des dispositions relatives à la protection des espèces de la faune et de la flore.*** Ainsi, aucun texte particulier n'a été adopté afin d'offrir une protection spécifique à cette flore et à cette faune, pourtant caractérisées par leurs richesses particulières. Ces éléments de la flore et de la faune malgache ne bénéficient que par ricochet de certaines dispositions de protection contenues dans la législation forestière et celle relative aux aires protégées. Néanmoins, au vu de leur caractère endémique, il est important de consacrer dans un texte unique les règles relatives à la protection de ces éléments, en complément des dispositions préexistantes. En effet, une réglementation autonome permettrait à ces éléments de bénéficier d'une protection spécifique particulière et de ne pas être tributaire des éventuelles réformes de la législation forestière ou du Code de gestion des aires protégées.

485. ***L'évaluation des nécessités de protection par les travaux d'inventaire.*** L'adoption d'un tel texte nécessiterait la réalisation au préalable de travaux d'inventaire et de recensement des espèces et de leurs habitats. Cet inventaire va permettre d'identifier les espèces qui nécessitent une protection, surtout lorsque celles-ci sont en dehors de zones protégées comme les forêts ou les aires protégées. Car, en effet, il n'est pas nécessaire d'adopter des mesures de protection pour toutes les espèces. Dans le droit français, par exemple, il est établi que « la protection de la faune et de la flore ne vise ni tous les animaux ni tous les végétaux (...) les mesures spéciales de protection visent soit les espèces végétales et les animales sauvages qui présentent un intérêt scientifique particulier, soit celles qui répondent aux nécessités de préserver le patrimoine biologique »[687]. Ces travaux d'inventaire et de recensement des espèces devraient se faire au niveau local et régional, avec l'aide des communautés riveraines, et être validés scientifiquement. La réalisation de ces inventaires et recensements à ces niveaux ne correspond pas seulement à une volonté d'impliquer les communautés locales, mais est surtout nécessaire pour prendre en compte les pratiques de celles-ci. En effet, il est assez courant pour les communautés locales malgaches d'utiliser certaines plantes à des fins médicinales ou de considérer certaines comme ayant un statut particulier dans les cérémonies et rites traditionnels. Il faudrait dès lors se garder de négliger ces pratiques au risque de voir vouer à l'échec toute tentative de protection. Sans concertation avec les communautés locales, les textes adoptés peuvent se heurter

---

[687] Michel PRIEUR, *Droit de l'environnement,* Paris : Dalloz, 6ème édition, 2011, p. 350.

inutilement à ces pratiques et les rendre illégales. Or, les pratiques de ces communautés locales doivent être conciliées avec les préoccupations relatives à la protection des espèces.

486. À la suite des travaux d'inventaire et leurs validations scientifiques, une liste des espèces végétales et animales à protéger devrait être établie. Cette liste ne devrait cependant pas avoir un caractère permanent, il faudrait prévoir une mise à jour dont la périodicité sera déterminée selon des critères scientifiques bien établis[688] et selon l'évolution des résultats des mesures de protection des espèces en question. Et à la suite de tous ces travaux, un texte spécifique à la protection des espèces végétales et animales devrait être adopté.

487. ***Le panel de mesures possibles en vue de la protection des espèces.*** En prenant exemple sur les dispositions du droit français en la matière[689], plusieurs types de mesures peuvent être adoptés pour la protection des espèces inventoriées et listées précédemment. En premier lieu, il peut y avoir des interdictions visant à une protection intégrale. Dans ce cas, seront interdits, comme prévu par l'alinéa 2 de l'article L 411-1-I du Code français de l'environnement « la destruction, la coupe, la mutilation, l'arrachage, la cueillette ou l'enlèvement de végétaux des espèces, de leurs fructifications ou de toute autre forme prise par ces espèces au cours de leur cycle biologique, leur transport, leur colportage, leur utilisation, leur mise en vente, leur vente ou leur achat » ; complété par l'alinéa 3 du même article qui interdit « la destruction, l'altération ou la dégradation de ces habitats naturels ou de ces habitats d'espèces ».

488. Ensuite, une deuxième catégorie de mesures peut viser une protection limitée de ces espèces. Dans ce cas, les activités de capture sont autorisées tandis que la mutilation, le transport, la vente ou l'achat sont interdits.

489. Une troisième catégorie de mesures peut consister à mettre en place un système de délivrance d'autorisations administratives. Ces autorisations peuvent concerner la production, la détention, l'introduction ou l'utilisation de certaines espèces. Les autorisations doivent cependant être d'une durée limitée, individuelle, incessible et assortie de conditions particulières. Et enfin, le texte peut aussi énoncer simplement des mesures d'interdiction ou des mesures d'autorisation de ramassage, récolte ou capture. C'est ainsi le

---

688 Dans le droit français, les listes nationales d'espèces animales et végétales protégées ont une durée indéterminée.

689 Voir pour plus de détails, Michel PRIEUR, *Droit de l'environnement*, Dalloz, 6ème édition, 2011, p. 353 et svt.

cas, dans le droit français, avec l'arrêté du 9 mars 2009 modifiant l'arrêté du 13 octobre 1989 qui fixe la liste des espèces végétales sauvages dont le ramassage ou la récolte peuvent être interdits ou autorisés dans certaines conditions par arrêté préfectoral.

490. En définitive, il est constaté que les textes malgaches sur les espèces de la faune et de la flore sont, pour l'essentiel, relatifs à leur commercialisation. L'objectif de protection ne transparaît pas réellement, seule la satisfaction des besoins liés à l'exploitation de ces espèces domine. Une refonte des dispositions existantes et la mise en place d'un réel système de protection spécifique à ces espèces de la faune et de la flore sont nécessaires ; d'autant que l'influence des sources internationales se retrouve mal traduite dans les dispositions internes.

SECTION II. LES FREINS À LA MISE EN ŒUVRE DES CONVENTIONS INTERNATIONALES

491. La classification des espèces de la flore en produits forestiers principaux ou accessoires seulement ne constitue qu'une illustration des difficultés éprouvées par le droit malgache de la protection de la nature à mettre en place un système lisible de classification et de protection des espèces. Ce manquement se retrouve par ailleurs dans la classification des espèces de la faune (**paragraphe 1**) et se reproduit lorsque les dispositions des conventions internationales auxquelles Madagascar a adhéré sont intégrées au droit interne (**paragraphe 2**).

Paragraphe 1. Les difficultés rencontrées dans la classification des espèces et leurs effets sur la protection

492. ***Les espèces de faunes sauvages et la nouvelle classification instaurée par le décret n° 2006-400 du 13 juin 2006 portant classement des espèces de faune sauvage***. Sous l'empire de l'ordonnance n° 60-126, la protection de la faune terrestre se basait sur la catégorisation des animaux et des oiseaux. Selon son article 1er, « les oiseaux et autres animaux sauvages vivant sur le territoire de la République de Madagascar sont répartis selon les trois catégories suivantes : oiseaux et autres animaux protégés ; oiseaux et autres animaux nuisibles ; autres oiseaux et animaux constituant le gibier »[690]. Cette classification se retrouve modifiée avec l'adoption du

[690] Le décret n° 88-243 du 15 juin 1988 modifiant les articles premier et deuxième du décret n° 61-096 du 16 février 1961 répartissant en 3 catégories les oiseaux sauvages vivant sur le territoire de Madagascar, a énuméré les oiseaux et animaux qui étaient protégés de façon absolue sur toute l'étendue du territoire et ceux qui sont considérés comme nuisibles.

nouveau décret du 13 juin 2006 portant classement des espèces de faunes sauvages. La référence particulière faite aux oiseaux est abandonnée, certaines dispositions de l'ordonnance de 1960 sont abrogées ainsi que la totalité des dispositions des décrets d'application de celle-ci relatives à la catégorisation des animaux sauvages vivant sur le territoire de Madagascar. Désormais, les animaux et les oiseaux sont classés dans un ensemble générique : les espèces de faunes sauvages.

493. Ce nouveau décret procède à une nouvelle catégorisation de ces espèces de faunes sauvages en son article premier. Les espèces sont désormais réparties en espèces protégées (catégorie I), espèces nuisibles (catégorie II), et gibier (catégorie III). Ce décret ne se contente cependant pas de reprendre les trois catégories prévues par l'ordonnance n° 60-126 du 3 octobre 1960, il se veut plus précis en instituant des sous-catégories. Ainsi, les espèces protégées de la catégorie I vont être réparties en deux classes soumises à différents régimes de protection (catégorie I.1 et catégorie I.2).

494. Les régimes auxquels sont soumises les espèces de faunes sauvages vont dépendre de leurs catégories. Les espèces nuisibles de la catégorie II « peuvent être chassées en tout temps »[691]. Les espèces constituant le gibier, de la catégorie III, peuvent, selon l'article 4 du décret de 2006, être chassées ou capturées en vertu d'autorisation de chasse respectant les périodes de chasse.

495. Pour les espèces protégées de la catégorie I, deux régimes de protection différents existent. Ainsi, selon l'alinéa 2 de l'article 2 du décret, les espèces de la classe 1 de cette catégorie I bénéficient en principe « d'une protection absolue sur tout le territoire de la République Malgache et ne peuvent être ni chassées, ni capturées, ni être détenues ». Toujours selon cet alinéa 2, ce principe de protection absolue admet une exception dans le cas prévu par l'article 20 de l'ordonnance n° 60-126 du 3 octobre 1960 : lorsqu'une autorisation de chasse scientifique a été délivrée. Cette autorisation de chasse scientifique « peut donner le droit à son détenteur de chasser, tuer ou capturer, transporter, détenir, exporter, pendant la durée pour laquelle elle est valable que ce soit en période d'ouverture ou fermeture »[692].

496. Les espèces protégées de la classe 2 de cette catégorie I ne bénéficient pas d'une protection absolue. En effet, selon l'alinéa 3 de cet article 2, des autorisations de chasse ou de capture commerciale ou sportive

---

[691] Article 3 du décret n° 2006-400 portant classement des espèces de faunes sauvages. L'ordonnance n° 60-126 avait précisé en son article 3 que ces activités de chasse et de capture de ces espèces nuisibles pouvaient se faire « par quelque moyen que ce soit ».
[692] Article 20 de l'ordonnance n° 60-126.

peuvent être délivrées en ce qui les concerne. *A priori*, il semble que les espèces protégées de cette catégorie I classe 2 soient soumises au même régime que les espèces qualifiées de gibier de la catégorie III du décret de 2006 : elles peuvent faire l'objet de chasse ou de capture sous réserve d'une délivrance d'autorisation administrative. Seule une dernière précision donnée par cet alinéa 3 permet d'apporter un *distinguo* entre celles-ci : un quota annuel de collecte est fixé pour chaque espèce des espèces protégées de la classe 2 catégorie I, par les autorités administratives et sur proposition des autorités scientifiques[693], ce qui n'est pas le cas avec le gibier.

497. ***L'admission de plusieurs exceptions affaiblissant la force du principe de protection.*** Malgré le renouvellement apporté par le nouveau décret relatif à la classification des espèces de faunes sauvages, plusieurs dispositions essentielles manquent, notamment la réaffirmation de la protection de certaines espèces particulièrement vulnérables de la faune. C'est ainsi le cas des espèces de l'article 10 de l'ordonnance n° 60-126. En effet, cet article 10 énonçait une protection absolue des oiseaux ou de tous autres animaux à l'intérieur des réserves naturelles intégrales, parcs nationaux, réserves spéciales de faune, par la prohibition « en tout temps, et par quelque moyen que ce soit »[694] de leur chasse ou capture. Le nouveau décret de 2006 ne reprend cependant pas ces dispositions.

498. D'autres exceptions, ayant un impact sur la protection des espèces de la faune et déjà prévues par l'ordonnance n° 60-126 n'ont pas été abrogées par le nouveau décret. L'article 14 de l'ordonnance prévoit qu'un arrêté pris par le ministère chargé de l'administration des eaux et forêts, peut, de manière temporaire, soustraire des espèces non protégées de la chasse ou établir des limites en ce qui concerne les zones d'interdiction de chasse. Ensuite, les articles 16 et 17 prévoient une exception à toutes les interdictions édictées précédemment, un cas pour lequel « aucune infraction aux dispositions de la présente ordonnance ne peut être relevée »[695]. Lorsque ces oiseaux et animaux constituent un danger, il est admis de réaliser des actes tendant à la défense de sa propre vie et de la vie d'autrui et même des animaux domestiques ou des récoltes. Cette exception est admise à l'encontre des oiseaux ou autres animaux « même protégés »[696]. Dans ce cas particulier cependant, c'est un décret pris par l'administration qui détermine les conditions dans lesquelles peuvent être organisées des battues destinées à

[693] En vertu de l'adhésion de Madagascar à la Convention Cites, voir *supra*.
[694] Article 10 de l'ordonnance n° 60-126 fixant le régime de la chasse, de la pêche et de la protection de la faune.
[695] Article 16 de l'ordonnance n° 60-126 du 3 octobre 1960.
[696] Selon l'article 17 de l'ordonnance n° 60-126 du 3 octobre 1960.

se débarrasser des animaux dangereux ou destructeurs, mais considérés comme protégés.

499. ***La permissivité des règles du droit de chasse au détriment des espèces de la faune.*** Sous réserve des dispositions précédentes, en principe, la chasse est libre et le droit de chasse appartient au propriétaire du fonds[697]. L'article 8 de l'ordonnance n° 60-126 précise que ce droit de chasse peut aussi appartenir à toute personne ayant reçu autorisation au sein des propriétés clôturées ou délimitées de façon apparente.

500. Cet exercice du droit de chasse est soumis à plusieurs conditions. En premier lieu, selon l'article 14 de l'ordonnance, les périodes de chasse ainsi que les moyens et procédés autorisés pour la chasse et la capture de certaines espèces sont déterminés par un arrêté pris par le ministère chargé de l'administration des eaux et forêts.

501. Ensuite, l'exercice de ce droit de chasse à l'aide d'une arme à feu[698] est subordonné à l'obtention d'un permis de chasse[699]. Selon le but poursuivi, il existe trois catégories de permis de chasse et autorisations, dont la délivrance est subordonnée au paiement de redevances. En premier lieu, il y a le permis de chasse simple qui attribue un droit de chasser pendant une durée déterminée avec une arme à feu les oiseaux ou autres animaux « nuisibles » ou le gibier pendant les périodes de chasse. Ensuite, il y a l'autorisation de chasse commerciale qui est un complément du permis de chasse. Cette autorisation limite, pendant la période d'ouverture de la chasse et ce, pendant sa durée de validité, le nombre d'espèces qui peuvent être tuées, capturées, transportées, détenues vendues ou exportées en l'article 21 de l'ordonnance. Et enfin, l'autorisation de chasse scientifique qui ne peut être délivrée que pour des motifs exclusivement scientifiques liés aux recherches. Dans ce cas, l'autorisation permet de chasser, tuer, capturer, transporter, détenir, exporter les animaux et/ou oiseaux précisés dans l'autorisation qu'ils soient vivants ou morts ou en forme d'œufs, selon l'article 22. Ce droit ne subsiste que pendant la durée de validité de l'autorisation et il ne peut y être fait opposition même en dehors de la période d'ouverture de la chasse. En définitive, l'obtention de l'autorisation de chasse scientifique soustrait son détenteur des différentes interdictions édictées par l'ordonnance relative à la protection de la faune. D'autant plus

---

[697] Selon l'article 6 de l'ordonnance, sur les terres du domaine public ou privé de l'État et des autres collectivités publiques, le droit de chasse appartient à l'État.

[698] Sont prohibées par l'article 11 de l'ordonnance, la chasse ou la capture des oiseaux ou autres animaux à l'aide soit d'armes de guerre, soit de projectiles explosifs ; est aussi prohibée la chasse à l'arme à feu durant la nuit, du coucher au lever du soleil

[699] Article 18 de l'ordonnance n° 60-126 du 3 octobre 1960.

que l'article 20 de l'ordonnance de 1960 prévoit que l'autorisation de chasse scientifique peut porter sur des espèces protégées.

502. ***La prise en compte des usages des communautés en matière de chasse.*** Au-delà de ces différentes autorisations, un droit de chasse à titre de droit d'usage est reconnu au bénéfice de ces communautés locales. L'article 3 de l'arrêté 327 -MAP/FOR du 6 février 1961[700] reconnaît aux populations locales le droit de prélever du gibier même en l'absence d'autorisation, pendant la période d'ouverture de la chasse, avec l'utilisation des armes traditionnelles ou des pièges de fabrication locale. Cette chasse à titre de droit d'usage ne peut s'exercer que sur les animaux non protégés et son titulaire ne peut opérer aucune transaction commerciale avec les produits de cette chasse, le droit d'usage n'ayant été reconnu que pour satisfaire les besoins personnels de ces communautés. Néanmoins, il a été constaté que « la population rurale utilise des produits de chasse comme source de revenus afin de subvenir aux besoins de subsistance »[701].

503. Et malgré cette reconnaissance d'un droit d'usage des communautés, certaines pratiques locales prennent le dessus sur les décisions administratives relatives à la période de chasse. Sans tenir compte des périodes d'ouverture de la chasse, « les chasseurs ciblent les espèces suivant leur mode de vie, en favorisant par exemple les périodes au cours desquelles les animaux sont les plus faciles à capturer ou lorsqu'ils sont les plus gras »[702]. Il en est par exemple, des conditions de capture des chauves-souris « pour les chasseurs, il est plus commode de capturer ces chauves-souris lorsqu'elles viennent s'alimenter la nuit près des villages »[703], alors que cette pratique nocturne est interdite par les textes.

504. À l'instar des dispositions relatives aux espèces de la flore, celles relatives aux espèces de la faune rencontrent des difficultés certaines notamment du fait de l'admission de plusieurs exceptions au principe de protection et de la tolérance manifestée à l'égard des pratiques des communautés locales. La nouvelle classification des espèces de faunes sauvages apportée par le décret du 13 juin 2006 apporte des précisions en la matière, mais un autre facteur fait obstacle à cette harmonisation des dispositions de protection.

---

700 Arrêté cité dans A R. RAKOTOARIVELO, J. H. RAZAFIMANAHAKA, S. RABESIHANAKA, *alt.*, « Lois et règlements sur la faune sauvage à Madagascar : progrès accomplis et besoins du futur », *Madagascar Conservation & Development*, Vol. 6, Issue 1, juin 2011, pp. 37- 44.

701 A.R RAKOTOARIVELO, J.H RAZAFIMANAHAKA, S. RABESIHANAKA, *op.cit.*, p. 43.

702 Article précité, p. 42.

703 *Idem.*

Paragraphe 2. Les difficultés liées à l'intégration des normes internationales par les textes malgaches

505. Afin de renforcer les textes nationaux, le droit malgache de la protection de la nature va s'inspirer de plusieurs conventions internationales. Mais des problèmes relatifs à la conformité des normes locales aux textes internationaux vont se poser (**2**), notamment à cause de la multiplication des dispositions internationales en la matière (**1**).

1. La multiplication des dispositions au niveau international

506. La protection au niveau international des espèces de la faune et de la flore ne relève pas seulement des dispositions des conventions internationales conclues en la matière, telle la Convention sur le commerce international des espèces de faune et de flore sauvage menacées d'extinction[704]. D'autres structures concourent à y contribuer, en l'occurrence, l'Union Mondiale pour la Nature (UICN) et les Listes rouges qu'elle dresse sur les espèces menacées.

507. Selon l'article 2 de ses statuts, ***l'Union Mondiale pour la Nature (UICN)*** a pour objectifs principaux « d'influer sur les sociétés du monde entier, de les encourager et de les aider pour qu'elles conservent l'intégrité et la diversité de la nature »[705]. Créée en 1948, c'est une organisation internationale ayant une structure hybride qui regroupe les gouvernements et les acteurs de la société civile[706]. L'UICN ne fait pas partie du système des Nations Unies. Et Madagascar, en tant qu'État, est membre à part entière de cette organisation internationale. « En droit de l'environnement, l'UICN jouit d'une reconnaissance internationale due tant à l'hétérogénéité de ses membres, à sa représentativité sur le plan international qu'à son sérieux scientifique. Cette reconnaissance fait de l'UICN un interlocuteur privilégié sur la scène internationale pour se prononcer sur les problèmes environnementaux présents et émergents, puisque les qualités précitées lui confèrent un caractère de neutralité et d'impartialité »[707].

508. L'Union Mondiale pour la Nature endosse plusieurs responsabilités d'information et de conseil : elle recueille et fournit les informations

---

704 Voir *supra* n° 93 et svt.

705 Les statuts de l'UICN sont consultables et disponibles sur http://www.iucn.org/members/Documents/statuesfr.pdf.

706 Pour plus de précisions, voir : Juliette OLIVIER, *L'Union Mondiale pour la Nature (UICN), une organisation singulière au service du droit de l'environnement*, Bruxelles : Bruylant, 2005, 372 p.

707 Juliette OLIVIER, *op cit.*, p. 184.

scientifiques et techniques nécessaires aux organisations internationales ou aux pays. L'UICN est bien armée grâce à son panel d'experts et à son importante branche scientifique qui s'occupent de réaliser des études juridiques ou scientifiques d'un grand intérêt : lors des études préliminaires, au moment de l'élaboration des avant-projets de textes ou lors de leur rédaction. Et grâce à ces travaux, elle a acquis une place incontournable dans le processus d'adoption des instruments internationaux de protection de la biodiversité[708].

509. Dans ce cadre, ***les Listes rouges des espèces menacées*** établies par la Commission de Sauvegarde des espèces (CSE) de l'Union mondiale pour la nature sont nécessairement prises en compte lors de l'élaboration des conventions internationales, dont les annexes sont élaborées à partir de ces Listes rouges. Ces listes sont elles-mêmes mises en place à partir de plusieurs critères posés par l'UICN pour chaque espèce : le taux de déclin, la population totale, la zone d'occurrence et d'occupation, le degré de peuplement et enfin la fragmentation de la population[709]. À partir de ces critères sont dressées les listes classant les différentes espèces de la faune et de la flore, selon le danger qui les menace. Dans cette classification[710], une espèce peut être éteinte, éteinte à l'état sauvage, en danger critique d'extinction, en danger, vulnérable, quasi menacée, faire l'objet d'une préoccupation mineure, détenir des données insuffisantes ou enfin, être une espèce non évaluée.

510. Plusieurs espèces de la faune et de la flore malgache sont répertoriées dans ces listes rouges de l'UICN[711]. En 2011[712], il y a 267 espèces de la faune malgache qui se retrouvent sur la liste rouge de l'UICN des espèces menacées. Parmi celles-ci, 138 sont considérées comme des espèces vulnérables, 38 comme des espèces en danger critique d'extinction et enfin, 91 comme des espèces en danger. En ce qui concerne

708 Peuvent ici être pris en exemple l'appui technique qu'elle a fourni lors de l'élaboration des textes nécessaires à la préparation des convention de Ramsar de 1971, convention sur la protection du patrimoine mondial naturel et culturel de 1972, surtout dans le volet diu texte concernant la conservation des sites naturels.

709 Voir : UICN/CSE, *Catégories et critères de l'UICN pour la Liste rouge, Version 3.1, Approuvées lors de la 51ème réunion du Conseil de l'UICN, 9 février 2000,* Suisse, Gland, UICN, 2001, pp. 2 – 3.

710 *op.cit.*

711 La liste rouge de l'UICN pour Madagascar pour les espèces de la faune et de la flore est disponible dans le rapport rédigé par l'USAID : *Mise à jour 2008 de l'Évaluation des menaces et opportunités pour l'environnement à Madagascar,* en mai 2008. Cette liste est elle même basée sur la consultation de la Liste rouge des espèces en danger établie par l'UICN en 2007 et disponible sur le site http://www.iucnredlist.org.

712 Depuis, la liste mondiale a évolué. En 2018, les scientifiques reconnaissent que 105 des 111 espèces de lémuriens sont menacées.

la flore, 280 espèces sont listées dont la répartition se fait comme suit : 101 espèces sont considérées comme des espèces en danger, 117 sont des espèces vulnérables et enfin 62 sont des espèces en danger critique d'extinction[713].

511. En définitive, la protection des espèces de la faune et de la flore malgache est assurée au niveau international par un double classement de celles-ci : celui des Listes rouges des espèces menacées établies par l'UICN combiné avec celui de la convention relative au commerce international des espèces de la faune et de la flore sauvages. S'ajoute une couche supplémentaire de protection grâce aux différentes classifications faites au niveau interne. Or, à ces classifications distinctes correspondent des régimes de protection différents. Va alors se poser le problème de l'efficacité de ces différentes couches de protection et des capacités des textes malgaches à les superposer et surtout à les harmoniser.

2. L'incompatibilité des textes malgaches avec les normes internationales

512. Les espèces de la faune et de la flore malgache se retrouvent classées dans trois listes différentes. D'une part, au niveau interne, il y a une classification nationale issue du décret n° 2006-400 du 13 juin 2006 portant classement des espèces de faunes sauvages et celle qui ressort de la loi n° 2005-018 du 17 octobre 2005 sur le commerce international des espèces de faune et de flore sauvages[714]. Et d'autre part, au niveau international, les espèces de la faune et de la flore malgaches sont classées dans les listes rouges de l'IUCN. Cette multiplication des classifications des espèces de la faune et de la flore malgaches peut se justifier par la spécificité et les richesses de la diversité biologique et par l'adhésion de Madagascar à diverses conventions internationales. Néanmoins, de cette multiplication des classifications découlent des effets qui ne se révèlent pas bénéfiques pour ces espèces en question. En effet, malgré une hiérarchie des normes bien établies par le droit malgache (**A**), les mesures auxquelles sont soumises les espèces selon leurs classifications ne favorisent pas automatiquement leur protection (**B**).

[713] Les données chiffrées sont issues de A R. RAKOTOARIVELO, J. H. RAZAFIMANAHAKA, S. RABESIHANAKA, *alt.*, « Lois et règlements sur la faune sauvage à Madagascar : progrès accomplis et besoins du futur », *Madagascar Conservation & Development,* Vol. 6, Issue 1, juin 2011, pp. 37- 44.
[714] Suite à l'adhésion de Madagascar à la Convention internationale relative au commerce international des espèces dont les dispositions y sont reprises.

A. La hiérarchie des normes dans le droit malgache

513. Les principes de la hiérarchie des normes dans le droit malgache suivent ceux qui sont établis en droit français. Ainsi, en haut de cette pyramide des normes se trouve le bloc de constitutionnalité regroupant la Constitution et les autres normes constitutionnelles. Ce bloc est suivi par le bloc de conventionalité qui est l'ensemble des textes et dispositions issus des conventions et traités auxquels l'État a adhéré et qui doivent être conformes à la Loi fondamentale[715]. Et enfin, le bloc de légalité regroupe les lois, ordonnances et autres textes internes ordinaires. Il constitue le dernier échelon dans cette hiérarchie des normes.

514. La Loi fondamentale malgache reconnaît dans son préambule la nécessité de protéger les ressources naturelles, parce que « le développement de l'être humain passe par une gestion rationnelle et équitable de ces ressources naturelles ». Les diverses conventions auxquelles Madagascar a adhéré ont pour but commun de préserver les ressources naturelles en général et les espèces de la faune et de la flore en particulier. Et enfin, les divers textes malgaches ont été adoptés afin de constituer une barrière de protection en faveur des espèces. D'une manière générale, à tous les échelons de la pyramide des normes, l'objectif de protection est présent.

515. Néanmoins, un examen approfondi de certaines dispositions de ces textes et plus précisément des textes adoptés en droit malgache révèle que cette conformité des normes n'est pas toujours respectée, au risque dans certains cas d'avoir des normes inférieures en contradiction ou contraire aux dispositions des conventions internationales.

B. La classification des espèces ne favorise pas automatiquement la protection des espèces[716]

516. D'une manière générale, les dispositifs de protection de la convention Cites, et ceux déduits du classement issu de la Liste rouge dressée par l'UICN sont repris dans le droit interne malgache. Une assez bonne proportion des espèces considérées comme menacées dans les textes

---

[715] Un contrôle de constitutionnalité est réalisé afin de vérifier que l'esprit des conventions et traités ne soit pas contraire à celui de la Constitution, de même que les instruments de ratification. Ce n'est qu'après ce contrôle de constitutionnalité que les instruments de ratification sont déposés auprès du secrétariat des parties à la convention (alinéa 4 de l'article 137 de la Constitution du 11 décembre 2010).

[716] Les données chiffrées sont issues de A R. RAKOTOARIVELO, J. H. RAZAFIMANAHAKA, S. RABESIHANAKA, *alt.*, « Lois et règlements sur la faune sauvage à Madagascar : progrès accomplis et besoins du futur », *Madagascar Conservation & Development,* Vol. 6, Issue 1, juin 2011, pp. 37- 44.

internationaux est incluse dans la catégorie 1.1 du décret 2006-400 portant classification nationale des espèces de la faune et bénéficie d'une protection absolue en tant qu'espèces protégées. Elles ne peuvent être ni chassées, ni capturées, ni être détenues[717]. 46 % de ces espèces de la catégorie 1.1 sont considérées comme menacées sur la Liste rouge de l'UICN : en danger critique d'extinction, en danger, ou considérées comme vulnérables. 4 % de ces espèces de la catégorie 1.1. du décret sont considérées comme quasi menacées par la Liste rouge de l'UICN. Leur protection se retrouve renforcée par les dispositions de la convention Cites. En effet, 22 espèces de l'annexe 2 de Cites sont inscrites dans cette catégorie 1.1 du décret, et donc sont considérées comme sous la menace d'un risque d'extinction si aucune réglementation n'est prise. Et, 122 espèces de l'annexe 1 de la convention Cites, figurent dans cette catégorie 1.1 du décret : leur commerce ne peut être autorisé que sous des conditions strictes et exceptionnelles.

517. Des espèces considérées dans la liste rouge de l'UICN comme faisant l'objet de préoccupations mineures sont classées soit dans la catégorie 2 du décret[718], et donc, sont considérées comme des espèces nuisibles par le droit malgache, soit dans la catégorie 3 du décret, qui regroupe le gibier[719].

518. Malgré l'adéquation entre ces classifications et les régimes de protection, plusieurs failles sont repérées dans la mise en place et l'adaptation au niveau interne des dispositifs de protection souhaités par les conventions et textes internationaux. Trois types de cas différents se présentent. Dans le premier cas de figure, les espèces bénéficient d'une protection au niveau national, mais cette protection est faible par rapport à celle demandée par les conventions internationales et recommandée par la Liste rouge dressée par l'UICN (***i***). Dans un deuxième cas de figure, les dispositifs de protection du décret relatif à la classification des espèces de la faune ne sont pas suffisants au regard du statut de ces espèces au niveau des textes internationaux (***ii***). Et enfin, il se peut que les dispositifs des textes nationaux se montrent « zélés » et mettent en place une protection importante pour certaines espèces alors qu'au niveau international, celles-ci sont considérées comme faisant l'objet de préoccupation mineure (***iii***).

---

717 Alinéa 2 de l'article 2 du décret.

718 11 espèces de préoccupation mineure selon la classification de la Liste rouge de l'UICN sont dans la catégorie 2 du décret n° 2006-400.

719 169 espèces de préoccupation mineure selon la Liste rouge de l'UICN sont dans la catégorie 3 du décret.

i. Une insuffisance des dispositifs nationaux de protection par rapport aux recommandations des textes internationaux

519. Lors de la ratification des conventions internationales, en tant que partie, Madagascar doit mettre en place, au niveau national, toutes les dispositions nécessaires afin de respecter les engagements qui ont été contractés. Néanmoins, pour certaines espèces, le niveau de protection mise en place au niveau interne ne correspond pas au niveau exigé par les conventions et textes internationaux.

520. Ainsi, 24 % des espèces malgaches considérées comme étant en danger critique d'extinction ne bénéficient pas des protections nécessaires. En effet, soit elles ne figurent dans aucune annexe des textes internes, soit ces espèces sont catégorisées seulement dans la catégorie 1.2 du décret et ne bénéficient pas de la protection absolue assurée par la classification en catégorie 1,1 du décret.

521. Cette classification dans la catégorie 1.2 du décret d'espèces qui nécessitent une protection absolue pose problème. En effet, ces espèces n'ont qu'une protection relative qui n'est plus mise en œuvre dès qu'il y a délivrance, par les autorités compétentes, d'une autorisation de chasse ou d'une autorisation de capture commerciale ou sportive. Or, parmi ces espèces qui ne font l'objet que d'une protection relative par le droit malgache, il y a selon la Liste rouge de l'UICN 5 espèces en danger critique d'extinction et 7 espèces en danger, 12 % des espèces composant cette catégorie 1.2 du décret n° 2006-400 sont considérées comme des espèces menacées. Et en comparaison avec les annexes de la convention Cites, 3 espèces en danger critique d'extinction, et donc, relevant de l'annexe 1 sont dans cette catégorie 1.2 du décret.

ii. Une absence de protection nationale pour certaines espèces protégées au niveau international

522. Une partie des espèces malgaches menacées ne vont avoir aucune protection particulière malgré les menaces d'extinction dont elles font l'objet. En effet, pour ces espèces, la communauté scientifique internationale recommande un certain niveau de protection. Mais, les dispositions nationales malgaches ne satisfont pas ces recommandations : les espèces ne vont dès lors bénéficier d'aucune protection particulière malgré leurs situations.

523. Ainsi, 41 % des espèces malgaches considérées comme en danger par l'UICN ne figurent dans aucune annexe des textes nationaux (que ce soit le décret de classification des espèces ou la loi relative au commerce international des espèces). Il est des espèces menacées d'extinction qui sont classifiées par le législateur malgache comme du gibier et donc peuvent faire l'objet de chasse. Il en est ainsi pour 4 espèces considérées comme vulnérables, 8 autres espèces quasi menacées et même 1 espèce en danger, selon le système de catégorisation dressé par l'UICN. En ce qui concerne la convention Cites relative au commerce international des espèces, 11 espèces malgaches classées dans son annexe I, et qui constituent donc des espèces menacées dont le commerce ne peut être autorisé que sous des conditions exceptionnelles, ne sont pas considérées comme telles par le décret 2006-400 et ne sont pas du tout prises en compte vu qu'elles ne figurent pas dans les annexes de celui-ci. De même, 7 espèces de l'annexe II de cette même convention sont catégorisées comme du gibier par les textes malgaches ; alors que leur appartenance à l'annexe II de la convention signifie que, sans être menacée, la survie de ces espèces doit être assurée. Ce qui ne sera pas le cas si elles sont considérées comme du gibier.

524. Dans ces cas, les textes malgaches n'ont pas pris en compte la situation des espèces telle qu'estimée par les textes internationaux. Loin de leur assurer une protection, leur classification par les textes internes les met en danger. Il peut même être considéré que cette permissivité des textes favorise une dégradation de la situation des espèces, en ne mettant en obstacle à leur exploitation que l'obtention des diverses autorisations de chasse.

iii. Une surenchère des dispositifs nationaux de protection en l'absence de menaces pour certaines espèces

525. Si dans les cas précédents, l'absence de dispositions au niveau national entre en contradiction avec le statut international de certaines espèces qui ont besoin de protection, il est des situations dans lesquelles le législateur malgache fait preuve de « zèle ». En effet, dans certains cas, les textes attribuent une protection absolue en faveur d'espèces qui ne sont sujettes à aucune menace et pour lesquelles les préoccupations sont considérées comme « mineures » au niveau international.

526. Ainsi, 16 % des espèces de la catégorie 1.1 du décret 2006-400 qui bénéficient d'une protection absolue par les dispositifs des textes malgaches font l'objet de préoccupation mineure, selon le système de classification de la Liste rouge de l'UICN ; la proportion s'élève à 41 % pour les espèces de la catégorie 1.2. 48 % de ces espèces protégées de la catégorie 1.2 de ce décret n° 2006-400 n'ont pas fait l'objet d'évaluation scientifique ni de classification au niveau international. De plus, sur les 230 espèces qui relèvent de la catégorie 1.2 du décret 2006-400, 104 espèces ne sont pas répertoriées par la convention Cites et 72 sont de préoccupation mineure selon la Liste rouge de l'UICN.

527. En conclusion, une remise à plat des dispositifs de protection des espèces de la faune et de la flore est nécessaire. Près de la moitié des espèces auxquelles les textes malgaches font bénéficier des dispositifs de protection n'en a pas besoin. Alors même que d'autres espèces considérées comme menacées ou devant bénéficier de ces dispositifs ne le sont pas. De plus, une réelle volonté de protection de ces espèces de la faune et de la flore doit transparaître, avec des dispositions qui régissent non les conditions commerciales d'exploitation de ces ressources, mais aussi et surtout leur protection. À la suite de ces espèces de la faune et de la flore, l'évolution des finalités de protection touche l'eau, et le considère comme un élément indispensable du patrimoine dont il faut assurer la préservation.

Chapitre IV. La protection de la ressource en eau

528. ***La ressource naturelle eau est vitale*[720] *et importante*.** Or, ce n'est que récemment que la législation malgache a adopté un Code de l'eau afin d'ériger une barrière unique[721] de protection et assurer une bonne gestion de cette ressource par la mise en place d'« une nouvelle réglementation et une nouvelle organisation institutionnelle du secteur qui permette d'offrir de l'eau de meilleure qualité et en plus grande quantité à un plus grand nombre de Malgaches »[722]. Adopté avec la loi n° 98-029 du 20 janvier 1999[723], ce Code reconnaît que « l'eau est un patrimoine commun national et un élément naturel indispensable »[724]. Ce statut particulier attribué à l'eau nécessite dès lors la mise en place de structures particulières de protection (**section I**). La protection de la ressource en eau elle-même renferme deux aspects complémentaires : il faut disposer d'une quantité d'eau suffisante qui puisse satisfaire les différents usages, et cette eau disponible devrait être d'une qualité suffisante en étant potable (**section II**).

---

720 À l'issue de la Conférence internationale sur l'eau et l'environnement (Dublin, Irlande, 1992), il a été retenu que « l'eau douce — ressource fragile et non renouvelable — est indispensable à la vie, au développement et à l'environnement ». L'intitulé du premier rapport mondial des Nations Unies sur la mise en valeur des ressources en eau (paru en 2003 à l'issue du 3e Forum mondial sur l'eau tenu à Kyoto [Japon]) illustre aussi ce fait : *1er Rapport mondial des Nations Unies sur la mise en valeur des ressources en eau : L'eau pour les hommes, l'eau pour la vie.* Paris, New York et Oxford. UNESCO (Organisation des Nations Unies pour l'Éducation, la Science et la Culture) et Berghahn Books. Plus récemment, la période comprise entre les années 2005 et 2015 a été déclarée par l'ONU comme étant la Décennie Internationale d'action : « L'eau, source de vie ». L'objectif principal est d'assurer le respect des engagements internationaux pris dans le domaine de l'eau et sur les questions relatives à l'eau. Ces engagements relèvent d'une part, des Objectifs du Millénaire pour le développement qui visent à réduire de moitié le nombre de personnes n'ayant pas d'accès à l'eau potable ni aux services d'assainissement de base. Et d'autre part, ces engagements sont issus du Sommet de Johannesburg de 2002 qui a pour objectifs de réduire l'exploitation non viable des ressources en eau et de développer une gestion intégrée des ressources en eau.

721 Selon l'exposé des motifs de la loi n° 98-029 portant Code de l'eau, « les textes malgaches, dans le domaine de la ressource en eau (…) brillent par leur multiplicité et leur éparpillement, par leur manque de cohérence. De ce fait, ils ne peuvent appréhender pleinement l'évolution des différents usages et aménagements de la ressource en eau ». Auparavant, les textes relatifs à la ressource en eau étaient constitués par l'ordonnance n° 62-072 du 29 septembre 1962 portant codification des textes législatifs concernant la santé publique et par l'ordonnance n° 63-198 du 27 mars 1963 relatif au captage et à l'exploitation des eaux de table et des eaux minérales, modifiée par le décret n° 65-657 du 22 septembre 1965. Les préoccupations relatives à l'eau y sont principalement relatives à l'exploitation de l'eau pour la consommation et la santé publique. La ressource en eau n'y est pas encore perçue comme une ressource devant faire l'objet d'une protection spécifique.

722 Exposé des motifs de la loi n° 98-029 portant Code de l'eau.

723 JO n° 2557 E. S du 27 janvier 1999, p. 735.

724 Exposé des motifs de la loi n° 98-029 du 20 janvier 1999.

SECTION I. LES STRUCTURES DE PROTECTION DE LA RESSOURCE EN EAU

529. Selon l'article premier de la loi portant code de l'eau, « l'eau fait partie du patrimoine commun de la Nation ». Par ailleurs, elle est aussi « un bien public relevant du domaine public »[725]. L'eau bénéficie dès lors d'un statut particulier dans la réglementation malgache (**paragraphe 1**). Néanmoins, malgré ce statut particulier, ce sont les collectivités territoriales décentralisées qui sont les premiers titulaires d'une responsabilité dans la protection de cette ressource en eau. En effet, en son article 1er, la loi portant Code de l'eau précise que « chaque collectivité en est le garant dans le cadre de ses compétences » (**paragraphe 2**).

Paragraphe 1. L'eau « patrimoine national », le rôle de l'État

530. Le Code de l'eau malgache considère dans son article premier l'eau comme « un patrimoine commun national et un élément naturel indispensable » (**1**). Ce statut particulier de la ressource en eau implique alors la prise de responsabilité de l'État à travers la mise en place de plusieurs organismes étatiques chargés de veiller à son bon usage et à sa mise à disposition (**2**).

1. L'eau « patrimoine commun national »

531. ***La situation de la ressource en eau n'est pas uniforme à Madagascar***, même si en moyenne, les précipitations sont évaluées[726] à 1513 mm par an. La différence climatique des régions de l'Île favorise cette situation : « il existe de fortes disparités entre les régions : la province de *Toamasina* et une partie de la province d'*Antsiranana* ont un climat tropical humide (...). Les provinces d'*Antananarivo* et de *Fianarantsoa* ont un climat tropical d'altitude (...). La province *Mahajanga* et la partie nord de la province *Toliary* dans la région côtière ouest ont un climat tropical sec (...). La partie sud de la province de *Toliary* a un climat semi-aride »[727]. À part les précipitations, Madagascar dispose aussi de ressources en eaux

[725] Selon l'article 2 de la loi portant Code de l'eau. Cet article 2 rajoute « elle ne peut faire l'objet d'appropriation privative que dans les conditions fixées par les dispositions de droit civil traitant de la matière ainsi que des servitudes qui y sont attachées en vigueur sur le territoire de Madagascar ».
[726] FAO, L'irrigation en Afrique en chiffres, Madagascar, AQUASTAT, 2005. Il est à noter que les rapports récents maintiennent les mêmes chiffres.
[727] FAO, *op. cit.*

renouvelables importantes : elles sont estimées à 337 km^3 par an[728]. D'une manière générale et en moyenne, la ressource en eau n'est pas réellement en situation de déficit à Madagascar par rapport à d'autres régions d'Afrique ou de l'Océan Indien[729]. Elle est en abondance dans certaines parties de l'Île. Néanmoins, dans certaines régions et notamment dans le Sud et le Moyen Ouest, cette ressource se raréfie et entraîne des situations de pénurie avec toutes les conséquences qui y sont rattachées (désertification, assèchement des lacs et cours d'eau... Etc..). Cette situation n'a pas pour autant empêché la ressource en eau d'avoir un statut particulier dans le droit malgache.

532. ***Eau, patrimoine commun national ou patrimoine national ?*** Selon l'exposé des motifs et l'article 1er de la loi portant Code de l'eau, « l'eau est un patrimoine commun national ». Cette référence au patrimoine commun national porte cependant à confusion. En effet, au sein du droit malgache, seule la notion de patrimoine national est reconnue. Il importe dès lors de déterminer si ces deux notions font référence à une même catégorie de biens ou si la loi portant code de l'eau a voulu créer une nouvelle catégorie pour consacrer l'importance de la ressource en eau.

533. Les biens relevant du patrimoine national sont réglementés par l'ordonnance n° 82-029 du 6 novembre 1982 relative à la protection, la sauvegarde et la conservation du patrimoine national[730]. Ce texte considère comme faisant partie du patrimoine national des éléments des patrimoines naturel et culturel qui se répartissent en biens immeubles et en biens meubles. Vu sa nature, l'eau ne peut être considérée comme un bien du patrimoine culturel[731]. Il reste alors à déterminer si l'eau appartient à la catégorie du patrimoine naturel national. Comme précisé auparavant[732], le patrimoine naturel national comporte des biens immeubles et des biens meubles. Les biens immeubles du patrimoine naturel comprennent essentiellement les formations naturelles. Selon la liste établie par l'alinéa 2 de l'article 1er de l'ordonnance n° 82-029 peuvent être considérées comme des formations naturelles, trois catégories de biens immeubles : « les

---

728 *Idem.*

729 En comparaison, l'île Maurice est classée dans la catégorie des pays victimes du stress hydrique avec 1700 m^3 d'eau disponible par habitant par an et les Comores dans la catégorie des pays souffrant d'une pénurie d'eau à l'horizon 2025 avec un volume d'eau d'un peu moins de 1000 m^3 disponibles par habitant et par an, selon les projections faites par le PNUE. Pour plus d'informations, voir PNUE, *L'avenir de l'environnement en Afrique – Notre environnement, notre richesse,* 2006, p. 119 – 154.

730 Voir *supra.*

731 Il est communément admis que fait partie du patrimoine culturel, l'œuvre de l'homme. L'article 1er de l'ordonnance n° 82_029 du 6 novembre 1982 précise que font partie du patrimoine culturel, « toutes créations culturelles, notamment les sites de l'homme ou œuvres conjuguées de l'homme et de la nature ».

732 Voir *supra.*

monuments naturels ou les groupes constitués par des formations physiques ou biologiques ; les formations géologiques et physiographiques et les zones constituant l'habitat d'espèces animale et végétale ; les monuments, sites ou zones naturels pittoresques ». Selon ce même article premier, les biens meubles, éléments du patrimoine naturel, sont constitués par : « toutes formations naturelles et notamment tout spécimen de la faune et de la flore vivant ou empaillé (…) ». En complément de ces caractéristiques données par l'article premier, l'ordonnance précise en son article 4 que tout bien présentant « un intérêt préhistorique, historique, ethnologique et d'une manière générale scientifique et technique, littéraire, artistique, religieux, esthétique écologique ou présentant une valeur culturelle quelconque » peut faire partie du patrimoine national.

534. À la lecture de ces articles, il résulte que la détermination des éléments composant le patrimoine national, en particulier le patrimoine naturel national, a un caractère assez vague. Une étude au cas par cas devrait être menée pour déterminer si un bien peut être classé en tant qu'élément du patrimoine national ou non. Mais au vu de ces éléments tirés de l'ordonnance n° 82-029, l'eau en tant que ressource ne peut être classée comme étant un élément de ce patrimoine national. En effet, cette ressource eau ne correspond ni aux critères posés pour les formations naturelles qualifiées de biens immeubles du patrimoine naturel national ni aux caractéristiques des biens meubles de cette même catégorie de patrimoine. Il est alors nécessaire d'étudier cette nouvelle catégorie introduite par la loi portant Code de l'eau afin d'apporter des réponses aux questions qui se posent sur l'appartenance de l'eau à ce patrimoine commun national, telle qu'affirmée par l'article 1er du Code de l'eau.

535. ***L'absence de régime de protection particulière liée à la qualification de l'eau.*** Contrairement au patrimoine national, réglementé par l'ordonnance n° 82-029 du 6 novembre 1982, la notion de « patrimoine commun national » dont ferait partie l'eau est une notion nouvellement introduite dans le droit malgache. C'est la loi portant Code de l'eau, en son exposé des motifs, qui énonce que « le droit fondamental d'accès à l'eau met notamment l'accent sur trois constats essentiels : l'eau est un patrimoine commun national, l'eau est un élément naturel indispensable, inégalement répartie, elle pose des problèmes d'ordre économique, social et sanitaire. (…) Parce qu'élément vital de la Nation, elle est qualifiée de patrimoine commun national ». Cette qualification est reprise dans l'article 1er de la loi : « l'eau fait partie du patrimoine commun de la Nation ».

536. Il résulte d'un examen approfondi qu'aucun régime juridique spécifique n'a été prévu dans le droit malgache en ce qui concerne cette nouvelle catégorie de biens. En l'absence de régime juridique, et donc d'un système de protection et de sanction en cas d'atteinte, la qualification de l'eau comme un « patrimoine commun national » malgache relève de l'ordre des vœux pieux de la législation malgache et ne constitue pas un moyen de protection de cette ressource. Il semblerait que cette notion ait été « empruntée » des dispositions de la législation française, plus précisément de l'article L 210-1 du Code français de l'environnement selon lequel « l'eau fait partie du patrimoine commun de la Nation ». Cet article précise qu'en tant que tel, « sa protection, sa mise en valeur et le développement de la ressource utilisable, dans le respect des équilibres naturels, sont d'intérêt général ». La loi malgache portant code de l'eau, quant à elle, n'a pas prévu les conséquences liées à cette qualification de l'eau comme « patrimoine commun national ». Elle s'est contentée de reprendre la formule des dispositions de la législation française sans prévoir le régime juridique correspondant.

537. L'eau ne bénéficie d'aucun régime particulier de protection même si elle est considérée par la loi portant Code de l'eau comme un « patrimoine commun national ». Mais plusieurs organismes étatiques sont mis en place afin de veiller à la mise à disposition de la ressource en eau.

2. Le rôle de l'État dans la protection de la ressource en eau

538. L'État définit la politique nationale d'alimentation en eau potable et d'assainissement des eaux usées domestiques. Il a aussi la responsabilité de développer le service public de l'eau à l'échelle du pays[733]. Différents organismes étatiques ont été créés à cette fin. En premier lieu, il y a les infrastructures nécessaires à la bonne marche de ce service public de l'eau. Elles sont sous la responsabilité de la société de patrimoine des infrastructures (**A**). Ensuite, les maîtres d'ouvrage et les délégataires du service public de l'eau sont soumis au contrôle de l'organisme régulateur du service public de l'eau et de l'assainissement (**B**). Et enfin, l'eau qui est l'objet principal de ce service public est sous la responsabilité de l'Autorité nationale de l'eau et de l'assainissement (**C**).

A. La Société de patrimoine des infrastructures d'eau potable et d'assainissement

539. Par un contrat passé avec le ministère chargé de l'eau, la Société de patrimoine des infrastructures d'eau potable et d'assainissement s'occupe de la gestion des patrimoines des services publics de l'eau. Elle est définie

[733] Article 4 du décret n° 2003-193 portant fonctionnement et organisation du service public de l'eau potable et de l'assainissement des eaux usées domestiques.

comme une « association de commune ou syndicat national des communes »[734]. Cette Société de patrimoine est titulaire de trois missions principales selon le décret n° 2003-193 du 4 mars 2003 portant fonctionnement et organisation du service public de l'eau potable et de l'assainissement des eaux usées domestiques, en son article 20. En premier lieu, elle assure le financement des programmes de réhabilitation, de renouvellement et de développement des systèmes d'eau. Ensuite, elle assure la comptabilité patrimoniale et la gestion des immobilisations de chaque système d'eau. Elle participe enfin à la formation des communes et de leurs agents, afin qu'ils puissent acquérir, dans les meilleurs délais, les capacités exigées pour exercer pleinement la maîtrise d'ouvrage et la gestion des systèmes d'eau. La Société de patrimoine s'occupe seulement de la gestion des infrastructures liées au service public de l'eau. Elle n'est pas propriétaire de ces infrastructures. Il est précisé par l'article 42 de la loi portant Code de l'eau, que « les systèmes d'approvisionnement en eau potable et d'assainissement collectif des eaux usées domestiques restent dans le domaine public de l'État ».

B. Le SOREA, organisme régulateur du service public de l'eau et de l'assainissement

540. Cet organisme[735] est un établissement public à caractère administratif. Selon l'article 4 du décret n° 2003-939 du 9 septembre 2003, il est « garant de la qualité du service public de l'eau (...) agit dans la plus grande indépendance par rapport aux intérêts particuliers des différents acteurs que sont les pouvoirs publics, les collectivités territoriales décentralisées, les gestionnaires de systèmes d'eau et les usagers ». Afin de garantir cette qualité du service public de l'eau, le SOREA a à sa charge plusieurs attributions. Détaillées par l'article 6 du décret n° 2003-939, ces attributions sont relatives au suivi de la bonne exécution du service public de l'eau, au contrôle du respect des normes de qualité du service de l'eau, et enfin, à l'établissement des tarifs d'accès à ce service public.

541. En ce qui concerne ***le suivi de la bonne exécution du service public de l'eau***, c'est le SOREA qui habilite les personnes publiques ou privées pour exercer pleinement à leur demande la fonction de maître d'ouvrage du

[734] Article 19 du décret n° 2003-193 portant fonctionnement et organisation du service public de l'eau potable et de l'assainissement des eaux usées domestiques.

[735] Il est réglementé par le décret n° 2003-939 portant organisation, attribution, fonctionnement et financement de l'Organisme régulateur du service public de l'eau et de l'assainissement (SOREA).

service public de l'eau. Plusieurs critères[736] sont pris en compte par cet organisme régulateur lors du dépôt de la demande d'habilitation. En premier lieu, le respect des obligations administratives, financières, budgétaires et comptables inscrites dans les lois et règlements organisant les communes. Ensuite, le respect des dispositions d'un plan de développement du service public de l'eau qui doit être présenté dans le dossier. Et enfin, les derniers éléments qui doivent accompagner la demande d'habilitation sont constitués par l'inventaire, fait par la Société de patrimoine, des biens du système d'eau et l'engagement fait par la personne qui veut être habilitée d'assurer l'équilibre financier du service public de l'eau. C'est l'organisme régulateur qui statue par la suite sur cette demande d'habilitation au vu de ces éléments fournis.

542. L'organisme régulateur est encore titulaire de ce ***pouvoir d'habilitation*** dans le cas où il y a une délégation de gestion de ce service public. Dans ce cadre, le SOREA statue sur les dossiers d'appel d'offres d'une délégation de gestion et sur le contrat de délégation de gestion négocié par le maître d'ouvrage. Par ailleurs, il statue aussi sur les demandes de délégation de maîtrise d'ouvrage émises pour les petits systèmes d'eau ruraux. Et c'est aussi le cas dans le cadre des demandes de délégation de gestion d'un système d'eau faites par plusieurs communes à l'adresse d'un même gestionnaire.

543. Une fois que la personne (publique ou privée) titulaire de la responsabilité dans la maîtrise d'ouvrage du service public de l'eau, est habilitée, le SOREA veille au respect par celle-ci d'une bonne qualité du service de l'eau. En effet, cet organisme doit contrôler le respect, par les maîtres d'ouvrage et gestionnaires des systèmes d'eau, des normes de qualité du service de l'eau. Selon l'article 6 du décret n° 2003-941 relatif à la surveillance de l'eau, cet organisme régulateur du service public de l'eau potable et de l'assainissement réalise ***un contrôle périodique***[737] ***de la conformité de la qualité des eaux aux normes*** de potabilité établies, au lieu de sa mise à disposition à l'utilisateur. Il peut, par ailleurs, émettre des propositions pour faire évoluer les normes et mettre en œuvre des normes spécifiques afin d'améliorer cette qualité du service public.

544. Et enfin, c'est le SOREA en tant qu'organisme régulateur du service public de l'eau qui définit ***la méthodologie d'établissement des tarifs*** de ce

---

736 Ces critères sont établis par l'article 26 du décret n° 2003-193 portant fonctionnement et organisation du service public de l'eau potable et de l'assainissement des eaux usées domestiques.

737 Néanmoins, les textes ne précisent pas la fréquence exacte de ces contrôles de la qualité de l'eau.

service public. Il approuve par la suite les tarifs proposés par le gestionnaire du service ou par le maître d'ouvrage. Selon l'article 2 du décret n° 2003-791 portant réglementation tarifaire du service public de l'eau et de l'assainissement, ce tarif est déterminé à partir d'une partie fixe qui correspond aux investissements engagés pour la mise en place du service et d'une partie proportionnelle à la consommation d'eau, aux coûts d'exploitation et aux diverses charges y afférentes.

545. Îlot central du service public de l'eau, le SOREA arbitre aussi les conflits qui peuvent apparaître entre les différents acteurs intervenants : aussi bien entre les usagers et les gestionnaires qu'entre les maîtres d'ouvrage et les gestionnaires délégués. Et il est tenu de constituer et d'actualiser les systèmes d'information qui contiennent les données techniques et financières caractérisant les systèmes d'approvisionnement en eau potable. Il est établi par le décret n° 2003-939 que c'est le SOREA, organisme régulateur qui est le garant de la qualité de l'eau et de l'assainissement. Néanmoins, cet organisme n'a aucun pouvoir de sanction en cas de non-respect de ses responsabilités par le maître d'ouvrage de ce service public. De plus, il ne peut se substituer au titulaire de la responsabilité en cas de problème. En définitive, le SOREA est garant du service public de l'eau en amont, mais en l'absence de pouvoir de sanction en cas de non-respect de la qualité du service, il ne peut réellement être considéré comme tel en aval.

C. L'ANDEA, autorité nationale de l'eau et de l'assainissement et les agences du bassin

546. L'ANDEA est un établissement public administratif régi par le décret n° 2003-192 du 4 mars 2003[738]. Son rôle principal est d'assurer ***la gestion intégrée des ressources en eau*** et le développement rationnel du secteur de l'eau et de l'assainissement. Il doit être obligatoirement consulté pour tout projet de réglementation relative au secteur de l'eau et de l'assainissement. Il en est ainsi pour toute mesure susceptible d'assurer la protection des personnes et de l'environnement, pour toute taxe, redevance et tout autre prélèvement et enfin pour toute modalité d'application des sanctions administratives. L'autorité nationale de l'eau et de l'assainissement assure la coordination des activités des agences de bassin, qui la représentent au niveau décentralisé. Selon l'article 6 du décret n° 2004-532 du 4 mars 2003, dans le cadre de ce rôle de coordination, cette autorité assure le suivi de l'élaboration des schémas directeurs préparés par les agences de bassin, le contrôle de l'exécution des travaux programmés au sein des bassins et

[738] Modifié par le décret n° 2004-532 fixant l'organisation, les attributions et le fonctionnement de l'Autorité nationale de l'eau et de l'assainissement (ANDEA).

groupements de bassins hydrologiques, et enfin, le suivi du recouvrement des redevances assuré par ces agences de bassin.

547. Les dernières entités étatiques mises en place afin de veiller à une bonne utilisation de la ressource en eau sont constituées par ***les agences de bassin*** réglementées par le décret n° 2003-191 du 4 mars 2003 portant création des agences de bassin et fixant leur organisation, attribution et fonctionnement. L'agence de bassin a pour mission principale d'assurer la gestion commune et concertée des ressources en eau et représente au niveau décentralisé l'autorité nationale de l'eau et de l'assainissement. Elle développe, en ce sens un schéma directeur d'aménagement intégré des ressources en eau, en collaboration et sous la coordination de l'Autorité nationale de l'eau et de l'assainissement. Ce schéma directeur est l'outil essentiel de la protection de la ressource. En effet, il définit les objectifs de quantité et de qualité des eaux et les aménagements qui devraient être réalisés afin d'atteindre ces objectifs. Et un constat sur l'état de la ressource en eau et le milieu aquatique y est aussi établi en fonction de leurs différents usages. La gestion commune et concertée de la ressource en eau exige du schéma directeur de respecter sa compatibilité avec les programmes et les décisions administratives concernant le domaine public de l'eau. Et enfin, c'est aussi le schéma directeur qui délimite le périmètre des sous-bassins, considérés comme unités hydrographiques dans la gestion de l'eau.

548. ***L'absence de correspondance entre la répartition des responsabilités et les niveaux de décentralisation.*** La répartition des responsabilités dans la gestion intégrée de la ressource en eau est faite selon le niveau de décentralisation. Cependant, les textes relatifs à la protection et à la gestion de l'eau font essentiellement référence aux niveaux de décentralisation mis en place par des textes qui ne sont plus en vigueur. Ainsi, l'agence de bassin a compétence au niveau du chef-lieu de *Faritany,* les comités de bassin au niveau des bassins hydrographiques, les comités départementaux au niveau des *fivondronana*, et enfin les comités de point d'eau sont mis en place au niveau des *fokontany.* Cependant, les nouvelles dispositions relatives à la décentralisation issues des dispositions de la Constitution actuellement en vigueur sont telles que ces différents niveaux de décentralisation ont été modifiés. Seuls trois niveaux de décentralisation existent : les provinces, les régions et les communes.

549. Plusieurs questions restent dès lors en suspens. En premier lieu, il est important de déterminer avec ce dernier schéma de la décentralisation à quel niveau se situeraient l'agence de bassin, le comité départemental et enfin les comités de point d'eau. Ensuite, la délimitation territoriale du bassin hydrographique, dans lequel le comité de bassin a compétence doit être faite. L'article 1er du décret n° 2003-191 du 4 mars 2003 portant création des agences de bassin et fixant leur organisation, attributions et fonctionnement apporte un élément de réponse à ces questions, bien que ne résolvant pas les problèmes liés aux changements des niveaux de décentralisation. En effet, selon cet article, « la délimitation de la circonscription territoriale de chacun des comités de bassin est fixée par décret pris en conseil de gouvernement ». Mais pour autant, le fait que les niveaux de décentralisation ont été modifiés nécessite une actualisation de la réglementation relative à la protection de la ressource en eau et plus particulièrement des dispositions relatives à la répartition des compétences en matière de gestion intégrée et commune de la ressource en eau.

550. L'eau est considérée comme un patrimoine commun national, et à travers plusieurs organismes et entités décentralisées, l'État s'attelle à sa protection et veille au bon usage de cette ressource. Néanmoins, malgré tous ces éléments, la maîtrise d'ouvrage des services publics de l'eau reste paradoxalement confiée aux collectivités territoriales décentralisées, en l'occurrence, les communes.

Paragraphe 2. Le service public de l'eau, compétence communale

551. L'exposé des motifs et l'article 1er de la loi portant Code de l'eau qualifient l'eau de patrimoine commun national. Il n'en demeure pas moins que, la maîtrise d'ouvrage des systèmes d'eau et celui du service public de l'eau et de l'assainissement relèvent de la compétence des communes, collectivités territoriales décentralisées. Le service public de l'eau reprend alors une dimension communale.

552. Régi par le décret n° 2003-193 du 4 mars 2003[739], ***le service public de l'eau et de l'assainissement est en principe***[740] ***un service public communal***. En effet, selon l'article 5 du décret précité, « la maîtrise d'ouvrage des systèmes d'eau[741] est assurée par les communes ». La

[739] Portant fonctionnement et organisation du service public de l'eau potable et de l'assainissement des eaux usées domestiques.

[740] Il y a une exception dans le cas de l'autoproduction ayant reçu une autorisation. L'autoproducteur est défini par l'article 2 du décret portant fonctionnement et organisation du service public de l'eau potable et de l'assainissement des eaux usées domestiques comme toute personne physique ou morale de droit public ou privé, effectuant pour la satisfaction de ses besoins propres la réalisation et/ou la gestion et la maintenance directe d'un système d'approvisionnement en eau potable et/ou d'assainissement des eaux usées domestiques.

[741] Le système d'eau est aussi appelé système d'approvisionnement en eau potable et d'assainissement. Selon l'article 2 du décret portant fonctionnement et organisation du service public de l'eau potable et de l'assainissement des eaux usées domestiques, c'est l'ensemble des installations et des infrastructures destinées à fournir de l'eau potable et/ou des services

commune est dès lors considérée comme « l'autorité publique responsable vis-à-vis des usagers du service public de l'eau potable et de l'assainissement sur une aire géographique donnée »[742]. Selon Henri Smets, cette responsabilisation des communes a pour objectif « d'assurer la décentralisation des services d'eau au niveau communal »[743]. Or, selon les textes, l'État n'a pas à proprement parler de responsabilités en la matière. Selon les dispositions de l'article 5 du décret, « pendant une période transitoire (...) l'État assure la maîtrise d'ouvrage déléguée desdits systèmes ». Il n'est donc pas ici question de décentralisation des compétences de l'État au profit des communes, vu que cette maîtrise d'ouvrage déléguée des systèmes d'eau n'est que temporaire pour l'État. Le décret ne précise pas le terme de cette période transitoire. Il peut être supposé que celle-ci corresponde à la durée de mise en place de ce service public sur tout le territoire, et surtout à celle requise pour que les communes reçoivent leur habilitation et donc, soient déclarées aptes à exercer la maîtrise d'ouvrage des systèmes d'eau installés sur le territoire. À terme donc, il n'y aura pas de responsabilité de l'État pour cette ressource en eau vu que seules les collectivités territoriales décentralisées demeurent responsables de la ressource.

553. ***La commune maître d'ouvrage du service public de l'eau.*** Énoncée par la loi portant Code de l'eau en son article 41, cette responsabilité de la commune en tant que maître d'ouvrage du service public de l'eau est confirmée dans les dispositions de ses décrets d'application. Selon cet article 41, « les communes rurales et urbaines sont les maîtres d'ouvrage des systèmes d'approvisionnement en eau potable et d'assainissement collectif des eaux usées domestiques, situés sur leur territoire respectif. Elles exercent ces attributions par l'intermédiaire du conseil municipal ». Et l'article 5 du décret n° 2003-193 portant fonctionnement et organisation du service public de l'eau potable et de l'assainissement des eaux usées domestiques de préciser que « la maîtrise d'ouvrage des systèmes d'eau est assurée par les communes ». La commune est ainsi l'autorité publique responsable vis-à-vis des usagers du service public de l'eau potable et de l'assainissement. Cette maîtrise d'ouvrage du service public de l'eau comporte une double obligation à l'égard de son titulaire : il doit fournir une quantité minimum

---

d'assainissement collectif des eaux usées domestiques sur une aire géographique donnée : installations de captage, de prélèvement et de traitement de l'eau assimilée à la production de l'eau, installations de transport, de distribution et de branchement pour l'eau potable, infrastructures de transport, de traitement et d'épuration pour l'assainissement (égouts et collecteurs).

[742] Article 2 du décret n° 2003-193.

[743] Henri SMETS, « Quelques éléments du droit à l'assainissement à Madagascar » in Henri SMETS (dir.), *L'accès à l'assainissement, un droit fondamental – The right to sanitation in national laws,* 2010, Paris : Editions Johanet, p. 291.

d'eau aux usagers et il doit s'assurer que cette eau est potable, et donc garantir la qualité de l'eau fournie[744].

554. Au-delà de ce service public fourni aux usagers, la commune a l'obligation d'assurer ***un « service universel de l'approvisionnement en eau potable et d'assainissement collectif des eaux usées domestiques »***[745]. Cette notion de service universel désigne un ensemble minimal de services qui doit être mis à la disposition de tous. En droit français, où il est admis dans plusieurs domaines[746], ce service universel est défini comme un « service de base, offert à tous, dans l'ensemble de la communauté, à des conditions tarifaires abordables et avec un niveau de qualité standard »[747]. Le service universel relatif à l'accès à l'eau et aux structures d'assainissement prévu par la loi portant Code de l'eau malgache fait obligation à la commune de « livrer à toute personne qui le demande une quantité minimum d'eau potable (…) de respecter les normes de qualité de l'eau fixées »[748]. Selon cet article 10 du décret n° 2003-193, ce service universel de l'approvisionnement en eau potable consiste pour tout maître d'ouvrage d'un service public de l'eau à fournir à tout usager une quantité minimum d'eau potable, évaluée à 30 l/personne/jour à partir de branchements individuels ou de points d'accès public localisés dans un rayon de 500 m au plus de toute habitation. Il peut être estimé, au vu des normes posées[749] par l'Organisation mondiale de la Santé (OMS), que ce service universel de l'approvisionnement en eau potable et d'assainissement collectif des eaux

[744] La protection de la quantité et de la qualité de l'eau disponible sera étudiée plus en profondeur dans la section 2 relative aux modes de protection de la ressource.

[745] Selon l'article 9 du décret n° 2003-193 portant fonctionnement et organisation du service public de l'eau potable et de l'assainissement des eaux usées domestiques.

[746] Ce service universel est mis en place dans le secteur des télécommunications. Il implique : « la fourniture à tous d'un service de téléphonie vocale à un prix abordable, la mise en place d'un service de renseignements et d'un annuaire d'abonnés, l'installation de cabines téléphoniques sur le domaine public, l'égal accès aux installations prévues pour les handicapés ». Il existe aussi un service universel postal concourant à la cohésion sociale et au développement équilibré du territoire. Selon l'article 1er du Code français des postes et communications écrites, « il garantit à tous les usagers, de manière permanente et sur l'ensemble du territoire national, des services postaux répondant à des normes de qualité déterminées. Ces services sont offerts à des prix abordables pour tous les utilisateurs. Les prix sont orientés sur les coûts et incitent à une prestation efficace, tout en tenant compte des caractéristiques des marchés sur lesquels ils s'appliquent ». Ces exemples illustrent les différences dans les préoccupations qui existent entre les pays en développement et les pays développés : à Madagascar, les préoccupations sont relatives à l'eau et à l'assainissement, et donc à des éléments essentiels pour la santé et l'hygiène auxquels la population n'a pas automatiquement accès, mais que ce service universel aspire à mettre en place.

[747] Jacqueline MORAND- DEVILLER, *Droit administratif,* 11ème édition, Paris : Montchrestien, 2009, p. 558.

[748] Article 10 du décret n° 2003-193.

[749] Pour plus de détails : Guy HOWARD, Jamie BARTRAM, *Domestic Water Quantity, Service, Level and Health,* World Health Organization, 2003, p. 22.

usées domestiques prévu par l'article 10 du décret n° 2003-193 correspond à un service de base. En effet, il y a service de base lorsque la quantité moyenne d'eau disponible/personne/jour est de 20 l pour un accès dans un rayon de 1 km ou dont la durée de déplacement aller-retour pour y accéder ne dépasse pas les 30 minutes[750].

555. ***Paiement d'une redevance pour le service universel d'approvisionnement en eau et d'assainissement.*** En comparaison au droit français, l'élément relatif au prix d'accès à ce service universel n'a pas été retenu par le droit malgache, seules les exigences relatives à la qualité du service et à son universalité sont mises en exergue : la gratuité du service ne constitue dès lors pas un élément essentiel. En précisant que la tarification de l'eau et la fixation des redevances pour l'assainissement doivent permettre l'accès au service universel des consommateurs ayant les plus faibles revenus, l'alinéa 5 de l'article 54 du Code de l'eau confirme que ce service universel n'est pas gratuit, mais nécessite le paiement d'une redevance pour les usagers.

556. Bien qu'affirmée dans les textes, la fourniture de ce service universel de l'approvisionnement en eau potable et d'assainissement collectif des eaux usées domestiques n'est pas assurée dans la pratique. En effet, le pourcentage de la population ayant un accès à l'eau potable et aux infrastructures liées à l'assainissement est assez faible. En 2004[751], 29 % de la population avait accès à l'eau potable et 13 % aux infrastructures d'assainissement. Mais la lecture de ces résultats doit être nuancée. En effet, la situation est plus catastrophique vu que ces faibles taux d'accès à l'eau potable et à l'assainissement constituent des valeurs moyennes. Dans la réalité, il existe un écart important entre la population des milieux urbains et celle des milieux ruraux. Ainsi, 66 % de la population urbaine a un accès à l'eau potable, mais ce taux descend à 14 % lorsqu'il s'agit de la population rurale. Et en matière d'assainissement, seuls 8 % de la population rurale y a accès, si ce taux est de 27 % pour la population des milieux urbains. Une amélioration[752] a été constatée en 2008[753], avec un taux d'accès à l'eau

[750] L'accès optimal est atteint lorsque la quantité d'eau disponible est en moyenne de 100 à 200 litres d'eau/personne/jour et que l'approvisionnement se fait par l'intermédiaire de plusieurs robinets à l'intérieur de l'habitation.

[751] Source : Ministère de l'Énergie et des Mines, données citées dans Henri SMETS, « Quelques éléments du droit à l'assainissement à Madagascar » in Henri SMETS (dir.) *L'accès à l'assainissement, un droit fondamental,* Éditions Johanet, 2010, pp. 285- 298.

[752] Mais ces améliorations doivent aussi être nuancées dans la mesure où les sources de données relatives à cet accès à l'eau et aux infrastructures d'assainissement sont différentes et donc qu'elles puissent avoir adopté des méthodes différentes.

[753] Source : Évaluation sectorielle de pays – UNDP Goal Wash Programme (Gouvernance, Promotion et Leadership en matière d'eau, d'assainissement et d'hygiène), Vol 1 Madagascar, juillet 2009.

potable de 41 %, néanmoins, l'accès aux infrastructures d'assainissement connaît un léger recul, il est évalué à 10 % de la population totale.

557. Si les communes ont à leur charge la principale responsabilité dans le bon fonctionnement du service public de l'eau et de l'assainissement et doivent assurer la protection de la ressource en eau aussi bien sur le plan qualitatif que sur le plan quantitatif, l'intervention conjointe de l'État reste encore inévitable.

SECTION II. LES MODES DE PROTECTION DE LA RESSOURCE EN EAU

558. Le maître d'ouvrage du service public de l'eau et de l'assainissement est chargé d'une part de garantir aux usagers la fourniture d'une quantité minimum d'eau : l'eau doit être disponible en une quantité suffisante pour répondre aux différents usages qui peuvent en être faits (**paragraphe 1**). Et d'autre part, cette eau mise à disposition des usagers doit posséder les caractéristiques exigées pour que son usage ne soit pas préjudiciable aux usagers. En d'autres termes, ce maître d'ouvrage doit fournir une eau de qualité (**paragraphe 2**). Ces deux aspects de la protection de la ressource en eau sont complémentaires.

Paragraphe 1. La protection de la quantité d'eau disponible

559. Dans le cadre de ses responsabilités, le maître d'ouvrage du service public doit garantir une quantité d'eau évaluée à 30 l d'eau par jour et par personne au minimum[754]. Afin de ne pas compromettre la fourniture de cette eau, il se doit d'assurer la protection de la quantité d'eau disponible. Pour ce faire, il est nécessaire de réglementer les prélèvements faits sur la ressource en eau (**1**) et d'assurer la mise en valeur de celle-ci (**2**).

---

[754] La quantité minimum d'eau devant être mise à disposition quotidiennement pour chaque personne n'est pas précisée dans les textes, cette quantité est déduite du volume minimum exigé dans le cadre du service universel de l'approvisionnement en eau potable et d'assainissement collectif des eaux usées domestiques tel que prévu par l'article 9 du décret n° 2003-193 du 4 mars 2003 portant fonctionnement et organisation du service public de l'eau potable et de l'assainissement des eaux usées domestiques.

1. La réglementation des prélèvements faits à la ressource

560. La ressource en eau disponible sur le territoire malgache doit satisfaire aux besoins humains et sociaux de la population. Mais il faut noter que cette ressource en eau constitue aussi une matière première essentielle dans le domaine économique. Des tensions peuvent alors apparaître dans la répartition de la ressource au vu de ces différents usages possibles de l'eau. Deux principes essentiels ont été adoptés pour réglementer l'utilisation de l'eau et veiller à assurer la disponibilité d'une quantité d'eau minimum aux usagers. Dans un premier temps, un ordre de priorité a été fixé quant à l'usage de l'eau et à sa répartition entre ces différents usagers. Et dans un second temps, des limites quantitatives sont posées pour les différents usages de l'eau.

561. ***La priorité accordée à l'approvisionnement en eau potable.*** En premier lieu, l'article 1er du décret n° 2003-941 du 9 septembre 2003 relatif à la surveillance de l'eau, au contrôle des eaux destinées à la consommation humaine et aux priorités d'accès à la ressource en eau précise qu'en cas de problème dans le cadre de la distribution, « l'approvisionnement en eau potable demeure, dans tous les cas, l'élément prioritaire dans la répartition des ressources en eau ». Les autres prélèvements peuvent être réalisés, seulement « lorsque l'approvisionnement a pu satisfaire aux besoins humains en eau »[755].

562. ***La soumission à autorisation de tous travaux de prélèvement.*** En second lieu, afin de préserver la quantité d'eau disponible, tous travaux de prélèvement doivent être soumis à autorisation, à l'exception des prélèvements réalisés pour un usage personnel dans le cadre de l'autoproduction[756]. Selon les dispositions des articles 10 et 11 de la loi portant code de l'eau, ces autorisations concernent les prélèvements réalisés sur les eaux de surface d'une part, et sur les eaux souterraines, d'autre part.

563. *Les eaux de surface* sont définies par l'article 6 de la loi portant code de l'eau comme constituées « par l'ensemble des eaux pluviales et courantes sur la surface du sol, des plans d'eau ou canaux, les fleuves et rivières, les

---

[755] Article 2 du décret n° 2003-941 relatif à la surveillance de l'eau, au contrôle des eaux destinées à la consommation humaine et aux priorités d'accès à la ressource en eau.

[756] Définie par l'article 39 alinéa 2 de la loi portant Code de l'eau comme « une activité qui permet à une personne physique ou morale d'effectuer la réalisation et/ou la gestion et la maintenance directe d'un système d'approvisionnement en eau potable, pour la satisfaction de ses propres besoins ». La possibilité de recourir à l'autoproduction constitue une exception à deux principes généraux : la nécessité d'autorisation dans les prélèvements d'eau et le caractère communal du service public chargé de la distribution de l'eau.

canaux de navigation et rivières canalisées, certains canaux d'irrigation, les étangs salés reliés à la mer, les lacs, étangs et assimilés, les marais, les zones humides ». Les mesures prises ne touchent pas directement à la quantité d'eaux de surface prélevées, mais par ricochet, réglementent les activités qui peuvent influencer sur ce volume d'eau disponible. Par conséquent, sera soumis à autorisation tout acte qui peut avoir des conséquences sur la quantité d'eau disponible : « aucun travail ne peut être exécuté sur les eaux de surface (...) qu'il modifie ou non son régime, aucune dérivation des eaux du domaine public, de quelque manière et dans quelque but que ce soit, en les enlevant momentanément ou définitivement à leurs cours, ne peut être faite sans autorisation »[757].

564. En ce qui concerne *les eaux souterraines*, il en va différemment : les travaux de prélèvement restent soumis à autorisation et un autre élément est aussi pris en considération. Au-delà du volume d'eau prélevé, le risque de pollution qui peut être engendrée par les travaux de prélèvement devient un facteur déterminant dans la délivrance de l'autorisation. Les eaux souterraines sont « constituées par les eaux contenues dans les nappes aquifères et les sources »[758], une éventuelle pollution de ces nappes modifiera certainement la potabilité de l'eau disponible pour les usagers. Dès lors, selon l'article 11 de la loi portant Code de l'eau, « les prélèvements d'eaux souterraines ne peuvent être faits sans autorisation sauf pour des usages personnels ne dépassant pas un seuil de volume (...) et ne présentant pas de risques de pollution de la ressource ».

À part la réglementation des prélèvements faits sur la ressource en eau, les autres usages de l'eau sont aussi soumis à contrôle afin de protéger la quantité d'eau disponible.

2. La prise en compte des autres usages de la ressource

565. La protection de la quantité d'eau disponible passe aussi par la réglementation des diverses activités nécessitant l'usage de la ressource : il est ici question de l'utilisation industrielle de la ressource en eau et des autres activités qui mettent en valeur la ressource, notamment les travaux d'irrigation.

566. ***Les limitations posées aux utilisations industrielles de l'eau.*** Anticipant une éventuelle transformation industrielle qui pourrait mobiliser une grande part de la ressource en eau disponible, la loi portant Code de l'eau réglemente désormais l'utilisation industrielle de l'eau. « Madagascar

---

[757] Article 10 de la loi portant Code de l'eau.
[758] Selon l'article 8 de la loi portant code de l'eau.

s'ouvre de plus en plus à l'ère industrielle et l'installation d'usines susceptibles d'être sources de pollution considérable de la ressource en eau risque d'augmenter »[759]. De ce fait, la loi va poser des limites et responsabiliser les différents acteurs de l'industrie afin de ne pas porter des atteintes irrémédiables à la ressource en eau aussi bien sur le point qualitatif que sur le point quantitatif.

567. L'utilisation industrielle de l'eau doit être telle qu'il reste une quantité d'eau suffisante pour les autres usagers. Plus exactement, l'utilisation industrielle de l'eau ne doit pas entraîner des problèmes d'approvisionnement ou léser les autres usages. Tel qu'il a été souligné auparavant, « l'approvisionnement en eau potable demeure, dans tous les cas, l'élément prioritaire dans la répartition des ressources en eau »[760]. Toute nouvelle implantation d'une unité industrielle est dès lors soumise à différentes conditions : elle ne doit en aucun cas entraîner des modifications qui causeraient préjudice aux populations en place, notamment en matière d'approvisionnement en eau. Dans ce sens, l'alinéa 2 de l'article 32 de la loi portant code de l'eau précise que l'implantation d'une industrie est subordonnée à la mise en place d'une adduction d'eau autonome ou à l'harmonisation de la nouvelle implantation à la politique de prélèvement et d'approvisionnement en eau préexistante. C'est à l'unité industrielle qui cherche à s'implanter de s'adapter aux structures déjà en place et de ne pas modifier le système d'approvisionnement en eau au détriment des usagers.

568. De plus, l'exploitant d'une unité industrielle doit « prendre toutes les dispositions nécessaires, au moment de la conception et au cours de l'exploitation de l'installation, pour limiter la consommation en eau d'une part, et pour préserver l'environnement d'autre part, au niveau des différentes étapes de production »[761]. Mais les textes ne précisent pas dans quelle mesure l'exploitant industriel doit œuvrer et manœuvrer afin de limiter cette consommation d'eau. La seule limite est posée par le principe de la priorité de l'approvisionnement des besoins humains en eau potable par rapport aux autres usages de l'eau.

569. À part les utilisations industrielles de l'eau, les travaux d'irrigation constituent aussi un mode d'usage de l'eau qui est réglementé afin de garantir aux usagers une quantité minimum d'eau potable à leur disposition.

---

759 Exposé des motifs de la loi portant Code de l'eau.
760 Article 1er du décret n° 2003-941 du 9 septembre 2003 relatif à la surveillance de l'eau, au contrôle des eaux destinées à la consommation humaine et aux priorités d'accès à la ressource en eau.
761 Article 33 de la loi portant Code de l'eau.

570. ***Les limitations liées à la réalisation des travaux d'irrigation.*** Au même titre que l'utilisation industrielle de la ressource en eau, les différents prélèvements réalisés dans le cadre des travaux d'irrigation doivent aussi prendre en compte les autres usages de la ressource en eau. En effet, selon l'article 29 de la loi portant code de l'eau, si « l'eau d'irrigation des terres peut provenir des eaux de surface ou des eaux souterraines (...) les quantités d'eau prélevées ne doivent pas léser les autres utilisateurs de ressource disponible ». Tout projet d'irrigation formulé par une personne morale ou physique de droit privé nécessite l'avis de l'Autorité nationale de l'eau et de l'assainissement et faire l'objet d'une étude d'impact[762]. Cette étude d'impact aura pour objet de déterminer si « en raison de leur nature, de leur consistance ou du caractère des zones concernées, ces opérations sont susceptibles d'affecter l'environnement et devraient occasionner des troubles à l'écosystème aquatique »[763].

571. ***L'eau, élément du « patrimoine commun national », non accessible gratuitement.*** Dans tous les cas, les différents types de prélèvements réalisés impliquent l'acquittement d'une redevance par l'usager. Cette redevance de prélèvement illustre un des principes mis en valeur par la loi portant Code de l'eau en son exposé des motifs, et qui doivent « sous-tendre les actions pour la mise en valeur, la protection et la gestion de la ressource en eau »[764]. C'est le principe de non-gratuité de l'eau. Bien que l'eau soit considérée comme « un don gratuit du ciel »[765], le financement des infrastructures nécessaires à sa distribution est à prendre en compte, il en est de même des nombreux traitements qu'elle subit. L'exposé des motifs de la loi portant Code de l'eau affirme que « le financement du secteur et du service public de l'eau et de l'assainissement constitue une priorité ». Il rajoute que cette non-gratuité de l'eau est aussi due aux « investissements et financements considérables (...) nécessaires pour remettre à niveau et améliorer les infrastructures et services ».

En définitive, tout prélèvement fait sur la ressource en eau est soumis à autorisation, mais aussi à l'acquittement d'une redevance de la part de l'usager.

572. ***Les redevances de prélèvement*** sont les redevances dues sur les prélèvements d'eaux souterraines et superficielles réalisés dans la circonscription de l'agence de bassin. L'article 2 du décret n° 2003-792

---

[762] Selon l'article 31 de la loi portant code de l'eau.
[763] Article 23 de la loi portant Code de l'eau.
[764] Exposé des motifs de la loi portant Code de l'eau.
[765] Laurence CHABANNE-POUZYNIN, « Le prix de l'eau », *Droit de l'environnement* n° 39 du 1/06/1996 p. 16.

relatif aux redevances de prélèvements et de déversements précise qu'est considéré comme prélèvement impliquant le paiement d'une redevance : « tout volume prélevé des eaux superficielles ou souterraines relevant du domaine public de l'eau, les opérations d'exhaure dans les mines ou d'extraction, en fouille noyée ou au fil de l'eau, de matériaux alluvionnaires induisant des prélèvements d'eau ». Il ne s'agit dès lors pas simplement du prélèvement nécessaire pour satisfaire les besoins relatifs à la vie quotidienne, mais sont aussi concernés les prélèvements réalisés pour l'utilisation industrielle de la ressource en eau.

573. L'assiette de cette redevance de prélèvement est constituée par le débit fictif continu autorisé[766]. Elle est composée de trois éléments. La redevance domaniale est proportionnelle au débit fictif connu et à l'utilisation du domaine public. Ensuite, le débit réellement prélevé correspond à la redevance proportionnelle. Et enfin, une dernière part de la redevance constitue la participation de l'attributaire aux coûts de mobilisation de l'eau, c'est-à-dire les dépenses engagées pour mettre l'eau à la disposition de l'usager : « les dépenses relatives à l'inventaire des ressources en eau, à leur stockage, à leur transport, à la protection, la préservation ou la restauration de leur qualité, à la lutte contre l'envasement et à la recharge artificielle des nappes souterraines »[767].

574. En résumé, la protection de la quantité d'eau disponible a principalement trait aux réglementations relatives aux prélèvements réalisés sur la ressource en eau et aux différents usages de l'eau, que ce soit dans le domaine industriel ou au niveau du quotidien des usagers. Quant à la protection de la qualité de l'eau, plusieurs mesures sont mises en œuvre afin d'assurer la potabilité de l'eau disponible.

Paragraphe 2. La protection de la qualité et de la potabilité de l'eau

575. Selon l'article 38 de la loi portant code de l'eau : « toute eau livrée à la consommation humaine doit être potable ». Ce principe de potabilité signifie que l'eau ne doit pas être susceptible de porter atteinte à la santé de ceux qui la consomment et que les éléments chimiques qu'elle contient doivent être en quantité admissible. Cette potabilité est érigée en une

---

766 « Toutefois, à la demande de l'agence ou du préleveur de l'eau, personne physique ou morale, les volumes d'eau réellement prélevés et mesurés peuvent constituer l'assiette de la redevance » (alinéa 2 de l'article 3 du décret n° 2003-792 relatif aux redevances de prélèvements et de déversements).

767 Article 4 du décret n° 2003-792 relatif aux redevances de prélèvements et déversements.

exigence par l'article 5 du décret n° 2003-941 du 9 septembre 2003[768] : « toute eau livrée à la consommation humaine doit être conforme aux normes de potabilité (…) quiconque offre au public de l'eau en vue de l'alimentation humaine, à titre onéreux ou à titre gratuit, et sous quelque forme que ce soit, est tenu de s'assurer que cette eau est potable ». La potabilité et l'intégrité de la qualité de l'eau sont assurées par trois catégories de mesures. Ce sont en premier lieu des mesures de prévention (**1**). Ensuite, des contrôles sont réalisés afin de maintenir et garantir cette qualité et cette potabilité de l'eau (**2**). Et enfin, face à certains rejets et déversements qui sont inévitables, des mesures sont adoptées afin d'en limiter les conséquences sur la qualité de l'eau (**3**).

1. Les mesures de prévention

576. Selon l'article 1er du décret n° 2003-943 relatif aux déversements, écoulements, rejets, dépôts directs ou indirects dans les eaux superficielles ou souterraines, toute personne physique ou morale, publique ou privée, exerçant une activité source de pollution ou pouvant présenter des dangers pour la ressource en eau et l'hygiène du milieu doit envisager toute mesure propre à enrayer ou prévenir le danger constaté ou présenté. Il existe trois types de mesures pour prévenir la dégradation de la qualité de l'eau : la réalisation préalable des enquêtes publiques et des études d'impact pour tout projet pouvant avoir des conséquences sur la qualité d'eau disponible (**A**), la soumission à autorisation de tout acte pouvant avoir des conséquences sur cette potabilité de l'eau (**B**) et enfin, la mise en place de périmètres de protection aux alentours des points de prélèvements de l'eau (**C**).

A. Les enquêtes publiques et les études d'impact

577. Le principe de prévention s'illustre par la généralisation de la réalisation des enquêtes publiques et des études d'impact dans le domaine de la protection de l'eau. Ces dernières sont nécessaires pour prévenir les conséquences de toute opération susceptible d'affecter l'environnement et pouvant occasionner des troubles à l'écosystème aquatique. « En tout état de cause, toute installation industrielle est soumise à des études préalables d'impact de ses rejets sur l'environnement »[769]. L'annexe 1 du décret relatif à la mise en compatibilité des investissements avec l'environnement précise par ailleurs que sont soumis obligatoirement à une étude d'impact, « les aménagements, ouvrages et travaux susceptibles, de par leur nature

---

[768] Décret relatif à la surveillance de l'eau, au contrôle des eaux destinées à la consommation humaine et aux priorités d'accès à la ressource en eau, modifié par le décret n° 2004-635 du 15 juin 2004.

[769] Alinéa 3 de l'article 32 de la loi portant Code de l'eau.

technique, leur ampleur et la sensibilité du milieu d'implantation d'avoir des conséquences dommageables sur l'environnement. Parmi ces activités, on peut citer (…) tout prélèvement d'eau (eau de surface ou souterraine) de plus de 30 min 3 s/h ; tout projet d'épandage de produits chimiques susceptible, de par son envergure, de porter atteinte à l'environnement et à la santé humaine ». Dans le cadre de ces études d'impact, l'eau est comprise en tant que milieu récepteur à prendre en compte dans la réalisation du projet. Un volet relatif à la protection de cette ressource doit dès lors être obligatoirement compris dans le dossier d'études d'impact.

578. En cas de non-respect de cette obligation par l'exploitant, l'article 36 du décret n° 99-954 du 15 décembre 1999 relatif à la mise en compatibilité des investissements avec l'environnement prévoit que celui-ci peut être mis en demeure de remettre en état les lieux, conformément aux normes environnementales, ou de procéder dans un délai préfixé à la mise en œuvre de mesures de correction et de compensation sous peine d'astreintes.

B. La délivrance d'autorisations préalables

579. Une autorisation préalable est nécessaire pour toute opération ou exploitation susceptible d'altérer la qualité de l'eau. Cette altération de la qualité de l'eau peut concerner aussi bien l'eau superficielle lors des opérations de prélèvement que l'eau souterraine au cours des opérations de déversement, d'écoulement, de rejet ou de dépôt.

580. En ce qui concerne ***les opérations de prélèvement réalisées en vue d'une consommation humaine***, une autorisation préalable est nécessaire en principe. Selon l'article 9 du décret n° 2003-941 [770]: « l'utilisation d'eau prélevée dans le milieu naturel en vue de la consommation humaine est autorisée par arrêté du Ministère chargé de l'eau, pris après avis du conseil municipal sur l'hygiène et/ou du directeur de l'Agence de bassin concernée ». Toujours selon cet article 9, c'est l'arrêté qui détermine « les procédés et les produits de traitement techniquement appropriés auxquels il peut être fait appel ». L'arrêté fixe aussi « les conditions de réalisation, d'exploitation et de protection du point de prélèvement, et notamment : l'emplacement et les caractéristiques des points de prélèvements des eaux, le volume journalier maximal prélevé ainsi que le débit horaire maximal, le cas échéant, les principales phases du traitement en référence à la qualité de l'eau brute prélevée »[771]. L'autorisation étant délivrée au vu des éléments présentés par le pétitionnaire, tout changement nécessite la demande d'une

[770] Décret relatif à la surveillance de l'eau, au contrôle des eaux destinées à la consommation humaine et aux priorités d'accès à la ressource en eau.
[771] Article 25 du décret n° 2003-941.

nouvelle autorisation. Il en est ainsi, selon l'article 28 du décret de « tout changement de ressource ou toute modification du débit maximal autorisé, tout changement de procédé de traitement ou toute utilisation de produits de nature différente de celle visée par l'autorisation initiale ». La nouvelle demande d'autorisation devra alors préciser les changements survenus et justifier les modifications de traitement.

581. Par exception, l'autorisation préalable n'est pas exigée pour les prélèvements réalisés dans le cadre de l'usage personnel d'une famille selon l'alinéa 3 de l'article 9 du décret. Néanmoins, cette exception est à différencier du cas dans lequel il est fait usage de puits ou de sources privées pour la fourniture d'eau pour la consommation humaine. En effet, dans ce dernier cas, une autorisation est aussi nécessaire : l'eau doit être potable, et selon l'article 7 du décret, des mesures doivent avoir été prises « pour mettre l'eau à l'abri de toutes contaminations dues notamment à la proximité des latrines, des dépôts de fumiers, d'ordures, d'immondices et de cimetières ».

582. Une autorisation préalable de l'administration chargée de l'eau est aussi nécessaire pour ***les opérations d'exploitation***[772] ***des eaux naturelles et minérales***. Selon l'article 18 du décret n° 2003-941, les eaux naturelles et les eaux minérales sont des eaux de source[773]. La nécessité d'avoir une autorisation d'exploitation s'explique en premier lieu, par les caractéristiques particulières attribuées à ces eaux, en comparaison aux autres eaux destinées à la consommation humaine, notamment, leur teneur en minéraux, en oligo-éléments ou autres constituants. Par ailleurs, selon l'article 18 du décret n° 2003-941, « la pureté originelle, les caractéristiques conservées intactes, et leurs situations les mettant à l'abri de tout risque de pollution » justifient cette nécessité d'obtenir une autorisation.

583. Après instruction de la demande d'autorisation, un arrêté est pris conjointement par le ministère chargé de l'eau et le ministère chargé de la santé publique, sur proposition du directeur de l'Andea, après enquête et sur avis du directeur de l'agence de bassin concernée. Selon l'article 36 du décret n° 2003-941, cet arrêté « constate que le captage réalisé par l'exploitant postulant offre les garanties d'hygiène nécessaires » et définit les périmètres de protection autour du point de captage. Vu les caractéristiques des eaux naturelles et minérales mentionnées plus haut, l'arrêté limite les traitements qui peuvent être réalisés sur celles-ci. Ces traitements ne doivent

---

[772] L'exploitation s'entend de l'ensemble des opérations qui consistent à puiser l'eau, à la conditionner et à la livrer au commerce pour la boisson et l'alimentation humaines.

[773] Cependant, l'eau minérale contient des sels minéraux et/ou des gaz en solution dont la consommation peut être proposée comme ayant des vertus thérapeutiques. Et l'eau naturelle peut, quant à elle, être peu ou pas minéralisée, gazeuse ou non.

pas modifier les caractéristiques microbiologiques de l'eau minérale ou naturelle. Ils doivent être relatifs à « la séparation des éléments instables, par décantation ou filtration, l'élimination de gaz carbonique libre par des procédés exclusivement physiques, l'incorporation ou la réincorporation de gaz carbonique »[774].

À la suite des enquêtes publiques, des études d'impact et des autorisations préalables, l'établissement de périmètres de protection constitue une dernière catégorie de mesure de prévention dans la protection de la qualité de l'eau disponible.

C. L'institution des périmètres de protection

584. Les périmètres de protection répondent aux nécessités d'assurer des prélèvements respectueux des caractéristiques de la ressource en eau. Ils sont destinés à « protéger les captages collectifs d'eau de surface et souterraine pour l'alimentation ou l'approvisionnement contre tous risques de contamination (puits, sources et forage) »[775]. Cette protection est assurée par la mise en place de trois différents niveaux de protection autour des points de captage d'eau. Le premier niveau, le périmètre de protection immédiate, sert à protéger les ressources en eau, à empêcher la détérioration des ouvrages de prélèvement et les dégradations à l'environnement. Il permet aussi d'éviter les déversements et les infiltrations de substances polluantes à l'intérieur ou à proximité immédiate du captage. Le deuxième niveau est constitué par le périmètre de protection rapprochée qui sert à protéger le point de captage des éventuelles migrations souterraines des substances polluantes. Et enfin, le dernier niveau de protection est un périmètre de protection éloignée qui consolide la fonction du périmètre de protection rapprochée. Ce dernier périmètre permet ainsi de renforcer la protection contre les pollutions permanentes ou diffuses lorsque l'application de la réglementation générale est insuffisante et qu'il y a un risque potentiel de pollution que la nature du terrain traversé ne permet pas de réduire en toute sécurité.

585. La délimitation de ces périmètres de protection par rapport au point d'eau est déterminée en deux temps. Dans un premier temps, des études hydrogéologiques sont réalisées dans la limite du bassin immédiat de réalimentation présumé ou invoqué comme tel. Ensuite, une enquête publique est faite. C'est à la suite de cette enquête publique qu'un arrêté ministériel instituant les zones de servitude et réglementant les activités admises et interdites à l'intérieur de ces périmètres de protection est pris. Ces

---

[774] Article 39 du décret n° 2003-941.

[775] Définition donnée aux annexes de l'arrêté n° 4355/97 portant définition et délimitation des zones sensibles, les périmètres de protection étant considérés comme des zones sensibles.

zones étant considérées comme des zones sensibles par l'arrêté n° 4355/97 du 13 mai 1997 portant définition et délimitation des zones sensibles en son article 3[776], des études d'impact sont aussi requises pour tous aménagement, ouvrages et travaux dans la limite des périmètres de protection.

2. Les contrôles de la qualité d'eau disponible

586. Plusieurs contrôles sont réalisés afin de vérifier la conformité de la qualité de l'eau disponible aux normes de potabilité établies par les textes. En effet, « quiconque offre au public de l'eau en vue de l'alimentation humaine, à titre onéreux ou à titre gratuit, et sous quelque forme que ce soit, est tenu de s'assurer que cette eau est potable »[777]. Le contrôle est en principe réalisé par l'administration étatique aux frais de l'exploitant. Cependant, selon l'article 17 du décret n° 2003-941 relatif à la surveillance de l'eau, « sans préjudice des vérifications prévues (…), l'exploitant est tenu de surveiller en permanence la qualité des eaux destinées à la consommation humaine ».

587. ***Le principe : le suivi et le contrôle du strict respect des normes de potabilité***. C'est l'organisme régulateur du service public de l'eau potable et de l'assainissement qui réalise un suivi et un contrôle périodique[778] de la conformité de la qualité des eaux aux normes de potabilité établies, au lieu de sa mise à disposition à l'utilisateur, selon l'article 6 du décret n° 2003-941 relatif à la surveillance de l'eau. Ce contrôle porte aussi bien sur la conformité des caractéristiques de l'eau mise à disposition aux normes posées pour la potabilité de l'eau que sur l'absence de signes extérieurs de dégradation de la qualité de l'eau. Dans certains cas cependant, il peut être fait dérogation à ces mesures de contrôle et de suivi.

588. ***Les exceptions aux exigences de respect des normes de potabilité***. Le décret relatif à la surveillance de l'eau a prévu en son article 8 quelques cas pour lesquels « à la demande de la personne publique ou privée qui assure la distribution de l'eau, il peut être dérogé aux exigences »[779]. En premier lieu, la dérogation peut être demandée pour tenir compte de la nature et de la structure des terrains ou de l'aire dont est tributaire la ressource considérée. Ensuite, la demande de dérogation peut être faite en cas de

[776] « Sont considérés comme zones sensibles : les récifs coralliens, les mangroves, les îlots, les forêts tropicales, les zones sujettes à érosion, les zones arides ou semi-arides sujettes à désertification, les zones marécageuses, les zones de conservation naturelle, les périmètres de protection des eaux potables, minérales ou souterraines (…). »

[777] Article 5 alinéa 2 du décret n° 2003-941 relatif à la surveillance de l'eau, au contrôle des eaux destinées à la consommation humaine et aux priorités d'accès à la ressource en eau.

[778] Les textes ne précisent cependant pas la périodicité de ces contrôles.

[779] Alinéa 1er de l'article 8 du décret n° 2003-941 relatif à la surveillance de l'eau.

circonstances météorologiques exceptionnelles ou en cas de circonstances accidentelles graves et lorsque l'approvisionnement en eau destinée à la consommation humaine ne peut être assuré d'aucune façon. Et enfin, lorsqu'il ne peut être fait appel qu'à une ressource en eau superficielle dont la qualité ne respecte pas les limites de qualité des eaux brutes et qu'il ne peut être envisagé un traitement approprié pour obtenir une eau de la qualité requise par les normes de potabilité établies. Pour ces cas déterminés, les dérogations accordées consistent à modifier à la baisse les valeurs limites pour lesquelles la potabilité de l'eau est considérée comme respectée.

589. Ces dérogations ne peuvent intervenir qu'à la suite d'un arrêté conjoint du ministère chargé de l'eau et du ministère de la Santé. Et selon l'alinéa 5 de cet article 8 du décret relatif à la surveillance de l'eau, « l'arrêté fixe les valeurs maximales des paramètres sur lesquelles porte la dérogation ». Néanmoins, deux limites sont posées. En premier lieu, les dérogations accordées ne doivent pas entraîner un risque pour la santé publique. Ainsi, elles ne peuvent porter, selon l'alinéa 2 de l'article 8, sur les paramètres concernant les substances toxiques ou sur les paramètres microbiologiques. Et ensuite, ces dérogations ne peuvent être accordées que pour une période de temps limité.

590. Les précédentes catégories de mesures ont pour buts de prévenir les dégradations qui peuvent être faites à la ressource en eau et de contrôler sa qualité. Il est cependant des situations dans lesquelles cette dégradation de la ressource en eau paraît inévitable. Des mesures sont alors prises afin d'en limiter les conséquences sur la qualité de la ressource en eau.

3. Les mesures visant à limiter les dégradations « inévitables » causées à la ressource en eau

Ces mesures sont relatives au contrôle de la production des déchets et à la réglementation du service public de l'assainissement[780].

591. ***La limitation de la contamination de la ressource en eau par les déchets.*** La qualité de la ressource en eau peut être dégradée par contact avec des déchets ou résidus. C'est ainsi que la personne qui produit et/ou détient les déchets est titulaire d'une responsabilité pour limiter, à défaut de pouvoir éviter, les conséquences de ce contact entre la ressource en eau et les déchets. Selon l'article 15 de la loi n° 98-029 portant Code de l'eau, « toute personne physique ou morale qui produit ou détient des déchets de nature à

780 Le service public de l'assainissement est un volet inclus dans le service public de l'eau. Le décret n° 2003-193 est relatif au fonctionnement et à l'organisation du service public de l'eau potable et de l'assainissement des eaux usées domestiques.

(…) polluer l'air ou les eaux, et d'une façon générale, à porter atteinte à la santé de l'homme et à dégrader l'environnement est tenue d'en assurer l'élimination ou le traitement ».

592. Dans ce cadre, les communes ont à leur charge la responsabilité de l'élimination des déchets des ménages et doivent participer financièrement en totalité ou en partie aux coûts de service[781]. Les déchets relatifs à l'exploitation industrielle ou minière relèvent quant à eux des exploitants et ressortent, selon l'article 16 de la loi portant code de l'eau, « de l'initiative privée ». Si la loi donne en son article 14 une définition générale de la notion de déchet[782], elle précise aussi par ailleurs que ne sont considérés dans le cadre de la protection de la ressource en eau que « les déchets qui, par leurs conditions de production ou de détention, sont de nature à polluer les eaux et, d'une façon générale, à porter atteinte à la santé de l'homme et à dégrader l'environnement ». Il en est ainsi des eaux usées qui font l'objet de déversement ou de rejet dans le milieu aquatique.

593. Lors des opérations de déversement, d'écoulement, de rejet ou de dépôt, l'eau usée doit respecter certaines valeurs limites[783] déterminées par l'article 5 du décret n° 2003-464 du 15 avril 2003 portant classification des eaux de surface et réglementation des rejets d'effluents liquides. En effet, avant son rejet ou déversement, cette eau usée ne doit pas dépasser certaines valeurs limites et l'article précité rajoute qu'« afin de préserver les ressources en eau, les rejets d'eaux usées doivent être incolores, inodores ». Ces opérations de rejets ne concernent pas seulement les unités industrielles. Le décret portant classification des eaux de surface et réglementation des rejets d'effluents liquides précise en son article 2 qu'il est applicable aux établissements publics ou privés et à tous les secteurs d'activité économique. Il considère comme rejets liquides polluants « les eaux usées provenant des infrastructures hôtelières, les effluents industriels provenant de tous types d'activités de production manufacturière ou de transformation, les eaux de vidange provenant des activités touchant les hydrocarbures (station de service, eaux de lavage de véhicules, garages de réparation de véhicules, unités de stockage) »[784].

---

[781] Article 16 de la loi n° 98-029 portant Code de l'eau.

[782] « Est considéré comme déchet tout résidu d'un processus de production, de transformation ou d'utilisation, toute substance, matériau, produit ou plus généralement tout bien meuble abandonné ou que son détenteur destine à l'abandon ».

[783] Plusieurs paramètres sont inclus dans ces valeurs limites : les facteurs organoleptiques et physiques, les facteurs chimiques, les facteurs biologiques, les facteurs microbiologiques, le taux de radioactivité et enfin les autres facteurs dits indésirables.

[784] Article 4 du décret n° 2003-464 portant classification des eaux de surface et réglementation des rejets d'effluents liquides.

594. ***Illustration.*** Dans la pratique, ce sont les déversements réalisés par les unités industrielles qui posent le plus de problèmes avec la ressource en eau. En effet, ces dernières années, la mise en place du régime de zones franches[785] a permis l'éclosion et la multiplication d'unités industrielles textiles dans les agglomérations périphériques des grandes villes à Madagascar. Ces unités industrielles ont des processus de production qui impliquent souvent un usage intensif de la ressource en eau, notamment pour le lavage ou la transformation des matières premières. Ces activités étant menées la plupart du temps à l'aide de solvants et autres produits chimiques. Les problèmes liés à ces installations industrielles ont des impacts directs sur les populations riveraines[786] : ils détériorent leur qualité de vie et mobilisent leur sens. En effet, littéralement, les pollutions engendrées par ces installations industrielles sont visibles de par les traces de solvants chimiques déversés et rejetés dans le milieu aquatique riverain, constitué de manière générale, par un champ de culture ou des rizières de la population riveraine. Ces pollutions sont aussi souvent olfactives et entraînent une dégradation de la qualité de l'air. Il en est ainsi dans une affaire opposant la commune d'*Ivato-Firaisana* à la société *Unicom Washind Dyeing and Garment*. En l'espèce, il est reproché à la société *Unicom* de réaliser des déversements, sans traitement préalable, des eaux usées et produits chimiques dans le lac d'*Ambohibao*. Ces déversements ont des conséquences néfastes pour le milieu récepteur et causent des pollutions olfactives. Il a été décidé, par une ordonnance de référé du 5 juillet 2006, la cessation provisoire de déversement d'eaux usées dans le lac d'*Ambohibao*, la fermeture provisoire de la société *Unicom* pour lui permettre d'installer un autre dispositif d'évacuation des eaux usées qui respecte les normes, et enfin, l'élimination « autant que possible »[787] des produits chimiques dans le lac.

595. Il faut remarquer que les sanctions prononcées dans cette affaire l'ont été en référence à la loi n° 99-021 du 19 août 1999 sur la politique de

---

[785] Avec l'adoption de la loi n° 89-027 du 29 décembre 1989 relative au régime de zone franche industrielle à Madagascar, modifiée et complétée par la loi n° 91-020 relative au régime de zone franche. « Ce régime s'applique aux investissements réalisés par des promoteurs (...) dans des activités tournées vers l'exportation », selon l'article premier de la loi.

[786] Cas d'une usine de tabac (Société *Paraky Mahery*), implantée antérieurement à l'urbanisation du territoire (*Ambohitrarahaba*), mais qui a dû être fermée pour cause de pollution de l'air et de nuisance pour la santé de la population. C'est aussi le cas d'une entreprise textile (*Columbia Clothing Company*) sise à *Antsirabe*, fermée sur décision de justice pour non-conformité avec la législation en vigueur, même si elle employait plus de 2400 personnes. Exemples cités dans Ravo RAMIADANARIVELO, « Pollution industrielle : la jurisprudence admet le principe du droit à l'environnement sain au nom de l'intérêt général », *Revue MCI*, 2004.

[787] Selon les dispositions mêmes de la décision rendue.

gestion et de contrôle des pollutions industrielles[788]. En effet, le juge reconnaît la responsabilité de la société *Unicom* dans cette pollution industrielle[789] du lac et de ses environs. Les déversements réalisés ont entraîné un déséquilibre du milieu récepteur, en l'occurrence le lac riverain, et des troubles de toute nature notamment sur les autres champs de culture environnants et la santé de la population.

Cette responsabilité peut également lui être imputée au titre du non-respect des engagements pris dans le cadre des études d'impact qui ont été faites, et du non-respect des obligations qui sont à sa charge en vertu des textes relatifs aux déversements des eaux usées. La fermeture provisoire de l'établissement et la cessation provisoire des déversements visent à permettre la mise en place des infrastructures nécessaires pour respecter les obligations relatives aux déversements d'eaux usées dans le milieu naturel.

596. Toutefois, en ce qui concerne la pollution industrielle déjà subie par le lac, l'exploitant n'est tenu que d'une obligation de moyen. En effet, cet exploitant peut procéder à l'élimination des produits chimiques « autant que possible »[790], sans qu'aucun objectif ne lui soit fixé dans le cadre de cette remise en état du lac pollué. Il y a ici une occasion manquée par le juge d'appliquer un des principes généraux du droit de l'environnement reconnus par cette loi portant Code de l'eau : le principe pollueur-payeur. En effet, en son article 66, la loi n° 98-029 portant Code de l'eau énonce que « tout pollueur doit supporter les coûts de ses activités polluantes ». Et les sanctions pécuniaires prononcées en cas de non-respect des dispositions relatives à la protection de l'eau sont déterminées suivant l'importance des dégâts et/ou des pollutions causées[791]. Dans le cas présent, les dégâts causés par la pollution industrielle provoquée par les activités de l'unité industrielle n'ont pas été évalués. L'exploitant ne supporte dès lors pas intégralement le coût de ses activités polluantes tel que prévu par la loi portant Code de l'eau. L'ordonnance de référé ne le chargeant de réaliser des travaux de dépollution du lac et des travaux de réhabilitation de la ressource qu'autant que possible. Le principe pollueur-payeur n'a pas été réellement appliqué dans le cas présenté ici. Même si les sanctions sont encore à leur balbutiement, leur prononcé illustre néanmoins que les préoccupations relatives à la protection

[788] JO n° 2595 E. S. du 30 août 1999, p. 1962.

[789] Définie à l'article 4 de la loi n° 99-021 du 19 août 1999 : « il y a pollution industrielle lorsque l'environnement est altéré dans sa composition par la présence d'une substance polluante ayant comme origine une activité industrielle qui lui fait subir des modifications quantitatives et qualitatives. Les pollutions industrielles résultent des déchets, des rejets, des "émanations et des nuisances de toutes sortes générées directement ou indirectement par des activités industrielles".

[790] Selon le texte même de l'ordonnance de référé du 5 juillet 2006.

[791] Article 68 de la loi portant Code de l'eau.

des ressources naturelles en général, et de l'eau en particulier commencent à être prises en considération par le juge malgache.

597. Si les moyens de contrôle et de sanction visent à atténuer les conséquences de ces déversements d'eaux usées dans le milieu naturel. Une dernière catégorie de mesures assure cette protection de la qualité d'eau disponible. C'est le volet assainissement du service public de l'eau.

598. ***L'assainissement.*** L'assainissement s'entend de « toute mesure destinée à faire disparaître les causes d'insalubrité de manière à satisfaire, à la protection de la ressource en eau, la commodité du voisinage, la santé et la sécurité des populations, la salubrité publique, l'agriculture, à la protection de la nature et de l'environnement, à la conservation des sites et des monuments »[792]. Il s'agit, selon l'article précité, « d'assurer l'évacuation des eaux pluviales et usées ainsi que leur rejet dans les exutoires naturels sous des modes compatibles avec les exigences de la santé publique ». En principe, l'assainissement est collectif pour les eaux usées d'origine domestique et les eaux pluviales, l'assainissement individuel n'est admis que sous conditions[793]. Selon l'alinéa 3 de l'article 20 de la loi portant Code de l'eau, il en est ainsi lorsque la mise en œuvre d'un équipement collectif « implique des sujétions excessives du point de vue économique ou technique ou se révèle préjudiciable à la qualité des eaux superficielles réceptrices ». La mise en place de structures d'assainissement individuel est alors permise lorsque le raccordement aux systèmes d'assainissement collectif porte atteinte à la qualité de l'eau distribuée, mais aussi lorsque ce raccordement implique l'engagement de coûts disproportionnés ou la mise en œuvre de techniques difficiles, en comparaison à la mise en place d'un système d'assainissement individuel.

599. Ainsi, l'évacuation des eaux pluviales et des eaux usées est assurée principalement par les structures d'assainissement collectif. Cependant, une distinction est opérée en ce qui concerne les eaux usées. En effet, des mesures particulières doivent être mises en œuvre lorsqu'il s'agit de l'évacuation et du déversement des eaux usées ayant une origine autre que domestique. Le décret portant classification des eaux de surface et réglementation des rejets d'effluents liquides en son article 2 considère comme rejets liquides polluants « les eaux usées provenant des infrastructures hôtelières, les effluents industriels provenant de tous types

---

[792] Article 19 de la loi n° 98-029 portant Code de l'eau.

[793] Par comparaison, en droit français, être raccordé aux structures d'assainissement est une obligation. Selon l'article L1331_1 du Code de la Santé Publique : « le raccordement des immeubles aux réseaux publics de collecte disposés pour recevoir les eaux usées domestiques et établis sous la voie publique à laquelle ces immeubles ont accès (…) est obligatoire dans le délai de 2 ans à compter de la mise en service du réseau public de collecte ».

d'activités de production manufacturière ou de transformation, les eaux de vidange provenant des activités touchant les hydrocarbures (station de service, eaux de lavage de véhicules, garages de réparation de véhicules, unités de stockage) »[794]. Sont dès lors titulaires de responsabilité dans ce cadre, selon l'alinéa 1er de l'article 20 de la loi portant Code de l'eau : toute collectivité, tout établissement et toute entreprise. Ils doivent ainsi dans un premier temps obtenir une autorisation préalable à tout déversement, et réaliser par la suite l'évacuation des eaux usées dans des conditions qui respectent les objectifs fixés pour le maintien et l'amélioration de la qualité des milieux récepteurs.

600. Une autorisation préalable est nécessaire pour tout déversement d'eaux usées, autres que les eaux usées domestiques, dans les égouts publics. Selon l'article 21 de la loi portant code de l'eau, la demande d'autorisation doit être adressée à la collectivité à laquelle appartiennent les ouvrages qui seront empruntés par ces eaux usées avant de rejoindre le milieu naturel. L'autorisation délivrée devrait alors indiquer la nature du réseau emprunté par les eaux usées et les traitements qui devaient être mis en œuvre afin que les caractéristiques de ces eaux usées déversées correspondent aux valeurs limites[795] déterminées par l'article 5 du décret n° 2003-464 du 15 avril 2003 portant classification des eaux de surface et réglementation des rejets d'effluents liquides. Les opérations de déversement, d'écoulement, de rejet ou de dépôt des eaux usées doivent être précédées de ces traitements des eaux usées. Et bien qu'il y ait respect des valeurs limites déterminées, l'article 5 précité rajoute qu'« afin de préserver les ressources en eau, les rejets d'eaux usées doivent être incolores, inodores ». Au-delà de ces caractéristiques particulières exigées des eaux usées, certaines opérations sont proscrites. Il en est ainsi du mélange des eaux résiduaires industrielles aux eaux pluviales et aux autres eaux résiduaires qui peuvent être rejetées sans traitement, tel que prévu par l'article 22 de la loi portant Code de l'eau.

601. Malgré les diverses dispositions de ces textes relatifs à la protection de la qualité et de la quantité d'eau disponible, le secteur de l'assainissement malgache est pénalisé par l'obsolescence des infrastructures présentes[796], et l'absence d'infrastructures adaptées[797], problèmes auxquels il faudrait

---

[794] Article 4 du décret n° 2003-464 portant classification des eaux de surface et réglementation des rejets d'effluents liquides.

[795] Plusieurs paramètres sont inclus dans ces valeurs limites : les facteurs organoleptiques et physiques, les facteurs chimiques, les facteurs biologiques, les facteurs microbiologiques, le taux de radioactivité et enfin les autres facteurs dits indésirables.

[796] Les canaux d'évacuation utilisés actuellement sont ceux qui ont été mis en place vers le début du XXème siècle et aucune amélioration n'a été apportée depuis.

[797] Peut être prise en illustration l'absence de stations d'épurations dans les structures d'assainissement des grandes villes.

apporter des solutions pour améliorer le service public de l'eau et de l'assainissement.

602. En définitive, les mesures relatives à la protection de la ressource en eau relèvent essentiellement des dispositions du service public de l'eau et de l'assainissement en droit malgache. Elles concernent d'une part la protection quantitative de la ressource en eau : une quantité d'eau minimum doit être à la disposition de chaque personne de manière quotidienne. D'autre part, l'eau mise à la disposition doit être potable et ainsi, ne pas nuire à la santé des usagers. La consécration par la loi portant code de l'eau de la ressource en eau comme un patrimoine commun national, contrairement aux attentes suscitées, n'apporte aucun moyen de protection supplémentaire à la ressource en eau.

Conclusion sur les espaces, les espèces et les activités protégés

603. Le droit malgache de la protection de la nature embrasse un champ d'application assez large. Les milieux tels que la forêt et les aires protégées constituent les premiers éléments dans ce cas, suivent les espèces de la faune et de la flore endémiques de Madagascar, et l'eau, élément essentiel. L'examen des dispositions de la réglementation dans ces différents domaines montre cependant que l'objectif de protection se laisse difficilement deviner comme un objectif principal. Dans la plupart des cas, c'est la réglementation de l'exploitation commerciale des espèces de la faune et de la flore ou des produits forestiers qui prédomine. Seule la réglementation relative aux aires protégées semble poursuivre cet objectif de protection.

604. Et malgré la volonté d'opérer une décentralisation des questions de protection de la nature, il est perçu une responsabilisation et une prise en main presque exclusive de celles-ci par l'administration centrale étatique. C'est principalement l'État qui décide de la délimitation des aires protégées à créer. Les règles relatives aux espèces de la faune et de la flore excluent de manière tangible les connaissances acquises par les communautés riveraines et leur participation.

605. Une importante refonte du contenu de ces réglementations est nécessaire afin surtout de mettre en avant ou de prioriser les objectifs de protection et d'accorder aux communautés locales un rôle dans ce cadre, afin de temporiser cette responsabilité de l'État.

PARTIE III. LA PROTECTION DE LA NATURE PAR LA PARTICIPATION DES COMMUNAUTÉS LOCALES

606. Dans les précédentes parties, il a été constaté que la réglementation malgache relative à la protection de la nature est globale : elle concerne aussi bien les milieux de vie que les espèces de la faune et de la flore qui enrichissent la diversité biologique malgache. Cette réglementation a hérité des dispositions prises dans les temps plus anciens et est largement influencée par les dispositions des conventions internationales. Afin de faire respecter ces diverses dispositions, il a été prévu une pluralité de sanctions. La procédure de poursuite des infractions est commune, mais plusieurs points relatifs aux moyens dont disposent les autorités et aux échappatoires prévues affaiblissent la portée de cette réglementation (**chapitre I**). D'autant que les mesures de réparation des dommages ne sont pas adaptées aux spécificités de la protection de la nature (**chapitre II**). La question de l'efficacité et de l'effectivité du droit pénal de la protection de la nature à Madagascar reste posée.

607. Face à cette concentration des responsabilités au niveau central et au constat d'inefficacité du contrôle de l'État, il est difficile de nier le fait que le centralisme, même limité par une amorce de décentralisation, ne peut constituer une solution suffisante dans la protection de la nature à Madagascar. C'est ainsi qu'une réorientation a été recherchée. La lutte pour la préservation de la richesse de la diversité biologique malgache « doit désormais être comprise et admise par les citoyens, non plus en termes d'interdiction, mais en termes d'adhésion »[798]. Au-delà de la décentralisation, la protection de la nature à Madagascar va opter pour le consensualisme. Le consensualisme dans la protection de la nature s'entend ici par le fait de privilégier le dialogue et les échanges entre les autorités étatiques et les communautés riveraines locales. Il va se traduire par un transfert de gestion de toutes les ressources qui peuvent faire l'objet d'une protection (**chapitre III**). Il est largement fait appel aux notions et mesures coutumières malgaches afin d'encourager la participation des communautés (**chapitre IV**). Avec ce nouveau rapport de force entre l'État et les communautés locales, le droit malgache de la protection de la nature a pris une tournure importante. D'un ensemble de règles destinées à être appliquées, les dispositions permettent une plus grande participation des autres acteurs, il est alors essentiel, en conclusion, d'en évaluer les effets.

---

[798] Francis NAQUET, « Le rôle du contrat dans la protection de l'environnement en milieu rural », *Les Petites Affiches*, 27 avril 1994, n° 50, p. 44.

Chapitre I. L'inefficacité du contrôle de l'État

608. C'est l'ordonnance n° 60 – 128 du 3 octobre 1960[799] qui fixe la procédure applicable à la répression des infractions à la législation sur la forêt, la chasse, la pêche et plus généralement à la législation sur la protection de la nature. Elle reste en vigueur malgré l'adoption de textes plus récents. La loi n° 97 – 017 du 8 août 1997 portant révision de la législation forestière[800] prévoit que : « les dispositions répressives de l'ordonnance n° 60 – 127 fixant le régime des défrichements et des feux de végétation, ainsi que l'ordonnance n° 60 – 128 du 3 octobre 1960 fixant la procédure applicable à la répression des infractions à la législation forestière, de la chasse, de la pêche et de la protection de la nature restent en vigueur jusqu'à parution d'une nouvelle loi ». Cette ordonnance institue une procédure de poursuite commune à tous les domaines de la protection de la nature (**section I**). Mais les ambitions affichées par le texte ne correspondent pas aux moyens disponibles pour les faire respecter (**section II**).

SECTION I. UNE PROCÉDURE RÉPRESSIVE ANACHRONIQUE

609. ***Une procédure unique commune.*** À l'exception de ce qui est prévu par la loi n° 2015-056 du 3 février 2016 portant création de la chaîne spéciale de lutte contre le trafic de bois de rose et/ou de bois d'ébène[801], une seule procédure est prévue pour toutes les infractions relevant de la réglementation relative à la protection de la nature. Elle relève encore de l'ordonnance n° 60 – 128 du 3 octobre 1960 fixant la procédure applicable à la répression des infractions à la législation forestière, de la chasse, de la pêche et de la protection de la nature. Des modifications ont été apportées ponctuellement par certains textes sectoriels : il en est ainsi avec l'ordonnance n° 93 – 022 du 4 mai 1993 qui régit la police de la pêche et de

799 JO du 15 octobre 1960, pp. 2072 – 2075.

800 JO n° 2449 du 25 août 1994, p. 1717.

801 JO n° 3674 du 07 mars 2016. Cette loi a été adoptée notamment suite à la recrudesence de l'exploitation illégale des essences de bois de rose et de bois d'ébènes, entre autres causes du classement d'un site malgache dans la Liste du patrimoine mondial en péril, voir *supra* n° 130. Selon son article premier, la loi « a pour objet de créer une unité spéciale dénommée "chaîne spéciale de lutte contre le trafic de bois de rose et/ou de bois d'ébène" ; fixer la composition, les attributions et la procédure applicable devant ladite chaîne ; prévoir la répression des infractions relatives aux bois de rose et/ou aux bois d'ébène ; garantir la gestion de stocks de bois de rose et/ou de bois d'ébène saisis ou confisqués ».

l'aquaculture en ses articles 18 et suivants[802]. Mais l'ordonnance du 3 octobre 1960 reste la base sans qu'aucune refonte ni mise à jour n'aient été faites depuis son adoption, et cela même si cette ordonnance fait référence, à son tour, à des textes encore plus anciens : « celui-ci ne fait que reprendre la plupart des textes antérieurs en les codifiant. Il s'agit plus particulièrement du décret forestier du 25 janvier 1930, modifié par le décret du 25 septembre 1937, et de ses différents arrêtés d'application, dont le dernier en date, l'arrêté n° 25-SE/FOR/CG du 14 janvier 1957 a nettement explicité les règles de procédure applicables en matière de protection des forêts »[803].

610. Le législateur avait voulu adopter un texte unique et pratique à l'usage des agents du service forestier, étant donné que « les attributions du service forestier s'étendent non seulement aux questions strictement forestières (défrichements, feux de brousse, exploitation forestière en particulier), mais encore à la répression des infractions en matière de chasse, de pêche et de protection de la nature. Plutôt que de répéter, dans chacun des textes traitant de ces différents régimes, les règles de procédure applicables à la constatation et à la poursuite des délits correspondants, il a paru préférable de rassembler dans un seul texte les principes fondamentaux de procédure auxquels devront se référer les agents forestiers, dans l'exercice de leurs fonctions »[804]. La procédure de constatation des infractions est alors commune (**paragraphe 1**), mais les infractions varient suivant le domaine considéré (**paragraphe 2**).

Paragraphe 1. La constatation des infractions

Les infractions sont constatées par les agents ayant reçu compétence en la matière (**1**), par l'établissement de procès-verbaux (**2**).

1. Les compétences des personnes habilitées

611. ***La compétence élargie des agents du service des eaux et forêts.*** Selon les dispositions de l'article 2 de l'ordonnance n° 60 – 128 du 3 octobre 1960, la recherche et la constatation des infractions peuvent être faites « par

[802] Selon l'article 30 de l'ordonnance n° 93 – 022 du 4 mai 1993 : « sont et demeurent abrogées, en ce qui concerne la pêche et l'aquaculture, toutes dispositions contraires à la présente ordonnance, notamment celles de l'ordonnance n° 60 – 126 du 3 octobre 1960, de l'ordonnance n° 60 – 128 du 3 octobre 1960 et de l'ordonnance n° 66 – 007 du 7 juillet 1966 ».

[803] Exposé de motifs de l'ordonnance n° 60 -128 du 3 octobre 1960 fixant la procédure applicable à la répression des infractions à la législation forestière, de la chasse, de la pêche et de la protection de la nature.

[804] *Idem.*

le personnel du service forestier, ainsi que par tous les autres fonctionnaires de l'État ». Ces agents du personnel des eaux et forêts sont habilités à constater et à poursuivre les infractions à la réglementation. Leur compétence est élargie et ne se limite plus aux infractions à la législation forestière, mais s'étend jusqu'en matière de chasse, de protection de la nature[805].

612. Ces agents du personnel des eaux et forêts ont ***un statut d'officier de police judiciaire*** (article 3 de l'ordonnance) et doivent prêter serment devant le tribunal compétent avant d'entrer en fonction. Ils sont alors sous la surveillance du procureur de la République, tout en étant soumis à la hiérarchie des autorités du service forestier. Ces agents forestiers peuvent requérir directement, sous forme verbale ou écrite, le concours des forces publiques sans que celles-ci ne puissent refuser. Cette requête doit être faite, selon l'article 10 de l'ordonnance, « pour la répression de toutes les infractions en matière de forêts, de chasse, de pêche et de protection de la nature, ainsi que pour la recherche et la saisie des produits forestiers exploités illégalement, vendus ou achetés en fraude, ou circulant en contravention avec les dispositions de la législation en vigueur. Il en est de même pour la recherche et la saisie des produits forestiers exploités illégalement, vendus ou achetés en fraude, ou circulant en contravention avec les dispositions de la législation en la matière ».

613. En complément de ce droit de réquisition de la force publique, ces agents sont aussi titulaires d'***un droit de suite et de perquisition*** (articles 11 et 12 de l'ordonnance). Ainsi, ils peuvent pénétrer et circuler librement dans les scieries, dépôts et chantiers pour y exercer leur surveillance[806]. Ils ont un libre accès dans tous les lieux ayant un caractère public. L'article 12 de l'ordonnance du 3 octobre 1960 précise qu'ils ne peuvent perquisitionner dans les habitations, bâtiments, enclos ou cours adjacents à ces habitations sans un mandat du juge d'instruction ou du chef de district ou de poste. La perquisition ne pourra alors avoir lieu qu'en présence de l'intéressé ou de ses représentants et de deux témoins. La réglementation relative à la pêche et à l'aquaculture permet aux agents compétents « d'ordonner à tout navire de pêche (…) de s'arrêter et d'effectuer toutes les manœuvres utiles pour en faciliter la visite ; de visiter le navire et contrôler ses filets et autres engins de

---

[805] Les termes « protection de la nature » sont issus de l'ordonnance, mais cette dernière n'apporte pas de précisions sur ce qu'enveloppent ces termes. Le choix est donc fait d'inclure dans la protection de la nature les domaines qui ont été étudiés.

[806] Ici s'illustre le fait que la législation malgache se cantonnait historiquement à la protection des ressources forestières, avec la mise en avant des infractions à la législation forestière.

pêche et les captures qui se trouvent à bord ; de pénétrer et perquisitionner dans tous les locaux, bâtiments et places à usage professionnel »[807].

614. Lors de la constatation des infractions, l'agent forestier peut déférer devant le chef de district ou de poste, ou devant le parquet de la section ou du tribunal de première instance : tout individu ou délinquant qui fait ou met volontairement obstacle, d'une façon ou d'une autre, passive ou active, à l'accomplissement du devoir de l'agent, ou se livre contre celui-ci à un acte de rébellion (article 8 de l'ordonnance). Peut aussi être déférée toute personne soupçonnée d'avoir commis une infraction punissable d'une peine privative de liberté, qu'il y ait ou non flagrant délit.

615. Enfin, les agents forestiers possèdent ***un droit de saisie et de confiscation sur tous les produits, plantes ou animaux qui constituent l'objet ou le produit des infractions*** (article 13 et svt.). Ces saisies et confiscations peuvent aussi s'exercer sur les instruments, le matériel et les véhicules ayant servi à commettre les infractions, ou à en transporter les produits ou objets. Toutefois, lorsque le matériel utilisé est constitué par des wagons des chemins de fer ou des véhicules des sociétés de transport public ces derniers ne peuvent être saisis. Dans ce cas, les produits et objets délictueux sont débarqués et mis sous séquestre. Cette mise en séquestre est mentionnée dans un procès-verbal dressé par l'agent verbalisateur et notifié au gardien-séquestre. Les animaux saisis sont mis en fourrière et vendus aux enchères. De même, les agents de la police de la pêche et de l'aquaculture peuvent prélever des échantillons des captures à bord des navires ou véhicules et dans les locaux, bâtiments et places où ils procèdent à une perquisition. Ils peuvent aussi saisir à titre conservatoire tout véhicule, engin ou autre instrument et matériel de pêche qu'ils soupçonnent être l'outil d'une infraction et toutes captures qu'ils soupçonnent avoir été réalisées par infraction ou qui sont conservées en infraction à la réglementation. Un procès – verbal de saisie doit être dressé.

616. ***Un rendez-vous manqué : le corps spécial de gardes des aires protégées.*** La loi n° 2001 – 005 du 11 février 2003 portant code de gestion des aires protégées, avait prévu que la poursuite des infractions dans ses dispositions pouvait être initiée par un corps spécial de gardes des aires protégées. Le corps spécial de gardes des aires protégées, titulaire de pouvoir de police, devait être créé sous l'impulsion du ministère chargé de l'Environnement et sur proposition de l'organisme gestionnaire du réseau des aires protégées. Ce corps de garde devait être habilité à « prévenir, à rechercher, à constater et à poursuivre les infractions commises au sein des

[807] Article 19 de l'ordonnance n° 93 – 022 du 4 mai 1993 portant réglementation de la pêche et de l'aquaculture.

aires protégées »[808]. Selon l'article 47 de la loi portant Code de gestion des aires protégées, dans son ancienne version, ce sont les agents de l'État désignés par le code de procédure pénale en son article 128[809] qui officient dans la poursuite des infractions, avec la coopération des agents des ministères concernés « jusqu'à la mise en place de gardes d'aires protégées ». Dans la pratique, ce corps de garde des aires protégées n'a jamais été créé. Et avec l'adoption d'un nouveau Code des aires protégées, la loi 2015-005 du 26 février 2015, ces dispositions sur le corps des gardes des aires protégées n'ont pas été reprises ni mises en œuvre. Selon l'article 66 de ce nouveau Code des aires protégées, « sont habilités à procéder à la constatation des infractions et à la recherche des auteurs : les agents du Service forestier assermentés ; les officiers de police judiciaire de droit commun ; les fonctionnaires habilités par la législation en matière de pêche ; les agents habilités par l'autorité maritime ; les fonctionnaires habilités par la législation en matière de mines et pétrole ; les inspecteurs et contrôleurs des douanes habilités ; les autres agents habilités par la législation ».

Il est fait mention des « gardes d'aires protégées » à l'article 69[810] du nouveau Code des aires protégées, néanmoins, les annexes de la même loi déplorent leur absence. En effet, selon ces annexes : « la garantie de l'effectivité de la mission des gestionnaires d'aires protégées passe par sa participation au processus de contrôle de l'application de la loi régissant les aires protégées (...) justifiant ainsi la nécessité de mettre en place des gardes d'aires protégées assermentés du système des aires protégées ».

617. ***Exception en cas de flagrant délit dans les aires protégées.*** En cas de flagrant délit et en l'absence d'agents habilités, le nouveau code des aires protégées renvoie au Code de procédure pénale, en disposant en son article 68 que « toute personne qui n'a pas la qualité d'agent verbalisateur doit, en vertu de l'article 143 du Code de procédure pénale[811], conduire immédiatement les auteurs d'infraction pris en flagrant délit devant les agents verbalisateurs les plus proches (...) avec un rapport circonstancié des faits ».

---

[808] Article 46 de l'ancien code de gestion des aires protégées.

[809] « Participent à la police judiciaire dans les limites de leurs attributions : les fonctionnaires et agents des administrations et services publics auxquels des lois spéciales confèrent des pouvoirs de constatation et de poursuite. Ces fonctionnaires et agents doivent être assermentés avant d'être admis à exercer leurs fonctions. »

[810] « Toute personne ayant connaissance des infractions à la présente loi ainsi qu'à ses textes d'applications doit en aviser le Chef *Fokontany* ou son adjoint. Le Chef *Fokontany* rend compte à son tour à l'un des agents verbalisateurs le plus proche ou aux gardes d'Aires protégées ».

[811] Selon l'article 143 du Code de procédure pénale malgache : « dans les cas de crime flagrant ou de délit flagrant puni d'une peine d'emprisonnement, toute personne a qualité pour en appréhender l'auteur et le conduire dans les délais les plus brefs devant l'officier de police judiciaire le plus proche ou le remettre aux agents de la force publique. »

2. Le procès-verbal de constatation des infractions

618. ***Le procès-verbal de constatation des infractions, moyen de preuve complet.*** Selon l'article 28 de l'ordonnance n° 60 -128 du 3 octobre 1960 fixant la procédure applicable, « les infractions en matière forestière, de chasse, de pêche et de protection de la nature sont prouvées soit par procès-verbal, soit par tous moyens de droit, à défaut ou en cas d'insuffisance des procès-verbaux ». Le procès-verbal est un moyen de preuve complet, il n'est pas admis « à titre de simples renseignements »[812]. Il fait foi jusqu'à preuve du contraire s'il a été établi et signé par un seul agent. Et il fait foi jusqu'à inscription de faux s'il a été signé par deux agents[813].

Il en est différemment en ce qui concerne les procès-verbaux dressés dans le cadre des infractions à la réglementation relative à la pêche et à l'aquaculture. Ces procès-verbaux font foi jusqu'à inscription de faux des constatations matérielles relatées[814], sans que le nombre d'agents les ayant établis ne puisse avoir une quelconque influence sur leur force probatoire.

619. Les procès-verbaux de constatation des infractions sont clos dès leur notification aux délinquants[815]. La notification du procès-verbal peut se faire soit par remise d'une copie à l'intéressé, soit par envoi de cette copie directement sous pli recommandé ou sous couvert de l'autorité administrative la plus voisine. La date de remise ou d'envoi constitue la date de notification et de clôture. Les procès-verbaux doivent être envoyés le jour même de leur clôture au chef de l'inspection forestière chargée des poursuites.

620. ***Les autres moyens de preuve.*** Il a été prévu dans le Code de procédure pénale malgache d'autres moyens de preuve. Il en est ainsi des indices et des témoignages. En effet, l'officier de police judiciaire a obligation de veiller « à la conservation des indices susceptibles de disparaître et de tout ce qui peut servir à la manifestation de la vérité »[816]. Ensuite, en cas d'insuffisance des indices ou du procès-verbal, les témoignages peuvent être considérés comme moyens de preuve. Selon

---

[812] Selon l'article 387 du Code de procédure pénale malgache : « sauf dans les cas où la loi en dispose autrement, les procès-verbaux et les rapports constatant des délits ne valent qu'à titre de simples renseignements. »

[813] La procédure d'inscription de faux doit se faire dans un délai d'au moins huit jours avant l'audience prévue par le procès-verbal.

[814] Article 20 de l'ordonnance n° 93 – 022 du 4 mai 1993 portant réglementation de la pêche et de l'aquaculture.

[815] En cas de saisie ou de confiscation, les procès-verbaux doivent mentionner cette saisie et ils sont alors déposés au greffe du tribunal compétent dans un délai de quinze jours afin que les personnes qui formulent des réclamations sur les objets saisis puissent en être informées.

[816] Article 207 du Code de procédure pénale.

l'article 214 du Code de procédure pénale, « l'officier de police judiciaire peut appeler et entendre en témoignage toutes personnes susceptibles de fournir des renseignements utiles ». Étant entendu que ces personnes sont titulaires d'une obligation de témoigner. En effet, selon l'article 264 du Code de procédure pénale malgache, « toute personne qui déclare publiquement connaître les auteurs d'un crime ou d'un délit et qui refuse de répondre aux questions qui lui sont posées à cet égard (...) sera punie ».

621. ***Le droit de poursuite directe de l'administration forestière.*** Conformément à l'article 180 de l'ordonnance n° 62 – 052 du 20 septembre 1962 modifiée portant Code de procédure pénale[817], l'administration forestière peut exercer un droit de poursuite directe soit en faisant délivrer directement une citation au prévenu et aux personnes civilement responsables, soit en saisissant le juge d'instruction. Dans ce dernier cas, l'administration forestière peut toujours se joindre, par voie d'intervention, à la poursuite engagée par le ministère public. Une fois la commission des infractions constatée, des sanctions relatives à celles-ci sont prévues et pourraient être appliquées.

Paragraphe 2. Le régime des sanctions

622. Les infractions peuvent être classées soit directement en fonction de leurs gravités[818], soit en fonction des sanctions auxquelles s'expose le contrevenant. Le législateur malgache a choisi cette dernière option : la classification des infractions sera fonction des peines prévues par les textes. Ainsi, selon l'article 1er du Code pénal malgache « l'infraction que les lois punissent de peines de police est une contravention, l'infraction que les lois punissent de peines correctionnelles est un délit, l'infraction que les lois punissent d'une peine afflictive ou infamante est un crime ». Dans le droit de la protection de la nature, les infractions seront classées de façon éparse selon la réglementation en cause, certaines se contentant d'égrener les infractions et de déterminer les sanctions correspondantes, sans prendre la peine de les classer. Il y a une absence d'harmonisation et de précisions qui en rend difficile une appréciation globale. Les infractions seront déterminées selon la finalité de l'acte (**1**), les effets de celui-ci sur l'intégrité du milieu et des espèces (**2**), ou enfin selon les conséquences de celui-ci sur la capacité de peuplement de la ressource (**3**).

---

817 Journal officiel n° 246 du 05/10/1962 p. 2050.

818 Selon l'article 111-1 du Code pénal français : « les infractions pénales sont classées, suivant leur gravité, en crimes, délits et contraventions ».

1. L'usage du feu

623. ***L'interdiction d'usage du feu en l'absence de tout but économique.*** Dans la réglementation forestière, un critère précis est établi : constitue une infraction l'utilisation du feu si l'acte n'a pas un but économique précis. Les feux sauvages sont considérés comme des délits. L'article 6 de l'ordonnance n° 60 – 127 du 3 octobre 1960 les définit comme des feux qui « se propagent sans contrôle, sans limites, à travers n'importe quel type de végétation et sans utilité d'ordre économique ». Sont aussi considérés comme des délits le fait d'allumer ou de provoquer un feu sauvage, le fait d'abandonner un feu non éteint susceptible de se communiquer à la végétation environnante ainsi que le fait de dépasser les limites définies par les autorisations de mise à feu accordées.

624. ***Les sanctions.*** Les infractions à l'ordonnance n° 60 -127 du 3 octobre 1960 fixant le régime des défrichements et des feux de végétation sont punies d'une amende de 15 000 à 300 000 FMG et d'un emprisonnement de six mois à trois ans ou de l'une de ces deux peines seulement[819].

625. Dans plusieurs cas particuliers, des circonstances aggravantes sont retenues et rendent les peines d'emprisonnement plus sévères. En premier lieu, quand l'infraction a lieu à l'intérieur d'une parcelle artificiellement reboisée, mais qui ne fait pas partie du domaine forestier national, la peine de prison est de deux à cinq ans. La même peine est prévue si un incendie a été volontairement allumé ou provoqué à proximité de la parcelle, avec l'intention que le feu s'y communique. La peine d'emprisonnement s'aggrave quand l'infraction est commise à l'intérieur soit d'une forêt classée, soit d'une aire protégée, soit d'une station forestière ou piscicole, soit à l'intérieur d'un périmètre de reboisement. Dans ces cas, une peine d'emprisonnement de trois à dix ans est prévue. Et enfin, afin de sanctionner les incendies volontaires de parcelles en vue d'y établir des terrains de pâturage, la réglementation prévoit de punir d'une amende de 100 FMG/tête d'animal « quiconque laissera sciemment des troupeaux ou des animaux paître sur des terrains incendiés sans autorisation »[820].

---

[819] Par comparaison dans la loi n° 2015-056 du 3 février 2016 portant création de la chaîne spéciale de lutte contre le trafic de bois de rose et/ou de bois d'ébène, « quiconque aura procédé ou tenté de procéder à la coupe ou à l'abattage des bois de rose et/ou des bois d'ébène, sera puni d'une peine de travaux forcés de 10 ans et d'une amende de cinquante millions d'*ariary* à cent millions d'*ariary* » (article 69).

[820] Article 37 de l'ordonnance n° 60 – 127 du 3 octobre 1960.

626. ***Délai de prescription.*** Selon l'article 21 de l'ordonnance 60-127, « les actions en réparation des infractions se prescrivent par un an à partir du jour où elles ont été constatées, lorsque les prévenus sont désignés dans le procès-verbal. Dans le cas où il n'en est pas ainsi, le délai de prescription est de dix-huit mois. Le point de départ de la prescription est fixé au jour de la clôture du procès-verbal ». Ce délai de prescription est celui de l'article 5 de l'ordonnance n° 62-052 du 20 septembre 1962 portant code de procédure pénale[821] : « en matière de contravention, la prescription de l'action publique est d'une année révolue ». Ainsi, même si les infractions sont considérées par les textes comme des délits, le régime des sanctions admet l'application du délai de prescription prévu pour les contraventions.

2. Le degré d'atteinte à la vie naturelle

Si on compare l'ancienne loi portant Code de gestion des aires protégées avec la nouvelle, il y a eu un changement de paradigme dans la classification des infractions.

627. ***La classification des infractions dans l'ancienne loi portant code de gestion des aires protégées.*** Dans sa précédente version, la loi portant code de gestion des aires protégées reconnaissait les infractions soit comme des délits soit comme des crimes. L'article 43 de ce code qualifiait d'infraction tout acte portant atteinte à l'intégrité du patrimoine naturel ou culturel d'une aire protégée : les atteintes irréparables, les comportements perturbateurs et les comportements incompatibles avec la vie naturelle. Constituaient aussi des infractions tous les actes répréhensibles commis dans les aires protégées et prévus par les autres législations notamment forestière, cynégétique, minière, halieutique et en matière de pêche.

628. ***Des effets des atteintes sur l'intégrité de l'aire protégée et ses composantes*** dépendaient la classification des infractions. La contravention n'était pas reconnue, toutes les infractions commises étaient considérées soit comme des crimes soit comme des délits. Habituellement, la contravention était considérée comme l'infraction à la loi qui était la moins grave parce que punie d'une simple peine d'amende. Les atteintes portées aux aires protégées, qui sont les niches de la richesse de la diversité biologique malgache ne pouvaient être prises comme de simples contraventions à la loi. En effet, ces atteintes ont de graves conséquences sur ces ressources[822], qui

[821] J. o. r. m n° 246 du 05/10/62, p. 2050.
[822] Néanmoins, au vu de ces listes de délits et crimes prévus, il n'était pas aisé d'apporter une distinction nette entre les atteintes qui ont des effets irréversibles sur la composition et l'intégrité des ressources et les autres atteintes qui sont alors considérées par le législateur comme moindres. Par exemple, est considéré comme un crime le fait de prélever, détenir,

sont pour la plupart endémiques de Madagascar, et ne peuvent de ce fait, être réparées par le simple paiement d'une amende. Les réparations pécuniaires ne peuvent suffire à reconstituer l'intégrité de ce patrimoine protégé. Il était justifié que le législateur n'ait retenu que le délit et le crime.

629. D'une manière générale, était qualifiée de crime toute infraction commise dans le périmètre du noyau dur de toute aire protégée ou dans tout le périmètre intérieur d'une réserve naturelle intégrale. Toutes les activités au sein de ces périmètres devaient impérativement avoir pour buts la conservation et la protection de la diversité biologique. Étaient aussi constitutives de crimes les infractions qui ont des effets irréversibles sur la composition et l'intégrité du patrimoine naturel, culturel ou historique. L'article 44 du code de gestion des aires protégées donnait la liste non exhaustive de ces infractions[823].

630. Quant aux délits, ils étaient constitués majoritairement des atteintes qui ont un impact limité sur l'intégrité du patrimoine à l'intérieur d'une aire protégée. Les activités réalisées en l'absence d'autorisations préalables sont aussi considérées comme des délits. C'était l'article 45 de l'ancienne version du code de gestion des aires protégées qui en dressait une liste non exhaustive[824].

---

transporter, vendre, acheter ou receler des minéraux et fossiles. Par contre, le fait d'enlever et de receler des végétaux, des animaux ou des nids d'animaux, de même que le fait de détenir et transporter des végétaux et des animaux sauvages sont considérés comme de simples délits. Or, autant que les minéraux et les fossiles, les espèces d'animaux et de végétaux méritent une protection entière et complète. Les atteintes portées aux espèces de la faune et de la flore protégées dans l'enceinte des aires protégées ont des conséquences tout aussi importantes, si ce n'est pire, que celles portées aux minéraux et celles portées aux fossiles. L'enlèvement de nids d'animaux et le transport de végétaux sauvages peuvent tout aussi bien entraîner des atteintes irréversibles au milieu, par l'extinction de l'espèce ou par la perturbation des interactions entre espèces végétales et animales. La distinction à faire n'est pas clairement établie, des critères plus précis devraient être apportés dans cette classification des infractions commises au sein des aires protégées.

823 L'altération irréparable de végétaux, d'animaux, de sites ou de monuments ; la commercialisation d'un ou de plusieurs animaux sauvages ; les sévices sur les animaux pouvant entraîner la réduction ou la disparition de la capacité reproductive de l'animal ; le prélèvement, la détention, le transport, la vente ou l'achat, et le recel de minéraux ou fossiles ; les activités de construction entraînant une altération irréparable d'écosystèmes et/ou d'espèces animales ou végétales ; les activités industrielles ou minières ; les feux entraînant une altération irréparable d'écosystèmes et/ou d'espèces animales ou végétales ; les défrichements avec ou sans incinération ; l'abandon, le dépôt, le rejet, le déversement, l'immersion dans l'aire protégée de produits chimiques ou radioactifs, de matériaux, de résidus, de détritus de quelque nature que ce soit, pouvant nuire à la qualité des eaux, de l'air, du sol ou du site et/ou à l'intégrité de la faune et de la flore.

824 Sont qualifiés délits les infractions suivantes commises au niveau d'une aire protégée du réseau national : l'enlèvement, le recel de végétaux, d'animaux ou de nids d'animaux ; la détention, le transport de végétaux ou d'animaux sauvages ; le dérangement conscient

631. ***La liste des infractions dans la nouvelle loi portant code de gestion des aires protégées.*** Contrairement à l'ancienne version de la loi portant Code de gestion des aires protégées, la nouvelle ne retient pas les critères liés aux atteintes faites à l'intégrité du patrimoine naturel ou culturel d'une aire protégée. Elle se contente de lister, à la Prévert, en son article 55 les infractions possibles[825]. Ce n'est que dans un second temps que la classification des infractions en crime est faite aux articles 57 et suivants. Mais une fois encore, cette classification n'est pas lisible dans la mesure où d'une part, aucun critère particulier n'a été établi, et d'autre part, la loi se contente de qualifier de crimes certaines infractions et s'abstient de qualifier les autres. Ainsi, seul l'article 57 qualifie de crimes certaines infractions

---

d'animaux ; l'apport de nourritures aux animaux ; la mutilation de végétaux ; le prélèvement ou l'endommagement de concrétions dans une grotte, la destruction ou détérioration des infrastructures touristiques et éducatives ; le refus d'obtempérer aux contrôles des agents de l'aire protégée ; l'entrave à la procédure d'enquête ; le refus d'honorer les engagements prévus dans les travaux d'intérêt général ou de remise en état de site ; les sévices sur les animaux ; la chasse sous-marine ; l'occupation illicite ; les activités suivantes faites sans autorisation : l'introduction de végétaux ou d'animaux exogènes, le pâturage et autres activités agricoles ou assimilées, le survol à moins de mille mètres d'altitude, les activités de construction, le camping, le bivouac et le caravanage, la plongée sous-marine, les prises de vue et le tournage de film, tout feu de brousse, le captage ou prélèvement d'une certaine quantité d'eau, la chasse ou la pêche, les recherches scientifiques ;

[825] Tout défrichement suivi d'incinération sans autorisation (…) ; tout défrichement sans incinération sans autorisation ; tout feu intentionnellement allumé, provoqué ou par communication ; tout prélèvement ou toute altération d'animaux, de végétaux, de monuments ou de tout autre objet sans autorisation (…) ; tout vol et recel de vol d'animaux, de végétaux, autres produits ou objets du site ; tout acte portant atteinte à l'intégrité physique de végétaux ou d'animaux ; tous sévices commis sur les animaux ; toute construction sans avis conforme (…) ; toute activité extractive (…) ; toute extraction des produits des carrières et leurs dérivés ainsi que tout produit forestier non ligneux sans avis conforme (…) ; tout abattage de produits forestiers sans autorisation (…) ; tout abandon, dépôt, rejet, déversement, immersion de produits de toute nature susceptible de nuire à la qualité et à l'intégrité des composantes de l'environnement ; toute divagation d'animaux domestiques sans convention (…) ; toute destruction ou détérioration d'infrastructures sans avis conforme (…) ; toute introduction de végétaux ou d'animaux sans autorisation (…) ; toute activité de pêche ou de chasse sans avis conforme (…) ; tout apport de nourriture aux animaux sans autorisation (…) ; tout dérangement conscient ou toute perturbation d'animaux de quelque nature que ce soit ; tout camping, bivouac et caravanage sans autorisation (…) ; toute plongée sous-marine sans autorisation (…) toute chasse sous-marine sans avis conforme (…) ; tout survol à moins de mille mètres d'altitude sans avis conforme (…) ; tout refus d'obtempérer au contrôle et aux ordres de l'agent habilité ; toute pénétration sans autorisation (…) ; tout captage d'eau sans avis conforme (…) ; toute occupation illicite ; toute recherche scientifique non autorisée (…) ; tout pâturage et autre activité agricole ou assimilée sans avis conforme (…) ; tout transport ou vente de végétaux, d'animaux sauvages ou de produits forestiers principaux ou accessoires, de produits de pêche et coraux provenant de l'aire protégée sans autorisation (…) ; toute détention de végétaux, d'animaux ou produits miniers, produits de pêche et autres provenant de l'aire protégée en vue d'une vente ; toute prise de vue ou tout tournage de film sans autorisation (…) ; toute violation des prescriptions édictées par les textes réglementaires, les règlements intérieurs, les plans d'aménagement et de gestion et les cahiers de charge pris en application de ceux-ci.

particulières[826]. Pour les autres infractions, le texte se contente d'édicter les sanctions correspondantes.

632. ***Sanctions.*** Selon l'ancien article 61 du code de gestion des aires protégées, la commission d'un crime au sein d'une aire protégée était passible d'une peine de travaux forcés d'une durée minimum de cinq ans et d'une durée maximum de 20 ans. L'amende pouvait s'élever de 1 000 000 ariary à 20 000 000 ariary, sans préjudice des indemnités et dommages-intérêts demandés par les parties civiles. Et les délits commis étaient passibles d'une peine d'emprisonnement de six mois à deux ans et du paiement d'une amende de 100 000 ariary, ou l'une de ces deux peines seulement. Avec le nouveau Code de gestion des aires protégées, l'énoncé des sanctions est plus disparate. Ainsi, les crimes sont punis de « travaux forcés à temps et d'une amende de 100 000 000 d'ariary à 2 000 000 000 d'ariary ». Les autres sanctions dépendent de la nature des infractions en cause. Elles oscillent entre des peines d'emprisonnement (de vingt-neuf jours à dix ans) et des peines d'amendes.

633. ***Cas particulier.*** Certaines peines ne sont pas sanctionnées de la même manière selon que l'infraction a été commise à l'intérieur d'une aire protégée ou non. Ainsi, le fait de provoquer intentionnellement des feux sauvages est sanctionné d'une peine d'emprisonnement de 5 à 10 ans par l'ordonnance n° 60 – 127 du 3 octobre 1960 en ses articles 6 et 34 nouveaux. Si les feux sauvages ont été provoqués dans le périmètre des aires protégées, il y a actuellement une peine de travaux forcés à temps et d'une amende comprise entre 100 000 000 d'ariary à 2 000 000 000 d'ariary[827].

634. ***L'admission des circonstances aggravantes et l'absence de circonstances atténuantes dans le nouveau Code de gestion des aires protégées.*** L'article 64 de la loi n'admet ni les circonstances atténuantes ni le sursis : « par exception aux dispositions relatives au sursis et aux circonstances atténuantes et sans préjudice de l'application de la législation sur la protection des enfants et des personnes handicapées, les peines prononcées pour les infractions prévues par la présente loi ne peuvent être assorties ni de circonstances atténuantes ni de sursis ». Les textes ont prévu plusieurs cas qui peuvent être qualifiés de circonstances aggravantes : la commission de l'infraction la nuit (1), en réunion de deux ou plusieurs

---

[826] Il s'agit principalement des travaux de défrichement et d'extraction sans autorisation.

[827] Avec l'ancien Code de gestion des aires protégées, les sanctions prévues étaient un emprisonnement de 6 mois à 2 ans et/ou le paiement d'une amende de 500 000 FMG à 100 000 000 FMG. Dans cet ancien texte, il était constaté alors que les sanctions étaient moins importantes par rapport à celles qui étaient prévues dans le cas où le feu sauvage a été provoqué en dehors du périmètre d'aires protégées.

personnes (2), à l'aide des matériels sophistiqués ou motorisés (3) avec violence, avec armes apparentes ou cachées (4).

3. Les atteintes à la capacité de repeuplement des ressources

635. Dans la réglementation relative à la pêche et à l'aquaculture, sont considérées comme infractions les pratiques qui peuvent porter atteinte à la capacité de repeuplement des ressources piscicoles, l'utilisation de moyens qui peuvent entraîner leur disparition et enfin le non-respect des conditions d'exercice de la pêche. Les conditions d'exercice de la pêche sont constituées par plusieurs éléments. En premier lieu, elles portent sur les zones de pêche, les époques d'ouverture et de clôture de la pêche, les engins et modes de pêche prohibés. Ensuite, elles concernent les tailles de capture et la protection du frai, les appâts défendus, la détermination des espèces dont la capture ou la culture est interdite ou restreinte. Et enfin, ces conditions d'exercice de la pêche prennent en compte les mesures applicables aux établissements d'aquaculture.

636. Dans un premier temps, sont considérées comme infractions les opérations de pêche dans les eaux maritimes malgaches[828] sans autorisation, pour les bateaux battants pavillons étrangers. Il en est de même en ce qui concerne le simple fait de réaliser des opérations de pêche sans l'obtention préalable d'une licence de pêche pour les pêcheurs nationaux.

637. Plusieurs opérations de pêche sont interdites et considérées comme des infractions. Il en est ainsi de la pêche avec des moyens et instruments interdits ou prohibés : les substances toxiques pouvant étourdir, affaiblir ou tuer le poisson ; les explosifs ou procédés électriques ; ou enfin l'utilisation de tout dispositif permettant une immersion plus longue que celle autorisée par la seule respiration naturelle.

638. Constitue aussi une infraction le fait de se livrer aux activités de pêche en dehors des saisons autorisées, et/ou sur les espèces interdites, et/ou au-delà des limites posées par la réglementation en vigueur. Et enfin, sont des infractions à la réglementation, le non-respect des dispositions sur la qualité, la salubrité, le traitement et la commercialisation des produits halieutiques ou la destruction des preuves d'une infraction.

---

[828] Selon l'article 1.1.01 de la loi n° 99 – 028 du 3 février 2000 portant refonte du Code maritime, JO n° 2625 du 8 février 2000, p. 526, *errata* : JO n° 2638 du 1er mai 2000, p. 1817, « la mer territoriale malgache s'étend vers le large jusqu'à 12 milles marins à partir de la ligne de base ».

639. ***Le montant des amendes encourues, critère d'évaluation de la gravité de l'infraction.*** L'article 22 de l'ordonnance n° 93 – 022 du 4 mai 1993 est rédigé tel qu'aucune distinction entre les infractions n'est faite[829]. Les sanctions ne comportent aucune peine d'emprisonnement, seul le paiement d'une amende est prévu. C'est le montant de l'amende qui permet d'estimer si l'infraction en question est considérée comme ayant des répercussions graves ou non sur les ressources. D'autant que ce montant est fixé en fonction de la catégorie de pêche à laquelle s'est livrée la personne reconnue coupable de l'infraction : les infractions en matière de pêche industrielle sont sanctionnées plus sévèrement que les infractions commises lors d'une pêche de subsistance. La catégorie de pêche est alors présumée déterminer la gravité de l'acte et les effets de celui-ci sur la ressource piscicole ou sur le milieu.

640. La réglementation a prévu 4 catégories de pêche[830]. En premier lieu, la pêche de subsistance a pour objet le prélèvement des espèces comestibles nécessaires à la nourriture du pêcheur ou aux personnes qui sont à sa charge. Ensuite, la pêche commerciale, qu'elle soit traditionnelle, artisanale ou industrielle, est pratiquée à des fins de profit par des personnes physiques ou morales et donne lieu à la vente habituelle des produits. La pêche récréative quant à elle est pratiquée en amateur à des fins sportives ou de loisir. Et enfin, la pêche scientifique ou d'expérimentation favorise la recherche en vue d'accroître les connaissances sur les ressources biologiques et les techniques de pêche. Ainsi, pour les infractions prévues à l'article 22, l'amende est de 15 000 à 150 000 FMG s'il s'agit d'une pêche récréative ou de subsistance. Elle est de 25 000 à 250 000 FMG si c'est une pêche traditionnelle, de 500 000 à 5 000 000 FMG si c'est une pêche artisanale. Et enfin, si l'infraction a été commise dans le cadre d'une pêche scientifique ou expérimentale, l'amende s'élève de 15 000 000 à 150 000 000 FMG et elle varie entre 50 000 000 à 500 000 000 FMG pour la pêche industrielle.

---

[829] Article 22. Quiconque a :
a. Enfreint les interdictions générales prévues à l'article 10 de la présente ordonnance ;
b. Fait usage d'un mode ou instrument de pêche prohibé, ou détenu cet instrument ;
c. Pêché et/ou collecté dans les zones ou pendant les saisons et les heures où la pêche est interdite, ou pêché et/ou collecté des espèces dont la capture est prohibée ou dont les dimensions sont inférieures à celles autorisées ;
d. Pratiqué la pêche sans autorisation préalable au titre de l'article 12 de la présente ordonnance ;
e. Pêché au- delà des limites des quantités et d'espèces autorisées ;
f. Enfreint les dispositions relatives à la qualité et à la salubrité, au traitement et à la commercialisation des produits halieutiques ;
g. Détruit ou dissimulé les preuves d'une infraction à la présente ordonnance et à ses règlements d'application ou empêché délibérément les agents de contrôle de remplir leurs fonctions, est passible d'une amende (…).
[830] Article 3 de l'ordonnance n° 93 – 022 du 4 mai 1993.

641. Les autres infractions « qui ne sont pas prévues aux articles 21[831] et 22 » sont sanctionnées par le paiement d'une amende de 10 000 à 100 000 FMG et peuvent s'accompagner de mesures de confiscation des captures réalisées ou des engins de pêche ou substances utilisées pour commettre l'infraction. Et enfin, la création sans autorisation d'un établissement d'aquaculture dans un domaine public est passible d'une amende de 20 000 à 100 000 FMG par are d'espace exploité.

642. Malgré le manque d'harmonisation et de précisions, plusieurs actes sont considérés par la réglementation relative à la protection de la nature comme constitutifs d'infractions, et donc, nuisibles à l'intégrité des ressources qu'elle a pour objet de protéger. Dans la réalité cependant, le manque de moyens des autorités étatiques en rend difficile l'application.

SECTION II. LE DÉSÉQUILIBRE ENTRE LES OBJECTIFS DE LA RÉGLEMENTATION ET LES MOYENS DE SA MISE EN ŒUVRE

643. ***L'impuissance des textes en l'absence de moyens d'application adéquats.*** La réglementation relative à la protection de la nature énonce plusieurs règles strictes. Or, il ne suffit pas d'énoncer principes et interdictions, faut-il encore avoir les moyens pour être en mesure d'en assurer une bonne application. « Sauf à succomber aux pièges de l'État-spectacle, qui donne l'image de l'action pour elle-même, on ne doit pas penser, en effet, qu'un problème est résolu parce que des textes ont été adoptés et qu'une administration a été mise en place »[832]. Au contraire, il faut aussi prendre en considération leur mise en œuvre pratique. Et dans le cas particulier du droit malgache de la protection de la nature, les textes sont adoptés, mais sont difficilement applicables en pratique, au vu des moyens à disposition.

644. ***L'insuffisance des moyens de contrôle.*** La surveillance et la poursuite des infractions à la réglementation sur la protection de la nature nécessitent la mobilisation de moyens humains et matériels importants. Mais il y a un manque flagrant des moyens étatiques. « L'administration forestière n'a connu d'évolution significative ni dans ses moyens ni dans ses modalités d'intervention. (...) La situation qui prévaut est celle d'un accès facile et sans réel contrôle aux ressources forestières. Reposant essentiellement sur un système d'interdictions et de limitations d'usage assorties de pénalités, la réglementation est d'autant moins efficace que les moyens dont dispose

---

[831] L'article 21 est relatif à la réalisation d'opérations de pêche sans autorisation dans les eaux maritimes malgaches par un navire battant pavillon étranger.

[832] François OST, *La nature hors la loi – L'écologie à l'épreuve du droit,* Paris : Éditions La Découverte, 1995, p. 106.

l'administration forestière sont très insuffisants par rapport à l'ampleur de la pression qui s'exerce sur les ressources forestières. Ainsi, le contrôle des feux de brousse, des exploitations forestières et des défrichements ne peut plus s'exercer normalement »[833]. Cette situation prévaut dans le domaine de la protection de la ressource forestière, mais elle peut être généralisée à celle de la protection de la nature du fait de la compétence élargie de l'agent du service des eaux et forêts.

645. Cette situation de sous-effectifs n'est pas récente, elle prévalait déjà dans les années soixante[834]. « Pour une superficie territoriale de plus de 600 000 km^2, Madagascar ne comptait qu'un peu plus de 380 agents des Eaux et Forêts qui étaient chargés de gérer et de protéger le domaine forestier, de lutter contre les feux de brousse sur 40 millions d'hectares, alors que l'effectif correspondant de l'administration forestière française, sur une surface moindre de 550 000 km^2 et où la lutte contre les feux de brousse n'existe pas, est de 500 officiers et 2 000 préposés. Madagascar souffre donc d'une sous-administration forestière qui s'explique par la faiblesse du budget local et l'incompréhension quasi générale des problèmes forestiers et de leurs solutions par les autorités chargées des destinées de la Grande Île. »[835] Mais les administrations qui se sont succédé n'ont entrepris aucune démarche afin de renverser la tendance et de combler les lacunes. Vers les années 2000, cette situation de sous-effectifs ne s'est pas améliorée : « Seuls 586 agents forestiers sont mobilisés pour la gestion du territoire national. Ces agents sont inégalement répartis à Madagascar, mais aussi entre les unités fonctionnelles et opérationnelles. En ne considérant que les couvertures forestières encore en place, un agent forestier couvre plus de 11 000 ha à Antananarivo et plus de 84 300 ha à Toamasina »[836].

646. ***Une mauvaise gestion.*** Ce problème de manque de moyens en ressources humaines est aggravé par une mauvaise répartition de celles qui sont déjà en place, ce qui constitue aussi un handicap important du système. Malgré la décentralisation, l'essentiel des ressources et des moyens se retrouve encore au niveau central. « Le manque de ressources humaines est aggravé par la concentration du personnel au Ministère central, qui compte

---

833 Ministère des Eaux et Forêts, *Politique forestière malagasy*, Antananarivo, janvier 2001, p. 10.

834 « En 1958, dernière année normale, l'effectif des officiers forestiers était de 30, les ingénieurs des travaux, contrôleurs, agents techniques, gardes et surveillants dépassaient légèrement le total de 350 » in Ministère des Eaux et Forêts, *Politique forestière malagasy*, Antananarivo, janvier 2001, p. 10.

835 E. HUART, « Les reboisements et le développement de Madagascar », *Revue Bois et Forêts des Tropiques*, n° 83, mai-juin 1962, p. 55.

836 Mino RANDRIANARISON, *La protection de la biodiversité à Madagascar, Les paiements pour services environnementaux (PSE)*, Paris : L'Harmattan, 2011, p. 86.

plus de 30 pour cent des cadres du MEF. Dans la plupart des régions de Madagascar, une seule personne est responsable de plusieurs centaines de kilomètres carrés de forêts, par exemple dans la province de *Toamasina*, qui contient une large part de forêts restantes, chaque agent du Ministère des Eaux et Forêts a sous sa responsabilité une surface moyenne de presque 60 000 hectares. Il en résulte que certaines communautés dans les zones forestières de Madagascar ne rencontrent un représentant de l'autorité forestière gouvernementale qu'une fois tous les dix ans ou plus. Il y a donc un fossé important entre l'articulation de la politique générale au niveau central et sa mise en œuvre sur le terrain »[837]. Ainsi, les représentants de l'administration centrale étatique sont quasiment absents du terrain. Le manque de moyens à la hauteur des mesures de répression et de contrôle, et la mauvaise répartition de ces moyens expliquent les difficultés rencontrées pour assurer le respect de la réglementation et mettre en œuvre la poursuite en cas d'infractions. Un dernier élément explique cette difficulté rencontrée dans l'application des mesures : la méconnaissance des textes par les citoyens.

647. ***Nul n'est censé ignorer la loi, mais…*** Il a été vu que les moyens à la disposition de l'État ne sont pas suffisants ni suffisamment répartis sur le territoire, mais les problèmes de la connaissance de la loi et de ses dispositions et les difficultés d'accès au droit par les citoyens se posent aussi. Il est reconnu que « le Journal officiel reste l'outil principal pour diffuser les lois et les règlements »[838]. Dans les faits cependant, les problèmes liés à la diffusion de celui-ci rendent les textes inaccessibles au plus grand nombre. Proportionnellement avec le nombre d'habitants, le Journal officiel n'est pas édité en quantité suffisante. « Le *Journal officiel de la République malgache (JORM)* ne se publie chaque semaine qu'à quelque 1 500 exemplaires pour une population de 17 millions d'habitants »[839]. Des préoccupations relatives à la rentabilité de l'Imprimerie Nationale sont évoquées pour expliquer ce faible niveau de tirage[840]. Quoi qu'il en soit, le constat est fait qu'à Madagascar, les lois et les règlements ne sont pas suffisamment diffusés auprès de la population par le biais du Journal officiel. Et bien qu'ils soient publiés, certains auteurs estiment que leur prix est prohibitif : « le prix au

---

[837] Eduard NIESTEIN, PhD, *Étude sur la politique de conservation des ressources forestières à Madagascar – Contraintes et opportunités de la conservation des forêts à Madagascar*, Conservation International, Direction générale des Eaux et Forêts, Antananarivo, mai 2000, p. 21.

[838] Stéphana RAKOTOMANGA ANDRIANARIVONASOLO, « Madagascar : une nouvelle stratégie de diffusion législative », *Les Petites Affiches*, n° 194 du 29 septembre 2005, p. 2021.

[839] Philippe KARPE & Mino RANDRIANARISON, « La régulation des ressources naturelles à Madagascar : théorie et pratique du régime de la sanction dans la loi Gelose », *Revue Juridique de l'Environnement*, n° 3/2009, p. 304.

[840] Stéphana RAKOTOMANGA ANDRIANARIVONASOLO, *op. cit.*

guichet du *JORM* pour une édition s'élève à 1 626 *ariary*, soit la somme nécessaire à une personne pour l'achat de sa ration quotidienne de riz »[841].

648. ***Une nouvelle stratégie de diffusion législative*** est alors mise en place pour remédier au constat que « pour offrir un meilleur accès au droit, le Journal officiel ne suffit plus »[842]. Cette stratégie nouvelle vise à introduire et à utiliser de nouveaux moyens afin de faciliter la diffusion des lois et règlements. Le Centre national d'information et de documentation législatives et juridiques (Centre national Legis)[843] est créé. Il a entre autres missions de diffuser toute information relative aux lois et règlements sur le territoire national[844]. Ce Centre national Legis est rattaché à la Primature et a pour missions de conserver et d'entretenir dans des bases de données informatiques toute information relative aux lois et règlements et à la jurisprudence des cours et tribunaux, d'aider les divers départements de l'État dans leur documentation pour la préparation des textes législatifs et réglementaires, de diffuser ces informations sur le territoire national et, le cas échéant, à l'étranger à travers des supports aussi diversifiés que possible, d'assurer le partenariat et la coordination des travaux avec les différents organismes sources du droit malgache.

649. Bien que partant d'une bonne volonté, cette structure et les moyens mis en place pour remédier aux problèmes cités ci-dessus ne constituent cependant pas une solution. Lors de la création de ce Centre national Legis, le choix porté sur les nouvelles technologies de l'information et de la communication a été mis en avant : « la nouvelle stratégie de diffusion des lois et règlements adoptés repose sur l'utilisation de l'informatique et les acquis des nouvelles technologies de l'information et de la communication »[845]. Ce choix ne paraît pas judicieux au vu des réalités malgaches. En effet, de manière encore plus flagrante qu'avec la version « papier » du Journal officiel, l'accès aux nouvelles technologies de l'information et de la communication n'est pas aisé pour un grand nombre d'habitants. Cette situation est due notamment aux difficultés d'accès à l'électricité de base qui n'est pas assuré sur tout le territoire : en témoigne le taux d'accès à l'électricité[846], notamment dans les zones rurales à

---

841 Philippe KARPE & Mino RANDRIANARISON, *op.cit.*

842 Stéphana RAKOTOMANGA ANDRIANARIVONASOLO, *idem.*

843 Avec le décret n° 97-1201 du 2 octobre 1997, renforcé par le décret n° 2003-782 du 8 juillet 2003.

844 Cette information est mise à disposition sur le site internet http://www.cnlegis.gov.mg/droit.malagasy/

845 Stéphana RAKOTOMANGA ANDRIANARIVONASOLO, *op. cit.*

846 Les données sont issues du rapport *Utilité des plans directeurs pour avancer l'électrification rurale – L'expérience récente de Madagascar*, Agence de Développement de l'Électrification Rurale – GTZ, 2009.

Madagascar. Avant les années 2000, ce taux était de moins de 2 % pour le milieu rural, et de 14 % en termes de couverture nationale. En 2008, le taux d'accès à l'électricité était de 6,4 % pour le milieu rural et de 20 % au niveau national. Entre 2009 et 2013, ce taux national est descendu à 17,4 %[847]. En parallèle à ce taux bas d'accès à l'électricité, il y a aussi le faible taux d'équipement en matériels informatiques de la population[848]. Il semble alors hypothétique que cette nouvelle stratégie adoptée puisse réellement pallier le problème de la diffusion des lois et règlements à Madagascar. Il aurait été plus avisé de la part des autorités étatiques de renforcer les capacités nécessaires à la publication et à la diffusion du Journal officiel en version papier.

650. ***La diffusion des textes par des moyens disponibles.*** Une autre solution, qui peut certes être considérée comme plus archaïque et relevant de dispositions antérieures, devrait être étudiée, comme le suggère Philippe Karpe[849]. En effet, l'article 7 de l'ordonnance n° 62-041 du 19 septembre 1962 relative aux dispositions générales de droit interne et de droit international privé[850] dispose qu'« il pourra toujours être décidé que la loi ou tout autre acte administratif ou réglementaire ayant une portée générale sera en outre porté à la connaissance du public par d'autres moyens tels qu'émission radiodiffusée, *kabary*[851], insertion dans la presse ou dans les *dinam-pokonolona* ». Si réellement, « l'un des soucis majeurs du Gouvernement est d'informer systématiquement la population sur les textes législatifs et réglementaires nouveaux », comme le précise l'exposé des motifs de cette ordonnance n° 62-041 du 29 septembre 1962, il est plus pertinent d'adopter des mesures qui correspondent aux moyens réels dont dispose l'État et de s'adapter aux réalités malgaches. L'utilisation des émissions radiodiffusées peut constituer un bon moyen en ce sens[852]. Cette volonté d'utiliser les nouvelles technologies est certes louable, mais elle ne constitue pas une solution pérenne ni réaliste au problème. La mise en place

---

[847] Agence internationale de l'énergie, World Energy Outlook (statistiques de l'AIE © OCDE/AIE, http://www.iea.org/stats/index.asp).

[848] Les données disponibles datent de l'année 2004 et concernent seulement la Capitale, sur l'échantillon étudié, une proportion de 19 % possède un ordinateur à la maison, mais cette proportion baisse à 4,9 % en ce qui concerne l'accès à internet. Source : Instat, *Enquête sur les technologies de l'information et de la communication à Antananarivo et ses agglomérations*, novembre 2004.

[849] Philippe KARPE, « L'accès au droit dans les pays du Sud : l'exemple du Code de l'environnement malgache », *Bois et forêts des tropiques,* 2005, n° 286 (4), pp. 81- 83.

[850] JO n° 244 du 28 septembre 1962 p 1989, complétée par la loi n° 98-019 du 2 décembre 1998 (JO n° 2549 du 15 décembre 1998, p. 3642 ; *Errata* : JO n° 2571 du 26 avril 1999, p. 1060)

[851] Le *kabary* est un discours prononcé sur une place publique ou lors d'évènements familiaux ou sociaux. Voir *supra.*

[852] L'utilisation des *dinam-pokonolona* dans cette optique sera vue *infra.*

de cette nouvelle stratégie de diffusion législative exige la mobilisation de moyens qui ne sont pas disponibles dans la pratique. Il est alors erroné d'affirmer qu'« avec peu de moyens, mais beaucoup de volonté politique »[853], cette stratégie de diffusion par le biais des nouvelles technologies de l'information et de la communication peut réussir à accomplir la mission de diffuser les textes de loi et les règlements auprès de la population.

[853] Comme l'affirme à plusieurs reprises Stéphana RAKOTOMANGA ANDRIANARIVONASOLO dans son article précédemment cité.

Chapitre II. Les difficultés liées à la répression et à la réparation des infractions

651. S'il a été vu qu'une grande partie des difficultés rencontrées dans la répression des infractions était due au manque de moyens, une autre partie de celles-ci relève des dispositions mêmes des textes. La mise en cause d'une responsabilité collective permet certes d'attribuer un rôle important aux communautés locales riveraines, mais elle entraîne aussi une dilution de la responsabilité individuelle (**section I**). Par ailleurs, les possibilités larges de transaction accordées par le législateur rendent inopérantes et sans effet les dispositions tendant à la répression des infractions (**section II**). Et enfin, la nature et les conséquences des infractions suggèrent la mise en avant de peines qui correspondent à une remise en état du milieu ou des ressources. Dans le cadre de la protection de la nature, les peines d'emprisonnement et le paiement d'amendes ne suffisent pas à réparer les atteintes provoquées (**section III**).

SECTION I. LA MISE EN CAUSE D'UNE RESPONSABILITÉ COLLECTIVE

652. Les communautés locales endossent un nouveau rôle de suivi et d'encadrement, complémentaire à celui traditionnellement pris par l'État (**paragraphe 1**), mais peu à peu, ce rôle de suivi se transforme en responsabilité pénale, même en l'absence de commission d'infractions : le droit malgache de la protection de la nature admet une exception au principe pénal d'imputabilité des faits (**paragraphe 2**).

Paragraphe 1. La responsabilité collective : un complément nécessaire au rôle traditionnel joué par l'État

653. ***Le fondement culturel de l'engagement de la responsabilité des communautés riveraines.*** La mise en cause d'une responsabilité collective est un fait admis par la culture malgache depuis longtemps surtout dans le cadre des pratiques et coutumes. Toute action de l'individu rejaillit sur la communauté que ce soit dans les bonnes ou les mauvaises actions, et quand l'individu est fautif ou faillit à ses devoirs et obligations, l'opprobre couvre la communauté entière. « Le rôle de chef de famille est de veiller au respect des pratiques coutumières. Il s'y attache, car les éventuelles sanctions pour violations des coutumes ne toucheront pas le seul individu qui a enfreint aux règles. Elles atteignent la communauté familiale tout entière. La perspective d'une responsabilité collective incite généralement les individus à ne pas prendre des initiatives contraires aux règles coutumières »[854].

654. ***Le fondement pratique de cet engagement de la responsabilité des communautés.*** Les difficultés rencontrées par l'appareil étatique à couvrir tout le territoire motivent ce partage des responsabilités. « Le constat que les individus peuvent dégrader ou détruire des zones forestières sans crainte de répercussion judiciaire suggère que le principal problème réside dans la surveillance »[855]. Les communautés riveraines héritent alors d'une obligation de surveillance des parcelles qui sont situées aux alentours de leur espace de vie.

655. ***Les précédents historiques.*** Ce n'est pas la première fois que des responsabilités sont attribuées au *fokonolona* ou à la communauté. Du temps du roi *Andrianampoinimerina,* le *fokonolona* était déjà considéré comme titulaire d'attributions en matière de police judiciaire et en matière de police municipale. « Il doit veiller au maintien du bon ordre et de la sûreté publique. Depuis une époque très reculée, les *fokonolona* ont eu l'obligation de dénoncer les malfaiteurs de profession (...) Le *fokonolona*, comme juge conciliateur, connaissait de toutes les affaires civiles, quelle que fût leur importance. Comme juge de fond, il était compétent pour solutionner les affaires de minime valeur. Il connaissait encore, en matière pénale, des petites infractions qui seraient aujourd'hui de la compétence du tribunal de simple police, et qui étaient prévues dans les conventions de *fokonolona.* Mais il était incompétent pour juger les affaires criminelles qui étaient réservées au roi »[856].

656. ***L'engagement d'une responsabilité collective par la réglementation forestière***. Les dispositions des ordonnances du 3 octobre 1960 vont responsabiliser de manière importante et récurrente les communautés riveraines. Cette responsabilité des communautés riveraines concerne la surveillance du bon déroulement des travaux de défrichement et des feux de végétation. Selon l'article 24 de l'ordonnance n° 60-127, les communautés rurales coutumières doivent veiller sur tout défrichement et feu de végétation réalisés sur l'étendue et au voisinage de leur *faritany*[857]

---

854 René RARIJAONA, *Essai sur le droit de propriété foncière à Madagascar*, Thèse d'État : droit : Paris, 1965, p. 130.

855 Eduard NIESTEIN, *Étude sur la politique de conservation des ressources forestières à Madagascar – Contraintes et opportunités de la conservation des forêts à Madagascar,* Conservation International, Direction générale des Eaux et Forêts, Antananarivo, mai 2000, p. 5.

856 Pierre DELTEIL, *Le fokonolona et les conventions de fokonolona*, Thèse, Paris : Editions Domat-Montchrestien, 1931, p. 4.

857 Littéralement, signifie le territoire.

traditionnel ou de droit, situé sur une bande périphérique de 1 km à partir de la limite des terres des communautés. Les hommes valides de la communauté doivent être présents et avoir un rôle actif de surveillance lors de la réalisation de ces travaux de mise en valeur par le feu[858]. Ce contrôle et cette surveillance ne signifient cependant pas qu'il y a substitution des collectivités rurales aux prérogatives de l'État. Les communautés peuvent non seulement mettre en œuvre des modes de régulation qui leur sont propres, mais aussi d'autres moyens qui leur sont attribués.

657. Selon le décret n° 61 – 079 du 8 février 1961[859] réglant les modalités d'application de l'ordonnance n° 60 -128, afin de mettre en œuvre cette responsabilité dans la surveillance des feux et la lutte contre ceux-ci sur toute l'étendue des territoires coutumiers, les communautés riveraines peuvent établir des *dinam-pokonolona.* « Le *Dina* est une convention collective présentée sous forme écrite, librement adoptée par la majorité des membres du *fokonolona* âgés de dix-huit ans révolus ou selon le cas, de ses représentants désignés »[860]. Il édicte les mesures jugées nécessaires « à l'harmonisation de la vie sociale et économique ainsi que de la sécurité en fonction des réalités locales »[861]. Le non-respect des mesures d'un *dina* donne lieu à l'engagement d'un recours devant le comité exécutif du *dina,* mais aussi devant le tribunal judiciaire ayant la compétence territoriale pour en juger. Ce non-respect est sanctionné par l'application du *vonodina* qui consiste en des réparations pécuniaires ou en nature au profit de la victime et du *fokonolona.*

658. L'ordonnance n° 76-030 du 21 août 1976 édictant des mesures exceptionnelles pour la poursuite des auteurs de feux sauvages[862] renforce cette responsabilisation du *fokontany* et lui attribue notamment des pouvoirs qui s'apparentent à ceux des officiers de police judiciaire. Ce texte est profondément marqué par le contexte de son adoption : l'apogée de l'idéal socialiste à Madagascar lors de la Deuxième République[863]. Le *fokonolona* est alors largement mis à contribution dans la surveillance et la poursuite des

858 Le fait que la réglementation ait prévu cette présence et cette surveillance laisse penser que les autorités ont conscience du danger représenté par ces pratiques et surtout des dérives et conséquences néfastes qui peuvent en résulter.

859 Réglant les modalités d'application de l'ordonnance n° 60-127 du 3 octobre 1960 relative au régime des défrichements et des feux de végétation (JO du 18 février 1961, pp. 369 – 370).

860 Article 1er de la loi n° 2001 – 004 du 25 octobre 2001 portant réglementation générale des Dina en matière de sécurité publique.

861 Article 2 alinéa 1 de la loi n° 2001 – 004.

862 Infractions prévues par l'ordonnance modifiée n° 60 – 127 du 3 octobre 1960 (JO du 27 août 1976, p. 2126 – 2127).

863 L'idéologie socialiste qui prône la collectivisation des moyens et des mesures et aspire à donner un large pouvoir au peuple a largement influencé les textes en vigueur durant cette période (1975 – 1990).

auteurs de certaines infractions, jusqu'à l'intervention des officiers de police judiciaire.

659. Chaque individu a l'obligation d'aviser le comité du *fokontany* du domicile ou l'agent habilité si l'auteur des infractions est connu et identifié. Cette obligation demeure même en cas de simple soupçon sur l'identité de l'auteur du feu sauvage en question. Faillir à cette obligation rend passible d'une amende de 15 000 FMG à 300 000 FMG et à une peine d'emprisonnement de 6 mois à 3 ans, ou une de ces deux peines seulement. L'astreinte aux journées de travail est aussi prévue.

660. Une fois avisé par tout citoyen, le *fokonolona* endosse plusieurs rôles. En premier lieu, un compte rendu doit être fait à l'officier de police judiciaire le plus proche. Par la suite, toutes les mesures doivent être prises pour découvrir et arrêter les coupables, que ce soit par le biais du recueil des renseignements ou par l'organisation de la poursuite. Lors de la poursuite elle-même, le suspect peut être entravé au cas où il y a risque ou crainte de fuite de ce dernier[864]. Dans l'attente de l'intervention de l'officier de police judiciaire, le *fokonolona* a l'obligation d'entendre les suspects et les témoins dans un délai de 24 heures. Les explications des suspects sont recueillies en public et un procès-verbal est rédigé par un citoyen lettré. Dès l'arrivée de l'agent verbalisateur, assistance et aide doivent lui être fournies lors de l'enquête.

661. Le risque d'arbitraire est important dans cette place importante attribuée à la communauté, face à l'individu. Et cette implication des communautés ne va pas s'arrêter aux activités de contrôle et de surveillance, mais va même aboutir à la mise en cause de la responsabilité pénale de celles-ci, au mépris d'un principe essentiel : celui de l'imputabilité des faits.

Paragraphe 2. L'exception au principe de l'imputabilité des faits avec la responsabilité pénale des communautés riveraines

662. En principe, la responsabilité pénale est une responsabilité individuelle, en conséquence, ne peut être engagée que la responsabilité pénale de la personne qui a personnellement commis l'infraction. Nul n'est pénalement responsable que de son propre fait. Seul l'individu ayant participé à la commission d'une infraction, que cette participation soit

[864] En cas d'homicide, blessures ou coups, ceux-ci ne seront pas qualifiés de crimes ou délits si les faits d'entrave ont été ordonnés par la loi et les autorités légitimes ou s'ils ont été commandés par les nécessités de la légitime défense ou de la défense d'autrui.

morale ou matérielle, peut être tenu pour responsable. Les autres personnes qui peuvent être mises en cause dans la commission de l'infraction sont en principe considérées comme des complices[865].

663. La responsabilité pénale du fait d'autrui ne peut être admise que dans le cas où les obligations légales permettent d'exercer une action directe sur les actes d'un subordonné. Et par extension, la responsabilité pénale ne peut être collective : elle ne peut être imputée à un groupe, une collectivité qui, à plus forte raison, n'a pas activement participé à la commission de l'infraction. Or, dans la réglementation malgache, certaines personnes peuvent voir engager leur responsabilité, même s'il n'a pas été établi qu'ils ont commis l'infraction. Il en est ainsi des communautés riveraines ou des personnes titulaires d'un droit temporaire d'occupation du sol. Cela pose la question générale de la mise en cause de la responsabilité pénale d'une personne morale (**1**), mais amène aussi à étudier la nature réelle des responsabilités confiées aux communautés lors de la surveillance et le contrôle des travaux (**2**).

1. La mise en cause de la responsabilité pénale d'une personne morale

664. ***Le principe de spécialité du droit français.*** Après avoir été admise un temps[866], cette question a été évacuée par le Code pénal français de 1810 qui y met un coup d'arrêt. « Lors de la rédaction du Code pénal (...) le texte a été conçu et mis au point pour s'appliquer exclusivement aux personnes

---

[865] Selon l'article 60 du Code pénal malgache, sont considérés comme complices :
- « ceux qui, par dons, promesses, menaces, abus d'autorité ou de pouvoir, machinations ou artifices coupables, auront provoqué cette action ou donné des instructions pour la commettre,
- ceux qui auront procuré des armes, des instruments, ou tout autre moyen qui aura servi à l'action, sachant qu'ils devaient y servir,
- ceux qui auront, avec connaissance, aidé ou assisté l'auteur ou les auteurs de l'action, dans les faits qui l'auront préparée ou facilitée, ou dans ceux qui l'auront consommée ».

[866] Le droit romain a été réfractaire au début quant à l'admission de la notion même de personne morale, qui n'est considérée que comme une fiction juridique incapable de volonté propre puis, « par commodité », il a été admis que des actes pouvaient lui être amputés. Dans le droit canonique, le groupement est considéré dans un premier temps comme n'ayant pas de capacité délictuelle, puis, dans les faits, peu à peu, la responsabilité pénale du groupement est admise : « un acte, donc un délit, pouvait être imputé à un groupement dès lors que cet acte avait été décidé à la majorité des membres et dans les formes statutaires » (p. 22). Et enfin, dans l'ancien droit français, cette responsabilité pénale des personnes morales est largement considérée comme acquise. Elle peut s'illustrer dans une ordonnance de 1670 qui admet comme principe la responsabilité des groupements et ainsi, dans ce cadre, détaille la procédure à suivre lors des procès contre les groupements tels que les villes, les villages et les bourgs. Voir : PLANQUE Jean-Claude, *La détermination de la personne morale pénalement responsable*, Paris : L'Harmattan, 2003.

physiques »[867]. À l'issue de la Deuxième Guerre mondiale, elle réapparaît ponctuellement[868], pour être finalement intégrée pleinement dans le droit pénal français actuel avec l'adoption du nouveau Code pénal entré en vigueur le 1er mars 1994. En droit français, la mise en œuvre de la responsabilité pénale d'une personne morale est prévue par l'article 121-2 du nouveau Code pénal qui dispose que « les personnes morales, à l'exclusion de l'État, sont responsables pénalement, dans les cas prévus par la loi ou le règlement, des infractions commises, pour leur compte, par leurs organes ou représentants. Toutefois, les collectivités territoriales et leurs groupements ne sont responsables pénalement que des infractions commises dans l'exercice d'activités susceptibles de faire l'objet de conventions de délégation de service public ». Cette responsabilité était régie par un principe de spécialité selon lequel la personne morale ne peut être tenue comme responsable s'il n'en est pas fait une allusion expresse dans les dispositions de l'infraction considérée. Plus particulièrement, si dans un premier temps, dans le droit de l'environnement français, la mise en cause de la responsabilité pénale d'une personne morale entrait en jeu « dans les cas prévus par la loi ou le règlement ». Cette responsabilité pénale a depuis[869], été généralisée à l'égard de toutes les infractions. Ainsi, actuellement, l'article 173-8 du Code de l'environnement français dispose que « les personnes morales reconnues pénalement responsables dans les conditions prévues à l'article 121-2 du Code pénal des infractions délictuelles prévues au présent code encourent, outre l'amende (...), les peines prévues (...) ». En droit malgache, la responsabilité pénale des communautés riveraines est engagée dans certaines infractions particulières de la réglementation forestière.

665. ***La responsabilité pénale des collectivités rurales dans le droit malgache.*** La réglementation forestière malgache impute aux collectivités rurales coutumières ou de droit, et même aux personnes morales, une responsabilité pénale dans le cadre de certaines infractions[870]. Selon

---

[867] PLANQUE Jean-Claude, *La détermination de la personne morale pénalement responsable*, Paris : L'Harmattan, 2003, p. 24.

[868] Dans l'ordonnance n° 45 – 920 du 5 mai 1945 relative à la poursuite des entreprises de presse, d'édition, d'information et de publicité coupables de collaboration avec l'ennemi (JO du 6 mai 1945, p. 2571).

[869] « Dans les cas prévus par la loi ou le règlement » a été supprimé à compter du 31 décembre 2005 par la loi du 9 mars 2004 dite loi *Perben*.

[870] La loi n° 2015-056 du 3 février 2016 portant création de la « chaîne spéciale de lutte contre le trafic de bois de rose et/ou de bois d'ébène » et répression des infractions relatives aux bois de rose et/ou bois d'ébène a aussi institué en son article 72, une autre responsabilité pénale pour les personnes morales. Selon cet article : « Lorsqu'une des infractions visées par la présente loi a été commise pour le compte d'une personne morale par ses organes, dirigeants ou représentants, celle-ci est punie d'une peine d'amende de cent millions (Ar 100 000 000) à cinq cents millions (Ar 500 000 000) d'ariary.

l'article 38 de l'ordonnance n° 60-127 du 3 octobre 1960 relative au régime des défrichements et des feux de végétation, « lorsque l'auteur en demeure inconnu, les collectivités rurales coutumières ou de droit sont toujours déclarées pénalement responsables des délits de défrichement et des feux sauvages provoqués volontairement ou par imprudence, quand ces délits ont été commis dans leur *faritany*[871] traditionnel ou à son voisinage, ou à l'intérieur des terres qui leur ont été constituées en dotation ». Le représentant légal des collectivités en cause doit alors comparaître devant le tribunal compétent. Les collectivités rurales encourent une peine d'amende comprise entre 15 000 et 300 000 francs malgaches selon le nombre de contribuables ou d'une peine de journées de travail correspondant à l'amende encourue. Cette disposition est renforcée par l'article 48 de l'ordonnance n° 60-128 qui dispose que « dans le cas où l'auteur demeure inconnu, une collectivité rurale de droit ou coutumière est alors reconnue responsable d'une quelconque des infractions prévues par la législation en vigueur en matière de forêt, de chasse, de pêche et de protection de la nature ».

666. En comparaison aux dispositions du droit pénal français, les conditions d'engagement de cette responsabilité pénale d'une collectivité rurale dans la réglementation forestière malgache affichent plusieurs singularités. L'engagement de la responsabilité de la collectivité est lié à plusieurs éléments qui ne relèvent pas *a priori* des considérations classiques du droit pénal en la matière. En premier lieu, la sanction prononcée n'est pas la conséquence de la commission d'une infraction. La mise en cause de la responsabilité pénale collective dépend ici du lieu de l'infraction. Il suffit que l'infraction ait été commise dans le voisinage du territoire de la communauté pour que celle-ci trouve sa responsabilité pénale engagée.

667. Ensuite, cette responsabilité pénale est liée à l'identité de l'auteur réel de l'infraction ou plus exactement aux difficultés liées à son identification. La collectivité riveraine devient responsable d'une infraction qui a été commise par une personne physique non identifiée, qu'un lien

---

Les personnes morales peuvent en outre être condamnées à :
- l'interdiction à titre définitif ou pour une durée de cinq ans au plus d'exercer directement ou indirectement certaines activités professionnelles ;
- la fermeture définitive ou pour une durée de cinq ans au plus de leurs établissements ayant servi à commettre l'infraction ;
- la dissolution lorsqu'elles ont été créées pour commettre les faits incriminés ;
- la diffusion de la décision par la presse écrite ou par tout autre moyen de communication audiovisuelle.
La responsabilité pénale des personnes morales n'exclut pas celle des personnes physiques auteurs ou complices des mêmes faits. »

[871] Littéralement : dans les environs.

puisse être établi entre celle-ci et la collectivité ou non. La réglementation forestière aspire à sanctionner toute infraction à ses dispositions, mais elle ne vise pas précisément les auteurs de l'acte mis en cause. Elle estime que la proximité des collectivités rurales constitue un pis-aller intéressant.

668. Et enfin, la réglementation forestière malgache ne tient pas compte du fait que la commission de l'infraction ait pu ou non bénéficier à la personne morale en cause ; or, c'est un des éléments essentiels de l'engagement de la responsabilité pénale des personnes morales[872]. En effet, cette réglementation forestière malgache impute les conséquences de la commission d'infractions à une personne morale, qui ne peut être tenue pour responsable de l'agissement de personnes qui d'une part, ne constituent pas ses représentants, ou qui d'autre part, n'en font pas partie.

669. Au vu de ces éléments, il peut être conclu que l'engagement de la responsabilité pénale des communautés riveraines ne se fonde pas sur les dispositions classiques du droit pénal. En effet, aucun lien entre la personne ayant commis l'infraction et la communauté n'est exigé, les bénéfices tirés de l'infraction ne sont pas étudiés et enfin la simple localisation de l'infraction aux abords du territoire de la communauté suffit. Cette responsabilité serait donc plutôt liée au rôle attribué aux communautés riveraines par la réglementation forestière, c'est-à-dire le contrôle du bon déroulement des opérations de défrichement et la surveillance de l'usage du feu dans leur voisinage.

2. La nature du rôle de contrôle et de surveillance attribué aux communautés

670. Selon l'article 24 de l'ordonnance n° 60 – 127 du 3 octobre 1960 : « les communes rurales ou collectivités rurales coutumières ou de droit exercent la surveillance des défrichements et des feux de végétation commis sur toute l'étendue et au voisinage des terres de leur *faritany* traditionnel ou de droit, y compris celles qui font l'objet d'un titre d'occupation temporaire, ainsi que sur les terres qui font l'objet d'un titre définitif de propriété ». Au vu des possibilités d'engagement de la responsabilité pénale de ces communautés, il peut être déduit que ces rôles assignés emportent des obligations de résultat et non de moyens. Selon le législateur malgache, le fait que l'infraction ait eu lieu ne peut que résulter d'un manquement au

---

[872] Dans une décision du tribunal correctionnel de Versailles, pour retenir la responsabilité pénale d'une entreprise, il a été établi que les faits reprochés font partie d'une « politique délibérée de l'entreprise » et qu'ainsi, les agissements du dirigeant ont pu largement bénéficier à l'entreprise, voir : T. Corr. Versailles, 18 déc. 1995 : *JCP* 1996.II. 22 640, note J.-H. ROBERT.

devoir de surveillance et à un défaut de vigilance de la part de ces communautés riveraines. La mise en œuvre de la responsabilité pénale des communautés riveraines ne se fonde pas sur la commission d'une infraction, mais est liée à un manquement à un devoir. La responsabilisation est alors comprise dans le sens premier du terme : la collectivité rurale doit répondre des faits, même si l'auteur des infractions n'est pas un membre de la communauté.

671. À part les communautés riveraines, la responsabilité d'autres catégories de personnes peut aussi être engagée en cas d'infractions à la réglementation forestière, de la chasse, de la pêche et de la protection de la nature. Il en est ainsi de la personne titulaire d'un droit temporaire d'occupation du sol, quel que soit le but ou le motif de cette occupation, elle est pénalement responsable de tout délit commis par ses employés et ouvriers dans l'intérieur de sa concession, selon le 1er alinéa de l'article 33 de l'ordonnance n° 60 – 128 du 3 octobre 1960[873].

672. Pour s'exonérer de cette responsabilité pénale, elle doit faire dresser un procès-verbal contre l'auteur du délit. Ce procès-verbal doit avoir été dressé par un officier de police judiciaire ou par un surveillant dûment assermenté, et adressé dans un délai de cinq jours sous pli recommandé au chef de l'inspection forestière. Dans le cas contraire, « un procès-verbal contre inconnu n'aura aucune force libératoire vis-à-vis du concessionnaire qui demeurera pleinement responsable des délits forestiers dont il n'aura pu découvrir l'auteur »[874]. Dans ce cas, même si sa responsabilité pénale est retenue, la personne titulaire d'un droit d'occupation des sols ne peut se voir infliger une peine d'emprisonnement. Au cas où celui qui a commis le délit est un tiers, cette responsabilité demeure, mais c'est une responsabilité civile qui est limitée aux frais et réparations civiles.

673. Le droit malgache de la protection de la nature a un caractère particulièrement répressif. Cette répression s'illustre principalement par l'édiction des sanctions et peines sévères à l'encontre de l'individu ayant commis les infractions, certains cas prévoient même le prononcé de sanctions à l'encontre des collectivités rurales coutumières ou de droit,

---

[873] La situation peut s'assimiler à la responsabilité à l'égard des préposés, mais cette forme de responsabilité n'est admise que dans le cadre de la responsabilité civile. Selon l'article 220 de la loi n° 66- 003 du 2 juillet 1966 relative à la théorie générale des obligations : « toute personne juridique, individu ou groupement, qui exerce son activité par l'intermédiaire de préposés est responsable des dommages causés par ceux-ci dans les mêmes conditions que si elle avait agi personnellement »

[874] Selon l'alinéa 3 de l'article 33 de l'ordonnance n° 60 – 128 du 3 octobre 1960 fixant la procédure applicable à la répression des infractions à la législation forestière, de la chasse, de la pêche et de la protection de la nature.

lorsque la personne ayant commis l'infraction n'a pas pu être identifiée. Cette réglementation vise simplement à réprimer tout acte qui va à l'encontre de la protection des ressources, et n'aborde pas suffisamment l'aspect préventif de la protection, elle n'a aucune vertu éducative. De plus, d'autres facteurs bloquent la mise en œuvre du contrôle du respect des règles et de l'exécution des sanctions, ce qui fragilise la réglementation.

SECTION II. LA TRANSACTION

674. Au déséquilibre constaté dans le droit de la protection de la nature s'ajoute le fait que les sanctions prononcées ne sont pas automatiquement exécutées et peuvent être éteintes dans les cas où les protagonistes concluent une transaction avec l'administration. Le recours à la procédure de transaction est prévu par plusieurs textes relevant du droit malgache de la protection de la nature[875]. Cette possibilité de transiger semble aux premiers abords pouvoir apporter des solutions aux problèmes évoqués précédemment (**paragraphe 1**). Cependant, la mise en œuvre de cette procédure de transaction ne semble pas réellement satisfaire aux caractéristiques particulières du domaine de la protection de la nature (**paragraphe 2**).

Paragraphe 1. L'extinction de l'action publique par la conclusion d'une transaction

675. « La procédure de transaction pénale[876] peut être définie comme le mécanisme par lequel certaines administrations peuvent proposer aux délinquants l'abandon de poursuites pénales, en échange de l'aveu de

[875] La procédure de transaction est aussi prévue dans la loi n° 99-022 du 30 juillet 1999 portant Code minier ainsi que dans la loi n° 99-021 du 19 août 1999 sur la politique de gestion et de contrôle des pollutions industrielles.

[876] La transaction a une double nature : elle peut être de nature civile ou de nature pénale. Dans la transaction civile, il s'agit selon l'article 2044 du Code civil français, d'un « contrat écrit par lequel les parties terminent une contestation née, ou préviennent une contestation à naître ». En matière civile, ne peuvent conclure, une transaction que les personnes ayant la capacité de disposer des objets compris dans la transaction, et n'est valable que la transaction exempte de vices de consentement. La transaction intervenue entre deux personnes a l'autorité de la chose jugée en dernier ressort, elle ne peut être attaquée pour cause d'erreur de droit ni pour cause de lésion. Pour rappel, le Code civil français dans sa version avant 1960 est applicable à Madagascar, par application de la loi n° 60 – 009 du 9 juillet 1960 portant approbation des Accords paraphés le 2 avril 1960 et signés le 27 juin 1960 entre le Gouvernement de la République Française et le Gouvernement de la République Malgache, J.O.R.F du 20 juillet 1960, p 6.616 et J.O.R.M n° 107 du 9 juillet 1960, p 1163. Selon l'article 4 de cet accord en matière de justice : « à défaut de textes malgaches, les dispositions législatives et réglementaires du droit français en vigueur à Madagascar à la date à laquelle prend effet le présent Accord continuent à être appliquées par les juridictions malgaches » ;

l'infraction et le paiement d'une somme d'argent »[877]. « Ainsi, ce qui était une affaire pénale, susceptible d'être réglée sur la place publique, devient une affaire purement interne à l'administration »[878]. La procédure de transaction a pour effet principal d'éteindre l'action publique engagée contre cette personne. Selon l'article 2 du Code de procédure pénale malgache[879] : « l'action publique pour l'application de la peine s'éteint par la mort du délinquant, la prescription, l'amnistie, l'abrogation de la loi pénale et la chose jugée. Elle peut, en outre, s'éteindre par transaction ou par paiement d'une amende de composition lorsque la loi le prévoit expressément ; il en est de même, en cas de retrait de plainte, lorsque celle-ci est une condition nécessaire à la poursuite ». La conclusion d'une transaction fait partie des cas dans lesquels la peine s'éteint sans qu'elle n'ait été exécutée.

676. La transaction est une procédure dont l'adoption se justifie par « le souci d'alléger la charge des juridictions répressives des procédures de gravité et de complexité relatives, ainsi que le souhait de permettre au ministère public de sortir de l'alternative classement poursuite »[880]. Dans plusieurs cas, et notamment, dans les cas où elle prend la forme d'une obligation de faire, le fait pour l'administration de transiger permet de pallier l'insolvabilité de la personne ayant commis une infraction. « La transaction n'a pas pour objet de remédier à la sévérité de la législation, mais elle est considérée tant par l'administration que par le ministère public comme un mode de gestion efficace de l'action publique en raison de l'économie de temps et de moyens qu'elle permet »[881].

677. L'ordonnance n° 60 – 128 du 3 octobre 1960 en ses articles 40 et suivant a prévu la possibilité de transiger, il en est de même dans l'ordonnance n° 93 – 022 du 4 mai 1993 portant réglementation de la pêche et de l'aquaculture, en son article 28. Et enfin, la loi n° 2005-018 du 17 octobre 2005 sur le commerce international des espèces de faune et de flore sauvages prévoit aussi en ses articles 57 et suivant la procédure de transaction.

678. ***La transaction dans la réglementation forestière.*** Dans l'ordonnance n° 60 – 128 du 3 octobre 1960 en ses articles 40 et suivant,

---

[877] Marie-Pierre MAÎTRE, « De la transaction pénale en matière de protection de l'eau et des milieux aquatiques », *Environnement,* juin 2007, p. 22.
[878] Damien ROETS, « Les sanctions pénales du droit de l'environnement sont-elles utiles ? », *Revue de droit rural,* 1992, p. 327.
[879] Promulgué par l'ordonnance n° 62-052 du 20 septembre 1962 (et ses modificatifs), JO n° 246 du 5/10/62, p. 2050.
[880] Michel DOBKINE, « La transaction en matière pénale », *Recueil Dalloz Sirey,* 1994, Chronique, p. 137.
[881] Michel DOBKINE, *idem,* p. 138.

l'initiative de conclusion de la transaction appartient à l'administration chargée des eaux et forêts, par l'intermédiaire du chef de l'inspection forestière. Le contenu de l'accord de transaction est conclu entre le chef de l'inspection forestière qui a engagé une action à l'encontre du délinquant et ce dernier. Selon l'alinéa 1 de l'article 40 de l'ordonnance, la transaction ne peut être conclue qu'après avis du chef du service forestier et sera définitivement arrêtée par le ministère chargé des eaux et forêts[882]. La procédure transactionnelle devient purement administrative et l'accord de transaction peut être conclu indifféremment avant ou après le jugement, même lorsque celui-ci est définitif[883]. Elle ne peut porter que sur les amendes, les condamnations à un nombre de journées de travail, les restitutions, les confiscations et les frais et dommages.

679. Selon l'accord conclu entre l'administration et la personne reconnue comme ayant commis l'infraction, la transaction peut prendre soit la forme du paiement d'un montant librement déterminé entre les parties soit la forme de travaux en nature. Dans le cas des travaux en nature, l'accord de transaction précise les modalités et la nature des travaux à exécuter, avec un calendrier des travaux incluant notamment la date de début et de fin de ceux-ci. La réalisation de ce programme de travaux est une obligation pour le contrevenant, car toute inexactitude, désobéissance, négligence ou malfaçon dans son exécution peut entraîner une déchéance de la transaction et remettre les parties en présence dans la situation précédente, c'est-à-dire la reprise des poursuites ou exécution du jugement. Dans le cas particulier des infractions liées aux défrichements illicites, l'ordonnance a prévu que la transaction prend exclusivement la forme de travaux en nature. Les journées de travail doivent alors être exécutées sur les chantiers forestiers ou sur les chantiers de conservation des sols.

680. La transaction se conclut entre la personne reconnue comme coupable des infractions et l'administration chargée des eaux et forêts. Les personnes déclarées responsables civilement peuvent aussi être appelées à conclure une transaction, mais elles doivent expressément acquiescer à cette

---

[882] En droit français, l'accord du Ministère de l'Environnement et celui du procureur de la République doivent porter sur le principe de la conclusion de la transaction, mais aussi principalement sur son contenu, le Ministère public ne peut cependant modifier le contenu de cet accord transactionnel : il ne fait que donner son accord ou refuser. Et « l'administration n'a le droit de transiger qu'après accord du Parquet : l'autorité administrative dispose du pouvoir de proposer la voie transactionnelle, mais le pouvoir de décision relève du procureur de la République » voir en ce sens : Brigitte LE PAGE, « Environnement et transaction », *JCP N, Semaine juridique* du 06/05/94, n° 18, pp. 159 – 162.

[883] En droit français, dans l'arrêt : CA Rennes, 16 février 1983 : Thomas c. ministère public, « l'indemnisation des victimes est un préalable nécessaire à la transaction pénale et le refus d'une réparation par voie aimable interrompt le processus transactionnel », Brigitte LE PAGE, *idem.*

transaction. Et dans le cas où la responsabilité de la communauté est engagée parce que l'individu coupable n'a pu être identifié, des transactions individuelles peuvent être conclues, sous la condition essentielle d'une solvabilité suffisante de la personne.

681. Ces dispositions de la procédure transactionnelle dans le cadre de la réglementation forestière diffèrent de celles prévues dans l'ordonnance relative à la pêche et à l'aquaculture, dans la mesure où celle-ci n'admet pas la réalisation de travaux en nature, et se contente de prendre la forme d'un paiement.

682. ***La transaction dans le domaine de la pêche et de l'aquaculture.*** La procédure de transaction est aussi prévue pour la plupart des infractions à la réglementation relative à la pêche et à l'aquaculture[884], même lorsque les infractions mises en cause peuvent porter atteinte aux ressources aquatique et piscicole. C'est le cas, selon l'article 22 de l'ordonnance portant réglementation de la pêche et de l'aquaculture, lors de l'usage ou la détention d'un mode ou instrument de pêche prohibé ou interdit, la pêche ou la collecte d'espèces dont la capture est prohibée ou dont les dimensions sont inférieures à celles autorisées, la pêche durant les périodes et saisons interdites, et enfin, la pratique de la pêche sans autorisation préalable.

683. Dans le cadre de cette réglementation de la pêche et de l'aquaculture, aucune réalisation de travaux en nature n'est demandée. La transaction prend exclusivement la forme du paiement d'amende. Le montant de cette amende de transaction est calculé suivant le montant de l'amende prévue pour l'infraction commise. Il « ne peut être supérieur au maximum du montant de l'amende prévu pour l'infraction et à la valeur des biens susceptibles de confiscation (...) ni inférieur au montant minimal de l'amende correspondant à l'infraction commise tel que fixé par la présente ordonnance »[885]. En plus de l'amende de transaction, des mesures de confiscation des captures ou des engins et substances saisies peuvent être décidées par l'autorité ayant conclu l'accord de transaction. Il peut même arriver jusqu'au retrait de la licence de pêche, de la concession d'aquaculture ou de l'autorisation d'exploitation de l'établissement de traitement des produits halieutiques correspondantes.

684. La nature de cette transaction est autrement plus nuancée que celle prévue par la réglementation forestière. En effet, l'ordonnance relative à la

---

[884] Lorsqu'un navire battant pavillon étranger entreprend des opérations de pêche dans les eaux maritimes malgaches sans autorisation (article 21), lorsqu'un établissement d'aquaculture est créé sur un domaine public sans autorisation (article 24).
[885] Alinéa 2 de l'ordonnance n° 93 – 022 du 4 mai 1993.

pêche et à l'aquaculture prévoit en son article 28, alinéa 4 que « le paiement de l'amende de transaction implique reconnaissance de l'infraction et tient lieu de première condamnation pour la détermination de la récidive ». Elle ne constitue dès lors pas un simple arrangement entre l'Administration et la personne ayant commis l'infraction. La mesure transactionnelle peut avoir des effets assimilables à ceux des sanctions prévues par la réglementation, parce qu'elle peut aboutir au retrait de la licence de pêche de la personne en infraction. Malgré la conclusion d'un accord transactionnel, cette infraction va être prise en compte et être retenue à l'encontre de l'auteur de l'infraction. Cette approche de la réglementation de la pêche et de l'aquaculture devrait être reprise et adoptée par la réglementation générale relative à la protection de la nature. Elle permettrait de corriger l'idée communément admise selon laquelle la transaction constitue un moyen pour les délinquants d'échapper à la mise en œuvre de la sanction[886].

685. ***La transaction prévue par la loi relative au commerce international des espèces de faune et de flore sauvages.*** Ce sont les articles 57 et suivants de la loi n° 2005-018 qui régissent la procédure de transaction dans le cadre du commerce international des espèces de faune et de flore sauvages. La possibilité de transiger y est prévue pour toutes les infractions à cette loi et ses décrets d'application, sauf lorsque celles-ci sont constitutives de crimes ou qu'elles peuvent tendre à « créer des conflits ouverts entre l'auteur présumé de l'infraction et la population locale »[887]. Le législateur a ici pris en compte les éventuelles conséquences qu'une transaction pourrait avoir sur la paix sociale, facteur qui n'a pas été pris en compte jusqu'à maintenant par les autres textes ayant prévu cette procédure. Il est aussi ici fait la distinction entre la transaction qui intervient avant le jugement et celle intervenant après le jugement. Dans le premier cas, le principal effet de la transaction, prévu par l'alinéa 2 de l'article 57 de la loi, est la suspension de la poursuite des infractions. Au cas où la transaction intervient « après décision judiciaire définitive ou rendue définitive, il ne peut être transigé que sur les condamnations pécuniaires »[888]. Une fois de plus, en comparaison aux procédures de transaction prévues par les autres textes, le législateur ici semble affiner les conditions qu'il pose pour admettre la procédure de transaction. Large auparavant, la possibilité de conclure une transaction avec l'administration semble, dans le cadre de ce texte, plus restrictive.

---

[886] Saholy RAMBININTSAOTRA, « Transaction pénale : mode efficace ou obstacle à la gestion durable des biens environnementaux ? », *Annales droit nouvelle série*, 2016, vol. 6, pp. 65-76.
[887] Alinéa 1 de l'art. 57 de la loi n° 2005-018 du 17 octobre 2005 relative au commerce international des espèces de faune et de flore sauvages.
[888] Alinéa 3 de l'art. 57 de la loi.

686. Formellement[889], la demande de transaction doit être faite par lettre recommandée avec accusé de réception auprès du ministre chargé des Eaux et forêts, dans un délai d'un mois à partir de la notification des procès-verbaux de constatation des infractions[890]. Seul ce ministre chargé des Eaux et Forêts a la faculté d'accepter la demande de transaction et de le faire avant ou après jugement. Il peut déléguer ses pouvoirs de transaction à l'organe de gestion, c'est-à-dire, l'autorité administrative désignée compétente en matière de commerce international des espèces de faune et de flore sauvages. Néanmoins, l'article 62 de cette loi 2005-018 précise qu'« aucune transaction ne doit être accordée en cas de récidive. La récidive (...) résulte de l'établissement d'un nouveau procès-verbal à l'encontre d'un individu ou d'une personne morale dans un délai de cinq ans après la commission d'une première infraction ».

687. Les autres dispositions relatives à la transaction dans cette loi, notamment celles qui concernent la fixation du quantum de transaction, son mode de calcul et/ou de révision, les modalités de répartition des produits globaux de la transaction collectés restent encore actuellement imprécises. En effet, elles devaient être prévues par voie réglementaire, mais les textes en question n'ont pas encore été pris.

Paragraphe 2. La procédure de transaction et les mesures de protection des ressources

688. En théorie, la conclusion d'un accord de transaction avantage chaque partie en présence. Et plus particulièrement, la réalisation des travaux en nature permet d'agir concrètement et directement en faveur de la protection des ressources. Cependant, plusieurs points peuvent être relevés et ne sont pas compatibles avec l'ambition du droit malgache de la protection de la nature d'enrayer le processus de dégradation des ressources et d'en assurer la préservation.

689. ***L'effet dissuasif des sanctions.*** La poursuite des infractions, à travers la mise en marche de l'action publique, est exercée au nom des intérêts de la société et des nécessités de la vie commune. D'une manière générale, les peines énoncées visent à réparer le dommage causé à la société, à sanctionner l'auteur du fait réputé délictueux et à prévenir tout autre acte délictueux. « Dans son acception la plus neutre, la peine est la conséquence attachée par la loi à des comportements fautifs (...) la peine sanctionne une

[889] Selon les dispositions des art. 58 à 63 de la loi.

[890] Passé ce délai, l'affaire est transmise au Procureur de la République près le Tribunal compétent, il est donc passé outre à la procédure de transaction.

faute, quelles qu'en soient sa nature et sa gravité, de l'intention délibérée au non-respect d'une réglementation administrative pointilleuse »[891]. Elle constitue dès lors un élément non négligeable de la réglementation dans la mesure où elle vise surtout à dissuader d'agir en infraction à la législation. « Pour la mise en conformité des comportements avec la règle de droit, la seule crainte de la sanction peut se révéler efficace et la dissuasion a sa place dans l'arsenal des moyens de prévention. La norme juridique est faite pour régir le réel, et pour se traduire dans les faits. Elle s'impose à ceux qui lui sont assujettis. (...) Elle ne se borne pas à définir (...) "un idéal à atteindre", confié à la liberté des consciences humaines, elle fait, du devoir ainsi défini, une obligation ». (...) C'est la sanction qui fait passer la règle de l'Éthique au Droit »[892].

690. Au-delà de la sanction elle-même, les mesures de publicité, de prononcé des sanctions dans la répression des atteintes à l'environnement peuvent avoir un autre effet dissuasif[893]. « La publicité est particulièrement utile (...) d'une part, parce qu'elle représente en elle – même une sanction redoutable pour les chefs d'entreprise, d'autre part, parce qu'il importe que l'opinion sache que les pouvoirs publics font respecter les textes qui en assurent la protection »[894].

691. La réglementation forestière malgache vise essentiellement à protéger les ressources, et parmi ses orientations, à « augmenter la superficie et le potentiel forestier pour que la forêt puisse mieux remplir sur le long terme ses fonctions économique, écologique et sociale »[895]. Le fait d'engager l'action publique à l'encontre de ceux qui sont reconnus coupables d'infractions à ses dispositions, non seulement illustre le plein pouvoir de répression dont dispose l'autorité étatique, mais devrait aussi dissuader les autres personnes de ne pas respecter les règles établies. Et ainsi, par

---

[891] Pierrette PONCELA, *Droit de la peine*, Paris : Presses Universitaires de France, 2e édition, 2001, p. 58.

[892] Jean RIVERO, « *Sur l'effet dissuasif de la sanction juridique* », in *Mélanges offerts à Pierre Raynaud*, Dalloz, Sirey, 1985, p. 675.

[893] En France, « ce n'est que dans des affaires médiatisées, souvent spectaculaires, que la répression peut devenir très rigoureuse, les magistrats voulant souvent faire un exemple et décidant de frapper fort » in Jérôme LASSERRE CAPDEVILLE, « Le droit pénal de l'environnement : un droit encore à l'apparence redoutable et à l'efficacité douteuse », *in Sauvegarde de l'environnement et droit pénal*, Roselyne NÉRAC-CROISIER, Collection Sciences Criminelles, Paris : L'Harmattan, 2005, p. 67.

[894] Dominique GUIHAL, « Répression et réparation des atteintes à l'environnement », *Gazette du Palais,* 9 février 1993, p. 125 ; voir également, Nicolas CUZACQ, « Le mécanisme du *Name and Shame* ou la sanction médiatique comme mode de régulation des entreprises », *RTD com.* 2017. 473.

[895] Selon le décret n° 97 – 1200 du 2 octobre 1997 portant adoption de la politique forestière malagasy (JO n° 2467 du 01.12.1997, p. 2324).

extension, ces dispositions limitent les destructions qui peuvent être commises sur les ressources naturelles. Certes, le seul aspect répressif des règles n'est pas suffisant, mais la possibilité pour l'État d'exercer sa force sur l'individu ou la collectivité qui différencie les règles de droit de celles, plus indulgentes et moins répressives des règles de la vie sociale. « La spécificité de la règle de droit réside dans sa sanction (...) le manquement à la règle de droit engendre une sanction objective mettant en mouvement l'appareil de la puissance publique »[896].

692. ***La fragilisation de l'édifice de protection.*** La possibilité de mettre en œuvre la procédure transactionnelle et ainsi d'échapper aux peines et sanctions prévues affaiblit l'esprit de protection des ressources contenu dans la réglementation malgache, qui se veut stricte. Les peines et les amendes prévues constituent des sanctions à l'encontre de ceux qui ne vont pas respecter les dispositions de cette dernière, et « une trop grande tolérance dans l'acceptation des transactions contribue à geler le jeu de certaines dispositions »[897]. Certes, « réprimer n'est pas le remède miracle qui sauvera l'environnement des maux qui l'accablent, mais c'est affirmer qu'un intérêt social a été lésé et que, par conséquent, les éléments de l'environnement sont des valeurs à respecter »[898]. Or, malgré un assouplissement certain de la procédure de poursuite des actes malveillants, la transaction peut avoir un effet contraire et négatif au dépit de la force de la réglementation. « Parfaitement admise en matière civile, la transaction devrait occuper en matière pénale une place marginale si l'on considère comme anormal que l'auteur d'une infraction puisse, par la voie d'une transaction, être dispensé de tout jugement et donc de toute sanction pénale alors qu'un constat d'infraction a été réalisé »[899]. La possibilité de ne pas exécuter les peines prononcées et de s'en acquitter par le paiement d'une amende librement déterminée ampute les sanctions de leur force dissuasive et punitive. Avec la procédure de transaction, l'auteur du fait délictueux est conscient d'avoir commis une infraction parce que « la transaction comporte nécessairement la reconnaissance de l'infraction »[900], mais pour autant, il n'est pas sanctionné. Au contraire, la sanction sera négociée et déterminée d'un commun accord entre l'auteur du fait et l'administration. La transaction pourrait alors être

---

[896] B. STARCK, H. ROLAND, L. BOYER, *Introduction au droit,* Paris : Litec, 2000, p. 32.

[897] Patrick GIROD, *La réparation du dommage écologique*, Paris : Librairie Générale de Droit et de Jurisprudence, 1974, p. 201.

[898] Jérôme LASSERRE CAPDEVILLE, « Le droit pénal de l'environnement : un droit encore à l'apparence redoutable et à l'efficacité douteuse », in *Sauvegarde de l'environnement et droit pénal*, Roselyne NÉRAC- CROISIER, Collection Sciences Criminelles, Paris : L'Harmattan, 2005, p. 17.

[899] Benoît DENIS, « Le Conseil d'État annule la procédure de transaction pénale en matière de police de l'eau », *Environnement,* août – septembre 2006, p. 16.

[900] Cass. Crim. 22 janvier 1970, *D.* 1970, J. p 166 et note de J-L COSTA.

assimilée à un simple moyen financier d'aller à l'encontre de la réglementation[901]. Par exemple, dans le cadre de l'exploitation illégale ou illicite de certaines ressources forestières, le paiement du montant de la transaction peut être assimilé non à une sanction, mais à un poste budgétaire à part entière du projet pour certains exploitants. « Nombre d'entrepreneurs intègrent le risque d'amende dans leurs coûts de production, ce qui laisse à penser que les amendes sont bel et bien, dans certains cas, des "permis de polluer" »[902].

693. Afin d'améliorer les dispositifs relatifs à la conclusion des transactions dans le droit malgache de la protection de la nature, quelques points peuvent être étudiés de près[903]. Il en est ainsi de la généralisation de la procédure préalable d'information et de contrôle par l'administration centrale et le juge des éléments de la transaction avant sa conclusion[904]. Il faut aussi qu'un barème indicatif ou des éléments objectifs soient déterminés au préalable pour la fixation des montants de la transaction. Ensuite, il est nécessaire de signifier aux contrevenants le caractère exceptionnel de la transaction. « La transaction systématique doit être exclue pour des faits manifestement délibérés, et pour les cas d'infraction grave ou qui relève d'une négligence manifeste. Ainsi, le recours à la transaction peut être à terme efficace si celle-ci est bien encadrée légalement et judiciairement, et

---

[901] Cour suprême de Madagascar, *Body Thierry et consorts c/État malagasy*, 18 avril 2012, n° 136/09 -ADM, commentaire de Saholy RAMBININTSAOTRA in *Arrêts commentés du Conseil d'État de la Cour suprême de Madagascar, années 2011-2012-2013-2014*, pp. 181-189. Dans le cas de l'espèce, il a été décidé que le paiement de la somme de 72 millions d'ariary par les requérants, paiement demandé dans une décision du 30 juillet 2009 du Ministère de l'Environnement et des Forêts, n° 338/09/MEF/MS portant sur la résolution d'exportation de bois de rose au Port de Vohémar devait être considéré comme une transaction conformément aux dispositions de l'article 40 de l'ordonnance n° 60-128 du 3 octobre 1960. Les requérants entendaient contester la qualification de transaction donnée à cette opération aussi bien par le ministère chargé de l'environnement que par les juges en première instance. Il y a eu rejet de leur requête par le Conseil d'État.

[902] Damien ROETS, *op. cit.*, p. 325.

[903] Saholy RAMBININTSAOTRA, « Transaction pénale : mode efficace ou obstacle à la gestion durable des biens environnementaux ? », *Annales droit nouvelle série*, 2016, vol. 6, pp. 65-76.

[904] La nouvelle loi n° 2016-020 sur la lutte contre la corruption pose déjà quelques limites supplémentaires en la matière en introduisant notamment dans le Code pénal malgache des règles relatives au conflit d'intérêts et à la conclusion d'une transaction. Ainsi, selon l'article 31 de cette loi « (...) sera punie toute personne ayant pris connaissance d'un conflit d'intérêts l'impliquant dans le cadre d'une procédure ou d'une transaction et qui ne s'abstient pas de participer sous une forme quelconque à la prise de décision relative à cette procédure ou cette transaction ». Et l'article 32 de cette loi sur la lutte contre la corruption d'ajouter que « sera puni d'un emprisonnement de 6 mois à 2 ans et d'une amende de 10 millions à 200 millions ariary ou de l'une de ces deux peines seulement, le fait par un agent public ou toute autorité publique d'accepter d'une personne un cadeau ou tout avantage indu et de nature à avoir influencé ou d'influencer l'agent public dans le traitement d'une procédure ou d'une transaction liée à ses fonctions ».

qu'elle n'aboutit pas à laisser perdurer une situation illégale »[905]. Et enfin, une affectation précise des produits des transactions doit aussi être faite. Plus particulièrement, les objectifs de préservation des ressources naturelles, et de réparation des atteintes doivent présider lors de la détermination de l'affectation budgétaire de ces transactions.

694. Finalement, compte tenu de la nature particulière des infractions dans le cadre du droit de la protection de la nature et des conséquences des atteintes sur les ressources de la diversité biologique, il est nécessaire de prévoir des moyens particuliers pour en assurer la réparation.

SECTION III. LA RÉPARATION DES ATTEINTES À L'INTÉGRITÉ DES RESSOURCES DE LA DIVERSITÉ BIOLOGIQUE

695. En principe, la commission d'infractions entraîne l'application de sanctions édictées par la réglementation. Il a été vu qu'en cas de conclusion d'un accord transactionnel, ces sanctions pouvaient prendre la forme d'un paiement ou de la réalisation de travaux en nature. Mais dans la mesure où les infractions en matière de droit de la protection de la nature ont des conséquences importantes sur les ressources et peuvent même entraîner des dégradations et des atteintes irréversibles, il n'est pas superflu d'envisager l'édiction de mesures de remise en état, indépendamment de la conclusion d'un accord transactionnel (**paragraphe 1**). Cette remise en état est déjà entreprise par les travaux de reboisement, mais ce sont des travaux *a minima* (**paragraphe 2**).

Paragraphe 1. La remise en état

696. Dans le cadre de la protection de la nature, les infractions doivent être considérées comme particulières dans la mesure où les peines édictées ne peuvent pallier ni corriger le caractère irréversible de la perte entraînée par les dégradations et les exploitations illicites. Cette réparation ne pouvait être demandée par les associations malgaches de protection de l'environnement. Le statut général auquel elles étaient soumises[906] ne leur donnait la possibilité d'agir en justice que dans le cas où les intérêts propres de l'association étaient mis en péril par l'infraction en cause. Une réforme de ce statut des associations malgaches de protection de l'environnement est

[905] Saholy RAMBININTSAOTRA, *op. cit.*, p. 76.
[906] Contrairement au statut des associations agréées du droit français qui leur donne la capacité d'ester en justice en cas d'atteinte à l'environnement, que le préjudice subi par les intérêts défendus par l'association soit direct ou indirect.

intervenue dans la foulée de l'adoption de la loi n° 2015-056 du 3 février 2016 portant création de la « chaîne spéciale de lutte contre le trafic de bois de rose et/ou de bois d'ébène » et répression des infractions relatives aux bois de rose et/ou bois d'ébène[907]. En effet, en son article 10 cette loi permet désormais à toute association ou organisation « dont les statuts définissent dans leur objet la défense de l'environnement, la protection des forêts » de dénoncer ou de signaler toute infraction relative au trafic de bois de rose et de bois d'ébène. Certes cette disposition n'est applicable que dans ce cadre précis, mais cette amorce de réforme peut annoncer une tendance plus générale de reconnaissance d'un rôle plus actif des associations de protection de l'environnement en droit malgache.

697. Les mesures de remise en état, édictées en tant que sanctions complémentaires aux sanctions pécuniaires et aux peines d'emprisonnement, peuvent constituer des moyens plus à même de réparer ces atteintes, compte tenu de la spécificité des infractions considérées. Elles visent à réparer un préjudice souvent qualifié d'écologique. Ce préjudice écologique[908] est défini comme « le dommage causé au milieu naturel, indépendamment des intérêts corporels ou matériels lésés (...) la nature prise en compte pour elle-même »[909]. Ces travaux peuvent alors permettre de « réparer les dégâts,

---

[907] JO n° 3674 du 7 mars 2016, p. 1636.

[908] En droit français, le préjudice écologique est « objectif, il n'atteint aucun sujet de droit, la nature n'ayant pas de personnalité juridique » : Dominique GUIHAL, Jacques-Henri ROBERT, Thierry FOSSIER, *Droit répressif de l'environnement*, Economica, 4e édition, 2016, p. 91. Dans un arrêt *Erika* du 25 septembre 2012 (Cass. Crim., 25 sept. 2012n n° 10-82.938, *Bull. Crim.* 2012, n° 198, JurisData n° 2012-021445), la chambre criminelle de la Cour de cassation française a précisé que le préjudice écologique consiste « en l'atteinte directe ou indirecte portée à l'environnement et découlant de l'infraction ». La cour d'appel de Paris avait déjà reconnu que « ce préjudice objectif, autonome, s'entend de toute atteinte non négligeable à l'environnement naturel (...) qui est sans répercussions sur un intérêt humain particulier, mais affecte un intérêt commun légitime » (CA Paris, 30 mars 2010). Après l'affaire *Erika* et l'admission de ce type de préjudice au niveau jurisprudentiel, le droit français accueille actuellement la notion de préjudice écologique dans son Code civil grâce notamment à la loi n° 2016-1087 du 8 août 2016 pour la reconquête de la nature, de la biodiversité et des paysages. En effet, désormais, les articles 1246 et suivants du Code civil français portent sur la réparation du préjudice écologique. L'article 1246 énonce que « toute personne responsable d'un préjudice écologique est tenue de le réparer » et l'article 1249 de rajouter que « la réparation du préjudice écologique s'effectue par priorité en nature ».

[909] Martine RÈMOND-GOUILLOUD, *Du droit de détruire, Essai sur le droit de l'environnement*, Paris : Presses Universitaires de France, 1989, p. 192. Le préjudice écologique y a aussi une autre acception, c'est « le dommage causé aux personnes et aux choses par le milieu dans lequel elles vivent (...) l'environnement ne représente que le vecteur du dommage, l'instrument qui lui permet de se propager. »

restituer l'élément dans son état initial »[910], ce sont des « travaux de restauration des milieux (…) »[911].

698. Bien que rares dans le droit de la protection de la nature, les mesures de remise en état sont courantes dans le droit de la domanialité publique et celui des installations classées pour la protection de l'environnement. Les mesures de remise en état qui y sont préconisées se fixent comme objectif principal de permettre une réutilisation des sites contaminés avec le minimum de dangers. D'une part, la réhabilitation du site pollué afin que les risques pour la santé de l'homme et pour l'environnement soient réduits au maximum. Et d'autre part, ces mesures de remise en état vont être déterminées en fonction de l'usage futur du site[912]. Ces travaux de remise en état ne visent pas à remettre le terrain ou les sites dans leur état d'origine, avant leur exploitation ou la mise en place des activités ayant engendré la pollution. Les techniques et moyens de dépollution, bien que connaissant une évolution importante, ne permettent pas de revenir à cet état originel.

699. Les mesures de remise en état sont nécessaires dans le cadre des atteintes aux ressources naturelles, bien qu'il soit difficile d'évaluer les dommages subis par ces ressources et les conséquences des dégradations. Contrairement aux faits de pollution, la remise en état suite aux atteintes à l'intégrité des ressources naturelles peut se donner pour objectifs un retour à la situation initiale, même si le facteur temps constitue un élément non négligeable[913]. Et compte tenu des conséquences des atteintes aux ressources, les mesures de remise en état ne doivent pas seulement être considérées comme un choix, mais constituer véritablement des peines complémentaires aux peines classiquement énoncées. À une peine d'emprisonnement ou au paiement d'amende, doivent être rajoutés systématiquement les travaux de remise en état. L'importance des ressources naturelles ayant subi les dégradations et la possibilité de se rapprocher de l'état initial du milieu ou des ressources peuvent justifier ces mesures.

---

910 Martine RÈMOND-GOUILLOUD, *op. cit.*, p. 218.

911 Dominique GUIHAL, Jacques-Henri ROBERT, Thierry FOSSIER, *Droit répressif de l'environnement*, Economica, 4e édition, 2016, p. 299.

912 Pour plus de détails sur la remise en état des installations classées, voir : Jean Pierre BOIVIN, *Les installations classées – Traité pratique de droit de l'environnement industriel*, Paris : Éditions du Moniteur, 2003, 639 p. ; Jean-Pierre BOIVIN, Jacques RICOUR, *Sites et sols pollués : outils juridiques, techniques et financiers de la remise en état des sites pollués*, Paris : Éditions du Moniteur, 2005, 315 p.

913 Thibault SOLEILHAC, *Le temps et le droit de l'environnement*, Thèse, Université Jean Moulin, 2006.

Paragraphe 2. Le reboisement, une remise en état *a minima*

700. Selon l'article 2 du décret n° 2000 – 383 du 7 juin 2000, le reboisement est défini comme « toute plantation d'arbres forestiers ou non suivant les normes techniques en la matière en vue de la constitution ou de la reconstitution d'une forêt ». Dans le cas des ressources forestières, les travaux de reboisement constituent des travaux concrets de remise en état appropriés à la suite des dégradations. Ces travaux de remise en état sont déjà prescrits dans certaines sanctions, notamment, lorsque la responsabilité pénale des communautés riveraines est engagée[914]. Les travaux de reboisement ont déjà été considérés auparavant comme un moyen de protéger les ressources de la diversité biologique malgache. En effet, la loi n° 63 – 032 du 24 décembre 1963 relative au reboisement, devoir national [915] a institué une obligation pour « tous les habitants de Madagascar non reconnus invalides de participer à l'œuvre nationale de reboisement ». Ainsi, chaque citoyen masculin âgé de 21 à 55 ans avait l'obligation de planter une cinquantaine d'arbres chaque année. Et il a été constaté à cette époque que ces travaux ont eu des conséquences bénéfiques sur la ressource. « L'application de cette politique forestière a eu pour conséquence la préservation de forêts naturelles renfermant actuellement des essences de grande valeur, très recherchées dans le monde tels l'ébène, le palissandre et la création d'importants nouveaux massifs boisés »[916]. Cependant, la pertinence de cette analyse ne résiste pas à un examen plus approfondi. En effet, la nature des travaux de reboisement implique une nécessaire prise en compte du facteur temps, parce qu'ils ne peuvent avoir de conséquences immédiates sur l'état des ressources. Les résultats obtenus à la suite des travaux de remise en état par le biais du reboisement ne peuvent donc pas être perçus sur le moment. Le reboisement peut contribuer à la réparation des atteintes sur les ressources forestières, bien qu'il ne puisse de lui-même apporter les garanties d'une reconstitution intégrale des ressources qui ont fait l'objet de dégradation.

701. Le reboisement tel qu'il est prévu dans les textes actuels ne répond pas entièrement aux critères d'une réelle remise en état. Cela est dû d'une part aux conditions prévues par les textes pour la réalisation des travaux de reboisement et d'autre part, aux pratiques dans la réalité.

---

[914] Voir *supra*.

[915] JO du 28 décembre 1963.

[916] Guy RAMANANTSOA, « Effort de reboisement et exploitation de la forêt à Madagascar », *Terre Malgache. Tany Malagasy*, volume 4, juillet 1968, p. 198.

702. ***Les conditions de réalisation des travaux de reboisement.*** Les travaux de reboisement doivent exclusivement être réalisés dans les réserves foncières pour le reboisement ou sur les terrains agréés par la commission forestière[917]. Ces réserves foncières pour le reboisement sont constituées de zones ou terrains délimités par l'administration forestière et l'administration domaniale. Elles peuvent être des terrains domaniaux, des périmètres de reboisement, du domaine forestier national ou encore des anciennes zones en faveur de l'arbre[918]. Les opérations de reboisement et de remise en état ne se réalisent donc pas automatiquement sur les lieux des infractions. Il existe dès lors d'un côté les zones sur lesquelles les infractions sont commises, où les ressources sont dégradées et de l'autre côté les zones sur lesquelles les travaux de reboisement sont effectués, ces derniers ne correspondant pas automatiquement aux zones les plus dégradées. Il n'y a donc pas à proprement parler de conséquences directes des travaux de reboisement sur l'état des ressources : la remise en état n'ayant pas été réalisée directement sur le site même de la dégradation.

703. De plus, la réalisation des travaux de reboisement répond à des objectifs qui relèvent plus de vœux pieux qu'à une réelle préoccupation des autorités. En effet, « le reboisement doit préserver et améliorer l'environnement ; tendre vers une meilleure valorisation des ressources locales naturelles »[919]. Ces objectifs contenus dans le texte font partie des objectifs généraux dans le cadre de la protection de la nature. Ils n'ont pas réellement d'ambitions et ne prennent pas en compte les spécificités de la matière. Les autorités étatiques restent au stade de l'incitation. Et selon l'article 9 du décret, ces incitations consistent « à octroyer aux opérateurs de reboisement et pépiniéristes des avantages en nature et des avantages financiers. Les avantages en nature consistent en des incitations foncières et en des incitations techniques ». Les autorités étatiques devraient pourtant utiliser les mesures de reboisement, non comme de simples moyens incitatifs, mais comme de véritables outils de protection et de préservation des ressources. D'autant plus que désormais les opérations de reboisement sont ouvertes à tous les citoyens et tous les regroupements de citoyens. Selon l'article 17 du décret relatif au reboisement : « les acteurs dans le domaine du reboisement sont : les producteurs de plants ou pépiniéristes ; les opérateurs de reboisement, les instances régionales de reboisement ; l'administration forestière ». Les opérateurs de reboisement incluant notamment toute personne physique ou morale qui entreprend une activité

---

[917] Selon l'article 3 du décret n° 2000 – 383 relatif au reboisement.
[918] Ce sont les zones désignées dans le cadre de l'application du décret n° 85 – 072 du 13 mars 1985 portant création d'une opération nationale d'action en faveur de l'arbre, JO du 25 mai 1985.
[919] Article 6 du décret relatif au reboisement.

dans le domaine du reboisement à but lucratif ou non. L'opérateur de reboisement peut être au choix : une société ou une entreprise individuelle exerçant dans le domaine de la foresterie et du bois, un particulier qui s'investit à titre individuel, une collectivité territoriale décentralisée, ou une communauté de base, une organisation non gouvernementale ou une association œuvrant dans la foresterie ou le développement rural, une association ou groupement d'individus ayant des intérêts communs, un service public en dehors de l'administration forestière.

704. Les autorités ne disposent pas réellement des outils pour imposer les travaux en nature en général et les travaux de reboisement en particulier comme moyen de remettre en état les sites dont les ressources ont subi des atteintes. Par défaut, le reboisement peut permettre de réunir les conditions physiques et scientifiques de survie et d'épanouissement des espèces. Or, dans la réalité malgache, les travaux de reboisement constituent de simples accessoires dans l'arsenal de protection, alors qu'ils devraient y occuper une place primordiale.

705. ***Les dérives dans les travaux de reboisement***. La pratique des travaux de reboisement à Madagascar contribue à en modifier l'objectif déjà flou. Dans un premier temps, les essences forestières choisies pour les travaux de reboisement sont souvent inadaptées. Ces essences constituent souvent des essences étrangères au milieu physique malgache. Elles sont choisies non pour les effets qu'elles pourraient avoir sur la protection de la diversité biologique, mais pour des raisons plus pratiques. Les effets que ces essences étrangères pourraient avoir sur la consistance du milieu ne sont pas pris en compte. « (...) — la première introduction daterait de 1890 — (...) seuls deux pins sont utilisés dans les reboisements de grande échelle : le Pin argenté, originaire du Mexique et le Pin d'Indochine. Comme il s'agit d'essences d'altitude, elles réussissent surtout à partir de 900 m ce qui explique la place qu'elles occupent dans les reboisements de Hauts-Plateaux. Des deux pins, *la préférence est encore donnée au pin argenté pour la rapidité de sa croissance, la rectitude de son fût, sa plus grande résistance au vent et surtout la qualité papetière de son bois* »[920]. Dans la plupart des cas, ces reboisements avec des essences étrangères n'aboutissent pas à une amélioration de la situation de dégradation. Au contraire, elles causent des dégâts encore plus importants sur le milieu. Les essences ne correspondent pas au besoin réel et n'ont pas d'effets bénéfiques ni sur la consistance du sol ni pour la protection des espèces de la faune et de la flore. Par exemple, la campagne de reboisement de l'année 2010 s'était inscrite dans cette lignée. En effet, les autorités étatiques avaient annoncé privilégier les

---

[920] Guy RAMANANTSOA, *op. cit.*

essences à croissance rapide, qui peuvent être exploitées en cinq fois moins temps que le temps nécessaire habituellement requis[921].

706. En filigrane, on peut constater que c'est encore l'exploitation des essences qui est mise en avant et non les préoccupations relatives au rôle de la forêt dans la protection de la biodiversité. Le choix des essences utilisées lors des opérations de reboisement se justifie difficilement : les raisons évoquées tiennent encore au motif économique et à la facilité d'exploitation des ressources. Les motifs liés à la protection de la nature et de ses ressources n'entrent pas en compte.

707. Le problème du reboisement ne réside pas seulement sur ce point. En effet, les travaux de reboisement effectués bénéficient rarement d'un suivi régulier et rigoureux. La campagne de reboisement annuelle constitue un nouveau point de départ à chaque fois. Les parcelles qui ont fait l'objet d'opération de reboisement sont délaissées et ne sont pas contrôlées ni entretenues. À chaque nouvelle campagne de reboisement, la localisation des travaux change. Ne consistant plus en un devoir national, le reboisement est réalisé selon les volontés des opérateurs de reboisement, sans que ceux-ci ne soient titulaires d'aucune obligation de suivi. De plus, les autorités étatiques n'effectuent aucun contrôle. Les travaux de reboisement finissent par être considérés comme un acte symbolique et politique. La très grande publicité médiatique faite autour des travaux de reboisement réalisés atteste de ce fait. À l'ouverture de la campagne de reboisement, les autorités plantent symboliquement, photo à l'appui, un plant d'arbres. Il en est de même en ce qui concerne les grandes entreprises et les autres acteurs de la société civile malgache. En période de campagne de reboisement, ces entités consacrent souvent une page entière dans les revues et journaux nationaux pour des reportages photos sur le reboisement effectué, sans que les essences utilisées ne soient spécifiées, sans mention des éventuels suivis et résultats des campagnes antérieures réalisées.

708. Pour conclure, il est rappelé que la réglementation malgache prévoit des sanctions lourdes en cas d'infraction à ses dispositions et implique même la responsabilité pénale des communautés riveraines lorsque les auteurs des infractions demeurent inconnus, à partir du moment où celles-ci sont commises dans la localité de ces communautés. Néanmoins, malgré son caractère répressif, cette réglementation ne parvient pas à stopper la spirale de dégradation des ressources. Cela peut s'expliquer soit par le manque de moyens dont dispose l'administration centrale pour appliquer les sanctions, soit par le manque de cohérence et l'inadaptation des mesures, qui datent des

---

[921] Selon le site du ministère de l'Environnement et des Eaux et forêts www.meeft.gov.mg (consultation février 2010).

années 1960. Afin de pallier ces problèmes, une troisième voie est explorée : la contrainte liée au respect des règles imposées par les autorités étatiques sera assouplie par la coopération et l'adhésion volontaire des communautés locales. Les mesures de protection qui vont être prises ne le seront pas uniquement sur la base des décisions unilatérales des autorités, mais seront décidées avec un minimum de concertation et de dialogue avec les communautés locales. C'est la vraie participation des communautés locales à la protection de la nature.

Chapitre III. Le transfert de gestion des ressources naturelles de l'État au profit des communautés de base

SECTION PRÉLIMINAIRE. LE CONSENSUALISME DANS LA PROTECTION DE LA NATURE

709. Il a été vu que l'application de la réglementation relative à la protection de la nature a été rendue difficile par son caractère répressif, la concentration des responsabilités au niveau de l'administration centrale et le manque de moyens de celle-ci. Une nouvelle orientation est proposée : elle se base sur la Déclaration de Rio de 1992 en son principe 22 : « les populations et communautés autochtones et les autres collectivités locales ont un rôle vital à jouer dans la gestion de l'environnement et le développement du fait de leur connaissance du milieu et de leurs pratiques traditionnelles. Les États devraient reconnaître leur identité, leur culture et leurs intérêts, leur accorder tout l'appui nécessaire et leur permettre de participer efficacement à la réalisation d'un développement durable »[922]. Ces concertations et dialogues vont au-delà de la participation prévue par les principes de participation et d'information des citoyens. En effet, il ne s'agit plus seulement d'organiser des débats et de recueillir les avis de ces communautés, il faudra désormais recourir à d'autres méthodes pour une véritable participation de celles-ci. Ces communautés devront être impliquées en amont, lors de l'élaboration des normes de protection et les décisions devront désormais être prises en concertation et avec un dialogue engagé auprès des communautés locales.

710. Le consensualisme dans la protection de la nature se matérialise par une contractualisation de cette protection. Cette contractualisation est « la démarche qui consiste à établir des relations contractuelles entre des parties qui auparavant n'entretenaient aucune relation entre elles, par exemple certaines collectivités territoriales ou encore une collectivité territoriale et un organisme ou une société privée »[923]. La technique contractuelle est ici utilisée dans un but de protection des ressources naturelles en faisant participer les communautés. Quand la coercition et l'utilisation des moyens dont disposent les autorités centrales ne donnent pas les résultats escomptés, « la contractualisation du droit apparaissait comme une solution de repli

[922] Action 21 : Déclaration de Rio sur l'environnement et le développement : déclaration de principes relatifs aux forêts/Principaux textes de la Conférence des Nations Unies sur l'environnement et le développement, Nations Unies 1993, 256 p.

[923] Marie Pierre LAVOILLOTTE, « La contribution de la technique contractuelle à l'émergence de l'ordre public écologique », in Marguerite BOUTELET & Jean-Claude FRITZ, *L'ordre public écologique*, Bruxelles : Éditions Bruylant, 2005, p. 296.

honorable : l'État ne renonçait pas à imprimer une direction au changement, mais convenait que l'effet souhaité aurait plus de chances d'être atteint par la concertation, l'autoresponsabilisation et l'accord que par les méthodes coercitives traditionnelles »[924].

711. La contractualisation permet dès lors de tempérer le caractère contraignant de la loi, parce que les engagements des parties au contrat ressortent de leur propre volonté. Mais cette rencontre de volonté entre les parties ne peut cependant faire fi des dispositions légales et réglementaires en vigueur, elle est encadrée par celles-ci. Cette démarche consensualiste devrait permettre aux communautés de participer de manière active à la protection de la nature en en devenant les principaux acteurs avec l'aval et après concertation avec les autorités étatiques. Désormais, ces communautés ne se contenteront plus d'émettre des avis et de respecter les réglementations établies, mais participeront activement à l'élaboration des règles de gestion des ressources et à la protection de celles-ci.

712. « L'intérêt de cette réforme réside d'abord sur la rupture qu'elle propose avec le monopole traditionnel de l'État sur les ressources, en prenant acte que celui-ci n'a pas apporté les preuves d'une grande efficacité (…) La véritable originalité du cas malgache repose principalement sur le passage vers une démarche contractuelle entre les acteurs qui marque la fin de l'approche strictement participative du développement au profit d'un processus de négociation. L'État, les communautés rurales, les organisations non gouvernementales sont ainsi invités à devenir des partenaires aux objectifs et aux obligations communes : assurer le développement — l'utilisation durable — et la conservation des ressources »[925]. Le rapport de force entre l'État qui impose et exige des communautés un respect strict des règles et ces dernières se rééquilibre en un rapport de coopération et même de négociation. Ce nouveau rapport exige une participation plus active de toutes les parties et une prise de responsabilités de celles-ci. Afin de réaliser ce partage de responsabilité, l'État procède à un transfert de gestion des ressources au profit des communautés de base par le biais de contrats. L'utilisation de la technique contractuelle[926] a pour objectif principal de pallier l'option « toute

---

[924] François OST, *La nature hors la loi,* Paris : Éditions La Découverte, 1995, p. 118.

[925] Bruno SARRASIN, « La gestion locale sécurisée (GELOSE) : l'expérience malgache de gestion décentralisée des ressources naturelles », *Études caribéennes,* 12/2009, Espaces et aires protégés. Gestion intégrée et gouvernance participative, (en ligne), mis en ligne le 4 septembre 2009. URL: http://etudescaribeennes.revues.org/3664. Consulté le 10 octobre 2016.

[926] Selon l'article 25 de la loi française du 10 juillet 1976 relative à la protection de la nature, l'État peut conclure des conventions de gestion des ressources naturelles avec les collectivités locales et les établissements publics. D'autres types de contrats existent en droit de

réglementation », mais elle ne l'en exclut pas totalement. « Les obligations contractuelles sont renforcées par les termes de la réglementation et inversement. Cette dernière trouve ainsi dans la technique contractuelle un instrument de sa mise en œuvre effective. Le contrat est instrument de responsabilisation, de respect de la réglementation en vigueur, en complément de l'effet dissuasif de la sanction juridique. Les clauses qu'il contient permettent notamment (...) la détermination du rôle de chacun »[927].

713. ***Le nouveau rôle des communautés locales et riveraines.*** La Déclaration de Rio sur l'Environnement et le Développement de 1992 mentionnait déjà en son principe 22 la nécessité d'impliquer les communautés dans la protection des ressources naturelles : « les populations et communautés autochtones et les autres collectivités locales ont un rôle vital à jouer dans la gestion de l'environnement et le développement du fait de leur connaissance du milieu et de leurs pratiques traditionnelles »[928]. La Convention sur la diversité biologique de 1992, en son préambule, reconnaît aussi cette place importante des communautés locales : « un grand nombre de communautés locales et de populations autochtones dépendent étroitement et traditionnellement des ressources biologiques sur lesquelles sont fondées leurs traditions et il est souhaitable d'assurer le partage équitable des avantages découlant de l'utilisation des connaissances, innovations et pratiques traditionnelles intéressant la conservation de la diversité biologique et l'utilisation durable de ses éléments ».

714. ***La loi n° 96-025 du 30 septembre 1996 relative à la gestion locale sécurisée des ressources naturelles renouvelables***[929] (dite loi GELOSE) a été adoptée en réponse à ce principe 22 de la Déclaration de Rio. « La loi 96-025 établit non seulement un cadre légal général pour les transferts de gestion des ressources naturelles, mais elle propose aussi une nouvelle façon de construire le droit de l'environnement dans un contexte juridique pluraliste, en privilégiant une approche de contractualisation du droit, le

---

l'environnement français. Par exemple: les « contrats de rivières propres » institués à partir de mai 1980, ils sont conclus entre le préfet, le président du conseil général et le directeur de l'agence de bassin afin d'atteindre des objectifs de qualité des grandes rivières selon les cartes départementales qui ont été établies. Ensuite, il y a les contrats de branche passés entre l'État et une branche professionnelle industrielle. Ils consistent pour l'État à attribuer une aide financière en contrepartie de la réalisation d'un programme de réduction de la pollution par la branche industrielle.

927 Marie Pierre LAVOILLOTTE, « La contribution de la technique contractuelle à l'émergence de l'ordre public écologique », in Marguerite BOUTELET & Jean-Claude FRITZ, *L'ordre public écologique*, Bruxelles : Éditions Bruylant, 2005, p. 300.

928 Action 21 : Déclaration de Rio sur l'environnement et le développement : déclaration de principes relatifs aux forêts/Principaux textes de la Conférence des Nations Unies sur l'environnement et le développement, Nations Unies 1993, 256 p.

929 JO du 14 octobre 1996, pp. 2377 – 2385.

recours aux médiateurs environnementaux ainsi que l'intégration du droit traditionnel dans le droit étatique »[930]. Cette loi va permettre aux communautés locales de prendre part activement à la protection des ressources en appui aux efforts qui ont déjà été consentis et fournis par les autorités étatiques. Le transfert de gestion va tisser entre ces acteurs des relations de dimension nouvelle, différentes de celles qu'ils ont traditionnellement.

715. Selon l'article 1er de la loi n° 96-025 du 10 septembre 1996 relative à la gestion locale des ressources naturelles renouvelables, « en vue de permettre la participation effective des populations rurales à la conservation durable des ressources naturelles renouvelables, il peut être confié à la communauté de base, dans les conditions prévues par la présente loi, la gestion de certaines de ces ressources comprises dans les limites de leur terroir ». Et la procédure suivie pour la conclusion d'un contrat de transfert de gestion des ressources permet d'impliquer en interne, dans un premier temps, les communautés concernées et ensuite, une fois le projet admis par les membres de la communauté d'effectuer la demande auprès des autorités étatiques (**section I**).

716. Le système de transfert de gestion ne se substitue pas aux dispositions réglementaires. Il vise à permettre une application locale de la réglementation avec les communautés de base comme responsables de première ligne (**section II**). Le transfert de gestion des ressources naturelles a un champ d'application assez large. Selon l'article 2 de cette loi, les ressources concernées sont constituées par les forêts, la faune et la flore sauvages aquatiques et terrestres, l'eau et les territoires de parcours. Bien qu'étant déjà comprises dans cette loi générale, les ressources forestières font l'objet d'une réglementation spéciale. C'est le décret n° 2001-122 fixant les conditions de mise en œuvre de la gestion contractualisée des forêts de l'État qui régit ce « mode de transfert de gestion des forêts aux communautés de base en vue d'une gestion locale durable et sécurisée des ressources forestières »[931] (**section III**).

SECTION I. LE TRANSFERT DE GESTION DU NIVEAU COMMUNAL AU NIVEAU ÉTATIQUE

717. Le transfert de gestion implique la participation de plusieurs acteurs. En premier lieu, il y a l'État ou les collectivités territoriales sur les domaines

---

[930] Marie-Hélène Bérard, *Légitimité des normes environnementales et complexité du droit : l'exemple de l'utilisation des dina dans la gestion locale de la forêt à Madagascar (1996 – 2006)*, Thèse, Faculté de droit, Université Laval – Québec, 2009 , p. 68.
[931] Selon l'article 3 du décret.

desquels sont localisées les ressources naturelles renouvelables qui vont faire l'objet du contrat de transfert. Ensuite viennent les communautés de base qui formulent la demande de transfert. Et enfin, la commune de rattachement des communautés de base. Cette commune de rattachement est la circonscription administrative de base au niveau de laquelle les communautés sont situées. La procédure de transfert de gestion se déroule en deux phases : dans un premier temps, au niveau de la commune de rattachement (**paragraphe 1**) et dans un second temps, au niveau étatique (**paragraphe 2**).

Paragraphe 1. L'initiative : une demande formulée par les communautés de base à la commune de rattachement

718. Cette première phase de la procédure a pour finalité, de la part de la communauté de base, d'exprimer formellement le souhait de bénéficier d'un transfert de gestion. Le souhait est adressé au Maire de la commune de rattachement de la communauté sous la forme d'un formulaire type daté et signé par le ou les représentants des membres de la communauté. Selon l'alinéa 2 de l'article 10 de la loi relative à la gestion locale des ressources naturelles, ils doivent préalablement avoir été « désignés par la communauté de base pour suivre et accomplir toutes les formalités nécessaires au nom de la communauté ».

719. ***La composition de la communauté de base.*** La demande doit comporter une liste exhaustive des membres de cette communauté de base. L'établissement de cette liste a pour but d'apporter la preuve de la réalité de la communauté. Les membres ne devraient pas être issus d'une seule et même famille, même si tout habitant résidant dans les limites du terroir de la communauté de base peut être accepté comme membre selon l'article 5 du décret n° 2000 – 027 du 13 janvier 2000 relatif aux communautés de base chargées de la gestion locale des ressources naturelles renouvelables. Aucune disposition des textes n'interdit formellement le cas, mais les évaluations sur le terrain ont montré que le fait d'avoir une trop grande majorité de membres d'une seule famille dans la communauté de base constitue un facteur d'échec du transfert de gestion. Par exemple, lors d'un transfert de gestion réalisé à Analasoa[932], plusieurs indicateurs ont été identifiés pour expliquer l'échec du processus : « présence d'un "lettré" à la tête d'une association qui est loin d'être acceptée par l'ensemble de la communauté de base, il existe une surreprésentation de la famille du

[932] Dont l'évaluation des résultats du transfert de gestion est livrée dans un document de synthèse : G. FELTZ & S. GOEDEFROIT, *Contribution à l'étude « Évaluation et perspectives des transferts de gestion des ressources naturelles dans le cadre du programme environnemental 3 »*, Antananarivo, septembre 2004.

président avec certainement un non-respect du droit d'aînesse[933] »[934]. Et enfin, la preuve doit être faite que lors de la prise de décision entre les membres de la communauté, les règles coutumières ont été respectées.

720. ***Les ressources, objet de la demande de transfert de gestion.*** La demande porte sur une ou plusieurs ressources dont la communauté veut se voir confier la gestion. Toutes les ressources naturelles peuvent faire l'objet d'un contrat de transfert de gestion, les textes n'ont pas spécifié de critères précis. L'article 2 de la loi n° 96-025 du 30 septembre 1996 se contente d'énumérer de façon non exhaustive ces ressources : « rentrent dans cette catégorie les forêts, la faune et la flore sauvages aquatiques et terrestres, l'eau et les territoires de parcours ». Une seule condition est posée : les ressources doivent être sur le domaine de l'État et des collectivités territoriales. Si ce domaine de l'État recouvrait de vastes territoires auparavant, il en est autrement actuellement. En effet, la consistance de ce domaine de l'État a changé depuis l'adoption d'une réforme foncière qui a annulé le principe de présomption de domanialité.

721. ***La nouvelle consistance du domaine de l'État et des collectivités territoriales.*** La loi n° 2005 – 019 du 17 octobre 2005 fixant les principes régissant les statuts des terres[935] a annulé le principe de la présomption de domanialité selon lequel tous les biens immeubles non immatriculés sont propriétés de l'État et font partie de son domaine. Désormais, avec cette nouvelle loi, les terres se répartissent en trois catégories. La première catégorie est constituée par les terrains dépendant des domaines de l'État, des collectivités décentralisées et des autres personnes morales de droit public. La deuxième catégorie comprend les terrains des personnes privées. Et enfin, dans la troisième catégorie sont inclus les terrains constitutifs des aires soumises à un régime juridique de protection spécifique. Les ressources qui vont faire l'objet d'un transfert de gestion doivent donc obligatoirement relever de la première catégorie : les domaines de l'État et des collectivités territoriales, et ne peuvent être concernés les terrains soumis à un régime spécifique de protection, comme les territoires des aires protégées par exemple. L'assise territoriale de la communauté doit être précisée dans le dossier de demande de transfert afin de déterminer si la demande finale doit être adressée à l'État ou à une collectivité territoriale, selon la localisation des ressources en question.

---

[933] *Infra* Introduction, p. 12.

[934] G. FELTZ & S. GOEDEFROIT, *Contribution à l'étude « Évaluation et perspectives des transferts de gestion des ressources naturelles dans le cadre du programme environnemental 3 »*, Document de synthèse, Antananarivo, septembre 2004, p. 27.

[935] JO n° 3007 du 2 janvier 2006.

722. ***Étude du dossier de demande de transfert par la commune de rattachement.*** Après réception du dossier de demande de transfert, la commune de rattachement doit réaliser une enquête avec la collaboration des services techniques de l'État. Cette enquête a pour but principal d'évaluer et de vérifier le sérieux de la demande de la communauté de base. Dans ce cadre, l'enquête doit en premier lieu constater la réalité de l'existence de la communauté de base et celle de l'adhésion sociale à propos du projet de transfert de gestion. Une absence d'adhésion de la communauté rendrait difficile la mise en œuvre de cette nouvelle gestion des ressources, comme il a été vu précédemment dans le cadre de la mise en place des aires protégées. L'enquête vérifie aussi la régularité de la désignation des représentants de la communauté de base et leur représentativité. Et enfin, elle évalue les capacités de gestion de la communauté et la situation des ressources, notamment leur nature et leur consistance. Elle cherche alors à déterminer si les capacités de gestion de la communauté permettent un transfert de gestion en sa faveur. Au vu des résultats de l'enquête, la commune de rattachement prend sa décision sur la requête formulée par la communauté de base.

723. ***La soumission d'une requête commune.*** Une requête est adressée au représentant de l'État par la commune de rattachement. Cette requête commune regroupe toutes les demandes de transfert ayant reçu une décision favorable de la commune de rattachement à l'issue des enquêtes réalisées. Elle permet d'identifier d'une part, les ressources de la commune de rattachement qui vont être transférées et d'autre part, les communautés de base qui ont fait des demandes de transfert. Toute décision de la commune de rattachement doit être motivée et préciser les priorités à prendre en compte dans les contrats de gestion qui vont être conclus. Par la suite, cette requête commune est transmise au représentant de l'État afin d'obtenir l'agrément qui vaut transfert de gestion.

Paragraphe 2. La conclusion du transfert de gestion après la délivrance de l'agrément au niveau étatique

724. La requête commune est transmise par la commune de rattachement, avec l'accord des communautés de base, au représentant de l'État. C'est la deuxième étape de la procédure de transfert de gestion. Elle a pour finalités d'obtenir l'agrément de l'État et de conclure le contrat de transfert de gestion des ressources naturelles. Selon l'article 5 de la loi relative à la gestion locale des ressources naturelles renouvelables, « l'agrément constitue l'acte officiel conférant à la communauté de base bénéficiaire, pendant la période indiquée dans l'acte, la gestion autonome des ressources y visées, sous réserve du respect des stipulations et clauses du contrat de gestion et du cahier de charges négociés et conclu préalablement entre les parties ».

725. ***La durée de validité de l'agrément.*** L'agrément est délivré par l'autorité compétente après acceptation des termes du contrat et signature de celui-ci par les parties en présence. Lors de la première délivrance, l'agrément a une validité limitée de trois ans. C'est uniquement dans les cas de renouvellement de la demande d'agrément portant sur les mêmes ressources et seulement si une bonne évaluation des résultats est obtenue à l'issue de cette première période de 3 ans, que la durée de l'agrément peut être portée à 10 ans. L'agrément peut être retiré en cas d'inexécution ou de non-respect des obligations contractées lors de la conclusion du contrat de transfert de gestion par les communautés de base.

726. ***Les possibilités d'extension de l'agrément.*** L'agrément peut être étendu à d'autres ressources sous conditions. La demande d'extension de l'agrément doit être formulée par la communauté de base. Elle peut porter sur des ressources qui faisaient déjà partie de la demande initiale, mais qui ont été exclues du contrat de transfert de gestion et de la décision finale d'agrément. Cette extension de l'agrément peut également porter sur des ressources nouvelles qui n'ont jamais fait l'objet d'une demande de transfert de gestion. La décision portant extension de l'agrément dépendra alors des résultats d'une enquête réalisée par les services techniques sur la capacité de la communauté à gérer ces ressources. Cette enquête est menée dans les mêmes formes que celle effectuée par les services techniques lors de la première demande d'agrément.

SECTION II. UNE NOUVELLE RÉPARTITION DES RESPONSABILITÉS APRÈS LA CONCLUSION D'UN CONTRAT DE TRANSFERT DE GESTION

727. L'État et les communautés de base vont modifier la nature de leur relation et se retrouver parties prenantes avec la conclusion du contrat de transfert de gestion. En effet, auparavant, dans le cadre de la réglementation traditionnelle, l'État s'occupait d'édicter les textes et de promulguer les interdits à observer. Et les communautés étaient titulaires d'une obligation de respect et de protection de l'environnement. À compter de la signature du contrat de transfert de gestion et de la notification de l'agrément, les communautés de base deviennent les principales responsables de la gestion des ressources naturelles visées dans le contrat de transfert. Selon l'article 43 de la loi relative à la gestion locale des ressources naturelles renouvelables, « l'agrément confère à la communauté de base bénéficiaire, pendant la période indiquée dans l'acte, la gestion de l'accès, de la conservation, de l'exploitation et de la valorisation des ressources ». De cet article peut alors être déduite la nature du transfert de gestion (**paragraphe 1**). Tout le long de la procédure, et même en cas de conflit, le consensualisme et le dialogue sont privilégiés par rapport à l'exercice de moyens liés à la puissance publique (**paragraphe 2**).

Paragraphe 1. La nature du transfert de gestion des ressources naturelles renouvelables

Le transfert de gestion des ressources naturelles renouvelables pose les questions d'une part du transfert de propriété (**2**), et d'autre part, de l'application de la réglementation relative à la protection de la nature (**1**).

1. Le transfert de gestion des ressources naturelles renouvelables et la réglementation relative à la protection de la nature

728. Le recours au contrat de transfert de gestion des ressources naturelles renouvelables est nouveau dans le droit malgache de la protection de la nature. Il est alors important de déterminer sa nature et les conséquences que sa conclusion entraîne. Le transfert de gestion ne constitue ni un droit d'usage élargi ni un système de garde de ces ressources. C'est un contrat conclu entre les autorités étatiques et les communautés de base concernées.

729. ***Le transfert de gestion ne constitue pas un droit d'usage élargi.*** Il ne peut être assimilé au droit d'usage reconnu aux communautés riveraines des aires protégées qui est défini par l'article 41 de la loi n° 2001- 005 du 11 février 2003 portant code de gestion des aires protégées comme étant « des prélèvements à but non commercial pour les besoins domestiques, vitaux et/ou coutumiers réservés à la population riveraine ». En effet, le droit d'usage concerne exclusivement la satisfaction des besoins de la vie quotidienne des communautés qui en sont titulaires : elles ne peuvent prélever au-delà. Dans le cadre du transfert de gestion, les communautés de base ont la possibilité d'exploiter ces ressources au-delà des nécessités du quotidien. De plus, les textes ne prévoient ni n'interdisent les exploitations à des fins commerciales. L'article 43 de la loi relative à la gestion localisée des ressources dispose que la seule limite imposée aux communautés de base réside dans le respect des prescriptions et des règles d'exploitation déterminées dans le contrat de gestion.

730. ***Le contrat de transfert de gestion ne se substitue pas à la réglementation afin de protéger les ressources.*** Sa conclusion n'implique pas obligatoirement une sanctuarisation ni un renforcement des dispositifs de protection des ressources. À l'issue du transfert de gestion, ce sont les communautés de base qui ont un pouvoir de décision sur le mode de gestion, d'accès et d'exploitation des ressources, selon les buts qu'elles se sont fixés.

Ces objectifs peuvent être liés à la protection des ressources, mais ils peuvent aussi être relatifs à une exploitation de celles-ci. Les communautés de base ne sont pas dans l'obligation d'avoir une visée protectrice dans la gestion. D'autant plus que les textes ont prévu de reconnaître au profit des communautés locales de base des « avantages pour la commercialisation et la valorisation des ressources renouvelables et des produits dérivés »,[936] mais aussi la possibilité d'adopter par la voie réglementaire des mesures qui pourront aider ces communautés dans leur gestion à s'adapter « aux conditions de l'économie de marché »[937]. Ces avantages seront de nature économique et parafiscale et bénéficieront exclusivement aux communautés locales de base qui sont titulaires de l'agrément. Ils seront mis en place selon les ressources concernées et selon les modes de gestion. L'instauration de ces avantages vise à encourager ces communautés dans leur démarche et aussi à inciter les autres communautés à entreprendre cette gestion autonome des ressources naturelles. Ces incitations économiques et parafiscales vont prendre le plus souvent la forme de certificats d'origine des ressources ou produits dérivés. Bien qu'autonomes dans leur pouvoir de décision quant aux modes de valorisation et d'exploitation des ressources naturelles, les communautés locales de base restent soumises à la réglementation en vigueur.

731. À l'issue de la signature du contrat de transfert, ***les communautés de base ne sont pas investies d'un pouvoir de police judiciaire.*** Elles ne se substituent pas aux officiers de police judiciaire, ni aux gardes forestiers, ni aux agents des services techniques chargés de la surveillance. Le transfert de gestion ne permet pas de renforcer le contrôle, mais d'impliquer plus activement les communautés de base et de pallier l'une des principales causes de l'échec de la réglementation relative à la protection de la nature : le fait que les mesures soient prises par les autorités étatiques sans prise en compte des connaissances des communautés de base. Le transfert de gestion permet alors non seulement de mieux protéger ces ressources, mais surtout de mieux les gérer, les communautés de base étant présumées avoir des connaissances coutumières mieux éclairées que les services techniques de l'État. Mais cette protection n'impliquera pas obligatoirement la sanctuarisation ou l'interdiction d'exploitation des ressources.

732. ***Le transfert de gestion des ressources naturelles se réalise au profit des communautés de base.*** Selon l'article 6 de la loi n° 96-025 du 30 septembre 1996 relative à la gestion locale des ressources naturelles renouvelables, « le contrat de gestion est conclu entre la communauté de base et l'État ou la collectivité territoriale dont relèvent les ressources objet

[936] Selon l'article 54 de la loi relative à la gestion locale des ressources.
[937] Alinéa 4 de l'article 54 de la loi.

de la demande de transfert de gestion ». La commune de rattachement est partie au contrat. Son rôle consiste à concourir avec l'État ou la collectivité territoriale à tout acte de transfert de gestion passé avec la communauté de base[938]. Toujours selon l'article 7 de la loi relative à la gestion locale des ressources naturelles renouvelables, les accords conclus entre la commune de rattachement et l'État ou la collectivité territoriale dans le cadre de la mission de la commune de rattachement ne peuvent être opposés à la communauté de base ni invoqués par celle-ci s'ils ne figurent pas dans les clauses du contrat de gestion ou du cahier des charges liant les trois parties.

733. ***Les termes du contrat issus de la concertation entre les communautés de base et les autorités étatiques.*** L'utilisation du contrat est un procédé nouveau dans le droit malgache de la protection de la nature. La question de l'équilibre dans les relations contractuelles des parties en présence se pose alors et conduit à émettre des réserves. En effet, « l'introduction et la prolifération de la notion de contrat dans l'ordre des rapports liant l'État à ses assujettis se heurtent, d'emblée, à une difficulté : peut – on véritablement penser que les conditions d'un véritable contrat sont réunies lorsqu'une convention est censée régir les relations entre un gouvernement et des représentants (...) d'intérêts particuliers (...) ? La trop évidente disparité de pouvoir entre ces deux genres de partenaires conduit, généralement, à douter qu'on puisse répondre de façon positive à cette question »[939]. Cette difficulté est résolue par le fait que le transfert de gestion aboutit à un désengagement des autorités centrales étatiques. Le contrat matérialise et organise les conditions de ce transfert de gestion. De plus, la procédure adoptée tend à privilégier une concertation entre les autorités et les communautés, qui désormais, deviennent responsables de la gestion et de la protection des ressources en question. Le rapport de force entre l'État et les communautés locales de base se rééquilibre en un rapport de coopération et de concertation. D'autant plus que ce sont les communautés de base qui sont à l'initiative de la conclusion de ces contrats et que les dispositions des contrats sont prises en fonction de l'attente qu'elles ont formulée. Les autorités étatiques, partie au contrat, ne peuvent imposer des conditions qui vont à l'encontre des vœux formulés par ces communautés locales de base ou au-delà de la réglementation en vigueur. « Un des principes fondamentaux de la mise en œuvre du transfert de gestion à Madagascar repose sur la nécessité d'une négociation entre les acteurs. Il ne s'agit plus de "faire participer" les populations locales à des projets aux règles

---

[938] Article 7 de la loi n° 96-025 du 30 septembre 1996 relative à la gestion locale des ressources naturelles renouvelables.

[939] S. ERBES SEGUIN (dir.), *Le contrat. Usage et abus d'une notion,* DESCLÉE DE BROUWER, 1999, p. 121, cité dans Marie Pierre LAVOILLOTTE, « La contribution de la technique contractuelle à l'émergence de l'ordre public écologique », *op.cit.*

prédéfinies, mais de définir ces règles par l'interaction entre acteurs, en intégrant donc dès le départ leurs perceptions particulières. (…) La demande de contrat doit faire l'objet d'une démarche volontaire de la part de la population concernée »[940].

2. Le transfert de gestion des ressources naturelles renouvelables et le transfert de propriété

734. ***Transfert des responsabilités sur les ressources naturelles et procédure de sécurisation foncière relative.*** Le transfert de gestion implique un transfert des responsabilités sur les ressources naturelles renouvelables de l'État vers les communautés de base. « À compter de sa notification, l'agrément confère à la communauté de base bénéficiaire pendant la période indiquée dans l'acte, la gestion de l'accès, de la conservation, de l'exploitation et de la valorisation des ressources objet du transfert de gestion sous réserve du respect des prescriptions et des règles d'exploitation définies dans le contrat de gestion »[941]. Mais, ce transfert n'implique pas un transfert de propriété de ces ressources ni un transfert de propriété du terroir concerné.

735. Le transfert de gestion des ressources est associé à une procédure de sécurisation foncière dite relative. Il a été identifié que l'insécurité foncière constitue un facteur aggravant les actes de dégradation des ressources naturelles : le défrichement des forêts est assimilé à un moyen d'accès à la propriété foncière[942]. Ainsi, afin de pallier ce problème et permettre une réussite de la procédure de transfert de gestion, il convient d'assurer un minimum de sécurité foncière à ces communautés de base. « Les ressources renouvelables sont indissociables de leur support. On ne peut prétendre gérer les ressources sans gérer le fonds, la terre. (…) Il s'agit donc de sécuriser le foncier pour inciter les paysans à mieux gérer leur patrimoine foncier "en bon père de famille" soucieux de la pérennité à long terme des ressources qu'il porte »[943].

736. ***L'absence de sécurité juridique dans la sécurisation foncière relative.*** La procédure de sécurisation foncière prévue dans le cadre du transfert de gestion des ressources est régie par le décret n° 98-610 du

---

[940] Sophie GOEDEFROIT, « La restitution du droit à la parole », *Études rurales,* juillet-décembre 2006, n° 178, p. 46.

[941] Article 43 de la loi n° 96 – 025 du 30 septembre 1996 relative à la gestion locale des ressources naturelles renouvelables.

[942] Voir *supra.*

[943] MALDIDIER, *« La décentralisation de la gestion des ressources renouvelables à Madagascar. Les premiers enseignements sur les processus et les méthodes d'intervention »,* Tananarive, Rapport, ONE, 2001, p. 28.

13 août 1998 réglementant les modalités de la mise en œuvre de la sécurisation foncière relative[944] et se réalise à la suite de la délivrance de l'agrément. Cette sécurisation foncière relative consiste à délimiter l'ensemble du terroir de la communauté locale de base qui bénéficie d'un contrat de transfert de gestion et à constater les occupations comprises dans ce terroir. « Les limites du périmètre soumis à la sécurisation foncière relative sont celles arrêtées dans le cadre du processus de transfert de gestion des ressources naturelles »[945]. Son caractère relatif est lié au fait qu'elle se borne à réaliser les constatations relatives au droit de jouissance des occupants et selon les termes du décret, la sécurisation foncière relative « peut constituer une étape vers l'immatriculation foncière »[946]. D'autant que « les droits sont convenus entre parties, mais ne sont pas garantis de façon absolue. C'est une simple reconnaissance administrative et non juridique, qui ne débouche donc pas sur un titre foncier et donc pas sur une propriété inattaquable »[947]. Cette sécurisation foncière relative ne transmet donc pas la propriété du terroir aux communautés locales de base en vertu du transfert de gestion des ressources naturelles.

737. ***La procédure.*** La sécurisation foncière relative procède par plusieurs étapes. Des campagnes d'information précèdent les mesures de délimitations et de levés topographiques. Ces mesures réalisées publiquement par un géomètre assermenté sont réputées contradictoires. L'état parcellaire obtenu à la suite de ces opérations de délimitation topographique doit permettre d'identifier les références de la parcelle, ses occupants, la consistance de l'immeuble et sa superficie approximative et enfin les litiges qui peuvent éventuellement exister sur la parcelle concernée. Plusieurs catégories de terrains ne peuvent figurer dans ces délimitations topographiques, même s'ils sont compris dans le périmètre concerné : ce sont les portions du

---

944 Ce décret a été pris en application de la loi n° 96-025 du 30 septembre 1996 relative à la gestion locale des ressources naturelles renouvelables (article 1er du décret). Mais il est étonnant de constater que sur certains sites internet institutionnels (par exemple sur le site internet de l'Office national de l'Environnement http://www.pnae.mg/ee/ref/txt_nat/texte_regl/foncier_agriculture/decret_98_610_securisation_fonciere_relative.pdf) le libellé de ce décret porte à confusion. En effet, il y est rajouté « application de la loi n° 90-012 du 6 juin 1997 modifiant et complétant la loi n° 90-033 du 21 octobre 1990 portant Charte de l'Environnement ». Or, l'article 1er du décret énonce bien qu'il a été pris en application de la loi relative à la gestion locale des ressources naturelles renouvelables. D'autant plus que les dates données ne correspondent pas aux textes officiels. En effet, la loi portant Charte de l'Environnement est du 21 décembre 1990 et a été modifiée par la loi n° 97-012 du 6 juin 1997.

945 Article 4 du décret.

946 Article 2 du décret n° 98-610 du 13 août 1998 réglementant les modalités de la mise en œuvre de la sécurisation foncière relative.

947 MALDIDIER, *« La décentralisation de la gestion des ressources renouvelables à Madagascar. Les premiers enseignements sur les processus et les méthodes d'intervention »*, Tananarive, Rapport, ONE, 2001, p. 31.

domaine public, les propriétés déjà immatriculées au nom de particulier. Et ne peuvent pas non plus être soumis au régime de la sécurisation foncière relative les périmètres qui sont déjà affectés et compris dans un autre régime préexistant. Il en est de même pour les parcelles qui font déjà l'objet d'une demande d'acquisition.

738. Le dossier nécessaire à cette procédure de sécurisation foncière relative va comporter :
- l'état parcellaire,
- un plan parcellaire ou un agrandissement photographique du paramètre,
- le plan de la ressource naturelle renouvelable, objet du transfert de gestion,
- le plan du périmètre de la zone soumise à la sécurisation foncière relative,
- le procès-verbal dressé lors de la délimitation de cette zone.

Le dossier complet est vérifié par les techniciens de la Direction des services topographiques puis annexé au contrat de transfert de gestion et déposé à la commune de rattachement. En cas de litige sur la délimitation parcellaire, les voies de recours sont ouvertes aux entités concernées, mais un arbitrage mené par le maire de la commune doit être préalablement entrepris.

739. Ainsi, de manière temporaire, ce territoire délimité est protégé par le régime de la sécurisation foncière relative. C'est la procédure d'immatriculation qui pourra offrir, à terme, une sécurité foncière juridique certaine aux occupants. Il en est ainsi que l'immatriculation soit collective et effectuée par la communauté locale de base ou qu'elle soit individuelle et résulte de l'action d'un occupant individuel. Les réformes menées dans le cadre du régime foncier malgache amènent cependant à s'interroger sur ce dernier point.

740. ***L'accès à la propriété foncière avec la réforme du régime foncier.*** Plusieurs motifs ont été évoqués pour justifier cette réforme du régime foncier malgache. D'une part, la réforme pourrait participer à la mise en place d'un « cadre incitatif à la réalisation d'investissements privés à Madagascar »[948]. En effet, l'impossibilité d'accès à la propriété foncière sur

---

[948] Dans l'exposé des motifs de la loi n° 2007 – 036 du 14 janvier 2008 sur les investissements, l'accès au foncier est considéré comme un principe de base. Plus précisément, la loi vise « l'accès au foncier d'entreprise pour les sociétés de droit malgache, qu'elles soient ou non contrôlées par des intérêts étrangers ». D'autres principes de base ont été établis par cette loi sur les investissements. Il en est ainsi de « l'instauration d'un cadre incitatif à la réalisation d'investissements privés à Madagascar sans privilèges pour une catégorie d'investisseurs en particulier, qu'il s'agisse d'investisseurs nationaux ou étrangers, déjà établis à Madagascar ou souhaitant s'y établir ». De même, il est souhaité de procéder à « la simplification d'un grand nombre de procédures administratives afin de transformer le climat des affaires ». Et enfin, le dernier principe sous-tendant cette loi est « le renforcement de la compétitivité des sociétés installées à Madagascar ».

le territoire malgache pour les non-nationaux[949] était souvent identifiée comme un frein aux investissements directs étrangers. La réforme foncière devait alors s'atteler à reconnaître aux étrangers le droit d'accéder à la propriété foncière. « Selon les autorités, Madagascar doit connaître le "passage d'une économie de subsistance à une économie de marché". Or, la conception traditionnelle de la propriété (...) ne répond pas à l'impératif économique. On craint (...) qu'elle s'oppose à une libre circulation des terres puisqu'elle favorise l'enfermement de la communauté. Le processus d'individualisation des terres, que l'on appelle également, non sans enthousiasme, "la sécurisation foncière"[950], doit alors permettre aux différents investisseurs nationaux et étrangers d'acquérir des terrains et de s'implanter tranquillement en tant que titulaires d'un droit moderne de propriété inattaquable »[951].

Et d'autre part, la crise foncière malgache nécessiterait une réforme en profondeur du droit foncier. Une Lettre de politique foncière de 2005[952] avait identifié plusieurs causes ayant entraîné cette crise foncière malgache : l'ignorance de la loi par les usagers, la longueur la complexité et le coût de la procédure d'immatriculation foncière, la saturation des services fonciers et leur manque de moyen, et enfin, la centralisation du système domanial et foncier. Afin de résoudre les problèmes liés à cette crise foncière, cette Lettre proposait de « répondre à la demande massive en sécurisation foncière, dans de brefs délais et à des coûts ajustés au contexte économique, par la formalisation des droits fonciers non écrits et par la sauvegarde et la régularisation des droits fonciers écrits »[953].

741. ***L'accès à la propriété foncière avec un simple certificat foncier.*** L'engagement de cette réforme foncière va entraîner en premier lieu, l'abandon de la conception coutumière de la propriété foncière. « Une remise à plat complète (table rase entière) de la législation domaniale existante. Tout l'arsenal législatif sur le statut des terres que Madagascar avait pu

---

949 Cette impossibilité d'accès à la propriété foncière des étrangers était un principe qui avait des bases historiques à Madagascar. En effet, l'article 85 du Code des 305 articles disposait déjà que « les terres à Madagascar ne peuvent être vendues ou données en garantie de capitaux, prêtés, à qui que ce soit, sauf entre sujets du gouvernement de Madagascar; celui qui vendrait ou donnerait en garantie une terre à un sujet étranger serait puni des fers à perpétuité. Le prix versé par l'acheteur ou le capital prêté ne pourrait plus être revendiqué et la terre retournerait à l'État ».

950 Cette sécurisation foncière est à distinguer du régime de sécurisation foncière relative associé au contrat de transfert de gestion des ressources naturelles renouvelables.

951 Hobinavalona RAMPARANY-RAVOLOLOMIARANA, « Le laboureur et ses enfants ou la propriété foncière coutumière à Madagascar : à la rencontre d'un droit particulier en voie de disparition » in *Jean de la Fontaine juriste ? Lecture de fables choisies à la lumière du droit*, Université de Poitiers : 2009, p. 20.

952 Journal officiel du 3 mai 2005.

953 *Idem.*

accumuler en deux siècles d'existence (en comptant la période de la Royauté) a été abrogé sans aucun état d'âme... »[954]. Et ensuite, cette réforme foncière va introduire une procédure parallèle d'accès à la propriété foncière autre que celle réalisée par l'immatriculation. Désormais, à côté de la propriété foncière titrée est reconnue la propriété foncière privée occupée non titrée[955]. Avec la nouvelle loi n° 2005-019 du 17 octobre 2005 fixant les principes régissant les statuts des terres[956], l'immatriculation[957] ne constitue plus l'unique moyen d'accéder à la propriété foncière : un certificat foncier délivré par un guichet foncier peut aussi suffire désormais.

742. ***La nature juridique du certificat foncier.*** Le certificat foncier constitue « un certificat de reconnaissance du droit de propriété privée non titrée portant sur le terrain occupé objet de la demande »[958]. Et selon cette nouvelle loi, au même titre que le titre foncier issu d'une procédure d'immatriculation, le certificat foncier conférerait à son titulaire les prérogatives liées à la propriété : « la propriété foncière non titrée, constatée par un acte domanial, permet à son détenteur d'exercer tous les actes juridiques portant sur des droits réels et leurs démembrements reconnus pas les lois en vigueur, notamment la cession à titre onéreux ou gratuit, la transmission successorale, le bail, l'emphytéose, la constitution d'hypothèque »[959]. Ainsi, le titre foncier et le certificat foncier permettraient d'accéder à la propriété foncière, de manière égale.

743. ***La relativité de la sécurité foncière octroyée par le certificat foncier.*** La question de la valeur juridique réelle du certificat foncier se pose. D'un côté les dispositions des textes affirment que le titre foncier consacre les droits de propriété foncière au même titre que le certificat foncier. Mais de l'autre côté, ces mêmes textes laissent des faisceaux

---

[954] RAMAROLANTO-RATIARAY, *Nouveau regard sur l'accès à la terre en droit foncier de Madagascar,* Congrès mondial sur l'accès à la terre, juin 2009, disponible sur http://www.droit-aliments-terre.eu/Documents/Publications/2009_06_R_Ratiaray.pdf.

[955] Cette nouvelle catégorie de terres, les terrains détenus en vertu d'un droit de propriété non titré, est définie à l'article 33 de cette nouvelle loi sur le statut des terres comme étant « l'ensemble des terrains, urbains comme ruraux, sur lesquels sont exercés des modes de détention du sol les traduisant par une emprise personnelle ou collective, réelle, évidente et permanente, selon les usages du moment et du lieu et selon la vocation du terrain, qui sont susceptibles d'être reconnus comme droit de propriété par un acte domanial ».

[956] JO du 17 octobre 2005.

[957] Selon l'article 24 de la loi : « le titre foncier établi par une procédure d'immatriculation dans les formes et conditions déterminées par les lois et règlements est définitif et inattaquable ; il constitue devant les juridictions malgaches le point de départ unique des droits réels et charges foncières existant sur l'immeuble au moment de l'immatriculation à l'exclusion de tous les autres droits non inscrits. »

[958] Article 13 de la loi n° 2006-031 fixant le régime juridique de la propriété foncière privée non titrée.

[959] Article 37 de la loi.

d'indices qui portent à croire que le certificat foncier ne contribue pas réellement à assurer cette « sécurisation foncière » tant recherchée. La valeur de ce certificat foncier nouvellement créé pose de nombreuses questions[960] notamment eu égard à sa force juridique et à certaines dispositions prévues dans le texte lui-même. En effet, les deux documents (le titre foncier et le certificat foncier) consacrent la propriété foncière de leurs détenteurs, mais leurs forces juridiques sont différentes. Selon l'article 14 de la loi fixant le régime juridique de la propriété foncière privée non titrée, les prérogatives liées à la qualité de propriétaire et reconnues par le certificat foncier ne sont opposables aux tiers que jusqu'à preuve contraire. Or, le titre foncier a un caractère définitif et est inattaquable. Il est alors difficile de considérer que le titulaire d'un certificat foncier bénéficie d'une sécurité juridique comparable à celle de celui qui est titulaire d'un titre foncier. En effet, la présomption simple qui caractérise le certificat foncier ne saurait constituer une protection suffisante par rapport à la présomption irréfragable du titre foncier. Or, selon l'exposé des motifs de la loi fixant les principes régissant les statuts des terres, l'instauration de cette procédure simplifiée et décentralisée est de donner « le choix à l'usager pour la sécurisation de son droit de propriété entre la procédure fondée sur l'immatriculation et celle de la certification ». Dans ce cas, le choix donné par le législateur porte sur le caractère définitif et inattaquable du titre foncier et sur le caractère relatif du certificat foncier, ce qui ne constitue pas véritablement un choix.

744. D'autant plus que les dispositions des textes sont telles que l'obtention du certificat foncier peut être considérée comme une étape vers l'accession à un droit de propriété définitif. En effet, il est prévu aux articles 20 de la loi relative à la propriété foncière non titrée et 24 de la loi régissant les statuts des terres que le titulaire d'un certificat foncier peut entamer une procédure afin de transformer celui-ci en un titre foncier.

745. Un dernier élément permet de formuler des doutes quant à la supposée égalité de valeur entre le titre foncier et le certificat foncier en matière de propriété foncière. En effet, le certificat foncier est délivré par un guichet foncier et non par les services domaniaux centraux. Ce guichet foncier, considéré comme un service foncier communal, et donc « de

---

[960] Voir en ce sens : RAMAROLANTO-RATIARAY, *Nouveaux regards sur l'accès à la terre en droit foncier de Madagascar,* Congrès mondial sur l'accès à la terre, Nantes (8-9 juin 2009), Hobinavalona RAMPARANY-RAVOLOLOMIARANA, « Le laboureur et ses enfants ou la propriété foncière coutumière à Madagascar : à la rencontre d'un droit particulier en voie de disparition » in *Jean de la Fontaine juriste ? Lecture de fables choisies à la lumière du droit,* Université de Poitiers : 2009, pp. 3 – 25, Arielle F. TSIAZONANGOLY, « Les nouveaux aspects du droit foncier malgache » in *Regards sur le droit malgache – Mélanges en l'honneur du Professeur Alisaona Raharinarivonirina,* Paris : L'harmattan, 2010, pp. 443 – 467.

proximité », est rattaché au Programme national foncier, mais il n'est pas soumis à l'Administration domaniale centrale.

De ces précédents éléments, il est difficile d'affirmer, sur le plan juridique, que le titre foncier a la même force juridique que le certificat foncier.

746. En définitive, la question qui se pose est celle de savoir si c'est l'accès à la propriété foncière qui met fin au régime de la sécurisation foncière relative dans le cadre du transfert de gestion des ressources naturelles renouvelables ou si c'est la force juridique liée au titre foncier délivré suite à une procédure d'immatriculation. En effet, les solutions données seront différentes au vu des nuances à apporter entre le titre foncier et le certificat foncier. Si l'accès à la propriété foncière en est l'élément déterminant, l'engagement d'une procédure de certification foncière pourrait mettre fin au régime de la sécurisation foncière relative tout autant que le titre foncier. Et dans ce cas-là, le transfert de gestion perd une de ses caractéristiques essentielles : il n'y a plus un simple transfert de responsabilités, mais un accès à la propriété foncière des communautés de base. D'un autre côté, si c'est la force juridique liée à l'immatriculation foncière qui en est le facteur déterminant, le régime lié à la sécurisation foncière relative ne peut prendre fin de par l'existence d'un certificat foncier. Il faudrait attendre un retour d'expériences en la matière pour statuer définitivement sur ce point.

747. Le transfert de gestion des ressources en faveur des communautés de base signifie qu'elles deviennent les premières responsables de cette gestion. La signature du contrat et la délivrance de l'agrément concrétisent ce transfert de la gestion des ressources des autorités étatiques vers les communautés de base. Dès lors, l'État n'a plus de pouvoirs en ce qui concerne ces ressources, sauf si les communautés de base passent outre ou ne respectent pas les termes du contrat de transfert. Dans ces cas-là, avant le recours aux moyens liés à la puissance publique, le dialogue est privilégié.

Paragraphe 2. Le recours à la médiation environnementale

748. Le transfert de gestion des ressources privilégie un dialogue entre les autorités étatiques et les communautés de base. Il symbolise la volonté de responsabiliser les autres acteurs dans la protection et la gestion des ressources naturelles. Le recours à l'appareil étatique y est alors limité, que ce soit au niveau de la conception de cette gestion de proximité, avec la médiation environnementale (**1**) ou lors de l'apparition de conflits dans la conciliation. La mise en place de cette médiation entre les autorités étatiques et les communautés de base pose néanmoins plusieurs problèmes liés notamment à la détermination de la mission du médiateur et au manque d'expérience en la matière (**2**).

1. La médiation environnementale

749. Selon l'article 2 du décret n° 2000 – 028 du 13 janvier 2000 relatif aux médiateurs environnementaux, « la médiation environnementale a pour but de faciliter les discussions et les négociations entre les différents partenaires impliqués dans la gestion locale de ces ressources, en contribuant, par l'établissement d'un courant d'information entre les parties, à rapprocher les points de vue et objectifs en présence et à faciliter ainsi l'émergence d'une vision commune et d'une stratégie commune de la gestion à long terme de ces ressources et la définition consensuelle des procédures permettant leur gestion effective ». La médiation environnementale prend place en amont de la conclusion du contrat de transfert de gestion. Elle vise à faire adopter aux parties au contrat de transfert de gestion un dialogue commun et à s'accorder sur les termes du contrat de transfert.

750. ***Les rôles de la médiation dans le cadre de la conclusion d'un contrat de transfert de gestion des ressources naturelles.*** Le médiateur environnemental doit faciliter les discussions et les négociations entre les parties. Il doit ainsi comprendre les points de vue respectifs des différentes parties sur les ressources naturelles et œuvrer afin de leur trouver « une vision commune » sur la gestion de ces ressources naturelles. Il a pour mission d'assurer la circulation des informations entre d'une part les autorités étatiques et les communautés de base d'autre part. Ces informations devraient être comprises par toutes les parties au contrat et être à leur disposition, sans que l'utilisation de vocabulaire technique par les services techniques de l'État ne constitue un obstacle pour les communautés de base. De même, par l'intermédiaire du médiateur, les communautés de base devraient pouvoir exprimer leur volonté dans des termes compréhensibles par ces services techniques de l'État. De cette circulation des informations et compréhensions de part et d'autre, le médiateur doit pouvoir élaborer « une stratégie commune » aux autorités étatiques et aux communautés de base. L'autre rôle du médiateur est d'assurer le bon déroulement des négociations entre les parties. Pour autant, ce n'est pas le médiateur qui convoque les parties à la négociation. « Les parties sont conviées à participer aux négociations par lettre du représentant de l'État auprès de la commune de rattachement de la communauté de base concernée »[961]. Le médiateur

[961] Article 20 du décret n° 2000-028 du 13 janvier 2000 relatif aux médiateurs environnementaux.

s'assure alors de la disponibilité des parties à la négociation et communique à l'autorité convocatrice le calendrier des opérations tel que convenu entre les parties. Et enfin, à l'issue de la procédure de médiation environnementale, les procédures relatives à la gestion des ressources naturelles transférées doivent avoir été déterminées, sur la base de la vision des parties en cause.

751. ***L'impératif de neutralité dans la médiation.*** Le caractère essentiel exigé du médiateur environnemental est sa neutralité par rapport aux parties au contrat de transfert de gestion. Cette neutralité du médiateur est requise tout aussi bien lors de sa désignation que lors de l'accomplissement de sa mission. Le décret relatif aux médiateurs environnementaux prévoit en son article 4 que « la désignation du médiateur environnemental relève de la diligence et de l'appréciation consensuelle des parties. Toutefois ne peuvent être désignés médiateurs par les parties, les personnes relevant de la juridiction de la commune du lieu de localisation des ressources et les médiateurs ayant la qualité de fonctionnaires ou d'employés des collectivités territoriales concernées par les demandes relevant de leur circonscription ».

752. Cette garantie de neutralité du médiateur environnemental est cependant difficile à atteindre dans la pratique, « on peut se demander comment, en brousse, des villageois peuvent choisir un bureau d'études »[962]. La consultation de la liste nationale des médiateurs environnementaux agréés peut constituer une aide pour les communautés de base. Arrêtée par le Ministère chargé de l'Environnement, cette liste énumère les médiateurs environnementaux agréés avec indication de leur domicile ou de leur résidence habituelle. Elle est publiée au Journal officiel de la République de Madagascar et affichée au bureau des communes aux endroits habituels des panneaux administratifs. Après accord entre les parties en présence, la désignation du médiateur se fait par un arrêté pris par le maire de la commune de rattachement de la communauté de base concernée, selon l'article 6 du décret. L'arrêté est pris conjointement par les maires des communes concernées dans le cas où les ressources sont réparties ou indivisibles entre plusieurs communes. Le médiateur doit expressément donner son accord : mention écrite doit en être faire dans le contrat de médiation. Un remplaçant peut être désigné en cas de défaillance du médiateur. Selon l'article 9 du décret, « le remplaçant pressenti doit avoir acquiescé à la mission et figurer en tant que partie dans le contrat de médiation ».

---

962 Sophie GOEDEFROIT, « La restitution du droit à la parole », *Études rurales*, juillet-décembre 2006, n° 178, p. 53.

753. Après l'étape de sa désignation, la neutralité du médiateur est aussi requise dans le cadre des discussions et négociations. Le médiateur ne participe pas directement aux négociations, celles-ci ont lieu « directement entre les parties concernées sous l'égide du médiateur qui n'aura qu'un rôle de facilitateur et de conseiller neutre. Il peut donner un avis obligatoire si les parties le demandent, mais il ne peut ni imposer une solution aux parties ni prendre fait et cause pour l'une des parties »[963].

754. ***Selon la situation en présence, la médiation environnementale est obligatoire ou facultative.*** Le recours à la médiation environnementale est obligatoire lors du dépôt de la première demande d'agrément. Elle l'est aussi lorsque les ressources concernées par la demande de transfert sont réparties ou sont indivisibles entre deux ou plusieurs communes. Et enfin, la médiation environnementale est obligatoire lors de la demande d'extension du contrat de transfert de gestion. Cette demande d'extension du contrat vise à intégrer dans le contrat toutes les ressources qui n'y étaient pas initialement prévues et/ou celles qui y étaient, mais n'ont pas été prises en compte dans le premier contrat de transfert définitif.

755. La médiation environnementale peut avoir un caractère facultatif dans plusieurs autres cas. Ainsi, les communautés de base peuvent faire appel aux médiateurs afin de leur apporter assistance dans l'élaboration de tout acte préparatoire à la demande initiale d'agrément. Elles peuvent aussi y avoir recours lors de la demande d'extension de l'agrément principalement en ce qui concerne l'identification des ressources et l'évaluation de la capacité de gestion des communautés de base concernées. Dans ce cas, il est nécessaire de distinguer d'une part l'appel obligatoire qui doit être fait au médiateur dans le cadre de la demande d'extension du contrat de transfert de gestion du caractère facultatif de son intervention dans le cadre d'un appui lié à l'identification des ressources. Et enfin, les médiateurs peuvent apporter leur aide lors de l'élaboration du système adéquat de gestion. Dans le cadre de ces aides et assistances apportées aux communautés de base, le médiateur doit veiller à ne pas dépasser ce rôle. L'aide qu'il apporte dans l'élaboration du dossier de demande de transfert de gestion est strictement encadrée pour garantir sa neutralité vis-à-vis des parties prenantes au contrat.

756. ***La conclusion d'un contrat de médiation dans le cadre du transfert de gestion des ressources.*** L'encadrement du rôle du médiateur est réalisé par la conclusion d'un contrat de médiation. Ce contrat de médiation est un contrat à part conclu entre le représentant de l'État ou de la collectivité territoriale propriétaire des ressources naturelles renouvelables qui vont faire

---

[963] Article 24 du décret n° 2000-028 du 13 janvier 2000 relatif aux médiateurs environnementaux.

l'objet de transfert, la commune de rattachement de la communauté de base, la communauté de base elle-même et le médiateur environnemental agréé par l'État et désigné par les parties au contrat de transfert de gestion des ressources. Ce contrat porte exclusivement sur la médiation, la mission du médiateur et la durée de la médiation. Il ne porte pas sur les termes du contrat de transfert de gestion. Le contrat de médiation précise « les parties engagées, l'objet de la mission confiée au médiateur, le délai de médiation et ses possibilités de prorogation, les honoraires du médiateur et les modalités contractuelles de paiement »[964].

757. Sauf certains cas particuliers prévus par les textes, dès la conclusion de ce contrat, la mission du médiateur commence et ne peut se terminer qu'au moment de l'accomplissement de la mission prévue. Selon l'article 29 du décret, la procédure de médiation peut prendre fin avant terme pour cause de décès ou d'empêchement du médiateur. Elle peut aussi s'arrêter en cas de démission ou de renoncement du médiateur à sa mission ou dans le cas où l'une des parties formule une récusation vis-à-vis de sa nomination. La récusation du médiateur est admise au cas où l'une ou l'autre partie émet des doutes sur l'impartialité et la neutralité de celui-ci. Enfin, le désistement de l'une des parties peut aussi mettre fin à la procédure de méditation environnementale. Ce désistement peut être déduit de façon implicite avec l'absence sans motif d'une partie aux négociations.

758. L'introduction de la médiation environnementale rencontre cependant un certain nombre de problèmes liés au caractère relativement récent des dispositions du décret et à un certain manque dans les dispositions de ce texte.

2. Les problèmes liés à la médiation environnementale

759. En premier lieu, prévu à l'article 10[965] du décret relatif aux médiateurs environnementaux, ***le corps des médiateurs environnementaux n'est pas encore totalement constitué***. Les dispositions transitoires du décret relatif aux médiateurs environnementaux ont octroyé certains pouvoirs à l'Office National de l'Environnement afin de remédier à cette situation, et ainsi de pouvoir disposer d'un minimum de deux médiateurs établis dans chaque région. Selon l'article 40 du décret, « en attendant qu'il soit procédé

---

[964] Article 8 du décret n° 2000-028 du 13 janvier 2000 relatif aux médiateurs environnementaux.

[965] « Figurent sur la liste nationale des médiateurs environnementaux les candidats ayant suivi une formation en médiation environnementale et ayant reçu l'agrément du Comité d'agrément des médiateurs environnementaux. La liste nationale des médiateurs environnementaux agréés, avec indication de leur domicile ou de leur résidence habituelle, est arrêtée par le ministère chargé de l'Environnement. »

au recrutement d'un nombre suffisant de médiateurs environnementaux pour couvrir tout le territoire national, l'Office National pour l'Environnement est autorisé à :

- repérer les candidats médiateurs et les communautés de base expérimentales dans le cadre de la formation-recherche-action ;
- préparer et à mettre en œuvre le système de formation continue des médiateurs et à désigner les formateurs des futurs médiateurs ;
- encadrer les premières opérations de médiation ;
- mettre en place le système de suivi et d'évaluation ».

760. Malgré cette disposition, dès le début, le manque de médiateurs environnementaux a entraîné une mauvaise application des dispositions des textes. Ce manque prématuré constitue une des causes des difficultés rencontrées par le mouvement de transfert de gestion des ressources naturelles renouvelables. En effet, dans les débuts de la gestion locale sécurisée des ressources, ce sont les organismes étrangers et les projets intervenant dans la protection de l'environnement qui ont joué le rôle de médiateurs parfois au détriment des buts affichés de la médiation et du transfert de gestion des ressources naturelles. « Les organismes qui tentent de réaliser cette médiation, affichent dans bien des cas des objectifs de "conservation" et/ou représentent un véritable pouvoir et des enjeux financiers au niveau local. D'où une tendance à ce que, dans la pratique, leur rôle de médiateur se double de celui d'intermédiaire ou de substitution partielle des acteurs locaux (que ce soit les services déconcentrés de l'État et les communautés), ce qui s'écarte des principes d'une véritable médiation. Dans la logique GELOSE (gestion locale sécurisée), ces organismes seraient souvent "un acteur de plus", partie prenante dans le processus de négociation »[966].

761. Cette situation s'aggrave par le fait que ces organismes étrangers adoptent des méthodologies différentes. Par conséquent, il existe une diversité importante dans les approches et les modalités de mise en place des contrats de transfert de gestion selon l'organisme en cause. « Cette diversité relevait de la diversité culturelle des ONG étrangères ou organismes chargés de la mise en œuvre de ces projets. En d'autres termes, que les maîtres d'œuvre soient l'émanation d'ONG américaines, suisses ou françaises, ils agissent tout autrement. Pour certains c'est le rendement qui prime (...) pour d'autres, au contraire, c'est dans la longueur du temps que le projet prend corps (...). Il est urgent d'harmoniser la formation des "médiateurs" afin que

---

[966] Cellule GELOSE-ONE, *« Où en est la GELOSE en cette fin 98 ? Bilan et priorités pour 99 »*, Tananarive, décembre 1998, p. 19.

les diversités culturelles des ONG étrangères n'interfèrent dans la mise en œuvre d'un projet »[967].

En définitive, le remplacement temporaire des médiateurs nationaux par des organismes étrangers n'a pas contribué à améliorer la situation due au manque de médiateur.

762. ***Les limites posées au médiateur dans le cadre de l'exercice de sa fonction n'ont pas été clairement établies.*** C'est particulièrement le cas en ce qui concerne la neutralité de celui-ci. Ainsi, l'article 5 du décret relatif aux médiateurs environnementaux constitue une garantie de la neutralité du médiateur. Selon cet article, « tout médiateur qui a connu de l'affaire en tant que conseil d'une des parties en vertu des articles 21 à 23 de la loi précitée, doit, s'il est désigné, en informer les parties. Il ne peut accepter sa mission qu'avec l'accord des parties ». Mais cette disposition entre en contradiction avec les possibilités accordées aux communautés de base de recourir de manière facultative aux services d'un médiateur. La neutralité du médiateur peut alors être mise en cause dans tous les cas de recours facultatif à ses offices par les communautés de base.

763. Dans la pratique, ***cette neutralité du médiateur est difficilement acquise*** et peut constituer un obstacle au bon déroulement du transfert de gestion. En effet, dans sa quête d'une « vision commune » entre les communautés de base et les autorités étatiques, le médiateur fait face à un problème important : celui de concilier la vision des autorités légitimes, constituées par les autorités traditionnelles à celle des autorités légales. Or, les autorités traditionnelles ne prennent pas souvent parti aux négociations et aux discussions. Elles ne sont pas suffisamment sollicitées ou sont mises à l'écart. Cependant, l'appui de ces autorités traditionnelles à la procédure de transfert de gestion légitime et renforce considérablement la démarche. Par exemple, lors d'une procédure de transfert de gestion des ressources naturelles dans la localité de *Anjà*[968], les autorités traditionnelles n'ont pas été associées dès le départ à la procédure. Elles n'ont dès lors pas appuyé les démarches entreprises et n'ont pu se constituer garantes de l'exécution des mesures prises par les autorités étatiques en accord avec les personnes qui ont initié le transfert de gestion. À ces mesures légales n'est pas apposée la

[967] G. FELTS, S. GOEDFROIT, Contribution à l'étude « évaluation et perspectives des transferts de gestion des ressources naturelles dans le cadre du programme environnemental 3, Document de synthèse, Antananarivo, septembre 2004, p. 20.

[968] Exemple pris dans BORY Nina, « *Dina et environnement : transfert de gestion – Cas d'Anjà, Province de Fianarantsoa* », Mémoire de maîtrise, Département de sociologie, Faculté de Droit, d'Économie, de Gestion et de Sociologie, Antananarivo, mars 2005. Le site de Anjà est localisé dans la partie sud des Hautes Terres Malgaches, en pays *betsileo*, à une cinquantaine de kilomètres de la ville de *Fianarantsoa*.

légitimité des autorités traditionnelles, le médiateur ayant omis d'associer celles-ci aux discussions avant la conclusion du transfert de gestion.

764. Il arrive aussi que les mesures prises ne correspondent pas aux attentes des communautés de base ou viennent même à l'encontre de leur mode de vie et de leur quotidien. Par exemple, dans le cadre du transfert de gestion des ressources naturelles aux environs du parc national de *Ranomafana*, dans un village *tanala*[969], des mesures d'interdiction de recherche du miel et du pandanus ont été incluses dans le contrat. Or, cette plante constitue une des matières premières nécessaires au tissage des nattes, activité principale du village[970].

765. D'autre part, il a été constaté que dans certains cas, ***les médiateurs deviennent partie prenante au transfert de gestion des ressources naturelles*** et les communautés de base deviennent de simple faire-valoir de ces médiateurs. En effet, les premiers retours d'expérience[971] dans les localités ayant conclu un contrat de transfert de gestion montrent que contrairement aux vœux pieux de la réglementation, ce ne sont pas les communautés de base qui sont à l'origine de l'initiative de conclure un contrat de transfert de gestion. Dans plusieurs cas, ce sont les médiateurs environnementaux ou les personnes extérieures aux communautés qui prennent cette initiative. En résultent des situations dans lesquelles les communautés locales se trouvent engagées dans le processus de transfert de gestion sans que les personnes qui les composent ne connaissent réellement l'implication de la conclusion de ces transferts de gestion. « Le principe du contrat de transfert, depuis son origine et sa conception, repose sur le fait que la demande de transfert doit émaner de la communauté elle-même. Ce qui suppose qu'une certaine "publicité" ait été faite afin que les individus concernés puissent être bien informés de l'existence de ces contrats et puissent y trouver quelque intérêt. Or (...) il appert que ce sont les villageois qui ont été sollicités pour mettre en place le transfert et non l'inverse. Et que cette sollicitation a dû être accompagnée de très peu de mesures informatives (ou peu efficaces ?) auprès des habitants, car comment expliquer autrement qu'une part aussi importante des habitants ne sait, plusieurs années après la signature, toujours pas quels sont les objectifs réels d'un contrat de transfert

---

969 Voir *supra* 454.

970 Exemple cité dans Diane HENKELS, « A Close up of Malagasy Environmental Law », *Vermont Journal of Environnemental Law*, Volume 3, 2001 – 2002. Consultable sur http://www.vjel.org/journal/VJEL10009.html.

971 G. FELTZ & S. GOEDEFROIT, *op. cit.*

ou en ont une très vague idée, souvent erronée : lutte contre la pauvreté, projet de construction de routes… etc. »[972].

766. Et enfin, le dernier problème lié à la médiation environnementale réside dans ***l'absence de sanctions.*** En effet, les textes ont distingué les cas de recours obligatoire et facultatif à la médiation environnementale. Cependant, ils n'ont pas prévu les sanctions en cas de non-respect de ce recours, obligatoire ou facultatif, à la médiation environnementale. Aucune disposition des textes ne prévoit de mesures dans les cas où il n'est pas fait appel au médiateur, malgré le caractère obligatoire de ce recours. De même, aucune sanction n'est prévue lorsqu'un recours obligatoire est réalisé en lieu et place du recours facultatif prévu dans les textes et inversement.

767. La question de l'utilité de ce recours à la médiation environnementale se pose alors. Il y a lieu de se demander si la médiation environnementale constitue un élément essentiel de la procédure de transfert de gestion des ressources naturelles. Dans la positive, son absence peut être considérée comme entachant de nullité la procédure de transfert. Cependant, ni la loi relative au transfert de gestion des ressources ni le décret relatif à la médiation environnementale n'ont de dispositions qui sanctionnent ce manquement. Or, les sanctions doivent avoir été expressément prévues dans les textes pour pouvoir s'appliquer. Faudrait-il alors considérer le fait que la mise en place de la médiation environnementale a pour objectif de permettre aux autorités étatiques et aux communautés de base d'avoir une vision commune sur le long terme à propos de la gestion des ressources naturelles. Dans ce cas, elle ne serait pas nécessaire lorsque les parties en présence arrivent à s'accorder et à avoir ces objectifs et visions communs. De ce fait, la différenciation des cas dans lesquels la médiation est obligatoire de ceux dans lesquels elle est facultative deviendrait dès lors superflue. Dans tous les cas, il est reconnu que « la loi n° 96-025 est une loi singulière parce qu'elle associe une approche de contractualisation du droit, une démarche de médiation, tout en intégrant des éléments du droit traditionnel dans le droit étatique »[973]. Cependant, l'absence de sanction en cas de non-respect de cette obligation de recours à la médiation handicape le dispositif. Le fait que le législateur ait omis de mentionner les sanctions encourues rajoute aux difficultés rencontrées dans la pratique de la médiation environnementale.

---

972 G. FELTZ & S. GOEDEFROIT, *Contribution à l'étude « Évaluation et perspectives des transferts de gestion des ressources naturelles dans le cadre du programme environnemental 3,* Document de synthèse, Antananarivo, septembre 2004, p. 19.

973 Marie-Hélène BÉRARD, *Légitimité des normes environnementales et complexité du droit : l'exemple de l'utilisation des dina dans la gestion locale de la forêt à Madagascar (1996 – 2006)*, Thèse, Université Laval Québec, 2009, p. 102.

768. Les seules sanctions prévues par le décret relatif aux médiateurs environnementaux concernent la mise en cause de la responsabilité civile du médiateur dans l'exercice de ses fonctions ou à sa radiation de la liste nationale. Il est reconnu, par l'article 27 du décret, à toute partie au contrat la possibilité d'intenter devant la juridiction compétente toute action judiciaire pour inexécution ou mauvaise exécution des obligations du médiateur. La radiation, en tant que sanction,[974] intervient en cas de manquement aux règles de déontologie ou de retrait d'agrément prononcé à titre disciplinaire en cas de manquement du médiateur aux obligations qui sont rattachées à ses fonctions. Selon l'article 37 du décret, effectuée par le ministère chargé de l'Environnement, cette radiation sera publiée au Journal officiel de la République de Madagascar et affichée au bureau des communes aux endroits habituels des placards administratifs. Ainsi, seules les sanctions liées à l'exécution par le médiateur de ses fonctions ont été prévues dans les textes, pas celles relatives à un recours effectif à ses offices.

769. La loi a prévu que le transfert de gestion pouvait être réalisé pour toutes les ressources, néanmoins, celui effectué quand il s'agit des ressources forestières présente des particularités qu'il convient de mentionner.

SECTION III. LE CAS PARTICULIER DU TRANSFERT DE GESTION DES RESSOURCES FORESTIÈRES

770. La loi n° 96-025 du 30 septembre 1996 relative à la gestion locale des ressources naturelles renouvelables régit les transferts de gestion « qui peuvent être réalisés au profit des communautés locales de base ». Il est cependant difficile d'établir une articulation juridique claire entre cette loi générale et le décret n° 2001-122 du 14 février 2001 fixant les conditions de mise en œuvre de la gestion contractualisée des forêts de l'État (**paragraphe 1**). D'autant plus que le transfert de gestion des ressources forestières est caractérisé par plusieurs particularités qui peuvent remettre en cause sa filiation avec le mouvement général de transfert de gestion des ressources naturelles (**paragraphe 2**).

Paragraphe 1. Une articulation juridique incertaine

771. Les difficultés liées à l'identification de cette articulation juridique entre la gestion locale sécurisée des ressources et le transfert de gestion des ressources forestières se retrouvent cristallisées dans les deux premiers articles du décret n° 2001-122 du 14 février 2001 fixant les conditions de

---

[974] Cette radiation peut intervenir dans les cas de décès ou de démission du médiateur selon l'article 37 du décret relatif aux médiateurs environnementaux.

mise en œuvre de la gestion contractualisée des forêts de l'État. En son article premier, le décret s'identifie comme un décret d'application de la législation forestière et dans son deuxième article, il s'inscrit dans le cadre des objectifs et prescriptions de la gestion locale sécurisée des ressources. Or, la législation forestière et la loi relative au transfert de gestion des ressources naturelles constituent des textes à vocation générale distincts. Aucun lien de type loi générale - loi spéciale ne peut être établie entre ces deux textes, il est alors difficile de déterminer si le transfert de gestion des ressources forestières est une application sectorielle du transfert de gestion des ressources naturelles renouvelables (**2**) ou un moyen de mise en œuvre de la législation forestière (**1**).

1. Le transfert de gestion des ressources forestières est issu de la législation forestière

772. Cette possibilité de transfert de gestion des ressources forestières de l'administration forestière au profit des communautés locales fait partie intégrante des orientations nouvelles de la politique forestière malgache. Près d'une trentaine d'années après leur adoption, les dispositions de la réglementation forestière prises à l'Indépendance de Madagascar en 1960[975] restent encore en vigueur. Il a été constaté que l'administration forestière y tenait le rôle unique et principal et était titulaire de toutes les responsabilités. Or, cette administration ne disposait pas des moyens nécessaires lui permettant d'exercer pleinement ces responsabilités. Ce manque de moyens favorisait l'absence de contrôle et la multiplication des dégradations faites aux ressources forestières. De plus, l'inadaptation de ces textes aux réalités contemporaines était mise en évidence. Après ce constat d'échec et au vu de l'impossibilité pour l'administration d'assurer son rôle, il était nécessaire d'apporter des moyens nouveaux et d'impliquer de nouveaux acteurs dans la protection de ces ressources. « L'analyse de la situation forestière et environnementale, ainsi que la prise en compte des orientations globales de la politique nationale de développement (...) ont engendré une évolution notable des idées en ce qui concerne les structures et les modes de gestion du secteur forestier. Ainsi, la nécessité aujourd'hui largement admise d'associer les acteurs locaux à la gestion des ressources forestières et le rôle actif attendu du secteur privé dans leur mise en valeur reflète une nette évolution de la conception du rôle de l'administration forestière »[976]. Une réforme en profondeur de la législation forestière malgache sera dès lors réalisée avec

[975] Il s'agit des 3 ordonnances du 3 octobre 1960 : n° 60-126 fixant le régime de la chasse, de la pêche et de la protection de la faune, n° 60 – 127 relatif au régime des défrichements et des feux de végétation et enfin, n° 60-128 régissant la procédure applicable à la répression des infractions à la législation forestière, de la chasse, de la pêche et de la protection de la nature.
[976] § 24 du décret portant adoption de la politique forestière malgache.

l'adoption de la loi n° 97-017 du 8 août 1997 portant révision de la législation forestière.

773. Les nouvelles orientations[977] de la réglementation forestière vont s'appuyer sur la participation des communautés locales et détacher partiellement certaines responsabilités de l'administration forestière. Désormais, la participation des communautés à la protection et à la gestion de cette ressource est considérée comme un outil complémentaire plus efficace. La responsabilisation des acteurs locaux va prendre la forme d'un transfert des pouvoirs liés à la gestion des ressources forestières de l'État vers ces communautés locales. « La gestion durable des ressources forestières ne peut être envisagée sans une prise de responsabilité au niveau des collectivités locales. (...) Cela se traduira par le transfert de l'Administration forestière vers les collectivités locales, de tout ou partie de l'autorité de gestion sur certaines forêts appartenant au domaine de l'État »[978]. La gestion participative impliquant la prise de responsabilité des communautés locales va désormais constituer un « élément essentiel de la stratégie forestière » et constituer un facteur de durabilité dans la gestion des ressources forestières.

774. Ce transfert de responsabilité se fera dans le cadre de la conclusion de contrats de gestion relevant de la législation forestière. Le § 99 du décret portant adoption de la politique forestière malgache précise alors que « le principe de ces relations contractuelles ainsi que leurs principales modalités seront définis dans la législation forestière comme un cadre fondamental de l'action publique dans le domaine forestier »[979]. En définitive, selon ce décret portant adoption de la politique forestière malgache, le transfert de gestion des ressources forestières par le biais d'un contrat conclu entre l'administration forestière et les communautés locales relève d'une nouvelle orientation de la réglementation forestière afin de pallier les manques de celle-ci. Il peut être conclu de manière temporaire que la gestion contractualisée des ressources forestières est principalement issue de cette évolution obligée de la réglementation forestière. À cette première constatation s'ajoutent d'autres considérations.

775. L'article 1er du décret n° 2001-122 relatif à la gestion contractualisée des forêts consacre explicitement son appartenance à la réglementation forestière. Selon cet article premier, le décret est pris « en application des dispositions de l'article 24 de la loi n° 97-017 du 8 août 1997 portant

---

[977] Les tenants et aboutissants de cette réforme de la législation forestière sont explicités par le décret n° 97-1200 du 2 octobre 1997 portant adoption de la politique forestière malgache.
[978] § 99 du décret n° 97-1200 portant adoption de la politique forestière malgache.
[979] §99 du décret précité.

révision de la législation forestière ». Cet article 24 prévoit la gestion en régie des forêts de l'État et précise que « l'État peut déléguer la gestion de ses forêts à d'autres personnes publiques ou privées ». La gestion contractualisée des forêts constituerait dès lors une application de la loi n° 97-017 portant révision de la législation forestière et serait conclue dans le cadre d'une convention de délégation de gestion ou d'une gestion en régie des forêts de l'État.

776. Or, le décret n° 98-782 du 16 septembre 1998 relatif au régime de l'exploitation forestière, un autre décret d'application de la loi n° 97-017 précise les dispositions de cet article 24 de la loi n° 97-017 en prévoyant les différentes modalités de l'exploitation forestière. Ce décret n° 98-782 fait alors une nette distinction entre l'exploitation par régie, celle par délégation et enfin l'exploitation forestière réalisée dans le cadre des contrats de transfert de gestion relevant de la loi n° 96-025 relative au transfert de gestion des ressources naturelles renouvelables. Au vu de ces deux dispositions des décrets d'application de la loi n° 97-017, il peut être conclu que la législation forestière elle-même distingue la gestion contractualisée des forêts faite sur la base d'une gestion en régie ou sur celle d'une délégation de gestion des transferts de gestion des ressources forestières relevant de la loi n° 96-025. Il n'y a donc pas lieu de confondre ces différents modes de transfert de gestion des ressources forestières de l'administration forestière en faveur des communautés locales de base. D'autant plus qu'il a été prévu que les sanctions des infractions qui peuvent être commises dans le cadre de la gestion contractualisée des forêts relèvent de cette même législation forestière.

777. Le décret relatif à la gestion contractualisée des forêts prévoit qu'en cas d'infractions, ce sont les textes de la réglementation forestière qui trouvent application. Selon l'article 27 du décret : « le suivi technique et le contrôle du respect de l'application de la réglementation (…) sont exercés par les agents habilités de l'administration forestière et les officiers de police judiciaire conformément aux lois et règlements en vigueur, notamment : l'ordonnance n° 60-128 du 3 octobre 1960 fixant la procédure applicable à la répression des infractions à la législation forestière, de la chasse, de la pêche et de la protection de la nature, le décret n° 61-078 du 8 février 1961 fixant les modalités d'application de l'ordonnance n° 60-128 et enfin le décret n° 98-782 du 16 septembre 1998 relatif à l'exploitation forestière ».

778. Ainsi, ces faisceaux d'indices permettent de raccorder la gestion contractualisée des ressources forestières à la législation forestière et de considérer ce transfert de gestion de l'administration forestière vers les communautés locales comme une évolution « naturelle » de la réglementation forestière. L'implication des acteurs locaux dans la gestion des ressources forestières est réclamée par les lacunes constatées dans la législation forestière et par l'omniprésence de l'administration forestière. De ces différents points, on peut conclure, de manière temporaire, que le transfert de gestion des ressources forestières fait partie intégrante de la législation forestière. Cependant, le contenu de l'article 2 du décret relatif à la gestion contractualisée des ressources forestières en dispose autrement.

2. La gestion contractualisée des ressources forestières est une application sectorielle du transfert de gestion des ressources

779. L'article 2 du décret n° 2001-122 fixant les conditions de mise en œuvre de la gestion contractualisée des forêts de l'État place le transfert de gestion des ressources forestières dans l'esprit qui anime la loi relative à la gestion locale sécurisée des ressources : « la gestion contractualisée des forêts s'inscrit dans le cadre des objectifs et prescriptions de la gestion locale sécurisée des ressources naturelles renouvelables (...) ». Cet article reconnaît ici, explicitement, l'influence de la loi relative à la gestion locale sécurisée des ressources naturelles. Et plusieurs références sont faites dans la législation forestière à loi relative au transfert de gestion des ressources naturelles.

780. En effet, selon l'article 41 de la loi n° 97-017 portant révision de la législation forestière : « en vue de permettre la participation effective des populations rurales à la conservation durable des ressources naturelles renouvelables, tel que prévue par la loi relative à la gestion communautaire locale des ressources naturelles renouvelables, les membres du *fokonolona* sont autorisés à exercer leurs droits d'usage traditionnels individuellement ou collectivement dans les forêts de l'État, des collectivités territoriales décentralisées, des établissements publics et des personnes privées dans la mesure où lesdits droits n'auront pas été purgés ».

781. Une autre référence à la loi n° 96-025 est faite dans la législation forestière, qui pourrait suggérer que la gestion contractualisée des ressources forestières est une application sectorielle du transfert de gestion des ressources. En effet, le décret n° 98-782 du 6 septembre 1998 relatif au régime de l'exploitation forestière, décret d'application de la loi n° 97-017, précise en son article 31 que les modalités de la gestion locale des ressources forestières doivent être encadrées, plus précisément : « les contrats de gestion passés avec les communautés villageoises obéissent au régime de la loi n° 96-025 du 30 septembre 1996 relative à la gestion locale des ressources renouvelables ». De ces éléments, il peut être conclu que la gestion contractualisée des ressources forestières est une application sectorielle de la loi relative à la gestion locale sécurisée des ressources naturelles. Néanmoins, plusieurs éléments posent problème, notamment par rapport à l'articulation entre la loi régissant la gestion locale sécurisée des ressources naturelles d'un côté, et la législation forestière d'un autre côté.

782. En premier lieu, selon l'article 2 du décret n° 2001-122, la gestion contractualisée des forêts de l'État s'inscrit dans le cadre des objectifs et prescriptions de la gestion locale sécurisée des ressources naturelles. Le texte ne précise cependant pas s'il y a une obligation de conformité entre les deux textes ou si un rapport de compatibilité suffit.

783. Ensuite, il a été constaté que la loi n° 97-017 portant révision de la législation forestière fait une référence explicite à la gestion locale sécurisée des ressources naturelles renouvelables en son article 41. Or, un examen approfondi de cet article 41 permet de constater que cette référence est faite principalement à l'esprit du texte de la loi n° 96-025 et non aux modalités d'application de cette loi. En effet, c'est la participation effective des populations rurales qui est mise en exergue par l'article 41 de la loi n° 97-017[980], en référence à la loi n° 96-025, mais les modalités d'exercice de cette participation divergent selon que la référence soit faite à la législation forestière ou à la réglementation relative au transfert de gestion des ressources naturelles. Dans la législation forestière, c'est l'exercice d'un droit d'usage qui est reconnu à ces membres du *fokonolona*. La loi n° 96-025, quant à elle, ne consacre pas de droit d'usage : son article premier précise que pour permettre cette participation des populations rurales, il leur est confié des pouvoirs de gestion sur les ressources concernées. Or, l'exercice d'un droit d'usage donne des prérogatives moins importantes que l'exercice d'un pouvoir de gestion. En effet, le droit d'usage correspond seulement aux prélèvements nécessaires aux besoins domestiques, vitaux et/ou coutumiers du *fokonolona,* tandis que les pouvoirs de gestion concernent la gestion de l'accès, de la conservation, de l'exploitation et de la valorisation des ressources.

784. Sur la forme, la gestion contractualisée est issue principalement de la législation forestière. Mais l'esprit du texte peut être associé au transfert de gestion des ressources naturelles prévu dans la loi relative à la gestion locale sécurisée des ressources. Même si les deux textes ont prévu différents modes, leur objectif principal est unique : la participation des communautés locales de base dans la gestion des ressources. C'est cette participation qui est visée par les textes, même si le premier texte opte pour la conclusion de

[980] Pour rappel, l'article 41 énonce qu'«en vue de permettre la participation effective des populations rurales à la conservation durable des ressources naturelles renouvelables, tel que prévue par la loi relative à la gestion communautaire locale des ressources naturelles renouvelables (…) ».

contrat de gestion et que le second prône en ce sens l'exercice d'un droit d'usage. Donc, dans son esprit, la gestion contractualisée des ressources forestières peut être liée de manière directe au transfert de gestion des ressources naturelles renouvelables. Mais l'articulation juridique entre le décret n° 2001-122 relatif à la gestion contractualisée des forêts et la loi n° 96-025 relative au transfert de gestion des ressources naturelles renouvelables n'est pas établie. Or, une harmonisation des dispositions de ces textes est nécessaire. « Toute règle légale s'insère dans un système juridique : on ne peut ignorer les répercussions qui devront en résulter, les modifications qu'il convient d'apporter à d'autres règles existantes, les abrogations d'autres textes que la règle nouvelle impose. Tout cela est nécessaire pour ne pas créer de contradictions ni d'ambiguïtés dans le système juridique, car celui-ci perdrait alors de sa cohésion et de sa sécurité »[981].

785. Une solution à doubles options est proposée[982] afin d'établir cette articulation juridique entre la loi n° 96-025 relative au transfert de gestion des ressources naturelles renouvelables et la loi n° 97-017 portant révision de la législation forestière et ainsi permettre d'édifier un système de transfert de gestion des ressources naturelles de l'administration centrale au profit des communautés locales de base qui soit uniforme pour toutes les ressources concernées. La première solution consiste à considérer la gestion contractualisée des forêts comme une modalité sectorielle d'application de la gestion locale sécurisée des ressources naturelles renouvelables. Dans ce cas, le décret n° 2001-122 fixant les conditions de mise en œuvre de la gestion contractualisée des forêts de l'État devrait être abrogé. En effet, ce sont les dispositions de ce décret d'application de la loi portant révision de la législation forestière qui rattache principalement la gestion contractualisée des ressources forestières à la réglementation forestière. Les dispositions de l'article 24 de la loi n° 97-017 portant révision de la législation forestière qui donnaient la possibilité à l'État de déléguer la gestion de ses forêts à d'autres personnes privées et/ou publiques doivent être révisées. Et le décret n° 98-782 du 16 septembre 1998 prévoyant les différentes modalités de l'exploitation forestière doit être précisé.

786. La seconde solution est de classifier la gestion contractualisée des forêts comme une modalité de gestion des ressources forestières distincte du

---

[981] Jean-Louis BERGEL, *Théorie générale du droit,* Paris : Éditions Dalloz, 4e édition, 2003, p. 259.

[982] Philippe KARPE, F.V. RAKOTOMALALA, S. RAMBININTSAOTRA, « De la mise en œuvre des normes législatives en général et du rapport Gelose/Gcf en particulier » *in* MONTAGNE Pierre (ed.), RAZANAMAHARO Zo (ed.), COOKE Andrew (ed.), *Le transfert de gestion à Madagascar, dix ans d'efforts : Tanteza (tantanana mba hateza : gestion durable),* Montpellier : CIRAD, 2007, pp. 55-62.

système général de la gestion locale sécurisée des ressources naturelles. L'article 41 de la loi n° 97-017 portant révision de la législation forestière doit alors être abrogé. En effet, cet article 41 rattache la participation des communautés de base à la loi relative à la gestion locale des ressources naturelles renouvelables tout en prévoyant d'autres modalités d'exercice de cette participation. De même, l'article 2 de la loi n° 96-025 relative au transfert de gestion des ressources naturelles renouvelables doit exclure de son champ d'application les ressources forestières vu que la gestion contractualisée de celles-ci relèvera désormais exclusivement de la réglementation forestière. Et étant une modalité particulière de gestion des ressources forestières, l'article 2 du décret n° 2001-122 fixant les conditions de mise en œuvre de la gestion contractualisée des forêts de l'État ne devrait plus faire référence à la loi relative à la gestion locale sécurisée des ressources naturelles, comme étant une source ou un cadre de ce décret.

Mis à part ces problèmes liés aux contradictions dans le contenu même des divers textes qui régissent la matière, plusieurs points différencient la gestion contractualisée des ressources forestières de la gestion locale sécurisée des ressources naturelles, ce qui en rend encore plus difficile l'harmonisation.

Paragraphe 2. Une procédure et un objectif différents

787. La gestion contractualisée des ressources forestières peut être rattachée au transfert de gestion des ressources naturelles renouvelables tel que prévu par la loi n° 96-025. Néanmoins, plusieurs points différencient ces procédés de transfert de gestion des ressources de l'État au profit des communautés de base. Ainsi, les personnes intervenant dans la procédure aboutissant à la gestion contractualisée des ressources forestières sont sensiblement restreintes (**1**). Et l'esprit rattaché à la gestion contractualisée des ressources forestières est différent de celui qui anime le transfert de gestion des ressources naturelles (**2**).

1. L'absence de médiation environnementale dans la gestion contractualisée des ressources forestières

788. Lors de la conclusion du contrat de transfert de gestion des ressources forestières, un élément principal qui a été retenu par la loi n° 96-025 est absent : le médiateur environnemental. Aucune phase relative à la médiation environnementale n'est prévue dans la procédure de transfert de gestion des ressources forestières. Cette médiation environnementale est pourtant considérée comme un moyen pour permettre le dialogue entre les autorités étatiques centrales et les communautés locales de base, et ainsi d'établir sur la base de ce dialogue le contrat de transfert de gestion.

789. Dès lors, la gestion contractualisée des ressources forestières implique uniquement l'administration forestière et la communauté de base. Selon l'article 8 du décret n° 2001-122 fixant les conditions de mise en œuvre de la gestion contractualisée des forêts de l'État : « le contrat ayant pour objet un transfert de gestion de forêts de l'État est conclu entre l'Administration forestière et la communauté de base demanderesse ». La procédure de conclusion du contrat de gestion est raccourcie et ne comporte que quelques étapes. Dans un premier temps, les représentants de la communauté de base doivent adresser la demande à la commune de rattachement. Celle-ci transmet la demande au responsable de l'Administration forestière compétente après avoir émis son propre avis sur le dossier, avec ampliation au sous-préfet concerné. Une commission formée par le maire de la commune de rattachement ou un représentant du maire, un membre du conseil de la commune et un représentant du cantonnement forestier mène une enquête sur le bien-fondé de la demande et sur les capacités de gestion de la communauté de base, par rapport aux ressources concernées. Par la suite, la structure de gestion est mise en place, et l'association qui se propose de gérer les ressources forestières est constituée. Les outils de gestion sont élaborés et le contrat est signé entre l'administration forestière et la communauté de base qui a fait la demande.

790. En cas de manquement à ses obligations par la communauté de base, il n'y a pas de recours aux conciliations ou arbitrages, selon l'article 34 du décret relatif à la gestion contractualisée des forêts de l'État, les sanctions vont de l'avertissement à la résiliation du contrat. Dans les autres cas, le règlement des litiges est régi par la loi portant gestion locale sécurisée des ressources naturelles.

2. La mise en avant des considérations économiques

791. Si les considérations économiques ont déjà prédominé dans le cadre de la législation forestière, le cadre du transfert de gestion des ressources forestières ne fait pas exception à ce principe. En effet, les préoccupations relatives à la préservation des ressources forestières ne se retrouvent qu'en filigrane. Les objectifs affichés par la gestion contractualisée des ressources forestières ne sont pas similaires à ceux du transfert de gestion des ressources tels qu'édictés par la loi n° 96-025. En effet, cette dernière confère, à la suite de la conclusion du contrat de transfert de gestion essentiellement des pouvoirs de gestion au profit de la communauté de base bénéficiaire. Tandis que dans le cadre du transfert de gestion des ressources forestières, y sont compris, l'exercice des droits d'usage individuels ou collectifs, la valorisation économique de ces ressources forestières, et enfin, la protection de la forêt.

792. Si l'attribution des pouvoirs de gestion est basée sur la capacité de gestion des communautés de base, le décret relatif à la gestion contractualisée des forêts de l'État prévoit cependant la possibilité pour cette communauté locale de base de céder ces pouvoirs. En effet, après un délai d'un an, les communautés de base peuvent soumettre l'exploitation et la valorisation économique des ressources forestières à sous-traitance par des exploitants forestiers agréés[983]. Dans ce cas, l'esprit lié au transfert de gestion des ressources, c'est-à-dire le fait de favoriser les communautés de base dans leur rôle de protection et de gestion de ces ressources est absent, et se retrouve mis en arrière-plan. Cette possibilité de sous-traitance reconnue aux communautés de base suit la procédure d'attribution par voie d'adjudication prévue par la réglementation forestière. Et l'administration forestière compétente peut assister les communautés de base concernées le long de la procédure de sous-traitance. Même si conclue de manière temporaire, cette sous-traitance est soumise à la procédure d'attribution par voie d'adjudication conformément aux dispositions de la réglementation forestière. Et une convention d'exploitation est conclue entre la communauté de base et l'exploitant forestier, elle est fixée selon la richesse et la capacité reproductive de la forêt, les moyens techniques du concessionnaire, et enfin selon la superficie de forêt concédée.

La convention d'exploitation est de nature temporaire, mais soumet son titulaire au paiement des redevances forestières conformément aux dispositions de l'article 46 du décret n° 98-782 du 16 septembre 1998.

793. En définitive, l'esprit de la gestion contractualisée des forêts de l'État s'éloigne d'une manière assez importante de celui lié au transfert de gestion des ressources naturelles. En effet, la possibilité donnée aux communautés de base de céder par sous-traitance l'exploitation des ressources forestières aux exploitants forestiers s'éloigne du but premier du transfert de gestion des ressources de l'État au profit des communautés de base qui est de permettre la participation effective des populations rurales, et selon leurs connaissances ancestrales, à la protection et à la conservation durable des ressources concernées.

794. Dans le cadre du transfert de gestion des ressources naturelles, le dialogue que les autorités étatiques veulent instaurer avec les communautés

---

[983] L'agrément de ces exploitants forestiers doit être fait conformément à la réglementation forestière dans les conditions prévues par les articles 3 et 4 du décret n° 98-782 du 16 septembre 1998.

de base ne se limite pas à ces recours aux procédures de conciliation et de médiation. Ainsi, pour encourager une large et profonde implication des communautés et de la population, le transfert de gestion inclut des notions et mesures coutumières. Celles-ci seraient à même de mettre en confiance les communautés par rapport aux dispositions étatiques dont les populations ne saisissent ni les subtilités techniques ni les aboutissants pratiques.

Chapitre IV. Le recours aux notions et mesures coutumières

795. Ce recours aux notions et mesures coutumières se veut être un moyen de faire participer plus activement les communautés qui jusqu'à présent sont seulement perçues comme des personnes qui exécutent et subissent les mesures prises par les autorités étatiques. La cérémonie de « ritualisation » permet à la procédure d'asseoir avec le contrat une base coutumière. Le contrat signé « s'assortit d'une déclaration écrite, engageant à la fois la communauté villageoise et les représentants de l'État. Ce contrat revêt ensuite une forme plus originale, qui est l'une des particularités de la démarche patrimoniale inscrite dans la loi Gelose : la ritualisation des accords. Ceux-ci deviennent alors discutables, intangibles et inaliénables »[984]. Désormais, les communautés locales deviennent des acteurs, parties prenantes dans la protection de la nature et des ressources naturelles. Si la détermination de ces communautés concernées connaît une différenciation sensible par rapport aux communautés traditionnelles malgaches (**section II**), le *dina*, est par contre utilisé pleinement comme un moyen de régulation de la vie sociale (**section I**).

SECTION I. LE *DINA* ET SES POUVOIRS DE RÉGULATION DE LA VIE SOCIALE

796. Dans le cadre du transfert de gestion des ressources naturelles, les *Dina* sont utilisés pour régler les rapports entre les membres de la communauté de base (**paragraphe 2**). Historiquement, ces ensembles de règles ont été déjà été utilisés pour régenter la vie des communautés dans la société malgache (**paragraphe 1**) parce que ces mesures sont présumées « comme bénéficiant d'une légitimité plus grande que les lois étatiques pour les populations. Elles ont le mérite d'être relativement proches du droit positif, usant déjà de prescriptions et de sanctions pécuniaires (*vonodina*) tout en étant mieux comprises et acceptées par les populations »[985].

---

984 Sophie GOEDEFROIT, « La restitution du droit à la parole », *Études rurales,* juillet-décembre 2006, n° 178, p 47.

985 Marie-Hélène BÉRARD, *Légitimité des normes environnementales et complexité du droit : l'exemple de l'utilisation des dina dans la gestion locale de la forêt à Madagascar (1996 – 2006)*, Thèse, Université Laval Québec, 2009, p. 127.

Paragraphe 1. Le *Dina* dans la société malgache

797. ***Essai de définition***. « Par nature, il s'agit d'une convention obligatoire grâce à laquelle les contractants s'accordent sur la façon dont il convient de régler les affaires sociales locales. Il s'agit donc d'une œuvre délibérative, orale ou écrite, ayant pour objet d'arrêter des normes, des droits et des devoirs. C'est une forme de "contrat social" dont l'emprise territoriale est en principe celle de la communauté villageoise ou *fokonolona* »[986]. Au cours de l'histoire de Madagascar, les *Dina* constituent une institution essentielle, créés par la volonté des communautés et selon les besoins ponctuels de celles-ci. « Les *Dina* ont toujours existé à Madagascar depuis les époques les plus reculées sous forme orale ou écrite. (...) Les *Dina*, conventions collectives typiquement malgaches étaient considérées comme étant un ensemble de règles coutumières d'organisation de la société, et en tant que tels, ils ont été conçus comme l'émanation d'une réelle volonté populaire et observés comme tels, car ils furent institués par ceux-là mêmes qui en avaient ressenti le besoin »[987]. Ils ont ainsi été considérés comme des « sortes de règlements intérieurs où sont reprises les coutumes séculaires »[988].

798. ***Le contenu des Dina***. Deux points essentiels caractérisent le *Dina* : il est élaboré et discuté par les membres de la communauté, et son contenu concerne essentiellement la bonne marche de la vie de la communauté tant du point de vue social que du point de vue économique. Ces conventions de *fokonolona* permettent de mettre en avant la solidarité existant entre les membres de la communauté.

799. Lesdites conventions prévoient ainsi une assistance aux personnes les plus vulnérables. « 1. En cas de mort d'un adulte ou d'un enfant âgé d'au moins un an, on donnera un quart de piastre à la famille affligée comme symbole de deuil. 2. Toute la communauté participera aux funérailles si la route à parcourir n'est pas trop longue. Dans ce dernier cas, on enverra une délégation. 3. Si les survivants affligés ne peuvent subvenir aux frais d'enterrement, la communauté viendra à leur aide »[989]. D'autres dispositions

---

[986] Laurent SERMET, *Une anthropologie juridique des droits de l'Homme – Les chemins de l'Océan Indien*, Paris : Éditions des archives contemporaines, 2009, p. 115.

[987] Exposé des motifs de la loi n° 2001-004 portant réglementation générale des *Dina* en matière de sécurité publique.

[988] Georges LEJAMBLE, *Le fokonolona et le pouvoir*, Tananarive : Publication du centre de droit public et de science politique, 1963, p. 9.

[989] Extraits d'une convention de *fokonolona* : Convention du quartier d'*Ambohijatovo* nord publiée dans le numéro 33 de la *Gazety Malagasy* du 26 septembre 1884, convention citée dans George CONDOMINAS, *Fokononola et collectivités rurales en Imerina*, Paris : Éditions Berger-Levrault, 1960, p. 206.

de ces conventions concernent aussi le travail et la mise en valeur des terres de la communauté. Elles encouragent à aider les personnes les plus vulnérables dans la réalisation de ces travaux de mise en valeur et érigent souvent en objectif de faire fructifier les terres de culture par la réalisation en commun de travaux d'entretien des canaux d'irrigation et des digues d'approvisionnement en eau des rizières.

800. ***Les sanctions prévues en cas de non-respect.*** Édictant des obligations et des devoirs aux membres de la communauté, les *Dina* prévoient aussi des sanctions à l'encontre de ceux qui ne les respectent pas ou passent outre ces règles, ce sont les *vonodina*. Ces sanctions consistent au paiement d'amendes au profit de la communauté. Elles peuvent aussi prendre la forme de réparation en nature et peuvent même aller jusqu'au rejet social de la personne ayant commis l'infraction. Les *vonodina* ne relèvent pas du système répressif étatique, mais, dans la lignée du *Dina*, sont décidés et pris par les membres de la communauté. Toutefois, ces mesures ne peuvent aller au-delà des mesures prises par les autorités. « Toutes ces règles qu'ils se sont fixées à eux-mêmes, les *fokonolona* s'engagent à les respecter sous peine de sanctions parfois sévères. Mais cette réglementation locale n'a nullement la prétention de se substituer à la loi générale. Elle ne fait que l'appuyer et la compléter dans ces cas spéciaux qui n'ont pas été prévus. (…) Ces conventions présentent de nombreux avantages pour les *fokonolona*. Elles leur permettent d'abord de jouir d'une assez grande indépendance, car leur organisation très complète leur permet de se passer d'un contact permanent avec l'administration centrale. Les conventions facilitent aussi la répression des crimes et délits et par cela même les rendent plus rares. Les membres d'une même collectivité se surveillent les uns les autres. (…) Les conventions de *fokonolona* assuraient donc le maximum de tranquillité au pays, et cela sans que le gouvernement ait pour ainsi dire à s'en occuper »[990].

801. ***Le Dina dans l'histoire de Madagascar.*** Il est difficile de retracer les débuts du *Dina* dans l'histoire de la Nation Malgache. « Les *Dina* sont antérieurs à l'émergence de la royauté malgache, remontant à l'époque des villages fortifiés (…) au XIXe siècle, les *Dina* sont acceptés comme l'expression politique naturelle des communautés villageoises. Le pouvoir royal, qui se structure en *Imerina*, les tient en estime politique »[991]. Pour certains auteurs, bien qu'ayant existé antérieurement à l'édification des royaumes à Madagascar, ces conventions de *fokonolona* n'ont pu se renforcer que face au pouvoir des souverains. Si le contenu de ces

[990] Pierre DELTEIL, *Le Fokonolona (commune malgache) et les conventions de fokonolona*, Thèse, Paris : Éditions Domat – Montchrestien, 1931, p. 72.
[991] Laurent SERMET, *op.cit.*, p. 116.

conventions était implicite auparavant, face à l'autorité royale, il avait besoin d'être réaffirmé de manière solennelle dans un rituel. « On a tendance à voir une coutume extrêmement ancienne dans les chartes de *fokonolona* (*fanekem-pokonolona* ou *didim-pokonolona*), conventions par lesquelles les habitants d'un même *vohitra*[992] apparentés se mettaient d'accord sur certaines règles à observer et sur les sanctions dont serait frappé tout contrevenant. En fait, il n'en est rien (...) Cette nécessité de reformuler d'anciennes règles de façon publique et solennelle, et de les revivifier par un sacrifice qui prenne non seulement les hommes, mais les ancêtres et les dieux à témoin, ne peut avoir lieu qu'à une époque tardive (...) il apparaît alors nécessaire à ses dirigeants de ressouder par cette cérémonie la cohésion du *fokonolona* au moment même où une autorité extérieure vient limiter la liberté d'action du groupe et l'autorité de ses chefs »[993].

802. Le respect associé à ces conventions conclues par les *fokonolona* est tel que les autorités étatiques en place y ont toujours eu recours et que ces conventions ont réussi à traverser les diverses périodes de l'histoire de Madagascar[994]. Le roi *Andrianampoinimerina* (1787 – 1810) accepte l'existence de ces *Dina* et appelle à leur respect dans l'un de ses *kabary*. « Je tiens pour souveraines et inviolables les décisions des *fokonolona* »[995]. Il en est de même pour ses successeurs. Ainsi, le roi *Radama* 1er (1810 – 1828) va instrumentaliser les *Dina* afin d'utiliser une main-d'œuvre gratuite pour réaliser des corvées civiles et militaires. Avec l'essor de ces conventions conclues au sein des communautés, « les agents royaux n'ont pas à s'occuper de la police rurale et de celle des petites agglomérations. Les *fokonolona* peuvent désormais l'assurer eux-mêmes. Leurs conventions ne tendent pas à se substituer à la loi, au contraire, elles la complètent, car celle-ci ne saurait tout prévoir »[996]. Petit à petit, de mesures prises de manière autonome par les communautés, les *dina* deviennent un moyen pour les autorités de faire appliquer les règles qu'ils édictent et qui sont adaptées par les communautés à leurs spécificités. Pendant l'époque coloniale, le décret du 9 mars 1902 portant organisation de l'administration indigène de l'*Imerina* en modifie le contenu,[997] mais n'en renie pas pour autant l'existence. Selon l'article 22 de ce décret : « Conformément à la coutume, les *fokonolona* peuvent établir des conventions ayant pour but d'édicter toutes mesures locales que les habitants

---

[992] *Vohitra* signifie colline.

[993] Georges CONDOMINAS, *Fokonolona et collectivités rurales en Imerina*, Paris : Éditions Berger- Levrault, 1960, p. 45.

[994] Laurent SERMET parle de la « survivance de l'institution du *dina* dans le droit contemporain malgache ».

[995] Cité dans Laurent SERMET, *op.cit*, p. 117.

[996] Pierre DELTEIL *op. cit.*, p. 16.

[997] Par exemple : désormais, les décisions peuvent y être prises à la majorité, et non à l'unanimité comme cela se faisait auparavant.

croient, de concert entre eux, pouvoir prendre pour assurer la sécurité, l'édilité, la salubrité et la bonne administration du *fokontany*, sauvegarder l'intérêt public, notamment en ce qui concerne le respect des bonnes mœurs et des coutumes, le pacage en commun des troupeaux, les réunions du *fokonolona* et leur bon ordre, empêcher les jeux ou combats d'animaux, les fumeries de chanvre ou d'opium, enfin réglementer l'assistance mutuelle (travaux divers, funérailles… etc.…) dans les circonstances où la coutume le prévoit ».

803. À l'Indépendance de Madagascar, malgré le caractère coutumier du *Dina*, les autorités étatiques ont adopté divers textes[998] afin de l'encadrer et de le contrôler. Ces divers textes témoignent de l'intérêt manifesté par les autorités étatiques à l'institution. Ils permettent aussi d'encadrer les contenus de ces conventions de *fokonolona* et ainsi d'éviter les dérives qui ont pu être constatées surtout en ce qui concerne les sanctions prévues. En effet, les *vonodina* posent problème aux autorités dans la mesure où la plupart des *Dina* contemporains ne régissent plus seulement les règles de la vie en communauté ou du travail en commun, mais se préoccupent de plus en plus de la question de la sécurité des biens et des personnes[999]. La recrudescence des vols et des actes de banditisme, associée à un repli de l'État dans les coins les plus reculés du pays ont favorisé un recours massif des communautés aux *Dina*[1000]. Or, dans la plupart de ces conventions, les sanctions pouvaient parfois aller jusqu'à l'exécution de la personne considérée comme coupable[1001]. Le législateur est alors intervenu afin d'encadrer plus strictement les *Dina*. « Leurs applications ont présenté certains inconvénients : empiétement sur les compétences des autorités judiciaires, excès et abus perpétrés par certains dirigeants de *Dina*, enclins à la loi du Talion : mise à mort des individus appréhendés. À la suite de la

[998] L'ordonnance n° 60-111 du 21 septembre 1960 relative au village et habitat rural, l'ordonnance n° 73-040 du 4 août 1973 fixant les attributions et les responsabilités du *fokonolona*, le décret n° 62-576 du 14 novembre 1962 fixant les peines applicables en cas de non-paiement des réparations prévues dans les conventions de *fokonolona*, le décret n° 94-608 du 28 septembre 1994 relative à la participation active de la population rurale à la sécurité locale et à la lutte contre les vols de bœufs.

[999] Voir Anaclet IMBIKI, *Le « fokonolona » et le « dina », institutions tradionnelles modernisées au service de la Sécurité publique et de la Justice populaire à Madagascar*, Antananarivo : Jurid'ika, 2011, 200 p.

[1000] Les *dina* homologués les plus connus sont : le *dinan'i Sakaraha* (1990), la convention collective des *fokonolona d'Ambatofinandrahana* (1962), le *dinan'i Toliary* (1975), le *dinan'i Rebotieka* (1983-1984), le *dinan'ny Mpihary agnomby* (1982), le *dina mampandry trany* (1998), les *dina'ny Miraidraiky* et *Tsy manavaky* (1980) axés sur la lutte contre les vols de bœufs, le *dina Menavozo* (1980), le *dinan'i Tagnilo* (1980), le *dinan'ny Fandriampahalemana* (1990) axés sur la lutte contre les principales formes de criminalité.

[1001] Dans le cadre de certains *dina*, après délibération des membres de la communauté, et en cas de vol ou d'acte de banditisme, il est procédé à la mise à mort de la personne reconnue comme coupable.

recrudescence des divers actes de banditisme, les avatars de certains *Dina* qui sont allés jusqu'à prévoir des *vonodina* extrêmes : exécution des coupables ou des dispositions jugées contraires à la légalité, ont entraîné des remous à leur égard, non seulement au sein de la population, mais jusqu'au niveau des pouvoirs publics. Les *Dina* étaient considérés comme une profusion, au niveau local, de législations parallèles difficiles à contrôler. »[1002]. Pour éviter ces dérives, et ainsi reprendre le contrôle sur ces conventions qui peuvent paradoxalement constituer une menace importante à l'ordre public, il a été rappelé que le *dina* ne peut constituer une juridiction en tant que telle et qu'il ne respecte pas les droits de la défense en rendant les verdicts rendus susceptibles de recours seulement devant la cour d'appel. « La loi n° 98 – 030 entre en violation de la Constitution en ce que, d'une part, ses dispositions érigent l'autorité du *dina* en véritable juridiction alors qu'antérieurement, aucune loi à caractère général et impersonnel n'a créé de nouvelle catégorie de juridiction y afférente ; que, d'autre part, n'est pas respecté le principe constitutionnel sur la plénitude et l'inviolabilité des droits de la défense devant toutes les juridictions et à tous les stades de la procédure »[1003].

804. ***La réglementation du dina par l'appareil législatif.*** La loi n° 2001-004 du 25 octobre 2001 portant réglementation générale des *Dina* en matière de sécurité publique[1004] est le principal texte régissant les conventions de *fokonolona* ou les *dina.* D'autres aspects de la vie en communauté sont évoqués, mais c'est principalement la question de la sécurité qui y est prise en compte. Il est précisé à l'article 2 de cette loi que « le *Dina* édicte des mesures que la population concernée juge nécessaires à l'harmonisation de la vie sociale et économique ainsi que de la sécurité en fonction des réalités locales, et pour la mise en œuvre de ses attributions essentielles destinées à assurer l'éducation civique des citoyens dans le cadre d'une structure basée sur l'autogestion populaire de la sécurité (…) et instaure une discipline collective afin de préserver l'ordre et la sécurité publics ». Cette loi vise à encadrer et à « contrôler les *Dina* en les intégrant dans l'ordonnancement juridique interne d'une manière expresse »[1005].

805. Dans le cadre de ce contrôle, la loi ne change pas radicalement la nature des *Dina*, ceux-ci conservent les caractéristiques des anciens *dina* qui

---

[1002] Exposé des motifs de la loi n° 2001- 004 portant réglementation générale des *Dina* en matière de sécurité publique.

[1003] Décision n° 15 – HCC/D3 du 3 septembre 1998 rendue lors du contrôle de constitutionnalité de la loi n° 98 – 030 relative aux voies de recours contre les verdicts des *Dina* régulièrement approuvés, la loi n'a pu être adoptée parce que ces dispositions n'étaient pas conformes à la Constitution.

[1004] JO n° 2746 du 19 novembre 2001, p. 3047.

[1005] Exposé des motifs de la loi.

peuvent être qualifiés de coutumiers. Selon l'article 4 de la loi, ce sont toujours les membres de la communauté qui sont titulaires de l'initiative dans l'élaboration des *Dina*. Les *vonodina*, ou sanctions en cas de non-respect des mesures s'appliquent toujours. Ils consistent en la réparation pécuniaire ou en nature au profit de la victime et du *fokonolona*. La loi impose la conformité des dispositions des *Dina* aux lois et règlements en vigueur, ce qui n'a pas été souvent le cas auparavant. Bien entendu, les dispositions d'un *Dina* ne peuvent aller à l'encontre de l'ordre public. Et désormais, les conventions de *fokonolona* doivent obligatoirement avoir la forme écrite, alors qu'elles étaient auparavant adoptées oralement.

806. Le changement majeur apporté par la loi n° 2001- 004 à l'institution traditionnelle des *Dina* est l'obligation d'homologation posée comme condition de la force exécutoire de ceux-ci. « Le *Dina* ne devient exécutoire qu'après son homologation par le tribunal de l'ordre judiciaire compétent ou la Cour d'appel ainsi que sa publication par voie d'affichage, de *kabary* ou par tout autre mode de publicité »[1006]. À son homologation, le *Dina* peut s'appliquer immédiatement et sans préjudice des poursuites pénales qui peuvent être envisagées. De par cette formalité de l'homologation, l'État et les autorités étatiques s'immiscent de manière implicite dans cette institution traditionnelle, ce qui constitue une évolution.

807. Afin d'impliquer un peu plus les communautés riveraines des ressources, il a été estimé que le *dina*, du fait de son utilisation coutumière, du respect qu'il inspire et qui reste dans la pensée collective, constitue un instrument nécessaire dans le cadre du transfert de gestion des ressources naturelles.

Paragraphe 2. Le *Dina* dans le cadre du transfert de gestion des ressources naturelles renouvelables

808. Si l'intitulé de la loi n° 2001-004 amène à penser que seuls les *dina* relatifs à la sécurité sont réglementés, l'article 38 de celle-ci précise que les dispositions de la loi sont applicables aux autres *dina* relevant d'autres domaines. En ce qui concerne la protection de la nature, la Constitution et la loi relative au transfert de gestion des ressources naturelles renouvelables ont aussi prévu le recours aux *Dina*. Sans nommer formellement les *Dina*, la Constitution, dans son ancienne version, avait reconnu aux communautés la possibilité de recourir à ceux-ci. En effet, selon l'article 35 de la Loi Fondamentale du 18 septembre 1992 modifiée : « le *fokonolona* peut prendre

[1006] Article 7 de la loi n° 2001- 004 portant réglementation générale des *Dina* en matière de sécurité publique.

des mesures appropriées tendant à s'opposer à des actes susceptibles de détruire l'environnement, de le déposséder de ses terres, d'accaparer les espaces traditionnellement affectés aux troupeaux de bœufs ou son patrimoine rituel, sans que ces mesures puissent porter atteinte à l'intérêt général et à l'ordre public ». Ces mesures appropriées devraient être adoptées sur l'initiative du *fokonolona* et ne peuvent constituer des atteintes à l'ordre public et à l'intérêt général. De manière tacite, les communautés pouvaient alors adopter des *Dina* dans l'objectif de protéger leur environnement. Malheureusement, cette disposition n'a pas été reprise par la Constitution actuellement en vigueur.

809. De manière plus nuancée, la loi n° 96-025 relative au transfert de gestion des ressources naturelles inclut aussi dans ses dispositions le recours aux *Dina*. L'alinéa 1er de l'article 49 de la loi précise que « les rapports entre les membres de la communauté de base sont réglés par voie de « *dina* ». Néanmoins, « les *dina* prévus par cette loi n° 96-025 sont des actes conclus entre particuliers et n'érigent pas une autorité constituant une justice populaire »[1007].

810. ***Les catégorisations des Dina.*** Bien que plusieurs points permettent d'assimiler les *Dina* de la loi relative au transfert de gestion des ressources aux autres *dina*, il convient néanmoins de les différencier. Il est clairement établi une nuance entre les *dina* considérés comme traditionnels et les *dina* qui ont été instaurés avec la loi Gelose relative au transfert de gestion. « Il peut y avoir quatre sortes de *Dina* : les *Dina* qui lient les membres de la communauté de base, dans le cadre d'un transfert de gestion locale des ressources littorales ; les *Dina* locaux, en vigueur, indépendamment du contrat de transfert de gestion ; les "*Dina be*" qui lient plusieurs communautés de base instituées sous l'égide de la loi sur la Gelose ; et enfin, les "*dina be*" qui lient plusieurs communautés, sans avoir besoin d'une structure constituée légalement comme dans le cadre de la loi sur la Gelose »[1008]. Dans les *Dina* considérés comme traditionnels, les mesures et les sanctions qui y sont prévues sont prises sur la base des expériences des communautés. Ils sont adoptés de manière spontanée et sont spécifiques à chaque communauté. Les dispositions des *Dina* relevant de la loi relative au transfert de gestion quant à elles sont implantées à partir d'éléments extérieurs et selon des objectifs qui ont déjà été fixés au niveau de la loi.

[1007] Anaclet IMBIKI, *op.cit*, p. 29.

[1008] Saholy RAMBININTSAOTRA, *Vers la gestion intégrée des zones côtières à Madagascar*, Thèse, Université de Limoges, 2006, p. 284.

811. Une autre catégorisation a été apportée à la notion de *Dina*[1009]. Cette convention collective aurait trois différentes natures : le *Dina* endogène relevant du droit traditionnel, le *dina* coutumier adopté lors de la période coloniale et postcoloniale et enfin, le *dina* Gelose appartenant au droit local. Ces différentes formes de *Dina* auraient parfois des interactions. La première catégorie de *Dina* appartiendrait au droit traditionnel parce qu'il est « transmis de manière orale, il est antérieur à la colonisation et ne dépendrait pas de l'État pour sa formation, son fonctionnement ou sa légitimation »[1010]. Ensuite, la deuxième forme de *dina* serait coutumière : il est « formé à partir du droit traditionnel, mais dépend de l'autorité coloniale ou postcoloniale pour sa formation ou sa légitimation »[1011]. Et enfin, le *dina* de la Gelose qui relève du droit local : « c'est un droit fortement influencé par l'État, mais qui laisse place aux autorités locales dans l'application des normes, et ce, dans une perspective de décentralisation »[1012].

812. ***Un modèle de dina*** est annexé au décret n° 2000 – 027 du 13 janvier 2000 relatif aux communautés de base chargées de la gestion locale des ressources naturelles renouvelables afin de parvenir à une uniformisation des dispositions des *Dina* adoptés dans le cadre des transferts de gestion. Dès l'intitulé, il est précisé que ce modèle peut être à la fois celui d'un *Dina* et/ou d'un règlement intérieur de la communauté de base[1013]. Si la loi énonce que ce sont les rapports entre les membres de la communauté de base qui sont réglés par voie de *dina*, l'article 1er du modèle annexé au décret précise qu'il a pour objet d'édicter les mesures en vue de la gestion locale des ressources naturelles renouvelables dans la localité en vertu du contrat de transfert de gestion conclu. À cet effet, les membres de la communauté de base ont plusieurs engagements. En premier lieu, ils doivent réaliser la gestion des ressources selon le plan d'aménagement convenu. Ensuite, ils s'engagent à respecter les lois et règlements de la République ainsi que les us et coutumes qui ne sont pas contraires à la protection de l'environnement. Et enfin, ces membres de la communauté de base doivent respecter les règles de fonctionnement régissant la communauté de base.

813. Dans la pratique, la question des relations entre les membres de la communauté est mise à l'arrière-plan, et les dispositions qui prédominent dans ces *Dina* sont relatives aux obligations auxquelles les membres de la

---

1009 Voir en ce sens Marie Hélène BÉRARD, *Légitimité des normes environnementales et complexité du droit : l'exemple de l'utilisation des dina dans la gestion locale de la forêt à Madagascar (1996 – 2006)*, Thèse, Faculté de droit – Université Laval – Québec, 2009.
1010 Marie Hélène BÉRARD, p. 9.
1011 *Idem.*
1012 *Idem.*
1013 *« Modelin'ny fitispika anatiny sy/ na ny dina mifehy ny vondron'olona ifotony ary mikasika ny fitantanana eny an-toerana ny loharanon-karena voajanahary mety havaozina ».*

communauté de base doivent se conformer afin de respecter le contrat de transfert de gestion conclu. Le *Dina* conclu dans la localité de *Anja*[1014] peut être pris en exemple. Il comporte plusieurs chapitres relatifs aux diverses ressources qui ont fait l'objet d'un transfert de gestion, à savoir dans ce cas, la forêt et les ressources forestières, le lac et la population piscicole. Une très grande partie des dispositions de ce *Dina* porte sur les interdictions à observer afin de parvenir à la bonne gestion des ressources transférées. Ainsi, il est interdit de faire des coupes à l'intérieur des forêts, de réaliser des feux de forêt ou même de faire divaguer les troupeaux de zébus à l'intérieur de la forêt. Les feux de brousse sont interdits sur le territoire soumis à transfert de gestion. Et chaque membre de la communauté de *Anja* doit participer d'une part, aux travaux d'extinction en cas de feux de brousse signalés et d'autre part, aux travaux de reboisement annuel. La pêche sans autorisation préalable du comité de gestion de la communauté est interdite, de même que la consommation des produits piscicoles du lac. Les dispositions relatives au fonctionnement de la communauté de base portent notamment sur les obligations qui doivent être accomplies par chaque membre. Les réunions ne sont pas obligatoires, cependant toute absence doit être justifiée. Une absence injustifiée ou pour laquelle un représentant du membre absent n'est pas trouvé peut conduire à l'exclusion du membre.

814. Ces *Dina* institués par la loi relative au transfert de gestion des ressources, à l'instar des autres *dina*, doivent être conformes aux lois et règlements et ne peuvent porter atteinte à l'intérêt général et à l'ordre public. La loi rajoute que « les *Dina* ne peuvent comporter des mesures pouvant porter atteinte (…) aux usages reconnus et non contestés dans la commune rurale de rattachement »[1015]. De plus, l'approbation et l'adoption de ces mesures doivent être faites selon les règles coutumières régissant la communauté.

815. Par exemple, dans le cadre d'un *dina* adopté en pays *Vezo,* dans le Sud ouest de l'Île[1016], les différents villages constituant la communauté de base ont été consultés afin de proposer leurs règles spécifiques sur les ressources marines qui vont être gérées. Le *Dina* final traduit un consensus entre ces différentes règles mises en place individuellement. D'une manière générale, seule la pêche artisanale et traditionnelle est admise, et les méthodes de pêche qui peuvent porter atteinte aux ressources marines et à

[1014] Exemple pris *supra.*

[1015] Article 50 de la loi n° 96-025 relative au transfert de gestion des ressources naturelles renouvelables.

[1016] ANDRIAMALALA, G. and GARDNER, C. J., « L'utilisation du dina comme outil de gouvernance des ressources naturelles : leçons tirées de *Velondriake*, sud-ouest de Madagascar ». *Tropical Conservation Science*, 2010, Vol. 3 (4) : 447-472. Consultable sur www.tropicalconservationscience.org

l'environnement marin sont prohibées[1017]. De par ces conditions, les autorités étatiques impliquent les communautés de base dans la protection de la nature et essaient d'ancrer celle-ci par l'utilisation des usages et coutumes locales. « Ainsi ce ne sont pas des législations nationales, générales et la plupart du temps trop lointaines par rapport aux réalités locales qui régissent directement les comportements des communautés, mais ces *Dina,* résultant d'accords pris localement à la fois entre les membres des communautés, et entre ces dernières, la commune et l'État »[1018].

816. ***Le contrôle de conformité du* dina *aux lois et règlements***. Le visa du maire de la commune rurale de rattachement constitue une condition essentielle pour que les *Dina* aient un caractère exécutoire dans le cadre du transfert de gestion des ressources naturelles renouvelables. Dès l'obtention de ce visa, le *dina* et ses mesures ont force de loi entre les membres de la communauté de base. Il n'en demeure pas moins qu'un encadrement étatique est exercé. En effet, si le représentant de l'État auprès de la collectivité constate une illégalité ou des dispositions non conformes aux lois et règlements en vigueur, elle peut, selon l'article 51 de la loi relative au transfert de gestion, déférer devant les juridictions compétentes la décision ainsi prise. Ce recours du représentant de l'État a un effet suspensif : les dispositions considérées comme illégales du *Dina* ne peuvent s'appliquer. Cette mesure suspensive peut porter sur toutes les dispositions si « ces dispositions forment un tout indissociable avec les autres dispositions du *dina* »[1019].

817. ***Les sanctions ou vonodina***. Le non-respect des dispositions des *Dina* entraîne l'application des mesures de *vonodina*. Elles peuvent consister en une réparation pécuniaire au profit de la communauté de base ou en une réparation en nature, selon le contenu du *Dina* conclu. Dans l'exemple du *Dina* conclu dans la localité de *Anjà,* les sanctions consistent surtout au paiement d'amendes au profit de la communauté[1020]. Par contre, dans le cas

---

1017 L'utilisation du latex toxique d'un arbre, le *laro*, est interdite. « Cette méthode est surtout pratiquée par les pêcheurs venant de villages à l'intérieur des terres, car c'est une méthode qui ne nécessite pas d'expertise de la mer. Cependant, elle est considérée comme très destructrice, car la toxine tue non seulement les poissons ciblés, mais également d'autres animaux tels que les coraux, les crustacés et les mollusques » ANDRIAMALALA G, and GARDNER C.J, *op. cit.*, p. 452, le renversement des coraux est interdit, de même que l'utilisation des filets de petite maille.

1018 MALDIDIER, « La décentralisation de la gestion des ressources renouvelables à Madagascar. Les premiers enseignements sur les processus et les méthodes d'intervention », Tananarive, Rapport, ONE, 2001, p. 18.

1019 Article 52 de la loi.

1020 Le montant de ces amendes est largement inférieur au montant des amendes prévues dans la législation forestière en cas d'infractions. Par exemple : la provocation de feux sauvages ou de feux de brousse est punie d'une amende de 15 000 à 300 000 FMG et d'un

du *Dina* de *Velondriake*, « afin de promouvoir l'application du dina par tous les membres de la communauté, il est nécessaire de faire appel à leurs intérêts personnels »[1021], la moitié de l'amende requise est attribuée à la personne qui a contribué à l'identification de la personne n'ayant pas observé les prescriptions du *dina*. Dans certains cas, des obligations de faire sont imputées aux personnes n'ayant pas respecté les dispositions du *dina* en question. Ainsi, la personne qui n'a pas participé aux travaux de reboisement doit s'acquitter d'une amende et observer son obligation dans un délai d'un mois. Dans d'autres cas, au paiement de l'amende peut être substituée la réalisation de travaux d'intérêt général. Le *Dina* de Velondriake a prévu plusieurs dispositions en ce sens. Le recours à la justice étatique n'est envisagé qu'après l'épuisement de toutes les procédures prévues par le *Dina* pour le règlement des litiges. Il n'en demeure pas moins que le non-respect des réglementations et législations en vigueur entraînera la poursuite pénale du membre qui ne s'est pas conformé à celles-ci.

818. ***Limites.*** En conclusion, le *dina* utilisé dans le cadre du transfert de gestion des ressources naturelles renouvelables est de nature différente de celui qui a longtemps régi la vie sociale dans les communautés coutumières malgaches. Ce nouveau type de *dina* emprunte les formes du *dina* coutumier et en reprend les principes de base. Mais dans le cadre du transfert de gestion des ressources naturelles renouvelables, il ne régit que les relations entre les membres de la communauté. Il ne sera donc pas opposable aux personnes qui ne font pas partie de la communauté de base légalement mise en place. En effet, ces personnes considérées comme extérieures à la communauté de base ne sont pas tenues de respecter les dispositions des *Dina* ou même celles du contrat de transfert de gestion. Or, maintenir ces personnes à l'écart des dispositions prévues peut se révéler néfaste pour les ressources. « Les "étrangers", usagers habituels ou épisodiques des ressources du village, ne peuvent être tout simplement et unilatéralement évincés. Si c'était le cas, et qu'ils ne pouvaient reporter facilement leur appétit sur des espaces encore en accès libre, ils représenteraient une force de pression sur le village gestionnaire des ressources naturelles renouvelables voire une menace permanente »[1022]. Dans la pratique, les communautés de base incluent dans

---

emprisonnement de 6 mois à 3 ans ou de l'une de ces deux peines seulement, dans le *dina* de Anjà, les personnes ayant commis ou étant soupçonnées d'avoir commis des feux de brousse sont assujetties au paiement d'une amende de 10 000 FMG au bénéfice de la communauté, et l'amende est payable dans un délai d'un mois.

[1021] ANDRIAMALALA, G. and GARDNER, C. J., « L'utilisation du *dina* comme outil de gouvernance des ressources naturelles : leçons tirées de Velondriake, sud-ouest de Madagascar » *op. cit.*

[1022] MALDIDIER, « *La décentralisation de la gestion des ressources renouvelables à Madagascar. Les premiers enseignements sur les processus et les méthodes d'intervention* », Tananarive, Rapport, ONE, 2001, p. 59.

leur *Dina* des dispositions telles que ces personnes extérieures soient assujetties à celles-ci. Or, cela enlève l'essence même du *Dina* qui devient dès lors un ensemble de règles qui s'appliqueraient indifféremment aux membres de la communauté de base et à toute autre personne. Il convient aussi de conclure que le recours à cette institution traditionnelle constitue un moyen pour les autorités étatiques d'impliquer les communautés. Ce qui a pu être observé dans le cadre de la sécurité publique[1023] pourrait l'être aussi dans le cadre de la protection de la nature.

SECTION II. LA RECONNAISSANCE JURIDIQUE DES COMMUNAUTÉS COUTUMIÈRES DE BASE

819. Avec le *Dina,* les communautés coutumières de base vont aussi être prises en compte dans le cadre du transfert de gestion des ressources naturelles renouvelables. Cette reconnaissance va cependant souffrir d'un petit bémol. La réglementation ne retient pas la notion de *fokonolona,* qui est pourtant considéré comme la communauté coutumière à Madagascar (**paragraphe 1**). Elle va consacrer des « communautés de base » qu'elle va définir juridiquement comme principales responsables dans le cadre du transfert de gestion des ressources (**paragraphe 2**).

Paragraphe 1. Une structure communautaire traditionnelle malgache : le *fokonolona*

820. Le *fokonolona* est une institution locale traditionnelle importante dans la société malgache. En effet, « les Malgaches ont le goût des traditions et celle du *fokonolona* leur est particulièrement chère. La communauté villageoise, sous sa forme patriarcale ancienne, est pour eux, consciemment ou non, l'institution publique la plus authentique de la civilisation malgache »[1024]. Le *fokonolona* constitue la forme la plus ancienne de communauté dans l'histoire de la société malgache. « Le mot *Fokonolona* est formé de deux racines : *Foko* qui désigne tribu, caste, famille et *olona*, une personne, quelqu'un, des gens, d'où *Fokonolona* désigne une tribu, une caste, mais aussi une division de la tribu, de la caste, telle que le canton et surtout la commune »[1025]. Auparavant, cette communauté de vie était basée

---

[1023] L'exposé de motifs de la loi n° 2001-004 portant réglementation générale des *Dina* en matière de sécurité publique reconnaît que le *dina* est « la méthode la plus démocratique de responsabiliser la population des campagnes notamment en matière de sécurité publique et plus particulièrement pour lutter efficacement contre les vols de bœuf ».

[1024] Georges LEJAMBLE, *Le fokonolona et le pouvoir*, Mémoire pour le diplôme d'études supérieures de science politique, Tananarive, 1963.

[1025] F. ARBOUSSET, *Le fokonolona à Madagascar,* Thèse de doctorat en droit, Paris, Domat – Montchrestien, 1950, p. 11.

sur les liens du sang. Mais de plus en plus, elle s'appuie sur la localisation géographique de la communauté en présence et finit par constituer une subdivision de l'administration malgache. « Cette institution est particulièrement délicate à étudier, car elle ne revêtait pas les mêmes caractères à l'époque ancienne, sous *Andrianampoinimerina*, sous *Ranavalona III*, que pendant la période française et aujourd'hui ; l'analyse que l'on fait des *fokonolona* doit donc bien préciser la date à laquelle on se place, car la confusion d'époques peut être à l'origine de nombreuses inexactitudes (...) son étude ne doit pas faire seulement appel à des notions juridiques, mais à des données sociologiques et ethnologiques »[1026].

821. ***L'acception familiale du fokonolona*** a une source historique. Elle s'explique par le besoin, dans les anciens temps, pour chaque membre de la famille de rester groupé et uni autour de la tombe ancestrale commune au niveau du même village ou *vohitra*. « Le *fokonolona* est un clan (ou parfois un lignage) de type patrilinéaire et patriarcal unissant sur un même territoire (*fokontany*) les descendants d'un même ancêtre (*razana*) dont la tombe constitue le pôle mystique où le groupe vient retrouver sa cohésion »[1027].

822. L'évolution de la société malgache, et l'expansion des membres du clan sur de nouveaux territoires ont contribué à faire disparaître cet aspect familial lié au *fokonolona*. Désormais, et malgré la résistance de certains auteurs[1028], le *fokonolona* ne constitue plus seulement une notion patriarcale et familiale, mais devient lié à une conception territoriale. Il sera ainsi constitué par les personnes ayant une même communauté de vie, vivant sur le même territoire. « Des villages se forment soit naturellement, soit sous les ordres d'un chef qui assigne aux diverses castes une part déterminée de terrains pour y bâtir et planter. Dans ces villages, il fallait un organisme qui réglât les rapports des habitants entre eux, une autorité qui fît respecter les coutumes ancestrales, c'est là qu'apparaît l'origine de l'institution du

---

[1026] Michel MASSIOT, *L'administration publique à Madagascar : évolution de l'organisation administrative territoriale de Madagascar de 1896 à la proclamation de la République Malgache*, Paris : Librairie Générale de Droit et de Jurisprudence, 1971, p. 41.

[1027] Georges CONDOMINAS, *Fokon'olona et collectivités rurales en Imerina*, Paris : Éditions Berger-Levrault, 1960, p. 25.

[1028] Selon Condominas, c'est le décret du 9 mars 1902 portant organisation de l'administration indigène de l'*Imerina* qui a changé le sens du *fokonolona* : « du *fokonolona* qui est essentiellement un clan, il fait une institution administrative territoriale. Il vide cette notion de son contenu véritable – qui englobe l'ensemble des relations liant entre eux les descendants d'un même ancêtre – pour la définir en fonction d'un territoire » *op. cit.* p. 103. « La notion de *fokonolona* actuelle est faussée, nous l'avons vu, par la méprise faite par le législateur du décret de 1902. On a tendance à grossir son aspect territorial et communautaire au détriment de tout le reste. », *op. cit.*, p. 112.

fokonolona en pays *Merina* »[1029]. Les membres d'une même famille n'ont plus la même communauté de vie, mais dans leur migration, ont créé de nouveaux *fokonolona.* Ainsi, « quand on prononce aujourd'hui le mot de *fokonolona*, cela désigne un groupement ayant les mêmes intérêts et qui obéit à des règles de vie communes (...) *Fokonolona* s'entend aussi bien au pluriel qu'au singulier. Il désigne donc à la fois la collectivité et l'individu »[1030]. Et selon le *Firaketana ny fiteny sy ny zavatra malagasy* (dictionnaire encyclopédique)[1031], le *fokonolona* peut être défini comme « une communauté et un gouvernement de gens habitant un ou plusieurs villages ou collines voisins ».

823. ***Ce sont les nécessités de la vie en communauté qui ont contribué à l'institution du fokonolona.*** « Le *fokonolona* qui n'était à l'origine, que le développement de la famille — ensemble de familles issues d'un aïeul commun — était évidemment supérieur aux diverses familles réunies en conseils ; il traitait d'affaires plus importantes que celles dont pouvait s'occuper la famille ; il avait ses lois, ses coutumes "rituellement conservées par la tradition et inviolablement observées" »[1032]. Si l'institution préexistait à la période des royaumes malgaches, c'est le roi *Andrianampoinimerina* (1787-1810) qui, en premier, contribua à consolider cette institution : il lui revient « le mérite d'avoir jeté les bases de cette organisation communale décentralisatrice, qui fut loin de porter atteinte au principe d'autorité de la monarchie *Merina* »[1033].

824. ***La constance des rôles du fokonolona.*** Le roi *Andrianampoinimerina* a attribué plusieurs rôles au *fokonolona.* Ce dernier était chargé de conserver et d'administrer les propriétés de la commune. Dans le cadre de cette compétence, le *fokonolona* pouvait décider de l'attribution de certaines propriétés foncières, plus particulièrement des surfaces laissées en jachère dites *tany lava volo* aux personnes qui manifestaient le désir de les travailler et de les faire fructifier. Ce rôle du *fokonolona* s'étendait aux travaux d'entretien et aux autres types de travaux qui nécessitaient une main-d'œuvre importante. Ainsi, chaque membre du *fokonolona* devait obligatoirement participer aux travaux d'entretien et de construction des digues et des canaux d'irrigation nécessaires aux rizières et

1029 Pierre DELTEIL, *Le Fokonolona (commune malgache) et les conventions de fokonolona,* Thèse, Paris : Éditions Domat – Montchrestien, 1931, p. II.
1030 Préface de G. Julien à la thèse de Pierre Delteil, *Le fokon'olona (commune malgache) et les conventions de fokon'olona.* Éditions Domat – Montchrestien, Paris, 1931, pp. V- VI.
1031 *Dictionnaire encyclopédique*, livraison n° 152, septembre – octobre 1951, p. 627.
1032 Francis ARBOUSSET, Le *fokonolona* à Madagascar, Thèse, Paris, 1949, p. 27.
1033 Françis ARBOUSSET, *idem.*

surfaces de culture[1034]. Un autre rôle de cette communauté consistait en la réalisation des travaux agricoles nécessaires pour subvenir aux besoins de toute la collectivité. L'entraide étant un des éléments caractéristiques du *fokonolona,* les travaux de construction des maisons d'habitation et des tombeaux familiaux sont effectués en commun par tous les membres de la communauté. Cette solidarité prend aussi la forme d'aide fournie de manière gracieuse aux catégories de personnes les plus vulnérables dans la communauté : les personnes âgées et les personnes infirmes. « Il joue un rôle traditionnel de solidarité et d'assistance mutuelle, notamment dans le cas de dangers et de calamités publiques »[1035].

825. Cette entraide entre les membres de la communauté est essentielle. Le rattachement de ces membres à la communauté s'explique aussi par le fait que la communauté, en retour, constitue un noyau de protection pour chaque membre. Après le cercle familial, le *fokonolona,* de par son esprit d'entraide et de cohésion est une entité de base essentielle de la société malgache. « Chaque membre s'engage à observer les us et coutumes religieusement conservés dans le village, à respecter, le cas échéant, les conventions du *fokonolona*. En retour, il a droit à l'aide et à la protection de la communauté (...) De même, quand les habitants d'un *fokonolona* avaient approuvé un pacte écrit ou verbal, dénommé *fanekem-pokonolona,* ce pacte devenait la règle commune et nul ne pouvait en éluder les obligations, s'il voulait bénéficier des avantages qu'il procurait à chacun »[1036]. Les mesures prises par le *fokonolona* étaient respectées de ses membres et réussissaient à influencer leurs comportements. Et le *fokonolona* bénéficiait d'une autonomie assez importante par rapport aux autorités centrales.

826. À la suite du roi *Andrianampoinimerina,* le Code des 305 articles du 29 mars 1881 ne fait pas directement référence au *fokonolona,* mais lui attribue divers rôles. Il en est ainsi en matière d'état civil : le *fokonolona* est garant de l'authenticité des mariages auquel il assiste[1037]. Il a aussi diverses attributions en matière de police[1038]. Et enfin, en matière d'entraide et de

---

[1034] Le roi *Andrianampoinimerina* a entrepris de grands travaux afin de rendre arables les grandes plaines sur les Hautes Terres Centrales.

[1035] Michel MASSIOT, *Les institutions politiques et administratives de la République Malgache*, Université de Madagascar, Avril 1967, p. 33.

[1036] Pierre DELTEIL, *op. cit.*

[1037] Selon l'article 59 du Code des 305 articles par exemple, « les *Andrianteloray* ne peuvent se marier entre eux qu'à la condition d'être de la même caste ; si cependant des mariages ont été contractés avant la promulgation de la présente loi, et que leur légitimité soit attestée par le *fokonolona,* en cas de veuvage, la femme pourra retourner à sa caste d'origine ».

[1038] Par exemple, selon l'article 169 du Code : « les *fokonolona* qui surprendront quelqu'un en contravention avec les lois du gouvernement pourront l'arrêter et le conduire aux *antily* ; les *fokonolona* qui, témoins d'un méfait, n'en arrêteront pas l'auteur, seront punis d'une amende de cinq bœufs et de cinq piastres ».

solidarité, le *fokonolona* est titulaire de devoirs. Par exemple, selon l'article 112 du Code des 305 articles : « si un individu pauvre vient à mourir, qu'il soit étranger au pays ou qu'il en soit originaire, s'il ne laisse personne pour l'enterrer, les membres du *fokonolona* le plus voisin devront l'ensevelir ». Lors de la période coloniale, le décret du 9 mars 1902 portant organisation de l'administration indigène de l'*Imerina*[1039] va consacrer un statut juridique au *fokonolona*. Cette communauté coutumière est reconnue et « les attributions et obligations des *fokonolona* restent telles qu'elles sont déterminées par la législation locale actuellement en vigueur » selon l'article 9 du décret.

827. ***La brève consécration du statut juridique du fokonolona à l'Indépendance.*** La reconnaissance juridique de l'existence du *fokonolona* permet d'un côté d'assurer le maintien du rôle traditionnel de cette communauté et de l'autre côté de limiter les étendues du pouvoir que s'attribue le *fokonolona* par rapport aux pouvoirs centraux. Ainsi, l'ordonnance n° 62-004 du 24 juillet 1962 fixant les attributions, les responsabilités et les pouvoirs du *fokonolona*[1040] est adoptée. « Le *fokonolona* est une institution traditionnelle de Madagascar (…) Mais il apparaît nécessaire de déterminer avec précision ses attributions, ses responsabilités et ses pouvoirs afin d'éviter que des conventions ou *Dina* comportant des clauses exorbitantes du droit commun ou contraires aux lois et règlements de la République ne soient présentées (…) Il faut d'autre part, articuler son action avec celles des administrations et collectivités publiques, vis-à-vis d'elles, le rôle des *fokonolona* peut être à la fois de suppléance et de relais »[1041]. Ce statut juridique du *fokonolona* va connaître une évolution constante. De communauté de vie familiale basée sur les liens du sang, le *fokonolona* va acquérir une personnalité juridique. Grâce à celle-ci, il lui sera attribué diverses responsabilités relevant de la sécurité de la communauté et de la bonne marche de celle-ci. Ce champ de compétence du *fokonolona* sera même étendu à la protection de l'environnement par la Constitution.

828. Selon la Loi Fondamentale, le fokonolona « constitue un cadre de vie, d'émancipation, d'échange et de concertation participative des citoyens »[1042] et le « cadre d'échange et de concertation participative des citoyens »[1043]. Dans sa précédente version, en son article 35[1044], la

---

[1039] J.O.M du 30 avril 1902, p. 7391.

[1040] JO du 11 août 1962.

[1041] Exposé des motifs de l'ordonnance n° 62-004 du 24 juillet 1962 fixant les attributions, les responsabilités et les pouvoirs des *fokonolona*.

[1042] Préambule de la Constitution.

[1043] Dans le préambule de la constitution modifiée du 18 septembre 1992 : «Convaincu que le Fokonolona, organisé en Fokontany, constitue un cadre d'échange et de concertation participative des citoyens ».

Constitution avait détaillé les attributions du *fokonolona.* La plupart de ces attributions peuvent s'assimiler au rôle déjà joué par le *fokonolona* auparavant. Selon la Loi Fondamentale, « le *fokonolona* peut prendre des mesures appropriées tendant à s'opposer à des actes susceptibles de détruire l'environnement, de le déposséder de ses terres, d'accaparer les espaces traditionnellement affectés aux troupeaux de bœufs ou son patrimoine rituel, sans que ces mesures puissent porter atteinte à l'intérêt général et à l'ordre public »[1045]. La Constitution malgache avait attribué un pouvoir au profit du *fokonolona.* Cette compétence consistait pour le *fokonolona* à adopter des mesures et tout moyen afin d'ériger une protection pour ses ressources. Ces dispositions détaillées n'ont pas été reprises par la Constitution actuellement en vigueur qui se contente d'énoncer en son article 152 : « le *fokonolona,* organisé en *fokontany* au sein des communes, est la base du développement et de la cohésion socioculturelle et environnementale ». La Loi Fondamentale précise par ailleurs que la portée et la modalité de ces dispositions vont être déterminées par la loi. Or, il va en être autrement au niveau des textes.

829. ***La mise en avant du fokontany dans les autres textes, au détriment du fokonolona.*** Les dispositions des textes en vigueur ne favorisent pas la mise en pratique de cette consécration constitutionnelle du rôle du *fokonolona* dans la protection de l'environnement. Après avoir reconnu un temps une personnalité juridique au *fokonolona,* peu à peu, les textes vont lui enlever cette attribution et mettre plutôt en exergue le *fokontany.* C'est déjà le cas dans le décret n° 2002-1170 du 7 octobre 2002 fixant les règles relatives à l'organisation, au fonctionnement et aux attributions du *Fokontany* et du *Fokonolona*[1046]. Ce décret différencie le *fokontany* du *fokonolona,* mais ces entités y sont titulaires des mêmes attributions en matière de protection de l'environnement.

830. Le *fokontany* est défini à l'article 2 du décret n° 2002-1170 comme « une circonscription administrative de base. Il est constitué par le groupement des *Fokonolona*, composés des agglomérations urbaines de petite taille ou des quartiers urbains ou ruraux ». Et le *fokonolona,* en son article 3, est défini comme « une cellule de gestion administrative de proximité. Il est une subdivision du *fokontany* composé des villages, des hameaux ou îlots selon le cas, et ayant le même intérêt à défendre, ou ayant l'habitude de grouper des efforts en vue d'objectifs communs ». Les définitions laissent apparaître que le *fokontany* est essentiellement composé

[1044] Dans le sous-titre 2 relatif aux droits et devoirs économiques, sociaux et culturels du titre II de la Constitution relatif aux libertés, droits et devoirs des citoyens.

[1045] Article 35 alinéa 2 de la constitution modifiée du 18 septembre 1992.

[1046] Modifié par le décret n° 2003-436 du 2 avril 2003.

des membres du *fokonolona*, et que ce dernier est une subdivision du premier. Les personnes appartenant à un *fokonolona* sont dès lors membres d'un *fokontany.*

831. Si le décret établit une distinction entre les deux entités, elles auront pourtant les mêmes attributions en matière d'environnement. Ainsi, d'un côté, le comité du *fokontany*[1047], et plus précisément le chef du quartier « participe à la conservation et à la préservation de l'environnement, ainsi qu'à la gestion rationnelle des espaces, entre autres, la lutte contre les feux de brousse, les feux de pâturage, les "*tavy*", etc.... »[1048]. Et de l'autre côté, la conservation de l'environnement incluant le reboisement, la lutte contre les feux de brousse, le *tavy*, l'érosion et l'animation de la gestion locale sécurisée des ressources naturelles renouvelables sont à la charge du président du *fokonolona* ainsi que des membres de la cellule de gestion administrative[1049], avec la participation des habitants du *fokonolona*[1050].

832. Ainsi, les rôles du *fokontany* et du *fokonolona* sont similaires en matière de protection de l'environnement. Quelques points devront cependant être soulevés. En premier lieu, dans le cadre du *fokontany,* ce sont les membres du comité du *fokontany* qui ont cette compétence en matière de protection de l'environnement. Plus précisément, c'est le chef de quartier qui est titulaire de cette attribution « sur le plan environnemental »[1051]. En ce qui concerne le *fokonolona,* les membres du *fokonolona* ne sont pas les premiers responsables en la matière, contrairement aux affirmations de la Loi fondamentale. Ils apportent seulement leur contribution, ce sont le président du *fokonolona* et les membres de la cellule de gestion administrative qui sont titulaires de cette responsabilité en premier lieu. Et bien qu'il s'agisse des mêmes attributions, le décret inclut celles-ci dans le domaine de l'environnement en ce qui concerne le *fokontany* et dans la partie relative à l'économie en ce qui concerne le *fokonolona.* En définitive, le décret n° 2002-1170 fixant les règles relatives à l'organisation, au fonctionnement et aux attributions du *fokontany* et du *fokonolona* ne favorise pas une prise de responsabilité du *fokonolona,* conformément à l'ancien article 35 de la Constitution. En effet, le *fokonolona* en lui-même n'est pas

---

[1047] Composé du chef du quartier et de deux adjoints, le comité du *fokontany* assure l'administration du *fokontany* selon l'article 6 du même décret.

[1048] Article 15 du décret n° 2002-1170 fixant les règles relatives à l'organisation, au fonctionnement et aux attributions du *fokontany* et du *fokonolona.*

[1049] Composée d'un président et de son vice-président, des quartiers mobiles (agents nommés par arrêté du sous-préfet qui gèrent administrativement le *fokonolona).*

[1050] Article 32 du décret fixant les règles relatives à l'organisation, au fonctionnement et aux attributions du *fokontany* et du *fokonolona.*

[1051] Selon les termes même de l'article 15-18 du décret fixant les règles relatives à l'organisation, au fonctionnement et aux attributions du *fokontany* et du *fokonolona.*

titulaire d'une responsabilité précise en la matière. Celle-ci sera attribuée au président du *fokonolona*, aux membres de la cellule de gestion administrative de proximité ou encore au chef de quartier. Cette mise à l'écart du *fokonolona* va s'accentuer avec l'abrogation du décret n° 2002-1170 fixant les règles relatives à l'organisation, au fonctionnement et aux attributions du *fokontany* et du *fokonolona*. En effet, cette abrogation va entraîner la disparition de la personnalité juridique du *fokonolona*.

833. ***La disparition de la personnalité juridique du fokonolona.*** Le nouveau décret n° 2004-299 du 3 mars 2004 fixant l'organisation, le fonctionnement et les attributions du *fokontany* ne reconnaît plus dans le *fokonolona* que l'ensemble des habitants du *fokontany*. Selon son article 2 alinéa 3 : « les habitants du *fokontany* constituent le "*fokonolona*" ». C'est le *fokontany* qui désormais, possède une personnalité juridique et est considéré comme « une subdivision administrative de base[1052] au niveau de la commune (…) selon l'importance des agglomérations, il comprend des hameaux, villages, secteurs ou quartiers »[1053]. Et selon l'article 15 de ce décret : « le comité de *fokontany*[1054] participe et contribue de manière permanente et effective, sous l'autorité du chef de *fokontany* aux activités de préservation de l'environnement et de ses composantes ».

834. En définitive, la Loi Fondamentale attribue au *fokonolona* le droit de prendre des mesures appropriées afin de protéger ses ressources et son environnement. Il est patent cependant de constater que malgré ces affirmations de l'article 35 de la Constitution, aucun texte dans l'arsenal juridique malgache ne permet au *fokonolona* d'exercer cette compétence. L'absence de personnalité juridique de celui-ci, conjugué avec un flou dans le contenu de la responsabilité attribuée constitue autant de facteurs qui rendent symboliques les affirmations de la Loi Fondamentale. D'autant plus que ces responsabilités sont pour la plupart à la charge des autorités qui dirigent soit le *fokonolona* soit le *fokontany* et non aux membres eux-mêmes. Dès lors, dans le cadre du transfert de gestion des ressources, les responsabilités ne vont pas être confiées au *fokonolona,* mais aux communautés de base, qui, désignées par les textes et dont le régime juridique va être clairement déterminé, vont endosser les responsabilités relatives au transfert de gestion des ressources naturelles.

[1052] Considéré comme une subdivision administrative de base, le *fokontany* ne constitue ni une collectivité territoriale décentralisée (selon la Constitution, les collectivités territoriales décentralisées sont les provinces, les régions et les communes) ni un niveau quelconque dans le système déconcentré de l'État. C'est une création *sui generis* du législateur malgache.

[1053] Article 2 du décret n° 2004-299 du 3 mars 2004.

[1054] Composé par le chef de *fokontany* (désigné par le Maire) et l'adjoint au chef de *fokontany*, il administre le *fokontany* selon l'article 4 du décret.

Paragraphe 2. Les communautés de base désignées par les textes relatifs au transfert de gestion des ressources naturelles

835. Ce sont les communautés de base, ou *vondron'olona ifotony*, qui sont désignées par les textes comme les acteurs principaux dans le transfert de gestion des ressources naturelles renouvelables. Selon l'article 3 de la loi relative à la gestion des ressources naturelles renouvelables, confirmé par l'article 2 du décret n° 2000-027 du 13 janvier 2000 relatif aux communautés de base chargées de la gestion locale de ressources naturelles renouvelables, ces communautés de base sont constituées par « tout groupement volontaire d'individus unis par les mêmes intérêts et obéissant à des règles de vie commune. Elle regroupe selon le cas, les habitants d'un hameau, d'un village ou d'un groupe de villages ».

836. L'existence juridique de ces communautés de base est constatée par la déclaration d'existence faite par ses fondateurs auprès de la commune de rattachement. Le dossier déposé doit en outre comporter un exemplaire du procès-verbal de constitution de la communauté de base et son statut. Selon l'article 4 du décret relatif aux communautés de base, cette déclaration d'existence constitue une condition de recevabilité de la demande de transfert de gestion locale des ressources naturelles renouvelables.

837. ***Fokonolona et Vondron'olona ifotony.*** La définition même de la communauté de base ou *vondron'olona ifotony* constitue un premier point de différence avec le *fokonolona*. En effet, l'appartenance d'un individu au *fokonolona* se présume et ne nécessite aucune démarche particulière de la part de l'individu. *A contrario*, dans la communauté de base, selon les textes, l'adhésion se fait sur la base du volontariat et nécessite un acte de candidature de la personne qui veut en être membre. Selon l'article 5 du décret relatif aux communautés de base chargées de la gestion des ressources naturelles renouvelables : « peut-être accepté comme membre tout habitant résidant dans les limites du terroir de la communauté de base (...) la candidature pour devenir membre est soumise à l'Assemblée générale, qui délibère dans les conditions fixées par le statut. La candidature doit être posée volontairement ». Cet acte de candidature témoigne de la volonté de l'individu de participer et de son adhésion aux objectifs du transfert de gestion des ressources.

838. Cependant, cette appartenance à la communauté de base n'a pas un caractère définitif : selon l'article 6 du décret, chaque membre a la possibilité d'en démissionner. Mais ce volontariat dans la communauté de base peut aussi devenir un point faible dans le système de transfert de gestion. En effet, seuls les membres de la communauté de base, volontaires, sont dans l'obligation de respecter les dispositions comprises dans le contrat de transfert de gestion conclu et celles du *dina.* De par leur adhésion à la communauté de base, ils s'engagent à « respecter les règles de fonctionnement de la communauté et à exécuter les activités et les objectifs établis par la communauté de base »[1055]. Dès lors, les personnes considérées comme extérieures à la communauté de base ne sont pas tenues de se conformer à ces différentes dispositions.

839. La communauté de base chargée de la gestion des ressources naturelles est dotée d'une personnalité morale. La loi relative au transfert de gestion des ressources naturelles renouvelables a prévu, en son alinéa 2 de l'article 3, la soumission de la communauté de base au régime qui s'applique aux organisations non gouvernementales. Cependant, cette disposition ne sera pas reprise par le décret relatif aux communautés de base. C'est le décret lui-même qui déterminera le fonctionnement et la structure de la communauté de base. Ainsi, elle est composée d'un organe délibérant, l'Assemblée générale, et d'un organe exécutif, c'est la structure de gestion de la communauté de base.

840. ***Le fonctionnement de la communauté de base.*** Selon l'article 9 du décret, l'Assemblée générale de la communauté de base a plusieurs fonctions. Elle adopte le statut de la communauté de base[1056]. Elle élabore et adopte le règlement intérieur et/ou le *Dina* régissant la communauté de base, sur le modèle annexé au décret relatif aux communautés de base chargées de la gestion des ressources naturelles. Et enfin, c'est aussi l'organe délibérant qui fixe les objectifs à atteindre et le plan de travail annuel de la communauté. En matière financière, elle approuve les comptes de la communauté de base et décide de l'affectation des fonds au profit du développement communautaire. Dans le cadre du fonctionnement de la communauté de base, c'est l'Assemblée générale qui élit les membres de l'organe exécutif, à savoir la structure de gestion. Toute décision de l'Assemblée générale est soumise en premier lieu et avant tout autre recours, au consensus entre les membres[1057]. Si ce consensus n'est pas atteint ni obtenu, la décision doit être prise à la majorité absolue des membres, avec la présence d'au moins la moitié des membres de l'Assemblée générale. La convocation de l'Assemblée générale est faite selon les us et coutumes locaux.

[1055] Alinéa 3 de l'article 5 du décret relatif aux communautés de base chargées de la gestion des ressources naturelles renouvelables.

[1056] Le statut de la communauté de base indique l'objet, l'assisse territoriale, les organes et le fonctionnement de la communauté de base. En annexe, il contient les listes des membres de la communauté et des représentants élus de celle-ci. (Article 16 du décret)

[1057] Article 11 du décret.

841. En tant qu'organe exécutif de la communauté de base, la structure de gestion prend toutes les mesures pour assurer l'exécution des objectifs fixés par l'Assemblée générale. Elle organise aussi les activités de la communauté de base. La structure de gestion est composée d'un Président, d'un Vice-Président, d'un trésorier et d'un secrétaire. C'est le Président de la structure de gestion qui représente la communauté de base auprès des différentes instances administratives et des partenaires privés de la communauté.

842. Ainsi, selon l'article 14 du décret relatif aux communautés de base chargées de la gestion des ressources naturelles, « les règles de fonctionnement de la communauté de base sont fixées par son statut, son règlement et son *dina* ». Le fonctionnement de la communauté de base n'est dès lors pas préétabli, mais sera déterminé au cas par cas, selon les dispositions élaborées et adoptées par les assemblées générales des communautés concernées. Selon les termes de l'alinéa 2 de l'article 49 de la loi relative au transfert de gestion des ressources naturelles, c'est le *Dina* qui réglemente les rapports entre les membres de la communauté de base. Toutefois, le décret relatif aux communautés de base ne distingue pas les domaines d'application du règlement intérieur de la communauté de ceux du *Dina*.

843. Le volontariat constitue le facteur de distinction entre la composition de la communauté de base et celle du *fokonolona*. Ainsi, l'application du règlement et du *Dina* décidée par la communauté dépend d'une certaine manière de cette appartenance à la communauté de base. Néanmoins, vu le poids historique du *fokonolona* et afin d'éviter les alliances de circonstance pouvant introduire dans les communautés de base des individus étrangers au terroir, ayant des buts strictement intéressés, ne serait – il pas intéressant de clarifier le statut juridique du *fokonolona*, de l'améliorer et à la fin de l'utiliser dans le cadre des transferts de gestion des ressources naturelles à protéger ?

844. ***Les premiers effets de la valorisation des notions coutumières.*** Malgré l'introduction des notions coutumières, la participation des communautés n'est pas acquise, surtout lorsque les autorités coutumières ne sont pas impliquées dans le processus. Le système coutumier et la croyance des autorités coutumières en la légitimité de leur pouvoir sur ces ressources coexistent avec le système légal. Ainsi, le pouvoir légal attribué aux membres de la communauté ayant participé à la procédure de transfert de gestion coexiste avec le pouvoir légitime que les autorités coutumières héritent de par la place qui leur est attribuée dans la structure de la société malgache.

845. D'une manière générale, la légitimité de ces autorités coutumières prime sur cette légalité. « Deux pouvoirs coexistent alors dans un même village : un pouvoir ancien et préexistant seul capable de faire appliquer des mesures, et pourtant très peu impliqué dans les projets de transfert (un pouvoir invisible pour le regard extérieur ?) d'une part et d'autre part, un pouvoir plus moderne et plus bureaucratique soutenu de l'extérieur, mais souvent incapable d'appliquer les mesures (…) »[1058]. Or malgré cette légitimité des autorités coutumières, elles ne sont pas souvent sollicitées dans la mise en place de ce transfert de gestion, ce qui entraîne le désintérêt de la population au projet, et parfois même le rejet de celui-ci. « Il est bien évident que le lignage fondateur de village ou les groupes de pouvoirs en présence ont des pouvoirs anciens et légitimes sur les espaces et les espèces du territoire villageois et qu'ils représentent une certaine autorité en la matière. On pourrait donc penser qu'ils seraient les premiers à s'investir dans ce genre de projet. Mais bien au contraire, le contrat de transfert est souvent perçu par eux comme une "chose étrangère" et ils ne voient pas très bien l'intérêt de rentrer dans un projet qui leur permettrait d'acquérir un pouvoir de gestion et de contrôle qu'ils ont déjà. Ils ne comprennent pas vraiment pourquoi ces droits qui portent sur un domaine purement traditionnel (les droits à la terre…), acquis par héritage ou par un savant calcul de filiation et d'alliances devraient faire l'objet d'une reconnaissance et d'un contrat avec l'extérieur. En d'autres mots, ils ne se sentent pas concernés et, jugeant bien souvent que c'est là une affaire "d'étrangers" ou venant du *fanjakana*, ils laissent alors généralement la tâche de s'occuper de cette affaire à ceux qui sont tout indiqués pour gérer des affaires nouvelles et étrangères, à savoir : les "étrangers" au village ou nouveaux venus, ou ceux qui se montrent les plus "modernes" »[1059].

846. Afin d'atteindre les objectifs fixés lors de la mise en place du processus de transfert de gestion des ressources au profit des communautés de base, il est plus que nécessaire d'impliquer les autorités traditionnelles. Cette implication ne vise pas seulement à éviter les tensions inutiles entre la légitimité et la légalité, mais est surtout réclamée pour le bon déroulement du processus et entraîner une meilleure participation des membres de la communauté dans le processus de transfert de gestion.

847. Des actions centralisées et répressives de l'administration étatique, la protection des ressources s'est vue confiée aux communautés riveraines par le biais du transfert de gestion. Il n'est pas encore fait une évaluation

---

[1058] G. FELTZ & S. GOEDEFROIT, *Conttribution à l'étude « Évaluation et perspectives des transferts de gestion des ressources naturelles dans le cadre du programme environnemental 3 »,* Document de synthèse, Antananarivo, septembre 2004, p 17.
[1059] G. FELTZ & S. GOEDEFROIT, *idem.*

générale des résultats liés à la mise en place de ce transfert de gestion. Néanmoins, quelques réussites sont constatées et afin de conclure cette étude, l'exemple de la réserve villageoise d'*Anjà* sera pris[1060].

848. La réserve villageoise d'*Anjà* est une aire protégée volontaire créée par la population locale. Ce site présente les caractéristiques exceptionnelles exigées pour justifier de la protection d'un territoire, mais c'est la population locale qui a volontairement érigé cette zone de protection. Il est localisé dans la partie sud des Hautes Terres malgaches, en pays *betsileo*, à une quinzaine de kilomètres de la ville d'*Ambalavao*, elle-même à une cinquantaine de kilomètres de la grande ville de *Fianarantsoa*. Ce site est composé d'îlots de forêts, et d'une chaîne de montagnes avec des grottes naturelles. Il présente des caractéristiques particulières que ce soit au niveau de la diversité biologique ou que ce soit au niveau culturel et historique. Ce qui a incité la population locale à y créer une réserve de protection.

849. ***La création de la réserve villageoise***. Si la consécration officielle de cette réserve villageoise est récente, la reconnaissance de son caractère particulier remonte assez loin. C'est la construction de la Route Nationale 7 et son ouverture en 1924 qui ont, en premier, contribué à la reconnaissance de la particularité de ce territoire. Constitué d'îlots de forêts, abris de plusieurs colonies de lémuriens, il attire déjà l'attention de plusieurs touristes. Mais ce n'est qu'en 1999 que les communautés riveraines ont fondé l'association *Anjà Miray* (AMI)[1061], soumise à l'ordonnance n° 60-133 portant régime général des associations. L'association s'est fixé comme buts principaux de contribuer à la valorisation touristique et à la protection des ressources naturelles du site.

850. La prise en charge de la protection des ressources de ce site répond aux inquiétudes suscitées par les conséquences des méthodes culturales adoptées dans la région. Dotée de surfaces de culture à forte potentialité, le maintien de la pratique ancestrale de culture sur brûlis contribuait cependant, petit à petit, à la remettre en question. En plus d'aggraver le phénomène de déforestation de ce territoire, cette méthode entraînait un ensablement des champs de culture et un tarissement des sources. Ces facteurs ont provoqué de sérieuses dégradations sur les conditions de vie des communautés riveraines. Avec l'aide du Service des Eaux et Forêts, les villageois ont commencé à entreprendre des travaux de reboisement de la forêt et à adopter

---

[1060] Source : visites sur le terrain au cours du mois de février 2007 et du mois de décembre 2008.

[1061] Qui signifie littéralement l'association des habitants d'*Anjà* solidaires. Initialement, cette association était dénommée *ZAMITIA (Zanak'Anjà Miaro ny Tontolo Iainana),* ce qui signifie littéralement l'Association des habitants d'*Anjà* préservant l'environnement.

de nouvelles méthodes de culture. Et au vu des potentiels du site, ils ont pris conscience des bénéfices qui pouvaient être tirés de sa protection et de son exploitation en tant qu'aire protégée. Une fois la création du site réalisée et les différentes procédures y afférentes terminées, la gestion du site de l'*Anjà* incombe totalement et exclusivement à la population locale à travers l'association qui en devient l'unique et premier responsable[1062].

851. ***Les caractéristiques particulières ayant motivé la création du site.*** Le site d'*Anjà* présente plusieurs valeurs qui ont poussé la population locale à le transformer en une réserve de protection même si les autorités étatiques n'ont pas jugé nécessaire sa préservation. La localisation du site d'*Anjà* est spécifique dans la mesure où il est géographiquement proche de deux importants parcs nationaux du Système des Aires protégées de Madagascar. Il est entouré au nord par le Parc National de l'*Andringitra*[1063] et au sud par le Parc National de l'*Isalo*[1064]. La proximité de ces parcs nationaux démontre le fort potentiel de la région en termes de richesses de la diversité biologique. Si les composants d'une aire protégée doivent présenter des caractéristiques particulières biologiques, naturelles, historiques, ou culturelles, ce site de l'*Anjà* remplit aisément ces différents critères. Une colonie de *Lemur Catta*[1065], communément connue sous l'appellation de maki, et espèce de la faune endémique de Madagascar peuple la forêt naturelle qui recouvre la zone de protection. De même, les plantes locales telles que *silaitsy, fanazava, vazaha anakampo* sont traditionnellement utilisées par les communautés locales grâce à leur vertu médicinale importante.

852. Du point de vue culturel, les us et traditions locales constituent un aspect particulier de la haute considération apportée par les Malgaches à leurs ancêtres. Le caractère montagneux de la région a engendré des rites

---

[1062] Par exemple, l'entretien du site et des pistes d'accès est assuré par la communauté locale. Elle fournit aussi les guides lors des visites du site.

[1063] À l'origine, en 1927, le site *d'Andringitra* est consacré en réserve naturelle intégrale, il n'est transformé en parc national que l'année 1998. Ce parc national d'*Andringitra* a une dimension de 31 160 ha et fait partie intégrante des Forêts de l'*Atsinanana* qui sont inscrites sur la Liste du patrimoine naturel mondial en 2007. Un couloir forestier de 180 km relie le parc national d'*Andringitra* à la réserve spéciale du pic d'*Ivohibe* et au parc national de *Ranomafana*. En 2007, le parc national d'*Andringitra* a eu 3 604 visiteurs.

[1064] D'une dimension de 81 540 ha, il a été créé en 1962. Le parc national *Isalo* constitue l'un des premiers sites touristiques les plus fréquentés à Madagascar. En 2007, il a été visité par 31 195 visiteurs. Il est représentatif du Sud de l'île.

[1065] Une étude approfondie de cette espèce de lémuriens a été réalisée, les résultats de cette étude sont restitués dans l'ouvrage de Alison Jolley, Robert W. Sussman (et al.), *Ringtailed lémur biology : Lemur Catta in Madagascar,* New York : Springer, cop, 2006, 376 p.

funéraires qui leur sont spécifiques[1066]. C'est dans cette région de Madagascar que les tombeaux ancestraux et familiaux se trouvent au flanc de falaises rocheuses si ceux-ci sont bâtis ou creusés dans la plupart des régions de l'île. La mise en place d'une aire de protection sur le site préserve dès lors ces territoires sacrés du point de vue coutumier.

853. Le site propose deux circuits qui donnent la possibilité d'admirer à la fois les espèces particulières de la faune et de la flore de la biodiversité de la région et les héritages culturels et historiques de celle-ci. Un premier circuit permet d'observer les reliquats de forêts naturelles entourés de gros rochers et d'admirer les grottes et anciens tombeaux situés aux flancs des rochers. Le deuxième circuit offre la possibilité, après l'escalade de grandes falaises, d'admirer un panorama unique et général de toute la région. Malgré la taille modeste de ce site de protection et sa dimension communautaire, plusieurs retombées positives directes sur la population locale peuvent être constatées.

854. ***Les impacts de la création du site sur la vie des communautés locales riveraines***. La création de cette réserve villageoise, grâce à l'initiative des communautés riveraines, illustre leur volonté d'assumer leurs responsabilités vis-à-vis de la protection de la nature et des ressources naturelles. Depuis sa création officielle, le nombre de visiteurs de la réserve villageoise est en constante augmentation. D'environ 1 000 personnes à ces débuts en 1999, près de 6 000 visiteurs annuels ont été recensés en septembre 2007, plus de 11 000 vers 2010[1067]. Ces visiteurs s'acquittent d'un droit d'entrée fixé par l'Association et dont les communautés riveraines tirent bénéfice. Il est procédé à une affectation des recettes obtenues par l'exploitation et la protection de ce territoire comme suit : une partie de la somme totale récoltée est répartie annuellement entre les membres de l'association et une autre partie est réservée au financement de projets communautaires.

855. Grâce aux recettes perçues de l'exploitation touristique de ce site, plusieurs travaux ont été réalisés afin d'améliorer les structures sociales de base et de pallier les lacunes de l'État en matière sociale et éducative. Ainsi, la construction d'une nouvelle école primaire publique et les travaux de réfection de l'école publique déjà en place ont été financés par ces ressources communautaires. Il en est de même pour le paiement des indemnités et salaires d'un enseignant suppléant. Et afin d'assurer la sécurité

[1066] Lors des cérémonies funéraires, la solidarité des habitants se manifeste à travers la confection collective de la corde qui va servir à la descente en rappel de la falaise rocheuse, et aussi à l'occasion du partage d'un repas collectif et des viandes de zébus sacrifiés. Ces rites funéraires ayant eu cours essentiellement à la fin du XIXe siècle, ces tombeaux ne sont plus actuellement utilisés, mais leurs vestiges restent présents.

[1067] Source : Statistiques fournies par l'Association *Anjà Miray*.

du territoire, les communautés riveraines locales assurent aussi le paiement du traitement des éléments des forces de l'ordre faisant partie du Détachement Autonome de Sécurité de la région. Il est regrettable de constater que cette prise de responsabilité des communautés riveraines est mise à profit par les autorités centrales pour ne pas assumer leur devoir, notamment celui relatif à l'éducation et à la sécurité de la population. Bien que les initiatives communautaires soient louables, c'est un devoir de l'État d'organiser le service public de l'éducation et d'assurer la sécurité des citoyens. Il est anormal que l'État ne soit pas en mesure de remplir ses obligations attribuées, entre autres textes, par la Constitution en ses articles 22 et suivants. C'est à l'État de « prendre les mesures nécessaires en vue d'assurer le développement intellectuel de tout individu sans autre limitation que les aptitudes de chacun »[1068]. Et selon l'article 24 du texte fondamental, « l'État organise un enseignement public, gratuit et accessible à tous ». Dans le cas présent, ce sont les communautés riveraines locales qui y pourvoient. La bonne marche du service de l'éducation dépend en grande partie de la contribution des communautés riveraines par le paiement du traitement du personnel chargé d'assurer cette éducation. Il en est de même en ce qui concerne la sécurité des citoyens, elle fait pourtant partie des pouvoirs régaliens de l'État.

856. Cette création et consécration d'une aire de protection par les communautés riveraines traduisent une prise de responsabilité de celles-ci face aux nouveaux défis posés par la protection de la nature. Et d'une certaine manière, cet exemple illustre la nécessité impérieuse d'impliquer les communautés locales dans l'élaboration et dans la gestion des projets visant à préserver les ressources de la biodiversité malgache. La meilleure protection résulte de la vraie compréhension des enjeux, et lorsque les retombées sont directement ressenties par ces communautés, contribuant à l'amélioration de leur quotidien.

857. En 2012, l'association *Anjà Miray* est lauréate du Prix Initiative Équateur[1069] qui récompense les innovations locales et l'excellence qui contribuent à une amélioration du bien-être communautaire, de la conservation de l'environnement et de la gestion durable des ressources naturelles. Elle a ainsi été reconnue comme « une communauté résiliente pour le développement durable ».

[1068] Article 22 de la Constitution du 18 septembre 1992 modifiée.

[1069] C'est un partenariat regroupant l'ONU, les gouvernements, la société civile, les entreprises et les organisations de terrain pour faire progresser les solutions locales en faveur des populations, de l'environnement et des communautés.

CONCLUSION

858. Malgré la richesse, le caractère hautement endémique de sa diversité biologique et la spécificité des milieux et habitats, le droit malgache de la protection de la nature ne s'est pas encore doté de mesures de protection adaptées et efficaces. Il est significatif que la réglementation de la forêt, en tant qu'habitat et lieu de vie de la plupart des espèces de la faune et de la flore, au lieu d'assurer sa protection, se contente de dispositions dont l'objet est de permettre l'exploitation rationnelle et la commercialisation des produits forestiers. Aucune visée de protection ne se retrouve ni dans les dispositions originelles ni dans les dispositions actuelles. La protection se fait par ricochet et les mesures restent incomplètes, parcellaires ou ont des objectifs autres que la protection.

859. La plupart des règles sont issues de décisions des autorités centrales. Malgré les essais de décentralisation dans l'organisation administrative, et le transfert des compétences en matière environnementale, l'administration centrale demeure, dans un premier temps, l'acteur principal de la protection de la nature. Ce rôle de l'État permet d'insuffler une réelle impulsion à la matière, mais constitue aussi un véritable handicap. En effet, toute instabilité institutionnelle ou politique interne entraîne une instabilité des mesures de protection, voire une accélération des actes de destruction et de dégradation. Chaque crise politique d'envergure — et les crises furent graves et nombreuses à Madagascar — correspond à un recul de la protection. Fort de ce constat, et sous l'influence d'un mouvement international prônant le recours et le retour aux communautés coutumières, présumées proches de la nature et des ressources naturelles et possédant des connaissances ancestrales, une nouvelle approche semble possible.

860. Il s'agirait de mettre en place un transfert de gestion des ressources. Il consiste non plus à protéger suite aux injonctions des autorités centrales, ni à subir une réglementation répressive, mais à exhorter les communautés vivant à proximité des ressources à prendre part de manière importante à l'initiative de protection. La participation active de ces communautés est nécessaire que ce soit en amont, lors de la délimitation des zones de protection et lors de l'identification des biens à protéger, ou en aval, pour l'application des mesures, la prévention et la surveillance des actes de dégradation. Afin de favoriser cette participation des communautés, il a été fait appel aux notions coutumières tant dans la résolution de certains problèmes, avec l'admission du *dina* ou par référence aux valeurs collectives qui animent la culture malgache, avec la mise en place des communautés de base, proches dans leur inspiration, mais distinctes cependant du *fokonolona*, notion historique, plus largement ancrée et répandue dans la société malgache.

861. Néanmoins, malgré ce déplacement du curseur de la responsabilité, l'état des ressources naturelles et la protection des éléments spécifiques à une diversité biologique riche et endémique ne s'améliorent pas. Les problèmes rencontrés par le droit malgache de la protection de la nature seraient dès lors à identifier non dans la détermination des entités responsables de la protection, mais dans le *corpus* lui-même. En effet, la plupart des dispositions du droit malgache de la protection de la nature sont des dispositions imitées de systèmes de droit étranger, et ne prennent pas en compte la réalité malgache. Les adoptions de textes se font au gré de ce qui se fait au niveau international ou régional, en désordre et sans logique de projet. Dans certains cas, les dispositions législatives et les réformes sont dépendantes des conditions imposées par les bailleurs de fonds internationaux : les financements sont accordés en fonction d'un aménagement adapté des dispositions de la législation malgache. Or, il a été constaté qu'en l'absence de référence à la spécificité culturelle malgache et à ses traditions il était difficile d'obtenir des résultats. « Combien d'incitations au changement ont été entreprises par des organisations gouvernementales ou non gouvernementales, mais sans résultat ? Combien d'argent dépensé ? Devant l'échec, voici la première question à poser : « A-t-on respecté la pensée malgache et les valeurs malgaches ? »[1070]

862. En définitive, « une vue de près »[1071] de ce droit malgache de la protection de la nature est nécessaire : il faut entamer des travaux de refonte ou de réforme afin de mettre réellement en œuvre la protection des ressources et de la richesse de la diversité biologique. Il a été constaté que le droit malgache de la protection de la nature est tombé dans les pièges de la codification transposition telle que décrite par un auteur malgache[1072]. « Le mouvement de codification initié dès l'indépendance suivait une ligne qui, depuis, n'a jamais été démentie et que l'on peut résumer dans la proposition suivante : tout ce qui pouvait concerner l'état des personnes et le droit de la famille devrait être en accord et en harmonie avec les faits sociaux et politiques malgaches ; et tout ce qui relevait de l'économique pouvait ou même devait s'inspirer, voire se calquer sur les systèmes juridiques extérieurs et internationaux » or « il est important pour le succès d'un texte

---

[1070] Robert DUBOIS, *L'identité malgache – La tradition des Ancêtres*, Paris : Karthala, 2002, p. 161.

[1071] Expression tirée de l'article de Diane HENKELS, « Une vue de près du droit de l'environnement malgache », *African Studies Quarterly*, Vol. 3, issue 2, Fall 1999, pp. 39-59.

[1072] RAMAROLANTO-RATIARAY, « La codification : l'expérience malgache », *Revue juridique de l'Océan Indien*, n° 4, 2003-2004, p. 105.

juridique que ses destinataires s'identifient à lui et non pas s'en sentent étrangers »[1073].

863. Deux principes essentiels doivent présider à la refonte du droit malgache de la protection de la nature : « 1° faire un texte authentiquement malgache tenant compte dans la plus large mesure des coutumes constamment suivies et de l'esprit qui anime les institutions traditionnelles et 2° ne pas figer ou cristalliser les coutumes, mais doter le peuple malgache de lois modernes lui offrant de larges possibilités d'évolution sans rompre brutalement avec ses traditions »[1074]. Et à l'instar de ce qui a été fait avec les lois du Code civil (avec la Commission de Rédaction du Code civil malgache à l'Indépendance) et le droit des affaires à Madagascar (avec la Commission de Réforme du Droit des Affaires en 1996), une mission de « codification » du droit de la protection de la nature en particulier et du droit de l'environnement en général devrait être initiée. En parallèle à ces travaux de refonte, il est aussi important d'avoir un appareil étatique fort, avec des lignes directrices claires et intangibles sur la protection de la nature. Les discours ne suffisent plus et les prises de décision doivent tendre vers cette finalité de protection, quelle que soit la force politique qui prend les rênes du pouvoir.

864. Pour parvenir à réaliser une protection effective des espèces de la faune et de la flore, et d'une diversité biologique exceptionnelle, gravement menacées par une surexploitation non maîtrisée, il est possible de recourir aux valeurs essentielles de la culture et de la tradition malgache : gestion par les communautés de base et transmission aux générations futures. Bien au-delà du respect de l'objectif de développement durable, cette nouvelle approche de la gestion environnementale rejoindrait la démarche d'avant-garde entreprise par certains pays qui ont introduit dans leur droit le concept de « biens communs environnementaux » et de gestion collective par les communautés autochtones, une autre manière de concevoir les trois attributs du droit de propriété et le processus démocratique.

[1073] RAMAROLANTO-RATIARAY, *op.cit.*

[1074] RAMAROLANTO-RATIARAY, *op.cit.*, p. 106.

INDEX

(les références renvoient aux numéros de paragraphes)

D

E

F

G

I

K

M

N

O

P

R

S

T

U

Z

BIBLIOGRAPHIE

Ouvrages

Ouvrages généraux

Madagascar (histoire, géographie, société malgache, culture)

– **BLANCHE Patrick**, *Madagascar : l'Île continent*, Genève, 2009, 189 p.
– **R.P CALLET**, *Histoire des Rois. Ny tantaran'ny Andriana teto Imerina*, Traduction par G.S CHAPUS et E. RATSIMBA, Tome III, Tananarive : Éditions de la Librairie de Madagascar, 1974, 1243 p.
– **DANDOUAU A. & CHAPUS G.-S**, *Histoire des populations de Madagascar*, Paris, 1952, 317 p.
– **DECARY Raymond**, *La faune malgache, son rôle dans les croyances et les usages indigènes*, Paris : Payot, 1950, 236 p.
– **DESCHAMPS Hubert**, *Histoire de Madagascar*, Paris : Éditions Berger-Levrault, 1965, 348 p.
– **DUBOIS Robert**, *L'identité malgache – La tradition des Ancêtres*, Paris : Karthala, 2002, 171 p., traduit du malgache par Marie-Bernard Rakotorahalahy.
– **RUSILLON Henry**, *Un petit continent, Madagascar*, Paris, Société des Missions Evangéliques, 1933, 414 p.
– **VÉRIN Pierre, PELTEREAU-VILLENEUVE Michel**, *Les Zafimaniry et leurs traditions esthétiques – Le pays Zafimaniry et son art*, Paris : INALCO, 1991.

L'environnement à Madagascar

– **AUBERT Sigrid, RAZAFIARISON Serge et BERTRAND Alain** (éditeurs scientifiques), *Déforestation et systèmes agraires à Madagascar – Les dynamiques des tavy sur la côte orientale,* Cirad, Cite, Fofifa, 2003. 210 p.
– **BUTTOUD Gérard**, *La forêt et l'État en Afrique sèche et à Madagascar – Changer de politiques forestières*, Paris : Éditions Karthala, 1995, 247 p.
– **CHABOUD Christian, FROGER Géraldine, MÉRAL Philippe** (dir.), *Madagascar face aux enjeux du développement durable – Des politiques environnementales à l'action collective locale,* Paris : Karthala, 2007, 308 p.
- **GOODMAN, S.M. and BENSTEAD, J.P.** (eds. 2003), *The natural history of Madagascar*, University of Chicago Press, Chicago.

– **MONTAGNE Pierre, RAZANAMAHARO Zo, COOKE Andrew** (ed.), *Le transfert de gestion à Madagascar, dix ans d'efforts : Tanteza (tantanana mba hateza : gestion durable),* Montpellier : CIRAD, 2007.
– **RAKOTO RAMIARANTSOA Hervé, BLANC-PAMARD Chantal, PINTON Florence** (éditeurs scientifiques), *Géopolitique et environnement, les leçons de l'expérience malgache,* Marseille : IRD éditions, 2012, 293 p.
– **RANDRIANARISON Mino**, *La protection de la biodiversité à Madagascar : les paiements pour services environnementaux (PSE)*, Paris : L'Harmattan, 2011, 469 p.
– **SARRASIN Bruno**, *Environnement et développement à Madagascar, du plan d'action environnementale à la mise en valeur touristique des ressources naturelles,* Paris : Éditions Karthala, 2013, 281 p.
– **SERPANTIÉ Georges, RASOLOFOHARINORO, CARRIÈRE Stéphanie**, *Transitions agraires, dynamiques écologiques et conservation : le « corridor » Ranomafana-Andringitra*, Antananarivo : CITE et IRD, 2007.
- **TYSON, PETER and Russell A. MITTERMEIER**, *The Eight Continent : life, death, and discoveryt in the Lost World of Madagascar,* Morrow, William&Co, 2000.
– **VÉRIN Pierre & GRIVEAUD Paul**, *La protection des richesses naturelles, archéologiques et artistiques à Madagascar,* Tananarive : Université de Madagascar, 1968, 109 p.
– **VÉRIN Pierre**, *La destruction de la forêt orientale à Madagascar et ses conséquences*, Paris : INALCO, 1992, 51 p.

Autres

– **BUTTOUD Gérard**, *La forêt, un espace aux utilités multiples,* Paris : La Documentation française, Paris, 2003, 143 p.
– **Conférence des Nations Unies sur l'Environnement (CNUED)**, *Action 21 – Déclaration de Rio sur l'environnement et le développement – Déclaration de principes relatifs aux forêts*, New York : Nations Unies, 1993.

Ouvrages juridiques

Droit malgache

– **CONDOMINAS George**, *Fokononola et collectivités rurales en Imerina,* Paris : Éditions Berger-Levrault, 1960, 234 p.
– **DELTEIL Pierre**, *Le Fokonolona (commune malgache) et les conventions de fokonolona*, Paris : Éditions Domat – Montchrestien, 1931, 105 p.

– **GASSE Victor**, *« Les régimes fonciers africains et malgache – Évolution depuis l'Indépendance »,* Paris : Librairie Générale de Droit et de Jurisprudence, 1971, 332 p.
– ***Guide pour la poursuite et la répression des infractions en matière forestière***, 2006, 16 p.
– **IMBIKI Anaclet**, *Le « fokonolona » et le « dina », institutions traditionnelles modernisées au service de la Sécurité publique et de la Justice populaire à Madagascar*, Antananarivo : Éditions Jurid'ika, 2011, 200 p.
– **LEJAMBLE Georges**, *Le fokonolona et le pouvoir,* Tananarive : Publication du centre de droit public et de science politique, 1963, 79 p.
– **MASSIOT Michel**, *Les institutions politiques et administratives de la République Malgache*, Université de Madagascar, 1967, 136 p.
– **MUTTENZER Frank**, *Déforestation et droit coutumier à Madagascar – Les perceptions des acteurs de la gestion communautaire des forêts,* Paris : Éditions Karthala, 2010, 349 p.
– **RABEMANANTSOA Benoît**, *Le sens du bien public à Madagascar,* Antananarivo : Éditions Madprint, s.d., 56 p.
– **RAKOTO Ignace, RAMIANDRASOA Fred, RAZOHARINORO-RANDRIAMBOAVONJY** (éditeurs scientifiques), *Corpus d'histoire du droit et des institutions, Fiche 4- Le régime des terres,* Tananarive : Université de Madagascar, 1975.
– **RARIJAONA René**, *Le concept de propriété en droit foncier de Madagascar : étude de sociologie juridique*, préface Carbonnier, Paris : Éditions Cujas, 1967, 306 p.
– ***Regards sur le droit malgache – Mélanges en l'honneur du Professeur Alisaona Raharinarivonirina***, Paris Antananarivo : L'Harmattan Jurid'ika, 2010, 550 p.
– **THÉBAULT Eugène P.**, *Code des 305 articles*, Études malgaches, Collection Les lois et coutumes malgaches, Tananarive, 1960, 158 p.
– **THÉBAULT Eugène P.**, *Traité de droit civil malgache. Les lois et coutumes hova. Fascicule II. Les biens, les obligations et les contrats*, Paris, 1951, 272 p.

Autres

– **CORNU Marie, FROMAGEAU Jérôme** (eds.) :
Genèse du droit de l'environnement, Vol. 1, Fondements et enjeux internationaux, Paris : L'Harmattan, 2001, 231 p.
Genèse du droit de l'environnement, Vol. 2, Droit des espaces naturels et des pollutions, Paris : L'Harmattan, 2001, 282 p.
– **GONIDEC P.F.**, *Constitutions des États de la communauté,* Paris : Sirey, 1959, 185 p.

– **HÉLIN Jean Claude, HOSTIOU René** (dir.), *Les associations, l'environnement et le droit*, Paris, Economica, 1984, 161 p.
– **KAMTO Maurice**, *Droit de l'environnement en Afrique,* Paris : Edicef, 1996, 415 p.
– **KISS Alexandre, BEURRIER Jean-Pierre**, *Droit international de l'environnement,* Paris : Pedone, 2017, 5e édition, 349 p.
– **LAMARQUE Jean**, *Droit de la protection de la nature et de l'environnement,* Paris : L.G.D.J, 1973, 974 p.
– **LAMBERT-HABIB Marie-Laure**, *Le commerce des espèces sauvages : entre droit international et gestion locale*, Éditions L'Harmattan, 2000, 604 p.
– **MORAND- DEVILLER Jacqueline**, *Droit administratif des biens,* 9e édition, Paris : Montchrestien, 2016, 888 p.
– **MORAND- DEVILLER Jacqueline**, *Droit administratif,* 15e édition, Paris : Montchrestien, 2017, 968 p.
– **MORAND- DEVILLER Jacqueline**, *Le droit de l'environnement,* Collection Que-sais-je ? Paris : PUF, Montchrestien, 2015, 128 p.
– ***Notre avenir à tous***, Montréal : Éditions du Fleuve, les publications du Québec, 1988.
– **OLIVIER Juliette**, *L'Union Mondiale pour la Nature (UICN), une organisation singulière au service du droit de l'environnement*, Bruxelles : Bruylant, 2005, 372 p.
– **OST François**, *La nature hors la loi – L'écologie à l'épreuve du droit,* Paris : Éditions La Découverte, 2002, 346 p.
– **OUGUERGOUZ Fatsah**, *La Charte africaine des droits de l'homme et des peuples – Une approche juridique des droits de l'homme entre tradition et modernité*, Paris : Presses Universitaires de France, 1993, 225 p.
– **PRIEUR Michel** (dir.), *La mise en œuvre du droit international de l'environnement dans les pays francophones,* Limoges : Pulim, 2003, 579 p.
– **PRIEUR Michel, DOUMBÉ-BILLE Stéphane** (dir.), *Recueil francophone des traités et textes internationaux en droit de l'environnement,* Bruxelles : Bruylant, 2e édition, 2012, 1030 p.
– **PRIEUR Michel**, *Droit de l'environnement,* Dalloz, 7e édition, 2016, 1228 p.
– **RÉMOND-GOUILLOUD Martine**, *Du droit de détruire, essai sur le droit de l'environnement*, PUF, Les Voies du droit, 1989, 304 p.
– **ROMI Raphaël**, *Droit international et européen de l'environnement,* 3e édition, Montchrestien, 2017, 330 p.
– **SERMET Laurent**, *Une anthropologie juridique des droits de l'Homme – Les chemins de l'Océan Indien,* Paris : Éditions des archives contemporaines, 2009, 266 p.
– **TSAYEM-DEMAZE Moïse**, *Géopolitique du développement durable – Les États face aux problèmes environnementaux internationaux*, Presses Universitaires de Rennes, 2011, 228 p.

– Van Lang **Agathe**, *Droit de l'environnement*, Paris : PUF, 2016, 4e édition, 566 p.

Rapports

Rapports sur Madagascar

– ***4e rapport national de la Convention sur la diversité biologique*** – *Madagascar*, septembre 2009.
– **Abraham, E., Ranaivoson, Z. et Randrianarivelo, B.**, *Étude sur la clarification des rôles et mandats dans la gestion de l'environnement à Madagascar*, document de travail, Knowledge and Effective Policies for Environnemental Management (KEPEM), ONE, USAID/ARD n° 8, Antananarivo, janvier 1995.
– **Association Nationale de Gestion des Aires Protégées**, *Plan de Gestion du Réseau national des Aires protégées de Madagascar*, mai 2001.
- **Borrini-Feyerabend Grazia, Dudley Nigel**, *Elan Durban... Nouvelles perspectives pour les aires protégées à Madagascar*, Antananarivo, mai 2005.
– **Cellule GELOSE-ONE**, *« Où en est la GELOSE en cette fin 98 ? Bilan et priorités pour 99 »*, Tananarive, décembre 1998.
– **Droy Isabelle**, « La multiplication des ONG à Madagascar, une réponse au désengagement de l'État ? », octobre 1996.
– **FAO**, L'irrigation en Afrique en chiffres, Madagascar, AQUASTAT, 2005.
– **Felts G., Goedfroit S.**, *Contribution à l'étude « évaluation et perspectives des transferts de gestion des ressources naturelles dans le cadre du programme environnemental 3*, Document de synthèse, Antananarivo, septembre 2004.
– **Feltz G. & Goedefroit S.**, *Contribution à l'étude « Evaluation et perspectives des transferts de gestion des ressources naturelles dans le cadre du programme environnemental 3.*
– **Maldidier**, *« La décentralisation de la gestion des ressources renouvelables à Madagascar. Les premiers enseignements sur les processus et les méthodes d'intervention »*, Tananarive, Rapport, ONE, 2001.
– **Ministère de l'Environnement**, *Les conventions internationales relatives à l'environnement ratifiées par Madagascar*, Antananarivo, Edition 2004.
– **Ministère des Eaux et Forêts**, *Politique forestière malagasy*, Antananarivo, janvier 2001.
– **Niestein Eduard**, PhD, *Étude sur la politique de conservation des ressources forestières à Madagascar – Contraintes et opportunités de la*

conservation des forêts à Madagascar, Conservation International, Direction générale des Eaux et Forêts, Antananarivo, mai 2000.
– **ONE, PNUD, Banque Mondiale**, *Rapport sur l'état de l'environnement à Madagascar*, Edition 1994-1995.
– **RAFITOSON Ketakandriana**, *Amélioration du cadre légal de la société civile malgache – Rapport de mission de l'Expert en droit des associations et de la société civile* – décembre 2014, 53 p.
– **RAKOTOVAO Solohery, RAMBININTSAOTRA Saholy**, « *Appui stratégique au Ministère chargé de l'environnement, des eaux et forêts* », Novembre 2003.
– **RANDRIANARISON N. E.**, *Évaluation des projets de mise en œuvre des conventions et/ou traités internationaux relatifs à l'environnement ratifiés par Madagascar*, Rapport final, septembre 2004.
– **Repoblikan'i Madagascar**, *Premier Rapport national à la Convention sur la Diversité Biologique*, MINENV, ONE, ANGAP, Antananarivo, 1997.
– **UNDP Goal Wash Programme** (Gouvernance, Promotion et Leadership en matière d'eau, d'assainissement et d'hygiène), Vol 1 Madagascar, juillet 2009
– **USAID**, *Mise à jour 2008 de l'évaluation des menaces et opportunités pour l'environnement à Madagascar,* mai 2008.
– **WWF**, *L'Île aux trésors : Biodiversité : nouvelles espèces découvertes (1999-2010)*, Rapport du Bureau du WWF pour Madagascar et l'Océan Indien Occidental, 2011.

Autres rapports

– ***« Action 21 : Déclaration de Rio sur l'environnement et le développement : Déclaration de principes relatifs aux forêts »***, New York : Nations Unies, 1993.
– **CHRISTY, F.T.Jr.**, *Droits d'usage territoriaux dans les pêcheries maritimes : définitions et conditions,* FAO, Doc. Tech. Pêches, (227) : 11 p, 1983.
– **COLCHESTER Marcus**, *Nature sauvage, nature sauvée ? Peuples indigènes, zones protégées et conservation de la biodiversité,* Genève : United Nations Research Institute for Social Developement (UNRISD), Septembre 1995.
– ***Orientations devant guider la mise en œuvre de la Convention du patrimoine mondial***, Comité intergouvernemental pour la protection du patrimoine mondial culturel et naturel, Paris, UNESCO, janvier 2008.
– **PNUE**, *L'avenir de l'environnement en Afrique – Notre environnement, notre richesse,* 2006.
– **UICN, CNPPA et WCMC**, *Guidelines for protected area management catégories,* UICN, Gland (Suisse) et Cambridge (UK), 1994.

– **UICN**, *Lignes directrices pour les catégories de gestion des aires protégées,* Gland : 1994.
– **UICN/CSE**, *Catégories et critères de l'UICN pour la Liste rouge, Version 3.1, Approuvées lors de la 51ème réunion du Conseil de l'UICN, 9 février 2000,* Suisse, Gland, UICN, 2001.
– **United Nations Educational, Scientific and Cultural Organization (UNESCO)**, *Education pour tous – Bilan à l'an 2000.*

Thèses et mémoires

– **ARBOUSSET F.**, *Le fokonolona à Madagascar,* Thèse de doctorat en droit, Paris, Domat – Montchrestien, 1950.
– **AUBERT Sigrid**, *Gestion patrimoniale et viabilité des politiques forestières à Madagascar : vers le droit à l'environnement ?,* Thèse pour le doctorat en droit, Université Paris 1, 1999, 467 p.
– **BÉRARD Marie-Hélène**, *Légitimité des normes environnementales et complexité du droit : l'exemple de l'utilisation des Dina dans la gestion locale de la forêt à Madagascar (1996 – 2006)*, Thèse, Faculté de droit, Université Laval – Québec, 2009.
– **BORELL G.P**, *Le Code des 305 articles de Madagascar*, Thèse pour le doctorat en droit, Paris, 1931.
– **DELTEIL Pierre**, *Le fokonolona et les conventions de fokonolona*, Thèse, Paris : Éditions Domat-Montchrestien, 1931, 105 p.
– **RAMBININTSAOTRA Saholy**, *Vers la gestion intégrée des zones côtières à Madagascar*, Thèse, Université de Limoges, 2006, 492 p.
– **RARIJAONA René**, *Essai sur le droit de propriété foncière à Madagascar : droit coutumier et droit moderne*, Thèse d'état : Droit : Paris, 1965, 388 p.
– **SARRASIN Bruno**, *Élaboration et mise en œuvre du Plan d'Action Environnemental à Madagascar (1987-2001) : construction et problèmes d'une politique publique*, Thèse de doctorat, Université Paris 1, 2002, 302 p.
– **UHART Edmont**, *Les reboisements facteur préalable du développement de Madagascar,* Thèse de doctorat en sciences économiques, Université de Paris, 1961.
– **BORY Nina**, « *Dina et environnement : transfert de gestion – Cas d'Anjà, Province de Fianarantsoa* », Mémoire de maîtrise, Département de sociologie, Faculté de Droit, d'Économie, de Gestion et de Sociologie, Antananarivo, mars 2005.
– **IBRAMDJEE Désirée**, *Les bases juridiques de la filière bois-énergie à Madagascar,* Mémoire DEA, 1997, Université Paris 1 Panthéon Sorbonne, 77 p.
– **RAKOTOSON Lalaina**, *La rencontre du décret de création du parc national de Ranomafana avec les coutumes et traditions locales,* Mémoire de maîtrise en droit, Université de Fianarantsoa, 1994.

- **Randriamitovo Henintsoa,** *La décentralisation à Madagascar depuis l'avènement de la Troisième République : à la recherche de l'effectivité*, Mémoire DEA – Université de Paris 1, 2004, 85 p.

Articles

- **Andriamalala, G. and Gardner, C. J.**, L'utilisation du dina comme outil de gouvernance des ressources naturelles : leçons tirées de Velondriake, sud-ouest de Madagascar. *Tropical Conservation Science*, 2010, Vol. 3 (4) : 447-472.
- **Aubert Sigrid, Rambinintsaotra Saholy et Razafiarijaona Jules,** « L'insécurité foncière dans et autour des Aires Protégées de Madagascar : un obstacle à surmonter pour la conservation de la biodiversité et le développement rural », *Développement durable et territoires* (en ligne), vol. 4, n° 1, avril 2013.
- **Belvaux Eric**, « La mise en œuvre d'une politique décentralisée de gestion des ressources naturelles à Madagascar : un exercice délicat », in Christian Chaboud, Géraldine Froger, Philippe Méral (dir.), *Madagascar face aux enjeux du développement durable – Des politiques environnementales à l'action collective locale,* Paris : Karthala, 2007, p. 67.
- **Beni Yombatina Sitack**, « Droit de l'environnement à l'épreuve des représentations culturelles africaines : une gestion à réinventer ? », in Camille Kuyu (dir.), *A la recherche du droit africain du XXIe siècle,* Paris : Éditions Connaissances et Savoirs, 2005.
- **Bertrand Alain, Aubert Sigrid, Montagne Pierre, *et alii*,** « Madagascar, politique forestière : bilan 1990 – 2013 et propositions », *Madagascar Conservation & Development*, vol. 9, issue 1, juin 2014, pp. 20-30.
- **Bilgho P. Ted Rodrigue**, « Le droit de saisine des juridictions pénales par les associations de protection de l'environnement : une innovation majeure en droit pénale de l'environnement au Burkina Faso », *Liaison Énergie-Francophonie*, n° 98, 3e trimestre 2014, p. 68-70
- **Blanc-Pamard Chantal, Rakoto Ramiarantsoa Hervé,** « Madagascar : les enjeux environnementaux » in *L'Afrique. Vulnérabilité et défis*, Nantes : Éditions du Temps, 2003, pp. 354-376.
- **Bourgi Albert**, « Madagascar : ombres et lumières d'une transition démocratique », *La Gazette du Palais*, 03 octobre 1998, pp. 1231- 1240.
- **Canavésio Rémy**, « Institutionnalisation de la protection environnementale et développement de l'artisanat minier dans les espaces sensibles de Madagascar », *Études caribéennes* (en ligne), 12/avril 2009, mis en ligne le 19 juillet 2009.
- **Chabanne-Pouzynin Laurence**, « Le prix de l'eau », *Droit de l'environnement*, n° 39, 01/06/1996, pp. 16-18.

– **CHEVALLIER Pierre**, « Introduction à l'étude du droit coutumier malgache », *Annales malgaches* 1963, pp. 81-109, Paris : Éditions Cujas.
– **CORCELLE Guy**, « 20 ans après Stockholm : la Conférence des Nations Unies de Rio de Janeiro sur l'environnement et le développement : point de départ ou aboutissement ? », *Revue du marché commun et de l'Union européenne*, n° 365, février 1993, pp. 107-135.
– **De KLEMM Cyrille**, « Un siècle de droit international de protection de la nature » in *Genèse du droit de l'environnement, Vol. 1, Fondements et enjeux internationaux*, Marie Cornu, Jérôme Fromageau (eds.), Paris : L'Harmattan, 2001, pp. 97-140.
– **DEGUERGUE Maryse**, « L'information dans le Grenelle 2 de l'environnement », *Bulletin de droit de l'environnement industriel*, 1/10/2010, numéro spécial, pp. 72-74.
– **DEGUERGUE Maryse**, « La biodiversité dans le Grenelle de l'environnement », *Bulletin de droit de l'environnement industriel*, 1/10/2010, numéro spécial, pp. 53-56.
– **DELHOSTE Marie-France**, « L'environnement dans les Constitutions du monde », *Revue de droit public*, n° 2-2004, pp. 441-455.
– **DOUMBE-BILLE Stéphane**, « Le cadre juridique international relatif aux forêts – État de développement », in Marie CORNU & Jérôme FROMAGEAU (dir.), *Le droit de la forêt au XXIe siècle – Aspects internationaux*, Paris : L'Harmattan, 2004, p 133.
– **DU SAUSSAY Ch.**, « *La protection des forêts en droit africain* » in Michel PRIEUR (dir.), *Forêts et environnement*, Presses Universitaires de France, 1984, p 150.
– **FRAYSSE Françoise**, « Des origines complexes de l'écologie politique en France », in *Confluences, Mélanges en l'honneur de Jacqueline Morand-Deviller*, Paris : Montchrestien, 2007, pp. 821-833.
– **FRAYSSE Françoise**, « Existe-t-il une police communale de l'environnement ? », *Droit et ville*, 1/12/1996, n° 42, pp. 127-146.
– **GOEDEFROIT Sophie**, « La restitution du droit à la parole », *Études rurales*, juillet- décembre 2006, n° 178, pp. 37-61.
– **GOEDEFROIT Sophie, REVÉRET Jean-Pierre**, « Quel développement à Madagascar ? Transfert et détournement ; Biodiversité et ressources naturelles : conservation, investissement et pratiques locales », *Études rurales*, Juillet- décembre 2006, n° 178, pp. 7-21.
– **GUTWIRTH Serge**, « Trente ans de théorie du droit de l'environnement : concepts et opinions », *Environnement et Société* 2001, n° 26, p. 9.
– **HENKELS Diane M.**, « A Close up of Malagasy Environmental Law », *Vermont Journal of Environnemental Law*, Volume 3, 2001 – 2002. Consultable sur http://www.vjel.org/journal/VJEL10009.html.
– **HUGLO Christian**, « Rio +20 : quel bilan pour l'évolution du droit de l'environnement ? », *Environnement et développement durable*, août 2012, pp. 16-22.

- **HUGLO Christian, MAÎTRE Marie Pierre**, « La consécration du droit à l'information dans la Convention d'Aarhus : objectifs et perspectives », *Bulletin du droit de l'environnnement industriel,* 2004, numéro spécial Information et Environnement du 1er décembre 2004, pp. 4-11.
- **JEGOUZO Yves**, « Environnement et décentralisation », in *Confluences, Mélanges en l'honneur de Jacqueline Morand- Deviller*, Paris : Montchrestien, 2007, p. 868.
- **KARPE Philippe & RANDRIANARISON Mino**, « La régulation des ressources naturelles à Madagascar : théorie et pratique du régime de la sanction dans la loi Gelose », *Revue Juridique de l'Environnement,* n° 3/2009, pp. 301-316.
- **KARPE Philippe**, « L'accès au droit dans les pays du Sud : l'exemple du Code de l'environnement malgache », *Bois et forêts des tropiques,* 2005, n° 286 (4), pp. 81- 83.
- **KARPE Philippe, RAKOTOMALALA F.V., RAMBININTSAOTRA S.**, « De la mise en œuvre des normes législatives en général et du rapport Gelose/Gcf en particulier » *in* MONTAGNE Pierre, RAZANAMAHARO Zo, COOKE Andrew (ed.), *Le transfert de gestion à Madagascar, dix ans d'efforts : Tanteza (tantanana mba hateza : gestion durable),* Montpellier : CIRAD, 2007, pp. 55-62.
- **KARPE Philippe, RANDRIANARISON Mino, RAMBININTSAOTRA Saholy, AUBERT Sigrid,** « La pratique judiciaire dans le domaine foncier à Madagascar », *Droit et cultures* (en ligne), 54/2007-2.
- **KISS A., SICAULT J-D,** « La conférence des Nations Unies sur l'Environnement », *Annuaire Français de Droit International,* 1972, pp. 603-628.
- **KISS Alexandre**, *Définition et nature juridique d'un droit de l'homme à l'environnement* in *Environnement et droits de l'homme*, Pasacale KROMAREK (dir.), Editions de l'UNESCO, 1987,
- **KISS Alexandre**, *La notion de patrimoine commun de l'humanité,* Académie de droit international. Recueil des cours ; 1982, II, Tome 175, p 99 – 256, The Hague : M. Nijhoff, 1983.
- **LARSSEN Christine**, « L'accès aux informations sur l'environnement en droit international : la Convention d'Aarhus » dans *Dix ans d'accès à l'information en matière d'environnement en droit international, européen et interne : Bilan et perspectives,* Christine LARSSEN (Éd.), Bruylant, 2003, p. 33.
- **LAVOILLOTTE Marie Pierre**, « La contribution de la technique contractuelle à l'émergence de l'ordre public écologique », in Marguerite BOUTELET & Jean-Claude FRITZ (dir.), *L'ordre public écologique*, Bruxelles : Éditions Bruylant, 2005, p 296.
- **LOWRY, II P.P., SCHATZ, G.E. and PHILIPSON, P.B.** (1997). The Classification of Natural and Antropogenic Vegetation in Madagascar, in

Natural change and human impact in Madagascar (eds. GOODMAN, S.M. and PATTERSON, B.D.), pp. 93-123. Smithsonian Books, Washington, D.C.
– **MAESTRE Jean Claude**, « Le tombeau malgache et le droit public – à propos de l'arrêt du 16 janvier 1965 de la Chambre administrative de la Cour Suprême de Madagascar », *Annales de l'Université de Madagascar,* Paris : Éditions Cujas, 1965, pp. 149 – 158.
– **MALJEAN-DUBOIS Sandrine**, « Environnement, développement durable et droit international. De Rio à Johannesburg : et au-delà ? », *Annuaire français de droit international*, XLVIII, 2002, pp. 592-623.
– **MANGALAZA Eugène, WENDLING Thierry**, « La parole va, comme le lémurien, de branche en branche », les jeux de l'oralité chez les *Bestimisaraka* de Madagascar », *Ethnographiques.org*, n° 4, novembre 2003.
– **MEKOUAR Mohamed Ali**, « Article 24 » in Maurice KAMTO (dir.), *La Charte Africaine des Droits de l'Homme et des peuples et le protocole y relatif portant création de la Cour Africaine des Droits de l'Homme – Commentaire article par article,* Bruxelles : Éditions Bruylant, 2011, p. 630.
– **MEKOUAR Mohamed Ali**, « *Le droit à l'environnement dans la Charte africaine des droits de l'homme et des peuples* », Etude juridique de la FAO en ligne, n° 16, avril 2001, disponible sur http://www.fao.org/legal/prs-ol/lpo16.pdf.
– **MODERNE Franck**, « Le Conseil Supérieur des Institutions de la République malgache », *Annuaire Université de Madagascar*, Série Droit, n° 5, 1967, pp. 9-85.
– **MONTAGNE Pierre, RAMAMONJISOA Bruno**, « Politiques forestières à Madagascar entre répression et autonomie des acteurs », *Économie rurale*, 294-295, juillet – octobre 2006, p 13.
– **MORAND-DEVILLER Jacqueline**, « L'environnement dans les constitutions étrangères », *Les nouveaux cahiers du Conseil constitutionnel*, avril 2014, n° 43, pp. 83-95.
– **MORAND-DEVILLER Jacqueline**, « L'environnement, protections nationales et enjeux internationaux », *Revue française d'administration publique*, janvier-mars 1990, p 26.
– **MYERS Norma, A MITTERMEIER Russell & al**, « Biodiversity hotspots for conservation priorities », *Nature*, vol 403, February 24, 2000, pp. 853-858.
– **NAQUET Francis**, « Le rôle du contrat dans la protection de l'environnement en milieu rural », *Les Petites Affiches*, 27 avril 1994, n° 50, pp. 44-46.
– **NJARA Ernest**, « L'intégration des coutumes dans le droit moderne à Madagascar », in *Regards sur le droit malgache – Mélanges en l'honneur du professeur Alisaona Raharinarivonirina,* Paris : L'Harmattan, 2010, pp. 73 – 123.

- **Ost François**, « Un environnement de qualité : droit individuel ou responsabilité collective », *L'actualité de droit de l'environnement*, Bruxelles, Bruylant, 1995, pp. 23- 51.
- **Rahaga Jean Claude**, « Les expressions consacrées dans les discours traditionnels : le *kabary* », in *Madagascar Fenêtres, aperçus sur la culture malgache,* Tananarive : CITE, 2006, p. 45.
- **Rajaonarivelo Rakotomalala Irène**, « Le Malgache et son univers : la relation à l'autre » in *Aperçus sur la culture malgache – Madagascar Fenêtres*, volume II, Antananarivo : Cite, novembre 2006, p 89.
- **Rakotoarivelo R., Razafimanahaka J. H., Rabesihanaka S., alt.**, « Lois et règlements sur la faune sauvage à Madagascar : progrès accomplis et besoins du futur », *Madagascar Conservation & Development,* Vol. 6, Issue 1, Juin 2011, pp. 37- 44.
- **Rakotomanga Andrianarivonasolo Stéphana**, « Madagascar : une nouvelle stratégie de diffusion législative », *Les Petites Affiches,* n° 194 du 29 septembre 2005, pp. 20-21.
- **Ramangasoavina**, « Du droit coutumier aux codes modernes malgaches », *Recueil Penant*, janvier- février- mars 1962, n° 690, pp. 327-347.
- **Ramarolanto-Ratiaray**, « L'accès à la terre en droit rural malgache », *Revue Internationale de Droit Comparé,* 1989, volume 41, n° 3, pp. 637 – 707.
- **Ramarolanto-Ratiaray**, « La propriété sans titre ou l'érosion de la propriété coutumière (plaidoyer pour les droits coutumiers de la propriété) », *Revue juridique de l'Océan Indien,* 01/11/2006, numéro spécial, pp. 89-99.
- **Ramarolanto-Ratiaray**, *Nouveau regard sur l'accès à la terre en droit foncier de Madagascar,* Congrès mondial sur l'accès à la terre, juin 2009, disponible sur http://www.droit-aliments-terre.eu/Documents/Publications/2009_06_R_Ratiaray.pdf.
- **Rambinintsaotra Saholy**, « Transaction pénale : mode efficace ou obstacle à la gestion durable des biens environnementaux ? », *Annales droit nouvelle série*, 2016, vol. 6, pp. 65-76.
- **Ramiadanarivelo Ravo**, « Pollution industrielle : la jurisprudence admet le principe du droit à l'environnement sain au nom de l'intérêt général », *Revue MCI,* 2004.
- **Ramparany-Ravololomiarana Hobinavalona**, « Le laboureur et ses enfants ou la propriété foncière coutumière à Madagascar : à la rencontre d'un droit particulier en voie de disparition » in *Jean de la Fontaine juriste ? Lecture de fables choisies à la lumière du droit,* Université de Poitiers : 2009, p 20.
- **Randriamalala Hery, Liu Zhou**, « Bois de rose de Madagascar : entre démocratie et protection de la nature », *Madagascar Conservation & Development*, mars 2010.

– RANDRIANANDRASANA **Ianjatiana**, « La protection constitutionnelle de l'environnement à Madagascar », *Revue juridique de l'environnement*, n° 1, 2016, pp. 122-139.
– RANDRIANJA **Solofo**, « Du *Hasina* à la confiance en histoire politique de Madagascar » in Didier NATIVEL, Faranirina V. RAJAONAH (dir.), *Madagascar revisitée – En voyage avec Françoise Raison-Jourde*, Paris : Karthala, 2009.
– RANDRIANTAVY **Lovamalala**, « Le juge constitutionnel et les traités internationaux », *Annales droit nouvelle série*, n° 5, 2016, pp. 201-211.
– RAROJO **Jeannot**, « Le parc national de Ranomafana : les douleurs du changement », *Magazine Vintsy* n° 2, 1991, pp. 18-19.
– **RASOLOARISON Rodin M., WEIRSROCK David W., YODER Anne D., RAKOTONDRAVONY Daniel, KAPPELER Peter M.**, « Two new species of mouse lemurs (Cheirogaleidae: *Microcebus*) from Eastern Madagascar, *International Journal of Primatology*, March 2013.
– RAVELOMANANA **Jacqueline**, "Droit français, Droit malgache : le droit positif malgache et ses problèmes d'application", *Revue Juridique de l'Océan Indien*, n° spécial 2005, p. 65.
– **RAVELOSON Cynthia Onjanantenaina, ANDRIAFIDISON Daudet, RAZAFIMANAHAKA Julie Hanta, *et alii***, "Les baobabs de Madagascar : quel cadre réglementaire pour leur conservation ?", *Madagascar Conservation & Development*, vol. 9, issue 1, juin 2014, pp. 31-35.
– ROY **Maurice- Pierre**, "Madagascar, la Constitution de la troisième république du 19 août 1992", *Revue de la recherche juridique. Droit prospectif*, n° 2 du 01/04/1993, pp. 465-488.
– **SARRASIN Bruno et RAMAHATRA Haja,** "Le développement touristique à Tolagnaro et dans le Parce national d'Andohahela (Madagascar) : la mise en valeur des ressources naturelles par la lutte contre la pauvreté", *Études caribéennes* (en ligne), 24-25/avril-août 2013, mis en ligne le 20 janvier 2014.
– SARRASIN **Bruno**, "La gestion locale sécurisée (GELOSE) : l'expérience malgache de gestion décentralisée des ressources naturelles", *Études caribéennes* (en ligne), 12/avril 2009, mis en ligne le 4 septembre 2009.
- SMETS **Henri**, "Quelques éléments du droit à l'assainissement à Madagascar" in Henri SMETS (dir.), *L'accès à l'assainissement, un droit fondamental – The right to sanitation in national laws*, 2010, Paris : Editions Johanet, p. 291.
– TSIAZONANGOLY **Arielle F.**, "Les nouveaux aspects du droit foncier malgache" in *Regards sur le droit malgache – Mélanges en l'honneur du Professeur Alisaona Raharinarivonirina*, Paris : L'harmattan, 2010, pp. 443 – 467.

Textes de loi

– Ordonnance n° 60-126 du 3 octobre 1960 fixant le régime de la chasse, de la pêche et de la protection de la nature, JO du 15 octobre 1960, pp. 2066 - 2069.
– Ordonnance n° 60-127 du 3 octobre 1960 fixant le régime des défrichements et des feux de végétation, JO du 15 octobre 1960, pp. 2069-2072.
– Ordonnance n° 60-128 du 3 octobre 1960 fixant la procédure applicable à la répression des infractions à la législation forestière de la chasse, de la pêche et de la protection de la nature, JO du 15 octobre 1960, pp. 2072-2075.
– Ordonnance n° 60-133 du 3 octobre 1960 portant régime général des associations, JO n° 127 du 15 octobre 1960 p. 2090.
– Loi n° 61-031 du 15 novembre 1961 sur les monuments historiques et objets d'art, J.O.R.M n° 195 du 25 novembre 1961 p. 2008.
– Loi n° 62-026 du 13 juillet 1962 sur le classement des sites, J.O.R.M du 21 juillet 1962 p. 1369, remplacée par la suite par l'ordonnance n° 73-050 du 7 septembre 1973.
– Ordonnance n° 62-041 du 19 septembre 1962 relative aux dispositions générales de droit interne et de droit international privé, JO n° 244 du 28 septembre 1962 p. 1989 (complétée par la loi n° 98-019 du 2 décembre 1998 [JO n° 2549 du 15 décembre 1998, p. 3642 ; *Errata* : JO n° 2571 du 26 avril 1999, p. 1060].
– Ordonnance n° 82-029 du 6 novembre 1982 relative à la conservation, sauvegarde et protection du patrimoine national, JORDM n° 1524 du 6 novembre 1982, p. 2513.
– Loi n° 90-033 du 21 décembre 1990 portant Charte de l'environnement *malgasy,* JO n° 2035 du 24 décembre 1990, p. 2540 ; modifiée par la loi n° 97-012 du 06 juin 1997, J.O.R.M du 09/06/1997, Edition spéciale, p. 1171.
– Ordonnance n° 93-022 du 4 mai 1993 portant réglementation de la pêche et de l'aquaculture, JORM du 9 août 1993, pp. 1870-1877.
– Loi n° 94-007 du 26 avril 1995 déterminant les pouvoirs, compétences et ressources des collectivités territoriales décentralisées, JO n° 2304 du 5 juin 1995, p. 1241.
– Loi n° 94-008 du 26 avril 1995 sur les règles relatives à l'organisation, au fonctionnement et aux attributions des collectivités territoriales décentralisées, JO n° 2304 du 05 juin 1995, p. 1197 vm et 1247 vf, Édition spéciale.
– Loi n° 96-025 du 30 septembre 1996 relative à la gestion locale sécurisée des ressources naturelles renouvelables, JO du 14 octobre 1996, pp. 2377 – 2385.

– Loi n° 97-017 du 8 août 1997 portant révision de la législation forestière, JO n° 2449 du 25 août 1997, p. 1717.
– Loi n° 98-029 du 20 janvier 1999 portant Code de l'eau, JO n° 2557 E. S du 27 janvier 1999, p. 735.
– Loi n° 99-021 du 19 août 1999 sur la politique de gestion et de contrôle des pollutions industrielles, JO n° 2595 E. S. du 30 août 1999, p. 1962.
– Loi n° 2001-004 du 25 octobre 2001 portant réglementation générale des *Dina* en matière de sécurité publique, JO n° 2746 du 19 novembre 2001, p. 3047.
– Loi n° 2005-018 du 17 octobre 2005 sur le commerce international des espèces de faune et de flores sauvages, JO n° 3123 du 13 août 2007, p. 4535.
– Loi n° 2005-019 du 17 octobre 2005 fixant les principes régissant les statuts des terres, JO n° 3007 du 2 janvier 2006.

– Décret portant régime forestier de Madagascar et de ses dépendances du 25 janvier 1930 Journal officiel de Madagascar 23 novembre 1930, p. 1066.
– Décret n° 97-1200 du 2 octobre 1997 portant adoption de la politique forestière *malagasy,* JO n° 2467 du 01.12.97, p. 2324.
– Décret n° 99-954 du 15 décembre 1999 relatif à la mise en compatibilité des investissements avec l'environnement, JO n° 2648 du 10 juillet 2000, p. 2235 ; modifié par le décret n° 2004-167 du 3 février 2004, JO n° 2904 du 24 mai 2004.
– Décret n° 2003-439 instituant une cellule environnementale au sein de chaque ministère, JO n° 2839 du 9 juin 2003, pp. 1675 – 1678.
– Décret n° 2005-849 portant refonte des conditions générales d'application de la loi n° 97-017 du 8 août 1997, JO n° 3024 du 17/04/06, p. 2099.

– Arrêté interministériel n° 4355/97 du 13 mai 1997 portant définition et délimitation des zones sensibles.
– Arrêté n° 6830/2001 du 28 juin 2001 fixant les modalités et les procédures de participation du public à l'évaluation environnementale, JO n° 2722 du 16 juillet 2001, p. 1924.
– Arrêté n° 19683/2003 du 18 novembre 2003 portant instauration de la Plate forme des Cellules environnementales.

TABLE DES MATIÈRES

Questions juridiques aux éditions L'Harmattan

Dernières parutions

QU'EST-CE QUE LE DROIT ?
Théorie syncrétique et échelle de juridicité
Barraud Boris
La définition du droit ici est d'abord lexicographique et scientifique. La théorie syncrétique réunit toutes les définitions du droit en vigueur, loin d'être concurrentes elles s'associent. Ne s'opposant plus, elles se complètent. La seconde partie interroge les dimensions du droit en mesurant le niveau de force juridique par l'application des critères de juridicité. Cette nouvelle forme de rationalité de la pensée juridique permet au juriste de s'ouvrir à tout type de normes sociales tout en sauvegardant l'autonomie conceptuelle du droit.
(Coll. Le Droit aujourd'hui, 25.50 euros, 242 p.)
ISBN : 978-2-343-13423-9, ISBN EBOOK : 978-2-14-005340-5

LA RECHERCHE DE L'ÉQUILIBRE CONTRACTUEL DANS LE CAUTIONNEMENT
Regards croisés entre le droit français et le droit OHADA
Dibangue Guy - Préface de Pascal Rubellin
Le cautionnement est actuellement la sûreté qu'exigent de préférence les banques des emprunteurs. Si le législateur français semble surprotéger la caution par rapport au créancier, c'est l'inverse qui a été retenu par le législateur OHADA. Dans les deux cas, c'est le déséquilibre entre la protection raisonnable de la caution et la préservation des intérêts des créanciers. Suivant les récentes évolutions législatives en France et en droit OHADA, cette thèse vise l'équilibre contractuel du cautionnement dans une démarche de modernisation et de rationalisation de cette sûreté.
(Coll. Droit aujourd'hui, 42.00 euros, 456 p.)
ISBN : 978-2-343-13159-7, ISBN EBOOK : 978-2-14-005369-6

LE DROIT ANIMAL
Morales Frénoy Cathy
Plus qu'un droit protecteur, le droit animal réglemente les différentes utilisations de l'animal par l'Homme. Il est un corpus juridique transversal, issu du droit international, européen et national, qui régit les rapports entre l'homme et l'animal sans toujours offrir une protection juridique souvent souhaitée. Ce guide juridique offre à tout lecteur une étude complète de cette nouvelle discipline.
(Coll. Bibliothèques de droit, 45.00 euros, 470 p.)
ISBN : 978-2-343-12873-3, ISBN EBOOK : 978-2-14-005223-1

QUESTIONS D'ACTUALITÉ EN ÉTHIQUE ANIMALE
Pelé Marie, Sueur Cédric
L'éthique animale qui désigne l'étude de notre responsabilité morale à l'égard des animaux, n'est pas une prise de position mais un questionnement en perpétuelle évolution avec notre culture et notre temps. Cet ouvrage présente plusieurs éléments de réponses aux récentes questions posées par la société sur notre rapport aux animaux. Experts et étudiants abordent onze questions d'actualité en éthique animale. Leurs échanges sont retranscrits.
(Coll. Le Droit aujourd'hui, 24.00 euros, 236 p.)
ISBN : 978-2-343-13489-5, ISBN EBOOK : 978-2-14-005382-5

JE PARLE AUX ANIMAUX

Peter Friedman

Samantha Khury écoute les animaux et leur parle. Grâce à ce dialogue, elle parvient à comprendre leur comportement et à trouver les mots qui les guérissent. Non seulement Samantha Khury comprend le langage de nos fidèles compagnons, mais, en plus, ceux-ci lui confient leurs malheurs. Des propriétaires d'animaux domestiques, des gardiens de zoo et des entraîneurs de chevaux qui l'ont consultée en sont convaincus. Nous la voyons au travail, à l'écoute d'un chat dépressif, d'un perroquet déplumé en manque d'amour ou d'une jument qui a besoin de liberté... « Dans cette Théma Arte sur les rapports entre les hommes et les animaux, *Je parle aux animaux* est le plus intéressant. Sans doute parce qu'il pose la question de la communication avec nos compagnons à quatre pattes. Peter Friedman livre des séquences étonnantes. » (*TéléObs*). « Ce documentaire étonnant parvient à nous convaincre que la frontière entre les espèces est bien mince. Quand on dit que l'homme n'est qu'un animal ! » (*Le Figaro*)

(20 euros)

ISBN : 978-2-336-31591-1

TRAITÉ DE DROIT CONSTITUTIONNEL CONGOLAIS

Esambo Kangashe Jean-Louis

Préface de El hadj Mbodji - Postface de Dodzi Kokoroko

Dans sa conception, son évolution et sa pratique, le droit constitutionnel a toujours eu du mal à s'affranchir de crises politiques. Droit de crises ou de gestion de crise, le droit constitutionnel est avant tout au service des normes, dont le respect par tous contribue au fonctionnement régulier des institutions. Placés dans le contexte congolais, les trois versants du droit constitutionnel, à savoir le droit normatif, celui institutionnel et la branche consacrée aux libertés n'ont pas toujours été en cohérence avec le constitutionnalisme.

(Coll. Études africaines, 39.00 euros, 410 p.)

ISBN : 978-2-343-12352-3, ISBN EBOOK : 978-2-14-005341-2

SUR LE CHEMIN DES SAISIES

L'huissier de justice d'hier à demain

Berthé Ibrahim

Qu'est-ce qu'un huissier de justice ? D'où vient-il ? À quoi sert-il ? Cet ouvrage tente de répondre à ces interrogations et, à travers l'histoire, de peindre les différentes facettes de ce personnage spécifique du rouage de l'appareil judiciaire dans le temps et dans l'espace, des rives de la Seine en France jusqu'au bord du fleuve Djoliba au Mali.

(25.00 euros, 270 p.)

ISBN : 978-2-343-13501-4, ISBN EBOOK : 978-2-14-005261-3

LES TECHNIQUES D'ENQUÊTE CRIMINELLE

Typologie des crimes et constatations médico-légales

Moutassi Jean-Pierre

L'adoption de la loi de Juillet 2005 portant sur la procédure pénale démontre la volonté du gouvernement camerounais à promouvoir un état de droit. Voici un outil fondamental pour les praticiens du droit criminel : un outil de formation pour les jeunes fonctionnaires, ainsi que pour leurs aînés qui n'auraient pas eu l'occasion de vivre l'expérience des enquêtes judiciaires.

(Harmattan Cameroun, 45.00 euros, 498 p.)

ISBN : 978-2-343-13126-9, ISBN EBOOK : 978-2-14-005224-8

LES CLÉS DES ENJEUX FINANCIERS DU DIVORCE

Rond Patrice - Préface de Laurent Hincker

L'amour s'est consumé, l'argent part en fumée ! À une époque où toujours plus de couples se séparent, la finance du divorce inquiète. Comprendre ses arcanes financières, c'est pouvoir anticiper en cas de conflit au sein du couple. Comment rétablir un budget ou encore évaluer une prestation compensatoire ? À l'aide d'exemples chiffrés, l'auteur indique comment recenser et évaluer les revenus et patrimoines, et présente des méthodologies pratiques pour établir les droits

respectifs des époux. L'ouvrage rend compréhensibles les procédures financières qui ont lieu dans le divorce.
(17.00 euros, 156 p.)
ISBN : 978-2-343-11633-4, ISBN EBOOK : 978-2-14-004942-2

LUTTER EFFICACEMENT CONTRE LA FRAUDE
Enjeux stratégiques et opérationnels
Sous la direction de Catherine Véret Jost et Nicolas Dufour
Lutter efficacement contre la fraude pour recycler 50 à 100 milliards d'euros par an dans la croissance économique en France, voici l'enjeu de cet ouvrage qui explicite les leviers d'actions pour y parvenir, avec des retours d'expériences de professionnels et d'académiques. Il s'adresse à tous ceux qui ont la volonté de relever ce défi.
(Coll. Perspectives organisationnelles, 38.50 euros, 392 p.)
ISBN : 978-2-343-13167-2, ISBN EBOOK : 978-2-14-005143-2

L'ENFANT EN PRISON
Sous la direction de Catherine Ménabé et Mathieu Martinelle
Depuis 1946, les femmes détenues ont la possibilité de garder à leurs côtés, en prison, leur enfant jusqu'à ses 18 mois, voire 2 ans. Si la situation est peu étudiée, et souvent méconnue, elle mérite de profondes réflexions. Quelles sont les conditions de vie de ces jeunes enfants au sein du milieu pénitentiaire ? Comment est assuré leur développement psychomoteur et affectif malgré les contraintes carcérales ? Comment l'univers carcéral s'adapte à la présence d'enfants, non écroués mais, de fait, privés de liberté ?
(Coll. Bibliothèques de droit, 27.00 euros, 274 p.)
ISBN : 978-2-343-13051-4, ISBN EBOOK : 978-2-14-005015-2

LES TRENTE ANS DE LA LOI LITTORAL
Sous la direction de Jean-Luc Pissaloux et Anne Rainaud
La loi Littoral a maintenant plus de trente ans. Loi d'avant-garde, elle vise à concilier la protection du littoral avec le développement économique. Souvent contestée comme trop protectrice, empêchant l'urbanisation, elle est aussi considérée comme un « laisser-construire » dans les zones saturées. Ses concepts sont difficiles à interpréter et appliquer. Les défis climatiques auxquels est confronté le littoral ont impliqué la participation de géographes. La protection des cordons littoraux s'avère aujourd'hui une nécessité.
(Coll. Grale, 39.00 euros, 418 p.)
ISBN : 978-2-343-13140-5, ISBN EBOOK : 978-2-14-004988-0

CICÉRON, PÈRE DE LA CODIFICATION DU DROIT CIVIL
Gilardeau Eric
Confronté à la crise subie par la République, Cicéron cherchait une réponse au chaos des lois et aux contradictions du droit civil. Il en élabora une véritable codification. Du «De oratore» au «De officiis», il critiqua la science du droit et la soumit à la loi naturelle, avant d'instituer une méthode de codification protectrice des droits civils, dont se rapprocheront les codes civils français et autrichien. Il faut attendre les réformes du Code civil allemand de 2001 et du Code civil français de 2016 pour rejoindre Cicéron sur le rôle de la bonne foi et de l'imprévision en matière contractuelle.
(Coll. Logiques Juridiques, 26.00 euros, 248 p.)
ISBN : 978-2-343-13327-0, ISBN EBOOK : 978-2-14-004994-1

DROIT DES SOCIÉTÉS COMMERCIALES OHADA
Akam Akam André, Voudwe Bakreo
Ce livre vise à exposer, expliquer, systématiser et critiquer les règles qui régissent la constitution, le fonctionnement et la disparition des sociétés commerciales. Il montre que le droit des sociétés commerciales OHADA vise la promotion, la protection et la société judiciaire des investissements, autant qu'il tend à protéger les intérêts particuliers. En outre, il met en exergue la richesse, la

variété et la modernité du droit des sociétés de l'OHADA, ainsi que l'abondance et la qualité des travaux de recherche des auteurs africains et d'ailleurs qui s'intéressent au droit OHADA.
(Coll. Dynamiques du droit OHADA, 55.00 euros, 752 p.)
ISBN : 978-2-343-12819-1, ISBN EBOOK : 978-2-14-005077-0

LA PROTECTION CONTRE LES ATTEINTES AUX DROITS SUR LES SIGNES DISTINCTIFS DANS L'ESPACE OAPI
Badou Charles
Les signes distinctifs confèrent à leur propriétaire un droit exclusif d'exploitation. Celui-ci bénéficie de règles dérogatoires au droit commun, qui ont pour vocation première d'assurer aux signes distinctifs une protection contre les atteintes dont ils peuvent être l'objet. Mais l'efficacité de la protection est toute relative. La protection contre les atteintes aux signes distinctifs exige donc de nouvelles solutions qui, prenant en compte la particularité du droit de la propriété industrielle, protègeront efficacement les signes distinctifs contre les violations des droits exclusifs de leur propriétaire.
(Coll. Études africaines, 42.00 euros, 468 p.)
ISBN : 978-2-343-11816-1, ISBN EBOOK : 978-2-14-005019-0

DROIT DU TRAVAIL SÉNÉGALAIS
Tagum Fombeno Henri-Joël - Préface de Isaac Yankhoba Ndiaye
L'auteur questionne le droit du travail sénégalais, analyse les textes récents et leurs apports au droit du travail, met en lumière les imperfections de la législation et les difficultés d'interprétation qu'elles suscitent dans la pratique. La compréhension de la matière est rendue aisée avec les illustrations et exemples pratiques, souvent utilisés par l'auteur et issus de son expérience professionnelle.
(Harmattan Sénégal, 48.00 euros, 506 p.)
ISBN : 978-2-343-13272-3, ISBN EBOOK : 978-2-14-004933-0

LA FUSION DES SOCIÉTÉS COMMERCIALES EN DROIT INTERNE ET INTERNATIONAL
Contribution à la notion de «contrat-organisation»
Kalaani Adrian
La fusion est l'opération par laquelle une ou plusieurs sociétés transfèrent, par la suite de leur dissolution sans liquidation, leur patrimoine à une société établie ou nouvelle. Ce transfert est possible par la distribution de parts sociales aux associés de la société dissoute. Cette définition française et européenne souligne les effets principaux de la fusion en restant silencieuse sur sa nature juridique. Donc la fusion est un contrat-organisation qui entraîne une mise en commun du patrimoine et des membres de chacune des sociétés fusionnantes au sein d'une seule société préexistante ou nouvelle.
(Coll. Logiques Juridiques, 55.00 euros, 638 p.)
ISBN : 978-2-343-10971-8, ISBN EBOOK : 978-2-14-004827-2

LE PRAGMATISME JURIDIQUE
Barraud Boris
Le pragmatisme invite à se concentrer sur le mode de production des connaissances et sur les actions plutôt que sur les pensées. Le pragmatisme juridique, attaché à l'effectivité des normes, permettrait d'accepter et expliquer les modes de régulation originaux du XXIe siècle. L'enjeu est de permettre au droit scientifique d'accompagner l'évolution du droit pratique. Sont surtout concernées la gouvernance du cyberespace, la protection de l'environnement et la responsabilité sociale des entreprises. Affinant le visage du pragmatisme juridique, voici un outil ouvrant des pistes pour l'avenir de la recherche en droit.
(Coll. Bibliothèques de droit, 33.00 euros, 334 p.)
ISBN : 978-2-343-13206-8, ISBN EBOOK : 978-2-14-004920-0

Structures éditoriales du groupe L'Harmattan

L'Harmattan Italie
Via degli Artisti, 15
10124 Torino
harmattan.italia@gmail.com

L'Harmattan Hongrie
Kossuth l. u. 14-16.
1053 Budapest
harmattan@harmattan.hu

L'Harmattan Sénégal
10 VDN en face Mermoz
BP 45034 Dakar-Fann
senharmattan@gmail.com

L'Harmattan Cameroun
TSINGA/FECAFOOT
BP 11486 Yaoundé
inkoukam@gmail.com

L'Harmattan Burkina Faso
Achille Somé – tengnule@hotmail.fr

L'Harmattan Guinée
Almamya, rue KA 028 OKB Agency
BP 3470 Conakry
harmattanguinee@yahoo.fr

L'Harmattan RDC
185, avenue Nyangwe
Commune de Lingwala – Kinshasa
matangilamusadila@yahoo.fr

L'Harmattan Congo
67, boulevard Denis-Sassou-N'Guesso
BP 2874 Brazzaville
harmattan.congo@yahoo.fr

L'Harmattan Mali
Sirakoro-Meguetana V31
Bamako
syllaka@yahoo.fr

L'Harmattan Togo
Djidjole – Lomé
Maison Amela
face EPP BATOME
ddamela@aol.com

L'Harmattan Côte d'Ivoire
Résidence Karl – Cité des Arts
Abidjan-Cocody
03 BP 1588 Abidjan
espace_harmattan.ci@hotmail.fr

L'Harmattan Algérie
22, rue Moulay-Mohamed
31000 Oran
info2@harmattan-algerie.com

L'Harmattan Maroc
5, rue Ferrane-Kouicha, Talaâ-Elkbira
Chrableyine, Fès-Médine
30000 Fès
harmattan.maroc@gmail.com

Nos librairies en France

Librairie internationale
16, rue des Écoles – 75005 Paris
librairie.internationale@harmattan.fr
01 40 46 79 11
www.librairieharmattan.com

Librairie l'Espace Harmattan
21 bis, rue des Écoles – 75005 Paris
librairie.espace@harmattan.fr
01 43 29 49 42

Lib. sciences humaines & histoire
21, rue des Écoles – 75005 Paris
librairie.sh@harmattan.fr
01 46 34 13 71
www.librairieharmattansh.com

Lib. Méditerranée & Moyen-Orient
7, rue des Carmes – 75005 Paris
librairie.mediterranee@harmattan.fr
01 43 29 71 15

Librairie Le Lucernaire
53, rue Notre-Dame-des-Champs – 75006 Paris
librairie@lucernaire.fr
01 42 22 67 13

www.ingramcontent.com/pod-product-compliance
Lightning Source LLC
LaVergne TN
LVHW021152061026
849535LV00002B/432